U0153354

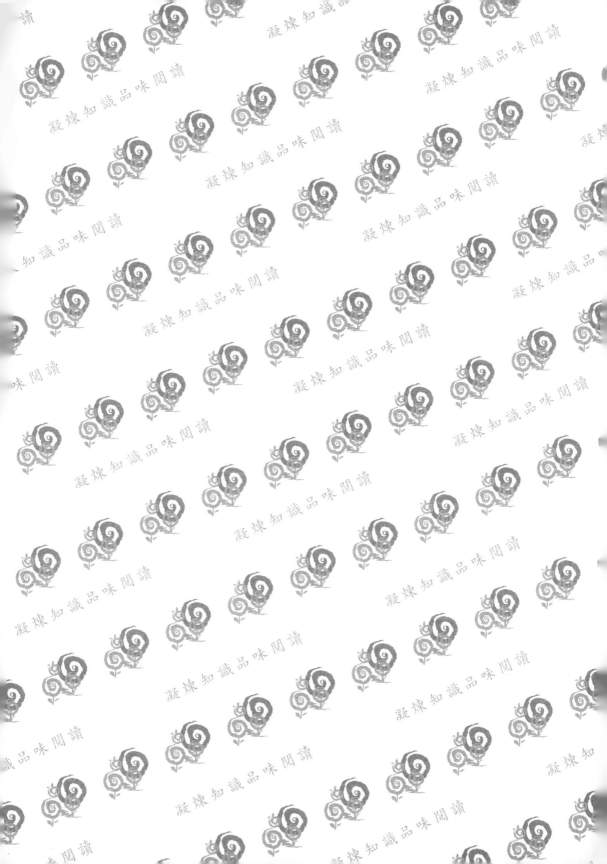

當代新道家

賴錫三 ─ 著

五南圖書出版公司 印行

五南當代學術叢刊

自序

走向「當代新道家」

　　「當代新道家」這一名相的由來，最早是因為看到大陸科學史家董光璧先生一本名為《當代新道家》的小書。雖然我並不同意董先生那種帶有過多想像，企圖將道家世界觀和現代科學理論連貫起來的浪漫做法，因為這將減殺道家對科技宰控的批判力道[1]；但是董先生偶發提出的「當代新道家」這一名相，卻從此長留我心，成為我朝思暮想企圖解讀的迷宮。因緣際會，「當代新道家」這一名相在我青年時代，刻痕我心深處，它從沒有任何實質內容的單個魔力名詞，到有血有肉有靈魂的豐饒正名，彰顯了青年到中年階段的「我在」印記，青春代換了意義，感受皺摺成文字[2]。大約十五年前，我碩士論文最後一章〈結論〉，當時便預兆式地命名為「當代新道家的可能性」。這本碩士論文雖然許多觀點被現今四十仍惑的我，給放棄或修正了，但對「當代新道家的可能性」之關懷，那時即已萌芽且蔓延至今。先拈出其中一段話語（1996年），從中可看出當時雖未成熟、但心嚮往之的思考痕跡：

　　　　在我們思考當代新道家在當代的相干性和建構性時，亦要如卡西勒一般，正視各種不同精神向度在不同領域中的展現，此不但消極上可在「齊物」的超越包容中找到「物化」的豐盈基礎，更要積極地走上開啟建構之路，即我們要在不同的精神活動、文

---

[1] 董光璧，《當代新道家》（北京：華夏出版社，1991）。他將李約瑟、湯川秀樹、卡普拉等人，視為「發現了道家思想的現代性和世界意義，並發展出它的現代形式」，所以可稱之為「當代新道家」。

[2] 關於發展「當代新道家」這個名相的心路歷程，及我嘗試賦予給它的思想內涵，和目前已發表的各篇論文和它的系統性關係，筆者撰有〈為人煙罕至的「當代新道家」這小徑鋪橋造路——回憶、悼念、刻痕、路標、小徑、來者〉，預計作為筆者另一本論著之導論。

(4) 當代新道家

化現象背後，揭露其存有論的層次和基礎，一則使其成爲有根之學，再則使各各不同的領域之學，亦能在存有學的總體連續之脈絡中，找到眞正可以相通連結的脈絡，如此一來，存有學乃能眞正和文化建構綰結起來，如此而可能有道家式的美學、生死學、茶道、神話學、心理精神治療、溝通、中醫學、深層環保理論、無爲政治理論、放任自由經濟……等建構的可能嘗試。當然，這樣的構想要不只流於形式的肯定，恐怕要實質地從事將存有論建構到各種文化現象之中來擴深之並指導之，此遂有心於當代新道家者的實質努力了。[3]

　　從我現今的觀點看，當時對「當代新道家」的「建構」向度帶有過多浪漫的想像。而所謂從存有論到文化建構的夢，現在的我也相當程度將它調合爲從存有論轉化出文化批判與治療。但那種通過存有的基礎思維，來統合道家多向度詮釋的視域融合態度，不但保留下來，現在更具體化地呈現在這本《當代新道家：多音複調與視域融合》的內容中。例如這本新書便是企圖從存有、美學、冥契、神話、自然、倫理、隱喻、敘事，這些當代語境的詮釋視域來揭露道家的豐富內涵，並且嘗試使這些多音複調融貫爲一。這樣的思維方式主要是受到海德格透過「存有」、西田幾多郎透過「純粹經驗」來融貫根幹枝葉的啓發。在我碩士論文階段，即已強烈意識到道家「天地並生，萬物爲一」這類的體道經驗，必須避免被理解成「同一性形上學」，因爲這種片面性理解「齊物」的後果，將造成「遺忘差異」的同一性暴力。換言之，「當代新道家」既然要走向人間事務的批判與參贊，在哲學上就必然要對「差異」、「他者」有踏實的肯定，而當時我已積極從「物化」、「天籟」這些角度展開道家式的「差異」論

---

[3] 賴錫三，《道家式存有論的詮釋與其超形上學的證悟》（中壢：中央大學哲學研究所碩士論文，1996），頁201-202。

述。如此結合了齊物與物化、同一與差異、無分別與分別，便形成爾後我在2004年提出的「道家式圓教」之基本哲學模型。茲引述結論，以說明我對「當代新道家」的「道家式圓教」之立場與界義：

　　我認爲莊周這種統合非分別與分別的「非分別的分別」之格局，可以成爲一種與儒家、佛家對話的橋樑，甚至面對當代性思潮和問題。而這個所謂「當代新道家」的理論基礎和可能開發的新時代課題，一直是筆者多年來思考的主題之一。如何讓道家的哲學洞見和關懷具有當代性的作用，這除了透過時代性的關懷脈絡，和利用當代的哲學語言，來加以詮釋開發之外，筆者認爲，最好能建構出一個屬於道式的「開放性哲學架構」。這個具有開放可能性的圓教系統，因爲能夠在當代升起新生命的可能性，所以又可名之爲「當代新道家」。換言之，我的重點並不是將一些可以和道家相容的現代學術現象，歸納統包爲所謂當代新道家現象，而是要開發出統合「非分別」與「分別」於一身的哲學架構，由此而談「當代新道家」的哲學系統之基礎可能性。因爲在這種「既開放又還原」的系統下，道家一方面能對當代文明進行它的批判性和治療功用，另一方面能與當代人文建立起自由的關係，甚至是某個意義下的建構性關係。如此一來，道家將超越那種一味的「超人文」或「文化否定論」。換言之，「分別」與「無分別」圓融無間的「開放還原系統」，一方面在其開放性方面，能夠面對任何具體性的時代挑戰，而與之保持自由的關係；另外在其還原性方面，它也具有對異化產生批判和治療效果。如此，重新思考道家對自然與人文關係的新可能性，不必然要掉入自然與人文的二律背反。亦即將道家的「道在物中」、「逍遙人間世」，進一步調適到「道在人文裡」的開放可能性。這裡所謂

的當代新道家，在哲學基礎上，就是以「道物相即」的精神出發，進一步讓自然世界（天地）和人文世界（人間世）重新建立起更積極的自由關係。換言之，我認爲莊子的圓教系統，比較可以契接海德格所謂重新和人文、科學建立起自由關係這一任務。如海德格的做法，批判西方形上學和科學，是要鬆鬆它們的根，使其活水源頭能再度甦活出來，而不是一定要回歸到原始的自然生活方式去。換言之，當代新道家不必一定要退隱山居或田園，它一樣可以在高度發展的人文世界中，一方面自我逍遙，一方面批判治療之，甚至積極參贊之。當然，這個所謂道家對人文的參贊，是什麼樣意味的參贊？和儒家的人文關懷又有何異同？這顯然還是未竟的學術志業，並有待儒、道之間的生命學問之對話。[4]

由上可見，我從1996年萌芽到如今逐步形成的「當代新道家」，和陳鼓應先生在2003與2007年所編輯的「道家思想在當代」、「道家與現代生活」這兩個專號內涵[5]，雖可產生相干性，但著重點和內容卻不相類。陳先生的論文編輯主要是從當代學者著作中所出現的道家觀點做多元搜集，可說是為當代學者提供了一個集中介紹道家思想的平臺，和筆者思索為道家建立一個面對時代挑戰所需具備的基礎模式有所不同。陳先生對道家研究的學術貢獻，有目共睹，道家是他畢生學思心力之核心，可謂一生都在為道家爭話語權；其所主編《道家文化研究》一系列論文專書，可說為當代道家思想研究保留了豐富的學術文獻。然而在陳先生編輯的這兩本論文專書裡，其間若干篇論文雖也涉及道家的當代性關懷，亦或者有

---

[4] 這段話出自拙文，〈神話、老子、莊子之同異研究——朝向「當代新道家」的可能性〉，刊載《臺大文史哲學報》第61期（2004年11月）；目前收入《莊子靈光的當代詮釋》（新竹：清華大學出版社，2008）第七章。

[5] 參見陳鼓應主編，《道家文化研究·第二十輯：「道家思想在當代」》（北京：三聯書店，2003）。《道家文化研究·第二十二輯：「道家與現代生活」》（北京：三聯書店，2007）。

「現代新道家」的提出，但大都只是一種片面呼籲，並不能見出任何對當代新道家有提出基礎性、系統性的構想。

若要說思想基礎的契近性，袁保新先生在2000年所發表的有關「新道家」的思路和呼籲，和我所關懷及思考的脈絡要相契許多：「為什麼與儒家一起庇護中國人心靈的『道家』，在混亂的當代中國思想界，卻相形黯淡，既不足以與『新儒家』分庭抗禮，也無法重演魏晉玄學的盛況？……『新道家』在當代哲學中的缺席，並不是老、莊智慧不具有現代意義，而是我們現代詮釋者，在解讀《老子》、《莊子》的過程中，始終無法撐開一個融合古今中西的意義脈絡，使道家哲學與當代文明接榫，釋放出老、莊智慧診斷、治療當代人各種文明經驗的力量。」[6] 袁先生治學出入儒、道兩家，尤以《老子》、《孟子》新詮為旨要，在當代新儒家的中壯輩學者中，他較早注意到儒道和海德格對話的可能與必要。對比於「當代新儒學」人才輩出、中西會通的盛況，袁先生不禁感慨地嘆問：為什麼當代哲學沒有出現「新道家」？袁先生對「新道家」未出的慨然和期待，和我長期對「當代新道家」的焦慮與想望，實乃系出同源，甚至在我求學過程中，袁先生亦必對我這些思想多有激勵，只是後來他並不走向這條道路。而我則只能孤注一擲青春、千山獨行下去。

在我看來，「當代新道家」必須先由基礎性打起，進入系統性建立，再全面性展開當代語境的新詮和當代課題的回應。如此有體有用、十方打開的有機發展，才有可能和當代新儒家這些已發展成相當體系化的詮釋系統，再度產生不同或互補的對照效果[7]。而我那時所以將心力先集中在道家式存有論的重建，是因為強烈意識到，道家一系列當代關懷的展

---

[6] 袁保新，《從海德格、老子、孟子到當代新儒學》（臺北：臺灣學生書局，2008），頁276。

[7] 我將「當代新道家」鋪設為幾條路徑，並由此接榫並回應當代性的課題：一是道的宗教向度，二是道的美學向度，三是道的語言向度，四是道的倫理向度，五是道的批判向度。這些路向的內容和筆者多篇論文書寫的關係，參見：〈為人煙罕至的「當代新道家」這小徑鋪橋造路——回憶、悼念、刻痕、路標、小徑、來者〉。

開：如語言活化、根源倫理、權力批判、文化治療、環境關懷、技術反思、美學拯治、宗教冥契等等面向的十字打開，都必然和道的體驗有著根源性的關係；或者說，這些價值層面的實踐展開，不能不有道的基礎性思維在發用。所以「當代新道家」的基礎工作，便須對道之性格、內涵給予重新定位和詮釋。就這一部分而言，它接續了袁保新先生博士論文對民國以來胡適、徐復觀、勞思光、方東美、唐君毅、牟宗三對《老子》之道的詮釋史之反省工作[8]。在老莊之「道」的詮釋方面，我們確實必須認真看待西方形上學的困境，不管是康德對西方形上學的「空洞獨斷」之批判，還是海德格對西方形上學「遺忘存有」的批判，以及牟宗三對「思辨形上學」、「實有形上學」的「實踐失落」之批判。如果我們還是停留在早期以西方本體論、宇宙論的方式來理解老莊之道，那麼老莊的形上學便會成為過時而必須被放棄的猜天猜地之素樸形上玄想。如此一來，作為道家一切價值實踐的活水源頭之「道」，若通不過當代思潮對形上學的批判解構，那麼道家的價值之學亦將失去靈根而花果飄零。就此而言，筆者繼承了牟宗三所謂實踐形上學的優位性，但也進一步透過海德格式的存有論詮釋，反思了牟宗三的限制[9]。我也注意到牟宗三之後關於老莊之道的當代詮釋，那些發展具有典範再突破的啟蒙意義，例如一些中壯輩學者頗有新氣象的視域，我特別考察了袁保新、劉笑敢、傅偉勳、陳榮灼、楊儒賓諸位先生的觀點，最後結晶出所謂「後牟宗三時代」老莊之道的多元詮釋可能：存有論、美學、神話學、冥契主義這四重道路[10]。而《當代

---

[8] 袁保新先生的博士論文完成於1984年，名為《老子形上思想之詮釋與重建》，收入《老子哲學之詮釋與重建》（臺北：文津出版社，1997）。

[9] 這種存有論式的詮釋，從碩論開始而一直深化，到了《當代新道家：多音複調與視域融合》這本書，便發展成第一章和第二章的論點。

[10] 原名為〈當代學者對《老子》形上學詮釋的評論與重塑——朝向存有論、美學、神話學、冥契主義的四重道路〉，《清華學報》新第38卷第1期（2008年3月），收入本書第一章，並重新更名為〈後牟宗三時代對《老子》形上學詮釋的評論與重塑——朝向存有論、美學、神話學、冥契主義的四重道路〉。

新道家：多音複調與視域融合》這本書大概是就這些多元面向如何融貫互滲，再輻輳到自然、倫理這兩個議題，又連結到隱喻、敘事這兩個語言面向的加入，如此共構成一幅：老莊之道的當代詮釋之複調與融合之文本景觀。

　　本書雖由各篇獨立發表的論文所構成，但不意謂本書僅是一般所謂論文集的搜羅合湊，事實上，本書撰寫之初與最後編輯，都有「系統性」考量。為幫助讀者在不同詮釋視域之間找到互文閱讀的路標，底下先勾勒各章間的結構互滲關係，其次再摘要說明各章的基本內容：

　　第一章名為〈後牟宗三時代對《老子》形上學詮釋的評論與重塑——朝向存有論、美學、神話學、冥契主義的四重道路〉，從這篇首論開始，本書便已標示一個跨越牟宗三道家詮釋的新階段之開啓。首章論文花了很大的篇幅，重新檢視牟宗三之後，若干欲求突破牟氏進路、展開新詮釋向度的重要學者和路標，經由本章的分析歸納、釐清重建後，大約歸納為四重道路：存有論、美學、神話學、冥契主義。而本章在分析存有體驗、冥契體驗、自然美學體驗時，同時涉及語言表述的關係課題；而在處理道家和神話的連續與斷裂時，也觸及了神話思維、詩性隱喻和多重語言向度的關係。因此可說，從本書的首章開始，便已結晶出幾個核心主題，除了存有論、美學、冥契主義、神話學這些多元向度外（它們多少也都關聯到「自然」），也間接指向了語言向度（如存有與隱喻關係）。換言之，本書各篇章的架構，便要以細緻的論述，逐步完成首章所提出的擘劃。

　　第二章名為〈牟宗三對道家形上學詮釋的反省與轉向——通向「存有論」與「美學」的整合道路〉，便是緊隨第一章存有論和美學這兩個詮釋視域，一方面回到道家文獻，另一方面細緻檢討牟宗三詮釋系統的限制，以及如何在超出牟宗三的主觀境界說之後，指點存有論與美學統合之路的具體方向。這篇文章接續了第一章，但先以縫合存有與美學這兩個詮釋視域為任務，以突顯牟宗三主觀境界形上學的心靈美學詮釋之無根。換

言之，牟宗三的道家詮釋亦可視為另類的「存有遺忘」，而如此的美學意蘊亦將不能充盈飽滿。

　　第三章名為〈道家的逍遙美學與倫理關懷——與羅蘭・巴特的「懶惰哲學」之對話〉。此章則在第二章存有與美學的統合基礎上，進一步深入論述道家的美學內涵，尤其發揮逍遙美學在現代煩忙生活的治療救贖意義。本章特別從道家美學的逍遙自適角度來和法國思想家羅蘭・巴特的懶惰哲學對話（一則因為巴特受過道家的啓發，二則因為巴特正是用悠閒美學的慵懶滋味去批判治療現代西方社會的資本異化），以期將道家的美學救贖放在當代性生活世界的公共批判脈絡來發揮；其次，另一值得關注的是，筆者在這一篇以美學為核心討論的論文，已首次點出道家所隱含（不同於儒家式）的另類倫理關懷。

　　第四章名為〈道家的自然體驗與冥契主義——神祕・悖論・自然・倫理〉。第四章是在第三章的美學詮釋與現代關懷之後，正式進入道家自然體驗的冥契主義詮釋之建構。我將道家的體道文獻放在普世性的冥契主義脈絡中來考察，並由此釐清道家式的自然體驗，在終極立場上應屬於自然美學類型的冥契類型，而結論部分亦從冥契體驗角度討論道家的倫理關懷，以再度呼應第三章的倫理主題。換言之，第四章主要在落實第一章所曾提出的冥契主義之詮釋可能，它亦呼應並深化了第三章的美學與倫理關懷，如此一來，存有、美學、冥契、倫理這些向度，便產生了視域的交涉。

　　第五章名為〈老莊的肉身之道與隱喻之道——神話・變形・冥契・隱喻〉。此章處理道家的隱喻表述和神話思維、冥契體驗的關係，其中除了連結第四章冥契主義和隱喻的關係外，也正式回應第一章就已經點出的道與語言的關係課題，亦即本書首章就曾指出的：不管從存有論、美學、神話學、冥契主義來詮釋體道經驗，它們都必得關聯到語言可不可能、如何表述體道的身心內涵。而本章特別著重從隱喻這一角度，說明神話思維和冥契體驗如何決定性地影響了道家採取的詩性隱喻之表達。而道

家式的「詩性隱喻」並非傳統「修辭隱喻」可觸及，亦非「概念隱喻」可充盡，因為它是具有存有論意義的「基本隱喻」。而本章的企圖正在於透過道家的世界觀，為隱喻提出一個更根本的奠基效果，從此，詩性隱喻乃與存有開顯位列同一層次。換言之，第五章乃回歸體道與語言的基本課題，並聯絡上第一章的神話學和第四章的冥契主義這兩個詮釋脈絡。

　　第六章名為〈從《老子》的道體隱喻到《莊子》的體道敘事──由本雅明的說書人詮釋莊周的寓言藝術〉。除了說明道家對語言態度可從：沉默、隱喻、敘事、概念這四重語言狀態來考察外，主要還是將重點放在隱喻和敘事這兩個面向，較細緻地根據文獻處理了《老子》的各種隱喻意象和手法，並討論《莊子》除了繼承隱喻表述外，如何加入敘事的寓言手法，以更情境的方式來傳達體道的歷程和內涵。而本章特別撰擇本雅明對說書人的世界觀、身體感、生活情境等精采分析來加以對話，以突顯《莊子》的寓言故事，重點不在客觀地傳達或表述抽象之理，而在於經驗的召喚與傳遞。本章擇取本雅明作為對話視域，一樣具有將道家推向當代詮釋語境之企圖。因此第六章可視為第五章的深化和推進。

　　第七章名為〈道家式自然樂園的一種落實──陶淵明〈桃花源記〉的神話、心理學詮釋〉，本章雖是延伸出去的討論，但亦和本書有相互扣合之處，亦即本章要重新論證影響東方文人心靈、美學性格甚深的陶淵明思想，其詩文一再反覆出現的自然體驗之樂園描述，主要承繼自道家的自然美學思想，而且本章特別從陶氏詩文的神話意象分析著手，也為了呼應本書的神話學詮釋面向。而本章除了討論陶淵明自然美學與道家的密切相干性之外，亦分判了桃花源與烏托邦的差異，從中引申出陶淵明（包含了道家）對政治暴力的批判態度。至於道家對政治的權力批判立場，和筆者想重建的道家型知識分子論有關，此已超出本書的範圍，需要另外專書處理。因此本書最後一章，算是點出了筆者另一重要關懷和寫作計畫：道家型的知識分子論與權力批判。

　　由於本書各章的篇幅都不小，論證過程也曲折繁複，為幫助讀者掌握

內容要點，我想將每篇論文的關懷加以摘要出來，或許有一點幫助：

　　第一章摘要：學界對牟宗三之前的《老子》詮釋，已有相當程度的反省，例如對胡適、馮友蘭、徐復觀、勞思光、方東美、唐君毅等學者成果的分析和評論。而牟宗三朝向實踐和境界形上學的轉向，無疑具有觀看視域的典範轉移之革命意義。換言之，牟宗三對道家的形上詮釋，具有分水嶺的指標意義，當他將實有形上學的詮釋扭轉為境界形上學時，除了要進行實踐的轉向之外，同時也具有總結之前的道家形上詮釋之企圖。從此之後，後牟宗三時代的學者，不得不認真考慮他對實有形上學的批判。然而，正視牟宗三對實有形上學的批判，就必得要繼承並走向他所謂的境界形上學嗎？境界形上學足以窮盡道家的形上體驗嗎？牟先生之後的學者們對這個問題的思考又是如何？本章認為後牟宗三時代的道家形上詮釋之發展，其實正在醞釀種種超越牟先生的可能。換言之，如何評論並重塑後牟宗三時代的道家形上詮釋，是一個既新穎又極富可能性的工作。本章將嘗試選擇具有突破意義的研究成果作為考察的對象，例如袁保新、劉笑敢、傅偉勳、陳榮灼、楊儒賓等先生的攻堅成果，進行分析、評論和重塑，期待從他們和境界形上學的對話過程中，找出未來道家形上學詮釋的新方向，以備筆者將來嘗試對這些新詮釋給予對話和整合。據筆者目前的分析和歸納，這些新方向至少有：存有論、美學、神話學、冥契主義這四條創造性詮釋進路。它們都具有超越或豐富境界形上學的新可能，值得將來學者們進行道家形上學研究以參考（發表於《清華學報》新38卷第1期，原名為〈當代學者對《老子》形上學詮釋的評論與重塑——朝向存有論、美學、神話學、冥契主義的四重道路〉）。

　　第二章摘要：二十世紀以後的近現代東方學術活動，幾乎不可避免地要面臨東、西學術語言的遭遇。然而，隨之而來的「洋格義」現象，卻也造成學術視域的誤解、澄清和重建之語言反省歷程。而在對道家形上學的詮釋過程中，正是其中明顯之一例。將牟宗三放在這個詮釋的歷程中來看，他顯然具有一個重要的「視域革命」之典範意義，亦即他企圖讓道家

形上學的詮釋，跳離西方思辨形上學的視域，回歸東方實踐形上學的本位。並且由此，進一步分判同屬東方實踐大傳統之下，儒釋道之間的存有論細微差異。本章試圖對牟宗三的道家形上學詮釋，加以批判式的反省與重建，一方面贊成他所提出的實踐形上學之重要性，另一方面則企圖超越境界形上學的論斷，並轉向海德格式的存有論之方向，最後，嘗試走向存有論與美學的整合道路（發表於《臺大中文學報》第25期）。

　　第三章摘要：現代人的生活煩忙焦慮，一切俱在實用效率的經濟計量下，無法止息。可是，另一種對反的呼聲也在醞釀，開始強調樂活、慢活的新生活運動。一方極度忙碌，另一方渴望休閒，這是現代人的分裂景觀。基本上，本章是在上述兩種生活現象的衝突矛盾中，思考道家的「逍遙美學」和巴特的「懶惰哲學」之深意。並且以對話的方式，一方面分析巴特對西方現代生活的批判與治療，及其和東方生活美學的遙契與交往；另一方面則透過道家的「逍遙美學」之詮釋，一則深化巴特的懶惰哲學，再則見出道家自然美學治療現代文明所可能具有的古典新義。最後，我得出的結論是：道家的自然冥契美學，具有心靈治療、語言治療、文化治療的三位一體性。並企圖指出逍遙美學所隱含的倫理學向度（發表於《臺大文史哲學報》第69期，原名為〈論道家的逍遙美學——與羅蘭·巴特的懶惰哲學之對話〉）。

　　第四章摘要：本章將從普世性的冥契主義（mysticism）潮流來考察道家的體道經驗，認為從老子、莊子的體道描述中，可以找出強而有力的文獻符應冥契主義的共同核心特徵，而體道經驗同時帶有即美學即宗教的終極意義。因此本章嘗試將道家的形上體驗放入古老又普遍的冥契意識來考察，一方面可將道家歸為冥契經驗的一種東方案例，另一方面溝通了道家的美學藝術體驗和冥契宗教體驗，使兩者通而為一。最後筆者在和史泰司（Walter Terence Stace）的內向、外向兩種冥契類型判別的對話下，將道家定位為統合內、外的圓教型之自然主義冥契類型。它統合了一體無分與自然萬象，並從沉默無言走向了充滿悖論的詩性隱喻，這種一多相即的

物化美學，同時延伸出諸多莊嚴神聖的冥契感受，尤其從萬物一體的合一感中，可興發出超越善惡、包容柔軟的玄德。換言之，從冥契意識來詮釋道家，又可能開展出道家式的冥契倫理學（發表於《臺大文史哲學報》第74期，原名為〈神祕・悖論・自然・倫理──重建道家的自然美學之冥契主義〉）。

　　第五章摘要：老莊的冥契經驗難以概念語言來傳達，當體道者身心躍入一元豐盈的物化流行時，要不就渾然於冥契而無言，一旦表達便要考慮語言如何不落入對象化的膠著，為了克服道與言的背反困境，便不得不有語言的妙用創發，如此便有詩性的隱喻表達之發明。本章認為老莊所充斥的隱喻表達並非修辭層次，也不只是知識論層次的認知，更重要的是它具有開顯道的存有論意義，因為道的流動本性決定了它的語言朗現模式，所以道言便自然是隱喻模式。道開顯湧現的歷程便是不斷跨域、互滲、融攝的氣化運動，這正是隱喻的基本精神，由此可說道是隱喻的存有論基礎，而語言跨域現象得以自然而然地進行，正因為真實世界的本來面目就是氣化融貫相含相攝的天籟世界，所以語言的隱喻現象反映了世界的物化現象、人心的遊戲現象。本章試圖論證：道和隱喻的同質性。其次，本章認為有關老莊的冥契之道和隱喻之道，不管在思維方式和意象選擇上，都深受神話的啟蒙，它一方面承續神話情感思維的跨域融合之隱喻精神，另一方面也避開了隱喻被實體化的陷阱。最後，本章進一步說明老莊如何透過一些具體意象來作為來源域，透過這些原型意象而使人們得以對看似抽象玄遠的道（目標域），得到親切的意義映射。這些各色分殊的具體意象之來源域，都共同映射出道的意蘊，也因為經由多元物象的映射過程，促使人們對道的無盡藏意蘊有了情意性的觸感。道這個看似難以表達的絕對目標域，當它透過具體物之意象映射而源源流出意蘊時，它造成了人們對道的具體可親感外，它同時證成了一個無逃乎物、即物即道的世界。在此萬物成為道的肉身化隱喻，這是一個「道法自然」的力顯、聖顯世界，自然萬物成為道的力量之最佳隱喻（發表於《臺大中文學報》第33期，原

名為〈神話・變形・冥契・隱喻——老莊的肉身之道與隱喻之道〉）。

　　第六章摘要：一般而言，道家對語言的權力宰控和意識形態具有高度的批判性，「道」本身則因為超越語言而具有不可言說性。然而道家並不走向絕對的語言否定論，在面對傳道而不得不有所說的情況下，筆者認為道家至少展現幾種態度：（一）絕對沉默、（二）詩性隱喻、（三）故事敘事、（四）概念辯證。本論的重點，一則討論《老子》為何、如何使用「詩性隱喻」來開顯「道體」；其次，要特別討論《莊子》如何以故事的策略，將《老子》對「道體」的「隱喻」轉化為「體道」的「敘事」；在筆者看來，這是《莊子》突破《老子》語言風格的一大創新，從此我們才看到一個個求道故事的上演。為說明《莊子》以「敘事見道」的用意和深義，本章將分析本雅明對說書人和講故事的精采洞見，以作為發明《莊子》敘事學之詮釋視域，並將兩者做一呼應對話。由此一來，莊周及其傳人便具有說書人的性格，《莊子》一書便可看成求道、體道、說道的連環故事之集成（發表於《清華學報》第40卷第1期）。

　　第七章摘要：陶淵明的詩文作品，處處散發回歸自然、本真的精神，並對時間和死亡，有超乎常人的敏感意識；此人格特質，從心靈煉金術角度言，顯然是一種成熟的老靈魂。本章先從詩文中，勾勒出陶氏老靈魂的特質和內涵，並由此老靈魂性格的宗教超越向度，來說明：為何陶氏作品會不時流露出神話的意象和關懷。其次，重新對〈桃花源記幷詩〉進行神話心理學詮釋，期望將詩文的神話原型意象和敘述結構，儘量暴露出來，以形成一個系統性的神話閱讀效果。再則，本章從〈桃花源記幷詩〉的細讀過程中，發現陶氏的樂園既不是神話樂園，也不是仙鄉樂園，而是近於老莊的自然物自身樂園，只是帶有更多的人間意味而已。並且，從桃花源對政治暴力的遠離和批判，本章將進一步澄清桃花源和烏托邦的重要差異，因為前者的歸宿在自然田園、本真無為，後者的歸宿則在政治分配、理性計算。最後，陶氏對樂園內涵的描述，其實和他詩文作品中，所流露出來的新玄學精神，可以形成詮釋的循環互證（發表於《中國

文哲研究集刊》第32期，原名為「〈桃花源記并詩〉的神話、心理學詮釋——陶淵明的道家式「樂園」新探」）。

賴錫三

CONTENTS
目　錄

第一章

後牟宗三時代對《老子》形上學詮釋的評論與重塑──朝向存有論、美學、神話學、冥契主義的四重道路

一、從一樁有關老、莊形上道論之爭議的文獻公案談起

　　《莊子》〈大宗師〉有段文獻很受爭議，有趣的是，爭議的切入點，主要不是文獻本身的真偽問題，是因為義理性格，而帶出諸方學者對文獻的質疑。換言之，它是由義理爭議才延燒到文獻爭議。因為它涉及《莊子》的形上學性格，及其形上表達的語言形態，也涉及《莊子》、《老子》之間的形上性格之異同，以及彼此形上表達的異同；還有《莊子》的形上學和思維方式，和神話主題及神話思維方式的同異等問題。而義理爭議帶出文獻爭議的現象，也反映出問題視域的觀看不同，使得文獻敞開的角度，也隨之變易。底下先引述此文獻，其次，再來一一回顧這些學術視域和文獻定奪的辯證關係：

　　夫道，有情有信，无為无形；可傳而不可受，可得而不可見；自本自根，未有天地，自古以固存；神鬼神帝，生天生地；在太極之先而不為高，在六極之下而不為深，先天地生而不為久，長於上古而不為老。

　　狶韋氏得之，以挈天地；伏戲氏得之，以襲氣母；維斗得之，終古不忒；日月得之，終古不息；堪坏得之，以襲崑崙；馮夷得之，以遊大川；肩吾得之，以處大山；黃帝得之，以登雲

天；顓頊得之，以處玄宮；禺強得之，立乎北極；西王母得之，坐乎少廣，莫知其始，莫知其終；彭祖得之，上及有虞，下及五伯；傅說得之，以相武丁，奄有天下，乘東維，騎箕尾，而比於列星。[1]

　　這段文獻，基本上被區分成兩個部分，而且，兩部分文獻都受到質疑。第一部分是：「夫道有情有信，无爲无形，……先天地生而不爲久，長於上古而不爲老。」；第二部分則是：「狶韋氏得之，以挈天地；伏戲得之，以襲氣母；……傅說得之，以相武丁，奄有天下，乘東維，騎箕尾，而比於列星。」第一部分文獻遭質疑的原由，顯然牽涉到形上學的性格和表達的問題，即涉及對《莊子》形上學立場的理解與判定，尤其與《老子》形上學的關係之釐定；第二部分文獻被質疑的癥結，則牽涉到神話問題，涉及《莊子》形上思想、語言表達與神話主題和思維的可能關聯和同異。底下，就讓筆者先來追溯並分析第一部分文獻，所帶出的學術爭論和視域。

　　學術視域的變遷，常使得文獻開顯出不一樣的圖像來。以下諸學者對〈大宗師〉第一部分文獻的爭論，其實背後正隱藏著不同的學術視域在決定觀看。例如二十世紀初嚴復先生就曾對這整段文獻（包括第一部分和第二部分）表示問難之質疑：「自『夫道』以下數百言，皆頌歎道妙之詞，然是莊文最無內心處，不必深加研究。」[2]後來陳鼓應先生反省嚴復的看法後，主張：「自『狶韋氏得之，以挈天地』至『比於列星』一段，確無深意，然自『天道』至『長於上古而不爲老』一段，承《老子》之『道』義，有其深意，不得謂爲『無內心處』。」[3]可見陳先生只贊成第二部分的神話文獻無深意，可以考慮加以刪除；但對第一部分關於形上問題的文

---

[1] 【清】郭慶藩輯，《莊子集釋》（臺北：華正書局，1985），頁246-247。

[2] 嚴復的主張，引述自陳鼓應，《莊子今註今譯》（臺北：臺灣商務印書館，1999），頁193。

[3] 關於嚴復和陳鼓應的主張，參見陳鼓應，《莊子今註今譯》，頁193。

獻，不但表示有其深意在，並強調這段文獻的形上性格是承繼《老子》的
「道」意而來。其實，早在成玄英的《莊子》疏中，他就曾以《老子》的
章句來疏解〈大宗師〉這段道論文獻，而且在成玄英的《老子義疏》中，
也採用〈大宗師〉的文句來訓釋《老子》第二十五章的形上學內容；顯
然地，在成玄英的視域中，《老》、《莊》的形上立場是一致的，故可
互為訓解[4]。其實從〈大宗師〉這段道論文獻的語言結構來看，確實容易
令人聯想到《老子》的若干章句來；例如，徐復觀先生就明白地指出：
「〈大宗師〉的一段話，是《老子》十四章、二十一章、二十五章的綜合
陳述。」[5]再則，楊儒賓先生又進一步將〈大宗師〉此第一段文獻，加上
〈天地篇〉的另一段文獻（「泰初有無無、有無名。一之所始，有一而未
形。物得以生謂之德。未形者有分，且然無間謂之命，留動而生物，物成
生理謂之形。」）加以分析，並與《老子》一、十四、二十一、二十五、
三十二、三十四、五十一等章對照排比，試圖結論出若干《莊子》關於
「道」的主張來，如指出：道是超越的真實、道不可言說而得、道是自足
的、道是超越時空的、道有創生功能[6]，並由此突顯此文獻是《莊子》在
形上問題上，承續《老子》形上學的明顯證據。

還有，大陸學者劉笑敢先生在其博士論文《莊子哲學及其演變》中，
就乾脆將〈大宗師〉第一部分文獻，作為分析《莊子》形上學內容的主要
文獻根據，進而指出《莊子》的道具有絕對性、永恆性、超越性、普遍
性、無差別性、無目的性等特質；且由此斷定《莊子》形上學的本性，及
其從《老子》繼承而來的一貫精神：「老子第一個把道當作客觀的實在
……顯然，老子的道是世界之本原，莊子作為先秦道家的集大成者，也繼
承了道的這一意義。」「道既是世界的起源，又是萬物的依據，這說明在

---

[4] 成玄英對《莊子》的疏，收入【清】郭慶藩輯，《莊子集釋》，頁247-248。成玄英，《老子義疏》
（臺北：廣文書局，1974），頁174。

[5] 徐復觀，《中國人性論史・先秦篇》（臺北：臺灣商務印書館，1999），頁366。

[6] 楊儒賓，《莊周風貌》（臺北：黎明文化出版社，1991），頁37-41。

老莊那裡，道既有宇宙論意義，又有本體論意義。」「莊子的道是世界的根源和依據，……道是絕對化的構想的產物，……道是超驗的實體，……道是中國哲學特有的關於世界本根的設想，是超越物質世界的抽象的絕對的思想觀念，是絕對化的觀念性實體。」[7]

　　反省上述學者對〈大宗師〉這段形上文獻的理解和立場，可以發現他們對這段文獻的重視，主要理由在於他們可從文獻中，分析出與《老子》形上學立場相承繼的連續性證據，而他們所理解的《老子》、《莊子》形上學形態，基本上正屬於牟宗三先生所分判的那種客觀實有形態的形上學，即帶有西方傳統形上學本體論（Ontology）、宇宙論（Cosmology）的意味，而此時的「道」就被理解成客觀存在的形上實體道[8]。

　　另外，有些學者對《老》、《莊》形上性格的可能差異特別敏感，他們持不同視域來觀看這段文獻，遂使得同一段文獻有著南轅北轍的看法，例如徐復觀先生、唐君毅先生、傅偉勳先生等。首先，雖然他們也重視老、莊之間有其他種種的思想連續性，但對於形上問題這一最根源性、最典範性的課題而言，他們主張《莊子》實在有別於《老子》；而且從《莊子》內篇的大量文獻中，可以看到《莊子》自覺地對《老子》的客觀實有性的形上性格加以內在轉化。如徐先生主張：「他（老子）所說的『道』、『無』、『天』、『有』等觀念，主要還是一種形上學的性格，是一種客觀的存在，……但到了莊子，宇宙論的意義，漸向下落，向內收，而主要成為人生一種內在地精神境界的意味，特別顯得濃厚。」[9]可以說，大體上徐先生將《老子》的「道論」理解為近於客觀實有形態的形上學，另將《莊子》的「道」理解為人生的精神境界，所以強調從《老

---

[7] 劉笑敢，《莊子哲學及其演變》（北京：中華社會科學出版社，1988），頁104、105、110。

[8] 這一點尤其以劉笑敢最為明顯，徐復觀和陳鼓應所理解的《老子》也具有西方式的本體宇宙論色彩，而楊儒賓雖亦強調《老子》的道不只是牟宗三所判定的境界形態，強調其具有客觀實有的特質，但並不認為老莊客觀實有的創生性之道，一定要被理解成西方式的宇宙生成論一類。其說較為複雜，請參見下文的討論。

[9] 徐復觀，《中國人性論史・先秦篇》，頁363。

子》到《莊子》之間，是有其形上學立場的差異和轉化。

　　問題是，當我們對《老子》若干語句結構的字面意義加以分析，而判定它具有西方形上學的本體宇宙論內容，屬於實有形上學的立場時，又從《莊子》若干文獻分析出《莊子》特重的應當是人生的向度和內在的精神境界，而主張《莊子》有對《老子》形上學立場進行自覺地內化轉向時，卻面臨了《莊子》〈大宗師〉這段文獻所可能帶給我們窘迫的兩難情境。即《莊子》的道既然主要是就內在的精神境界來立言，又自覺地從《老子》客觀實有形上學進行內化的轉向，那麼，為何〈大宗師〉這段文獻在語言文字的表達上，又這般明白且密集地顯示出與《老子》實有形上學章句完全一致的文字結構呢？顯然地，徐復觀並未意識到〈大宗師〉這段文獻所可能帶來的困難，所以才會讓這種矛盾現象並存：即一方面承認〈大宗師〉這段文獻和《老子》形上章句的同質性，另一方面卻又特別強調老、莊形上性格的差異和轉向，卻沒有意識到這是兩難的困境。唐君毅先生似乎比徐先生更敏感地意識到〈大宗師〉文獻所可能帶來的困擾，但也並未積極地提出解決之道，他指出：「至在道家，則莊子言道，在內篇中，除〈大宗師〉篇『夫道有情有信』一段，乃視道為『自本自根，自古固存』，道如為一實體而有實作用外，其餘言及道者，多為下文所論之第五義之道（筆者註：即修德之道及其他生活之道），而莊子之內篇之精神，在論人生，亦尚不重此純形而上之生物成物之道也。」[10]

　　傅偉勳先生意識到此困難，並進一步嘗試提出一種解決之道的可能，雖然這看來只能算是消極性的詮釋策略：「莊子書中偶爾出現類似老子口氣而『肯定』道原的語句，如〈大宗師〉篇有云：『夫道有情有信，無為無形，……在太極之先而不為高……。』此語似乎意謂，『道體』首先對人彰顯之為『道原』，既是本體論意義的本根，又是宇宙論意義的始源。但是，莊子從未正面肯定（或否定）『真宰』或『造物主』的存在，因而

---

[10] 唐君毅，《中國哲學原論──導論篇》（臺北：臺灣學生書局，1986），頁373。

此語並無詮釋學的優位，只能當作一時浮泛之詞。」[11] 傅先生的做法，其實就是以義理詮釋之優位來對文獻做判斷，可以說這是在兩難夾殺中，擇取一條簡易的活路策略。因為，假使我們認為《老子》若干章句從其字面的語義來類析，可直接判定它是屬於客觀實有的形上學，又認為《莊子》在多處文獻（尤其內篇）表現出他對實有形上姿態的內向轉化，那麼，面對〈大宗師〉文獻事實所帶來的尷尬，較簡易的策略，自然會導向對這段文獻的擱置（如傅偉勳之建議），否則就無法在哲學系統上，達成一致而融貫的圓滿說法。

由上可見，對於〈大宗師〉第一部分文獻，就文獻本身在《莊子》形上思想總體精神中，該佔什麼份位，雖然產生兩種對比的看法：即一方如陳鼓應（楊儒賓、劉笑敢等學者）主張此文獻在《莊子》形上思想中有其實質地位，甚至是核心地位；另外如唐君毅、傅偉勳等學者，卻主張此文獻並不合於《莊子》形上思想的主要精神，故僅能視之為內篇中唯一的例外，甚至只能被當成一時的浮泛之詞。當然，兩造之所以對同一段文獻，有著取捨不一的針鋒之見，其原因還是要歸諸兩方對《老子》與《莊子》形上思想之觀看的不同視域所產生的判斷。一則如陳鼓應、劉笑敢主張《老》、《莊》形上思想的承傳連續性，所以〈大宗師〉的文獻成為有力的文獻根據；另外如唐君毅、傅偉勳主張《莊子》對《老子》的轉化，因此也就反過來視〈大宗師〉文獻為贅餘浮辭。

然而敏銳的讀者，必會發現到一個值得重視的現象：即上述兩種不同對待文獻的態度，和兩種對《老》、《莊》形上關係的差異判斷中，卻出現了一個相同的觀點視域——那就是他們對〈大宗師〉這一文獻所做出的形上性格之理解和判定，基本上是一致的。簡單地說，雙方人馬都認為這類文獻語句，所透顯出來的形上學立場，是屬於客觀的實有形上學表達，

---

[11] 傅偉勳，〈老莊、郭象與禪宗——禪道哲理聯貫性的詮釋學試探〉，《從西方哲學到禪佛教》（臺北：東大圖書股份有限公司，1986），頁412。

而其中的「道」則是客觀存在的形上實體，傾向具有本體宇宙論意義。如劉笑敢、傅偉勳所代表的不同立場，卻對〈大宗師〉這一文獻的形上內容的理解有著共同的一致性，這一現象明白表示了一個重要訊息：那就是，像〈大宗師〉這段屬於形上課題的道論文獻，若就其字面上的語法結構形態來直接解讀，對二十世紀的當代學者之視域觀點而言，他們幾乎都傾向於觀看出實有形上學、本體宇宙論式的形上圖像來。這就難怪《道德經》大部分關涉到形上課題的文獻（如十四章、二十一章、二十五章等），由於其文字結構與《莊子》〈大宗師〉這段文獻是屬於同類的語言表達模式，所以也就很自然地，一律被理解詮釋成實有形上學類型下的形上實體和宇宙生成論等內容。然而，這個二十世紀近現代學者所普遍一致的觀看視域，果真契近道家形上學的本來圖像嗎？

二、牟宗三對《老子》形上學性格的觀看視域之革命轉向

　　二十世紀的近現代中國學術新社群，其所面臨前所未有的學術新現象之一，乃是東西方學術視域和語言的相遇。這種文化思想的遭遇，很自然產生了語言概念的格義現象，即以不同視域下的語言概念等等（如西方的形上學概念、第一因、形上實體、宇宙生成論等），套用在自己脈絡的語言概念上，遂造成以它者概念來格自家本義。殊不知每個語言概念皆是文化存有的居所之象徵[12]，不同的語言概念背後更是深藏著不同的問題意識、思維方式和文化向度。如此一來，用它者的語言概念來格義自己本有的語言文獻時，很可能造成一個極深刻卻危險的現象，即原本自身的視域和問題模糊不見了，而用它者的眼光卻在自家的文獻中，看出新的問題，

---

[12] 參見海德格所謂「語言是存有的安宅（房子）」一觀念，所以不同的語言使用，遂在不同的文化思維背景中，開顯出不一樣的世界存有之意義來。換言之，若透入到語言的存有論基礎來看語言，則不同文化所使用的核心概念，常常是不可共量的（incommensurable）。參見海德格和日本人的對話一文。【德】海德格（Martin Heidegger），〈從一次關於語言的對話而來〉，收入孫周興譯，《走向語言之途》（臺北：時報文化出版企業公司，1993），頁75-127。

甚至成果來。

　　例如，上述諸方學者對〈大宗師〉文獻的爭議，其癥結就在這裡。即或自覺或不自覺地以西方形上學的思維和概念，來理解〈大宗師〉的道論語句，結果遂產生一種新的學術問題，那就是：〈大宗師〉這種實有形上學的表達，與《莊子》其他非客觀實有表達形式的內在生命心靈之道，如何周洽無隔？同樣的基礎所推論出來的另一問題則是，《老子》形上道論的表達形式，幾乎大都與〈大宗師〉之語句結構相似，所以他們當然也自然會將《老子》的形上性格理解成客觀實有形態。如此視域觀看下的判斷，又會帶出諸如這樣的學術難題，那就是：那麼《老子》和《莊子》的形上性格，到底是一還是異？強調一者，即堅持〈大宗師〉文獻的合法重要性，但他們卻也要面臨如何調和〈大宗師〉和《莊子》其他大量非客觀實有性表達的兩難。另外，強調異者，雖然將《老子》理解為客觀實有之表達，以別異於《莊子》的主體心靈之內在表達，但也同樣要面臨〈大宗師〉文獻事實的難堪，所以只好將文獻給擱置或解消。

　　然而上述《老子》、《莊子》〈大宗師〉這類文獻，必定是在表達像西方傳統形上學那種訊息嗎？假如不把這些文獻獨立出老、莊工夫實踐原則之外，假如不把這些文獻抽離出《老》、《莊》哲學精神的總體脈絡，又假如能自覺不把西方形上學的詞語概念，及其背後的思考模式挾帶進來，甚至自覺地注意並釐清彼此形上進路背後的文化關懷之差異，那麼，對《老》、《莊》這一類形上文獻的觀看視域，所重新帶回的理解詮釋圖像，將會有很大的「轉向」情況產生。簡言之，原來那種想當然耳的「洋格義式觀看」[13]，所投射出的實有形上學圖像[14]，就會被另一種觀看給

---

[13] 「洋格義」一詞，轉用自林鎮國對西方近現代學者對東方「中觀學」的詮釋過程中，所帶入的西方視域之觀看研究的總體現象之介紹和反省。參見林鎮國，〈中觀學的洋格義〉，收入《空性與現代性》（臺北：立緒文化事業有限公司，1999），頁181-210。

[14] 實有形上學的圖像觀看，其實仍然被某種「前見視域」所規範。這個前見顯然受到西方學術的思維和概念所影響下的「它者視域」，就這一點而言，胡適就是最明顯的例子之一。

「轉向」成不一樣的風貌出來。可以說，牟宗三先生身處二十世紀近現代學者那種客觀實有的觀看潮流中，是第一位強調回歸主體實踐，以觀看道家形上學的一位「視域革命」者。他可以說是在西方實有形上學的觀看潮流中，第一位造成《老》、《莊》實踐形上學觀看方式的突破和回歸的領航者[15]。

　　然而，牟先生之所以能有這種新視域的洞見和回歸，主要是因為他的「判教視域」所造就出來的。這裡所謂的判教，乃是指中、西形上學的對比批判，東方儒、釋、道存有論的同中之異之判釋，然後從中提煉出他對《老》、《莊》形上性格的重新觀看。換言之，牟先生在「判教視域」的方法論方面，有著深度、廣度的自覺，所以能同時對比地觀看不同視域，以反省西方思辨視域和東方實踐視域的形上性格區分。可以說，因為牟先生扣緊了《老》、《莊》工夫實踐進路的核心原則，以存在的進路作為文獻的基本詮釋視域（此異於唐君毅的語義類析法，和徐復觀的思想史方法[16]），加上他從西方形上學史的發展中，正視康德（Immanuel Kant）對獨斷形上學困境的批判，以及對東方實踐進路優位性和西方思辨進路的差異釐清，使得他自覺地避免將《老》、《莊》實踐形態給理解成客觀實有形態；否則，將會逼使道家形上學掉入西方古典形上學所遭遇的獨斷火坑，結果難逃猜天猜地的批判和解構。如此一來，道家形上學的優點不但消失不見了，又反將道家推入原本自家系統沒有的西方形上學困境中。換言之，自家的寶藏隱蔽了，它者的問題卻開顯了。

　　總之，牟先生不但不將這些形上文獻獨立出實踐的原則外，而逕直就文字結構進行獨立的語意分析，反而提醒我們：《老子》這些文獻的語法結構，所可能暗示的實有形上學之傾向，其實只是一種姿態而已。如果

---

[15] 正如袁保新先生指出的：「牟先生的解老在當代老學詮釋系統中是最突出的，也是最孤立的。」見袁保新，《老子哲學之詮釋與重建》（臺北：文津出版社，1991），頁51。

[16] 關於牟宗三的存在進路，唐君毅的語義類析，徐復觀的思想史方法之比較，請參見袁保新，《老子哲學之詮釋與重建》。

不能貞定住實踐的詮釋視域，那麼就會因為錯誤的觀看方式，而被姿態影像所迷誤。所以，真正的精神還在主體工夫所證悟的境界形上學，而這點正是《莊子》在其他文獻的表達方式中，所自覺要化除實有姿態的用心和貢獻。牟先生如是說：「老子之道有客觀性、實體性，及實現性，至少亦有此姿態。而莊子則對此三性一起消化而泯之，純成為主觀之境界。故老子之道為『實有形態』，或至少具備『實有形態』之姿態，而莊子則純為『境界形態』。」[17] 從牟先生的角度看，《老》、《莊》的形上性格在實質上還是一致的，其差別只是語言表達上的差異。如此一來，牟先生既承認了《莊子》內七篇在語言表達上，對《老子》形上表達的自覺轉化；但並不切斷《老》、《莊》形上性格的同質連續性；再則，由於他視《老子》和〈大宗師〉這一類文獻，只是一種實有的姿態，並非真正是西方形上學思維方式下的本體宇宙論，所以，他不必擱置或取消〈大宗師〉的文獻，只需要採取實踐視域的詮釋還原進路即可，所以我們看到，牟先生透過討論王弼之老學的詮釋過程中，其實是在進行一場對《老子》客觀實有姿態的語言表象解構式的還原工作[18]。這也就是王邦雄先生在循著牟先生所謂實踐原則的進路和境界形上學立場，對劉笑敢先生所提出的批判基礎：「劉笑敢先生據以論斷本體論或宇宙論意義的這一段話，確是內篇所僅見在生命主體之外客觀去論道的例外。倘若未有修養工夫去體現的話，將成理論的預設而已！」[19]（本章這裡只是從當代學者的詮釋發展來說明牟先生的特殊地位，至於牟先生對道家形上學的實際詮釋觀點之內容，筆者已有專文加以詳細討論[20]。）底下將直接進到牟先生之後，諸位學者對這個問題的反省成果和研究方向之分析和評論。

---

[17] 牟宗三，《才性與玄理》（臺北：臺灣學生書局，1985），頁177。

[18] 牟宗三，《才性與玄理》，頁128-167。

[19] 王邦雄，〈從修養工夫論莊子『道』的性格〉，收入《生命的實理與心理的虛用》（臺北，立緒文化事業有限公司，1999），頁197。

[20] 關於上述的細部討論，請參見拙文，〈牟宗三對道家形上學詮釋的反省與轉向——通向「存有論」與「美學」的整合道路〉，《臺大中文學報》第25期（2006年12月），頁283-332。

三、袁保新對牟宗三的繼承與突破：境界形上學所隱含的存有論之微光

　　牟先生的視域革命，所造成的《老子》「存在詮釋」之轉向，確實是個重要的里程碑。他迫使當代學者不得不正視西方實有形上學的思辨困境，以及東方實踐形上學的存在優位。唯一仍然令人難以適應的是，以語言文獻學式的解析為方法，心中預設有所謂絕對客觀事實、本來面目的歷史還原主義者，總是會覺得牟先生這種視明顯的語言結構為姿態，強行將之轉譯化解為主體境界形態的做法，多少帶有獨斷性的詮釋暴力傾向。換言之，牟先生這種判教形式下的重新解讀，多少帶有「創造性的詮釋」意味在[21]，然而這種「依義不依語」的創造性解讀，雖然頗能自我融貫其說，但還是令許多「依文解義」者，感到滯礙難安。總而言之，這個問題的關鍵，恐怕還涉及方法論的反省。

　　可以說，較早清晰意識到牟宗三實踐進路之革命轉向的重要性，並且能系統性反省近當代老學詮釋中的客觀實有進路之困境，且在方法論上較有自覺（對歷史還原法、語義類析法的反省、創造性詮釋學的運用），並企圖在承繼的基礎上，對牟先生的主觀境界形態之詮釋系統，再提出一些反省和突破方向的專著，乃屬袁保新先生的博士論文──《老子哲學之詮釋與重建》。這本專著，順著客觀實有和主觀境界兩種類型區分的脈絡，進一步對客觀實有形態進行當代老學詮釋史的追溯和反省，其中分別討論諸如：胡適、徐復觀、勞思光、方東美、唐君毅等詮釋系統[22]。並根據陳康先生對《老子》之道所分析出來的雙重性格──即「存有原理」和「應然原理」之異質異層並存的理論困境，來檢視實有形態的學者如

---

[21] 牟宗三此做法，實隱含了傅偉勳所提出的「創造性詮釋」之意味，尤其富有傅氏所謂「創謂」之精神，即能依義不依語地替作者講出作者隱含但未能清晰表達的意涵來。

[22] 據袁保新先生的分析歸納，他認為：「當代老學中，傾向於將『道』理解為形上實體之學者，為數頗眾，如錢穆先生、嚴靈峰先生，甚至徐復觀先生、勞思光先生、方東美先生亦有類似的趨向。」當然還有唐君毅。袁保新，《老子哲學之詮釋與重建》，頁59-60。

何解決、有無面對「實然」與「應然」混淆的困境[23]。然後在正視牟先生境界形態的實踐優位原則下,回歸《道德經》工夫論文獻來印證(所謂「《道德經》文獻的理論還原」),並運用勞思光先生的「基源問題」意識,從《老子》時代的價值崩落危機之背景來看出其意義關懷(所謂「《道德經》思想背景的考察」),以呼應牟先生所謂實踐進路的存在性格。換言之,袁先生既承繼了牟先生在中西形上學分判上的洞見,深入了解到使用西方實有形上學的概念和思維系統的詮釋困境;並從詮釋學(Hermeneutics)的方法論反省中,領悟到:尋求《老子》形上學本來面目之絕對客觀性,乃是一種將詮釋問題過度簡化的樂觀主張。所以他要從歷史客觀事實還原的困擾和焦慮中解放,並轉向老學詮釋學的新方向,試圖在當代老學詮釋系統的對比研究和反省中,提供出一個比較明確而合理的義理圖像來。最後,在傅偉勳先生「創造性詮釋學」的啟發下,袁先生也設計出具體的詮釋步驟,然後以一連串的問題視域,重新對經典文獻進行視域融合的對話工作。

　　筆者認為,袁先生在吸收牟先生(如中西形上學的分判)、傅先生(創造性詮釋學的方法論:Creative Hermeneutics)、勞先生(基源問題研究法)、陳先生(存有原理與應然原理的雙重性)、方先生(價值中心的存有論:value-centric ontology)等人的成果之外,較具個人突破性的

---

[23] 筆者認為陳康這個問題,還是在西方的學術視域脈絡下,即實然與應然二分、存有原理與倫理學原理二分的架構下,所提出的質疑。然而,這樣的問題視域實未必符合東方的文化脈絡。換言之,對《老子》而言,天道與人道之間本來就是不可絕對切割的共同場域,而且只有將人道放在天道這個基礎場域之中,人道之實踐層面的倫理應然價值,才會取得深刻而真實的意義。換言之,陳康這種以西方式的問題視域,來看待《老子》文獻的做法,其實是危險的。它很可能讓《老子》落入一種洋格義的困境。這個現象就好像勞思光用實然與應然二分的西方理論結構,來質疑《孟子》、《易傳》的天道與心性之關係,因為就勞思光而言,形上之天和道德心性的混淆,就是一種將道德應然價值建立在形上實然層的混淆。然而,很弔詭地,袁保新既強調要避免中西語言概念和思維系統的套用和混淆之困境,但卻在這個問題上,以陳康的判準作為檢證老學系統之得失,似乎忘了陳康這個判準實在是西方知識系統下的標準。而方東美提出的「價值中心的存有論」,正可破除陳康的判準,值得參考。

理論深度，主要在於下列幾項：

㈠以「道是價值世界的形上基礎」一觀念，超克了陳康所提出的「實
然」與「應然」異質異層的破裂質疑，重新使《老子》的形上之道與
人生之道通貫無礙：「所謂『道』乃價值世界的形上基礎，我們不妨
從方東美先生『根據中國哲學的傳統，存有學也就是價值論，一切萬
有存在都具有內在價值，在整個宇宙之中更沒有一物缺乏意義』的這
種見解出發，首先了解存在界之所以能相續相生，是因為存在界涵具
著一種整體的、和諧的價值秩序，在這秩序中每一事物都有其應具的
本然地位，以及與其他事物的關係。換言之，整個存在界其實就是價
值世界，而『道』也就是規範這一切事物的地位與關係的價值之理。
亦即從後設反省的觀點來看，所謂『道』也就是老子心目中，人類理
解自己在存在界中的地位，決定自己與其他人、物、鬼、神、天地之
間關係底意義基礎，或規範一切的價值理序。」[24]

㈡以道家的「以道觀道」來反省牟先生「主觀境界形態形上學」的語言
概念之弊病。即，指出「主體」、「主觀」一類的用詞顯然是滯辭，
它雖然突顯了實踐層面的主體能動性，但也因此讓體道境界的「客觀
性」或「超主客性」隱沒了：「『存在詮釋』所揭露的自我心境，其
實也正是一個價值世界的展現，其間原無主、客性質的截然區分。換
言之，牟先生『存在詮釋』所豁顯的『境界』，一方面必須待主觀實
踐而顯，但所顯的境界卻是一項『前主客二分』的經驗，直屬於價值
世界的最後根源『道』。這是順牟先生『境界形上學』的理路，可以
發展出，而且也應該建立的一項反省。否則，『存在進路』的詮釋，
極容易被誤解為一種『主觀主義』的詮釋，這顯然違背了牟先生的本
義。」[25]

---

[24] 袁保新，《老子哲學之詮釋與重建》，頁102。

[25] 袁保新，《老子哲學之詮釋與重建》，頁76。問題是，第一項反省，牟先生或可欣然接受，但第二
項反省則恐怕已超出了牟先生的境界系統，而開啟另一可能。但袁先生在此，洞燭靈光，卻點到為

㈢筆者認為更具有理論開創性的是，袁先生提出的「道之作為存在界的價值理序」一觀念，除了具有解決實然、應然二分的困局之外，它其實更企圖延展牟先生境界之道的真實「客觀性」，所可能具有的「存有論意涵」，只是他在表達策略上採取欲說還休的隱微和含蓄態度[26]。換言之，袁先生並不完全滿意牟先生主觀境界形上學的關鍵，除了涉及概念的使用外，更重要的是在內容實質上，如他說：「通過道家修養所證的『境界』，就其繫於主體實踐而言，固然是主觀的；但是就其與物一體呈現而言，則道所照明的存在界，顯然具有兩重特性：一是每一存在物生育成長的動力，均內在於自己；二是這一內在動力只有在不禁不塞、萬物各安其位的情況下，才可能實現。前者，透露出『道』與萬物的關係不是外在因果的關係，後者則含蘊著存在物之間基本上是一個有機的整體，而『道』也正是提供這整體世界秩序的根源。換言之，『不生之生』雖然是主觀修養的親證，但客觀地分析，這一理境必須預設著前述兩個存有學的命題方能成立。這也就是說，『道』固然不宜解做『實體』、『第一因』、『必然律則』，但這並不意味著它就沒有客觀性。老子之『道』的客觀意義，靜態地

止。

[26] 就這一點而言，筆者認為那是任何想與牟先生這樣體系精嚴的學問高峰對話的青年學者，都必然會有戒慎恐懼之心境。這可驗諸作者後來正式出版的〈自序〉所提到：「其實，真正讓我擱置出版建議的原因是：我對自己的論文還沒有十足的信心，我認為自己日後一定會提出一些更成熟的、修正性的看法。然而，七年的時間一轉眼即過，……稍稍不同的是，我比較敢於用更明確的概念、語句，來表達我在博士論文寫作期間欲語還休的想法。」袁保新，《老子哲學之詮釋與重建》，頁1。另外，袁先生在十三年後對周大興和劉笑敢的回應稿中，也再度提到一件耐人尋味的心路歷程：「1984年8月，我應第一屆中國哲學會議之邀，發表〈老子思想中『道』之形上性格底商榷〉。事實上，這篇文章是我博士論文的一次縮寫，只是在措詞上我的用語更明截了些。……然而，很遺憾地，這篇論文的提出，並未得到充分的迴響。在會議中雖然有激烈的討論，但是與會學者似乎不能跳脫師門傳統的包袱，就文章本身來檢討我贊成或反對的理由。而我當時也嫌稚嫩、歷練不足，未能在應答之際，委婉補充說明我不同於牟先生的見解，迫得只能困在『批方、批唐、擁牟』的格套中答辯，想來也頗感無奈。」見袁保新，〈再論老子之道的義理定位〉，《中國文哲研究通訊》第7卷第2期（1997年6月），頁148-150。

說是實現一切人我、物我和諧共生的價值理序；動態地說，『秩序亦即一種動力』，它同時也就是使萬物得以相續相生的實現性原理（動力）。」[27]

　　就筆者觀察，袁先生當時已或隱或顯地意識到：實有形上學之路不通，但境界形上學之路著實亦不夠飽滿。而這飽滿之處何在？當時，他亦只能曲折而隱微地看到了一線超越境界形上學的可能曙光，在於反省道家實踐進路的存有論之可能。換言之，客體實有的姿態雖被解消了，但道家存有論的客觀真實性，是否也會被牟先生給減殺了呢？就筆者來看，袁先生所看到的這線曙光，具有很強的未來性，它很可能再一次重新地照耀道家形上學的豐盈飽滿。可惜的是，袁先生當時並未更進一步地朝著存有論的詮釋進路，再度回到道家文獻來，實質而具體地嘗試道家存有論的細部詮釋工作，只滿足於「道作為價值世界的形上基礎」這一觀念的畫龍點睛。而且，在其後來的學術生涯中，主要看到的卻是袁先生用海德格（Martin Heidegger）來詮釋儒家（尤其《孟子》）的義理，卻幾乎見不到海德格和《老子》的對話了。雖然在十多年後，他亦明白地宣稱：「究其實，在我心目中，老子的『道』相當於西方哲學中的『存有』（海德格意義的Sein，而非Seiendes存有物）。」[28]

　　最後，袁先生之所以會看到這道突破性的曙光，很顯然，他背後有一個藏鏡人，和一個暫時無言卻有其實作用的詮釋系統在作用著——那就是海德格和他的基本存有論之系統[29]。要提醒讀者的是，海德格和道家的可

---

[27] 袁保新，〈再論老子之道的義理定位〉，頁150。這段話的意思，其實已隱含在當時的博士論文中，並在1984年發表由博論觀點濃縮的論文〈老子思想中「道」之形上性格底商榷〉中，再度提及契近的觀點。而這樣的觀點，和底下筆者將分析的陳榮灼先生的主張，有呼應相通處。

[28] 袁保新，〈再論老子之道的義理定位〉，頁154。

[29] 袁先生顯然在當時就注意到海德格和老子的密切相關性，他在第一章〈導論〉中就提到：「當代西方最具原創性的形上學家海德格，曾數度表示老子『道』的思想，非常接近於他對『存有』的理解。」袁保新，《老子哲學之詮釋與重建》，頁4。有趣的是，袁先生在此書〈自序〉中，就明白地說出他的心路歷程，並且在十三年後的最新一篇回應稿中，再度提到這種心路歷程：「原本計畫寫作有關老子與海德格的比較這一方面的論文，但是當時國內無論是師資還是研究資料，都無法協

能親密關係，對現在的學術界視域而言，幾乎已是常識；但讀者若將時光回溯到臺灣、二十多年前左右的學術視域來看，當時的海德格和他的存有論系統，其實才開始要正式介入到中國哲學的詮釋舞臺上來。所以袁先生此洞見，在當時是具有前瞻性的[30]。

四、再議一樁學術新公案：袁保新與劉笑敢的對話與交錯

袁先生這部著作，可以說是在二十多年前，較早意識到有必要「接著」牟先生系統講，而不只是「順著」講，嘗試往前邁開步伐的攻尖之作[31]。然而有趣的是，雖然這部著作頗受肯定[32]，後來許多學者在討論《老子》形上學一課題時，也常常引用其觀點；但據筆者的觀察，真正看到袁先生對牟先生的批判性繼承所在，並了解他對牟老的突破性發展之關鍵者，似乎並不多見。所以學界在這許多年來，正式撰文以系統性討論並回應袁先生著作的論文，可以說是僅只一二。例如周大興先生所撰寫的〈儒家大路道家棧──《老子哲學之詮釋與重建》評介〉一文[33]，和近來

助我有效地展開海德格的研究，因此將論文只好鎖定在老子形上學方面，海德格則權且隱身在背後成為一個參考系統。」袁保新，〈再論老子之道的義理定位〉，頁145。

[30] 在當時臺灣1970年代的學術環境裡，中國哲學幾乎主要都在唐、牟、徐的新儒家系統籠罩中，所以除了牟宗三、唐君毅討論過海德格外（而且並不特別欣賞），能真正看到道家和海德格對話詮釋可能性者寥寥無幾。其中筆者認為比較重要而具有創造性者，乃是已故傅偉勳教授，和旅居海外的陳榮灼先生。尤其特別是陳榮灼先先，而袁先生也可能在這一點上，與他們有過思想交涉。

[31] 「順著講」和「接著講」，是目前學界喜歡用來描述那種面對大師級的學術典範時，兩種對比性的學術取向，前者是指純粹的繼承，後者則是強調批判性的繼承和創造性的發展。可以說，前者有維護權威傳統之效，後者則有繼往開來之可能。例如，目前學界有一種「後」牟宗三時代、「後」印順時代的呼聲，這就是強調「接著講」的精神。

[32] 據王邦雄先生的轉述，袁先生這篇論文甚至頗受牟先生的肯定。參見王先生為此書所作的〈序〉，見袁保新，《老子哲學之詮釋與重建》，頁1。

[33] 周大興，〈儒家大路道家棧──《老子哲學之詮釋與重建》評介〉，《中國文哲研究通訊》第2卷第3期（1992年9月），頁70-83。周氏此文對袁氏所提出的一個核心質疑，即認為從牟氏的主觀境界到價值中心的存有論建立，實還有一段曲折長路要走。筆者認為是因為袁氏還未真正進到道家式的海德格存有論詮釋，若經過此一過程，周氏之疑則可得解，對此，我將在討論陳榮灼對道家的海德

才出版的大陸學者劉笑敢先生的〈關於老子之道的新解釋與新詮釋〉一文[34]。最後，袁先生亦撰文一併回應之。基本上，筆者認爲這是近年來在牟宗三時代之後，對《老子》之道的形上性格，比較具有回顧且前瞻性的一次討論。它反映了許多問題的癥結和解開的可能訊息，筆者認爲有必要加以討論和分析，下文就從這個學術爭議的新公案討論起。

　　首先從形式的輪廓上描述劉笑敢先生此論文。劉先生此文明顯有一個企圖，那就是回顧過去以向前發展。具體地說，空間上他觸及到大陸、臺灣兩岸學者。時間上他簡單地回顧了從近當代學者胡適開始到牟宗三，尤其以袁保新的博士論文，作爲他總體回顧的基本參架，並以之作爲主要的對話對象。在理論的間架上，他承繼了袁保新從牟宗三判教詮釋中，所提出的實有形上學和境界形上學之兩類型劃分。只是在解釋的操作形式上，他自己又將目前中文學界對《老子》之道的討論分爲四類：「一、本體或原理類，由胡適和馮友蘭爲開端和代表，絕大多數華人學者的觀點屬於此類。二、綜合解說類，可以方東美等爲代表。三、主觀境界類，僅牟宗三倡之。四、貫通解釋類，可以袁保新爲代表，本文的探索也屬於此類。」[35]另外，在方法論的反省上，他強調自己是客觀的解釋與主觀的詮釋並重[36]，並且在對過去的解釋系統進行一個簡短的歷史考察後，試圖進一步在理論探討的層面上，提出他自己對《老子》之道的理解和詮釋；最後並將之和基督教的上帝、現代科學的發展新趨向相對話。基本上，本章

格式詮釋後，再來回應周氏這個核心的問難。

[34] 劉笑敢，《中國文哲研究通訊》第7卷第2期（1997年6月），頁1-40。後來又收入劉笑敢，《老子》（臺北：東大圖書股份有限公司，1997），頁183-238。

[35] 劉笑敢，〈關於老子之道的新解釋與新詮釋〉，頁2。

[36] 所以劉先生此文就叫做〈關於老子之道的新解釋與新詮釋〉。然其對兩者的簡單界義是：「所謂解釋側重於客觀地描述和說明的努力，所謂詮釋則允許個人的理解和闡發。」劉笑敢，〈關於老子之道的新解釋與新詮釋〉，頁1。在臺灣的語境中，劉先生的「解釋」（explanation）一般都譯作「說明」，而劉先生的「詮釋」（interpretation），在臺灣則有時譯成「詮釋」，有時譯成「解釋」。所以臺灣對「Hermeneutics」有「詮釋學」和「解釋學」兩種譯法。可參見陳榮灼，〈哲學翻譯問題〉，收入《「現代」與「後現代」之間》（臺北：時報文化出版企業公司，1992），頁218。

對劉先生此文的討論重點，主要是放在他和袁先生的對話焦點上來分析。至於一些較外延性的問題，則不是本論的重點[37]。

　　對於劉先生所做的四類區分，首先可以這樣來看：基本上，這是將袁先生對近當代學者們的老學詮釋系統之討論（諸如胡適之、徐復觀、勞思光、方東美、唐君毅、牟宗三等人），所給予的另一種分類罷了。從理論的觀點來看，它的關鍵處，主要還是涉及袁先生的兩大核心論據：一是實有形態形上學與境界形態形上學之區分，二是存有原理與應然原理之關係的討論。如何說呢？袁先生的著作焦點首要在討論《老子》之道的形上性格，而他討論的程序一方面承繼牟先生對中西形上學分判所做出的區分：即客觀實有與主觀境界之區分，二方面是想要反省牟先生的主觀境界，以開出道家存有論的可能曙光。換言之，若從分類的角度來看，也可以說袁先生基本上看到了《老子》之道的三種詮釋形態：一是「實有形態」，二是「境界形態」，三是將形而未形的「存有論形態」。而劉先生所說的第一本體和原理類，是直就客觀實有形態而言；而第二的主觀境界類，當然是就牟先生的詮釋而言[38]；至於他說的第三貫通解釋類，就是以袁先生的

---

[37] 例如劉先生順著大陸學者董光璧《當代新道家》的觀點，想要挖掘老子之道與科學的關係，企圖連結老子之道與當代科學發展的新論點（如宇宙大霹靂說等）。此類比較雖亦頗饒趣味，但實忽略兩者之間的根本差異。例如作者所引用的卡普拉也有此問題，他善用相對論和量子力學之後的當代物理學之宇宙觀來應合佛教和道家、甚至儒家的世界觀；然而他並沒有注意到佛教是不談形上學的，而道家的道也不是純粹科學的對象，它是統合存有論與價值論於一身的體驗式概念，而儒家的天道也是個意義宇宙的概念。而且，道家在某個根本立場來看，顯然對科學的表象思維和科技的宰控傾向，是比較契近於海德格對現代科技的批判立場。所以輕易將道家和現代科學發展給比附在一起，極可能再度陷入洋格義的困境。而以劉先生一向重視文獻歷史還原的嚴謹治學態度，這應該只是他較外延性的發揮，而非他主要的關懷和擅長才是。事實上，劉先生在其《老子》一書的〈序〉中，也一再強調其重點在歷史還原的解釋部分。可參見董光璧，《當代新道家》（北京：華夏出版社，1991）。

[38] 牟先生這種境界形態說在臺灣學界的影響力，應該遠超過劉先生以為「僅牟先生倡之」的判斷。其實，牟先生對儒釋道的詮釋架構，到目前為止，對臺灣學界都還是主流的說法之一，絕非牟先生獨倡而已。如牟先生的學生輩王邦雄和吳汝鈞等人就承續境界說，甚至王邦雄先生還曾以牟先生的境界說為據，質疑過劉先生在其博士論文中，將莊子之道理解為本體宇宙論的困境。參見王邦雄，〈從修養工夫論莊子『道』的性格〉，《生命的實理與心理的應用》，頁185-212；吳汝鈞，〈牟宗

詮釋系統和自己為代表。就筆者觀察，袁先生在實有與境界形態的夾縫中，企圖找到第三條活路；其重點主要還不是在於對「道」尋求一個貫通性的定義，而是在於為「道」尋出一個跨越實然與應然之二難，又具有道家存有論意味的可能性出來；所以貫通解釋類一說，流於方法論式的素樸描述，未必切中袁氏的關懷核心。至於劉先生所說的第二種綜合解說類，主要是指那些同時注意到「道」的多樣性，避免單從客觀實有一方面來定義「道」的做法，例如方東美的道體、道用、道相、道徵，嚴靈峰的道體、道理、道用、道術，唐君毅的道之六義貫釋，和陳鼓應對道的多義概括等。

　　「道」在《老》、《莊》系統中，有多向度意義是個明顯的現象，這是大多數學者都會注意到的，並不只有上述綜合解說類的學者才這樣主張。問題的癥結應該是：這些對「道」的多元描述和運用現象中，哪一向度的義理才是首出的？再則，多元意義之間會不會扞格、有無融通的可能？又如何融通？例如袁先生就注意到「道」的歧義性問題，並從陳康那裡得到理論檢證的關鍵在於：怎麼解決實然原理和應然原理的融通。事實上，劉先生也注意到這種綜合說的「道」之多樣性，其實就如袁先生所指出的，正可以被包含在存有原理和應然原理兩範疇中，只是劉先生是以客觀存在的形而上學意義和形而下的價值論規範性意義這兩項來說明而已[39]。然而，就牟先生和袁先生的分判指標而言，這些綜合說若不是以客觀實有的形上實體為第一義，不然就是至少保有「道」是客觀形上實體之一義[40]，所以這些表面上強調「道」之多樣性的詮釋系統，其實還是可以

<hr>

　　三先生對老子的道的理解〉，《老莊哲學的現代析論》（臺北：文津出版社，1998），頁245-268。

[39] 筆者贊成劉先生所謂「道是貫通形上和形下」的主張，但對他在這裡將存有原理和應然原理各劃歸在形上和形下的兩層做法，並不贊同。因為這樣做，又會陷入他對袁氏所批判的西方式之二元困境。筆者認為道家在天道論層面和人生論層面之間，是融貫無間的。用海德格的語言說，這兩者都是ontological層次，而不是一者是ontological層次，另一卻是ontic層次。對於此問題，筆者認為可從道家的道與德的關係，來和海德格的原始倫理學做比較發明。

[40] 就筆者的觀察而言，例如唐先生就是以形上實體為第一義，方東美的道體和道用之說就具有本體宇

被歸類爲客觀實有形態一類；而且這些強調「道」之多向度的系統，它們未必眞能意識到存有與價值之間的理論溝通問題[41]。可見，劉先生這四類分法，基本上還是承續袁先生之觀點而做出的一種權分。筆者倒是認爲劉先生在這四類分法之後，所提出的一項觀察和判斷，比較富有理論性的趣味，他說：「總結上述對老子之道的四種定義或解釋，我們可以發現一個發生順序與邏輯順序相一致的演化過程，即最先出現強調客體性的本體或原理說，然後發展出兼賅客體與主體、實然與應然的綜合說，接著出現了倒向價值意義的主觀境界說，最後走到了超越主與客、價值與存有的貫通說。」[42]

劉先生此說法，頗有理趣。雖然筆者不認爲這是個嚴格發生學順序，但確實是可以從理論意義上，做出前後發展的邏輯順序來。換言之，可以從理論的分類上，針對某個核心議題，來劃分理論系統的成熟發展次第之類型。事實上，理想的學術發展系譜，本來就該是個批判性的繼承和創造性的發展之連續性歷程。所以，若從「本體原理的客觀實有說──到主體與客體兼賅綜合說──再到主體境界說──然後再到超主客的貫通說」這個理論脈絡來看，劉先生此種分類法是有其參考價值的理趣。或許可以這樣說，劉先生巧妙地將袁先生對諸理論的平鋪討論中，將之轉成理論發展次第的分類說。不過，劉先生既將袁先生和自己歸類爲第四種，應該是較成熟的貫通說，自然劉先生會認爲袁先生和他自己的系統應該是更加後出轉精才對。故劉先生如是說：

　　袁氏之說意在補充或糾正牟氏之偏，他對道的新解釋簡潔明

宙論式的實有形上學之義，陳鼓應雖然較強調老子之道主要在形上層面落實到人生層面，但他以老子之道爲本體宇宙論式的觀點卻是明確一致。

[41] 比較特殊倒是方東美先生，他曾明白地意識到此問題並提出解決之道，換言之他不認爲這對東方系統會真正構成問題。可參見袁保新，《老子哲學之詮釋與重建》，頁42。

[42] 劉笑敢，〈關於老子之道的新解釋與新詮釋〉，頁9-10。

確，相當精采，足以作爲本文進一步研究的階石。[43]

　　袁保新的貫通說在全面反省前人成果的基礎上，厚積博發，試圖糾正客觀實體說和主觀境界說兩方面的偏頗，提出道是價值世界的形上基礎，確有灼見，對《老子》原文的解釋也頗能引發新意，把現代人對老子之道的解說推到一個新的層次，本文對道的研究就是以袁氏的成就爲基礎或階梯的。既然我們承認袁氏的研究很有成績，爲什麼還要再做探索而沒有逕採袁氏之說呢？因爲筆者認爲，學術研究是沒有止境的，我們只能力求在已有的研究成果上再進一步，而不能指望自己或某個人已經到了最後的頂點。事實上我們對袁氏的結論還有一保留意見。[44]

　　本來，學術就是一條長流生生的大河，後者站在前者的肩膀而看得愈遠，乃是學術傳承最平常之事，而以學術爲志業的學者，本該就有社會學家韋伯（Max Weber）所謂自覺並期待後人超越自己的胸懷──「學術工作要求被超越」[45]。所以劉氏以上的表白倒是眞誠的平實之言。然而筆者要進一步考察的是，劉氏既許袁氏和他自身爲第四類的貫通說，想必都歷經前三種理論的考驗和演化才是。換言之，劉氏這個第四種類型，不但應能承繼前三種理論演進出來的理論優點，並也應能克服前三者所遭遇的理論困難，最後在理論言說系統之間，應頗能融貫一致而無矛盾才是。除此之外，劉氏既自覺站在袁氏的基礎上來批判地繼承之，那麼哪些是他繼承的？哪些又是他所批判的？而這些繼承和批判的內容，顯然也都值得再加以考察一番。

　　現在，先從一個核心問題談起。如上文曾引述過的，劉氏在說明前

---

[43] 劉笑敢，〈關於老子之道的新解釋與新詮釋〉，頁9。

[44] 劉笑敢，〈關於老子之道的新解釋與新詮釋〉，頁10。

[45]【德】韋伯，〈學術作爲一種志業〉，《學術與政治：韋伯選集1》（臺北：遠流出版公司，1985），頁126-131。

三種類型的特色之後，強調，到第四種才演化成：「最後走到了超越主與客、價值與存有的貫通說。」換言之，劉氏所謂貫通說之重點在於「貫通主客二分、貫通價值與存有二分」這一核心意義上，換上劉氏的話說，就是「貫通形上和形下二分」。對這一點而言，前文在討論袁氏對牟氏的修正觀點之一時，就曾指出袁氏對牟氏「主觀」境界之用語的檢討，並提出體道境界是超主客的；另外，亦看到袁氏消化方東美「價值中心存有論」的洞見，然後解決存有（實然）與價值（應然）的異層鴻溝。就此而言，劉氏的貫通說頗能把握袁氏之理論核心而提出；但有趣的是，劉氏卻並不完全認同袁氏的做法：

> 本文注意在老子之道的詮釋過程中避免存在與價值的分裂，強調道貫穿於形而上與形而下世界的特點，其中一部分就是受到袁保新的啓示。不過，筆者認爲袁氏所討論的問題之所以成爲問題，完全是因爲學術界在解釋老子之道時未加說明地使用了「存在」、「實然」、「應然」等西方哲學的概念而引起的，所謂必然性和規範性的矛盾，或存有原理和應然原理之間的對立在老子之道中本來是不存在的。袁氏之所以感到困難是因爲他也不能跳出一般人常用的西方哲學的概念和思維框架。[46]

劉氏對袁氏以上這一點的繼承和批判，筆者基本上贊同，但仍然覺得很有必要加以說明或釐清。爲何說認同劉氏的批判面、但仍須加以澄清呢？首先，袁氏既然繼承牟氏對中西形上學分判，又很自覺地要避免將西方哲學和形上學的概念系統套用在《老子》身上，所以拒絕本體宇宙論式的詮釋，並以「道」作爲價值理序的形上基礎，來貫通實然與應然的異質問題。然而耐人尋味的是，袁氏最後顯然也是回歸到方東美那種東方式的

---

[46] 劉笑敢，〈關於老子之道的新解釋與新詮釋〉，頁9。

「價值中心的存有論」觀點，來超克西方式的理論困境。那麼為何袁氏又會被陳康所謂「道的異質性」困擾呢？即道的存有原理與應然原理的異質雙重性之困境，難道不也是陳康不自覺地在西方哲學範疇劃分下，視域錯置地拿來觀看《老子》之「道」所產生的問題嗎？然而袁氏卻要以它作為引導性的問題來展開當代老學詮釋系統的理論檢驗，這樣的做法不也很弔詭嗎？而袁氏似乎並未充分意識到這個檢證方法的錯置性。所以，在這點上，筆者覺得劉氏的批判是有道理的，即袁氏在此似乎也順著陳康而落入了西方哲學的概念和思維框架；事實上，回到中國古代文化傳統和《老子》自身，這個問題自然就不存在了。但筆者認為這裡還是有細微之處，是需要進一步加以澄清的。

　　首先，我們可以問：為什麼回到《老子》和中國文化傳統自身，這個問題就不存在了？雖然說，這是個西方學術典範下的視域問題而不是我們自身的，但為什麼《老子》的思想不會有這樣的困境？換言之，這還是個需要回答的問題。一言蔽之，因為它涉及中國天人合一式那種人和世界的根源關係之說明。換言之，這絕不是因為古代人頭腦素樸意識不到這個問題，所以才不存在這個問題；而是中國古代的世界觀是一種天人合一的意義世界觀，它並不是將人當成是封閉的孤立主體，然後以對象化的思維將世界表象成站立的對象客體。事實上，它是將人看成像海德格的Dasein之「在世存有」（Being-in-the-world）一般，人徹頭徹尾就活在天地宇宙中而與之不斷地進行著意義豐盈的理解作用；世界之存有從中國古代的觀點而言，乃是與人之自我理解不可分割的宇宙天地，它從來就被古代中國人視為一意義豐盈、充滿價值的意味世界。換言之，世界和人的關係是主客未絕對區分之前的感應、興發關係[47]。

　　如此一來，可以理解到：《老子》所謂的形上之道本來就不是超絕

---

[47] 若借用布伯（Martin Buber）的話說就是：人和世界不是「我與它」的主客關係，而是「我與你」的親密互融關係，參見【奧】布伯，《我與你》（臺北：桂冠圖書股份有限公司，1993）。

於人之外的什麼實然的客觀性，那種實然宇宙觀其實是西方近代哲學所表象出來的客體物理世界，但它並不是《老子》超主客式的道通爲一之意蘊世界。由此可見，《老子》的存有之道本身就具有價值意味，甚至可以說，它即是價值宇宙本身；只是這個價值，不是那種將人孤離出天地世界之外，光禿禿的孤立主體在其自身人倫範疇中，所設定的人類中心主義式的價值，反而是將天地人神一切可能的存在都考慮在內的非人類中心主義式的價值本身。由此可見，《老子》之道是即存有即價值、即價值即存有的。而這個存有既不是客觀之實然物理層面，價值也不是主觀之應然規範；它其實是西方那種實然與應然二分之前的一元整體。而在這個一元的整體之中，世界不斷在召喚著人（人道），而人也不斷在呼應著世界（天道），天道和人道乃貫通爲一，存有與價值乃相即不二[48]。總之，它既不是混淆，也不是什麼前科學式的素樸觀念[49]。用海德格的話來說，這種世界觀下的人和世界存有的關係，反而是比科學式的主客思維還要更根源的，它甚至是後者的活水源頭，用他的話說便是「存有論基礎」。

　　再來，還可以繼續問：這個問題在《老子》本身並不存在，是不是等於在當代學者所詮釋的《老子》系統中也不存在這個問題呢？筆者認爲問題和答案都沒有那麼簡單。因爲，我們說《老子》本身沒有這個問題，是就眞能回到《老子》本身之典範，而揭露出《老子》之「道」和「人」的原初性關係而言。換言之，這是稱理而談。然而一旦離開《老子》這個原初視域本身，甚至不自覺地用西方形上學式的語言來看待《老子》，那麼使用西方概念的同時，必也同時將那些概念背後的思維和困境一併給帶了進來。換言之，當學者將《老子》之「道」理解成西方式的客觀存有

---

[48] 筆者並不贊成劉氏用形上和形下的貫通說之，因爲此時的人道也是ontological層次而不是ontic層次。若強調形上和形下則有隱微的二元相，而且如何貫通則又會是個理論難題。

[49] 不管是把老子之道當成是由前科學的素樸觀察和推想所得出，或是將老子之道輕易地比附於當代科學之發現，都忘了兩者在方法論上以及存有論上的層次差異。在這一點上，筆者贊成陳榮灼的看法：「作爲一種基本存有論，道家既不會被任何的科學論證所證成，也不會被它來否證。」陳榮灼，*Heidegger and Chinese Philosophy*（臺北：雙葉出版社，1986），頁130。

原理時，那麼屬於人道層次的語句必同時被當成是主觀的應然原理。如此一來，「道」的歧義性之現象就會突顯出來，而異質異層的理論困難也必然同時出現。可見，像陳康這類受過西方學術啓發的現代學者們，他們既然以西方的形上學視域來詮釋《老子》之「道」，那麼他們所詮釋出來的老學系統必然也就會出現這樣的二元困境，只是他們未必都能像陳康那樣自覺而已。就此而言，袁氏要用這個問題來檢討近現代學者的老學詮釋系統，倒也有他的相對合理性在[50]。只是他自己的解決之道，終究是要跳出這個作繭自縛的框架。

　　敏銳的讀者一定會發現，其實劉氏和袁氏最大的不同、劉氏對袁氏最主要的批評，還不是在上面這一點，而是在對《老子》之「道」到底是否是客觀實有形態？有無本體宇宙論意義？這是有關《老子》之「道」的形上基本性格之判斷。試看劉氏以下的觀點，就可一目了然：

　　　自從人類有了抽象思考的能力，人們就不斷地追問和探求世界的統一性問題，或者追問有沒有一個統一的起源，或者探求世界有沒有統一的根據，並試圖做出一種回答。神學家以上帝的概念來回答世界的起源和總根據，哲學家則以理念或物質規律來回答世界的統一性根據，老子則以道來解釋世界的起源和萬物共同的根據。所以道是老子對世界之統一性的根據或原因的一種解釋和詮釋。說它是一種解釋，因爲道的概念有描述客觀原因的意圖，反映了老子探求世界之眞相的意圖，說它是一種詮釋，因爲道的概念也融入了主觀的體驗，有價值取向的意義。我們借用解釋與詮釋的概念來說明老子之道既是老子對客觀實有探尋的結果，也是老子的價值取向的體現，二者本來就是合而爲一的，不

---

[50] 袁氏亦自覺到：「嚴格論之，前文解析所逼顯的義理糾結（筆者注：亦即陳康所謂道的異質性），未必是老子思想的混淆與疏漏，但卻是籠罩在現代知識氛圍中的詮釋者，不得不反省追問的問題。」袁保新，《老子哲學之詮釋與重建》，頁34。

必強調其中一個方面而貶低另一個方面，也不必把一個方面歸結為形而上，把另一個方面歸結為形而下。……世界的總根源的說法顯然和宇宙論或宇宙生成論有相似之處，而總根據的提法與本體論也有密切關係。這裡選用根源、根據、統一性這些極普通的詞彙，而不用宇宙論、本體論這些慣用的哲學術語當然不是為了標新立異，而是為了避免讀者透過西方哲學概念來了解道所可能造成的誤會。我們不應否定道有類似於西方宇宙論和本體論的思想內容，但要避免把道當作西方形上學式的概念，從而產生道代表實然還是應然，代表存有還是價值，代表存有的概念能否作為價值的根據等不必要的麻煩。[51]

　　由上可知，劉氏首先是將「道」理解成是由人的抽象思辨所推想的一種解釋世界起源之根據的統一性觀念，然後他再從解釋和詮釋的兩面向去說明《老子》之「道」：一方面既是客觀實有的，另一方面又具有主觀體驗，並主張客觀實有和主觀價值體驗是合而為一的。最後卻頗為游移地指出：應該承認「道」之客觀實有性具有類似西方宇宙論和本體論的內容，但為避免讀者用西方哲學概念來了解道，故選用根據、統一性這些詞彙。很弔詭的是，劉氏其實是用西方形上學的思維方式來理解《老子》之「道」，所以《老子》之「道」在其實質的內容上已傾向西方那種本體宇宙論式的內涵了[52]；但他卻又因為擔心被理解成西方形上哲學而遭到誤會或批判，所以又主張在名相的使用上要避開，改採「根據」一類的說法。然而細心的讀者必會覺察出這個弔詭，即儘管在名相上要避開西方形上學式的麻煩，但骨子裡卻又是西方形上學的內容，這如何不造成措詞之兩端

---

[51] 劉笑敢，〈關於老子之道的新解釋與新詮釋〉，頁13-15。

[52] 劉氏對老子之道的客觀實有性這一面的理解方式，幾乎就是海德格所要批判解構的「存有－神－邏輯學之構成」（onto-theo-logical constitution）。參見【德】海德格，〈形而上學的存在－神－邏輯學機制〉，收入孫周興選編，《海德格爾選集（下）》（上海：三聯書店，1996），頁829-833。

游移？又豈真能避開誤會與批判。再加上，由於劉氏將《老子》之「道」
理解成客觀實有之道，那麼價值體驗頓時又成了主觀之另一面，這時又如
何可能真能如作者所樂觀宣稱的：「二者本來就是合而為一」？正如上文
所分析的，就《老子》的系統本身而言，存有和價值確實是合一不二的，
但將《老子》的存有之道給詮釋成客觀本體宇宙之道時，它必然就同時帶
出客觀存有與主體價值的異質兩難。可見，劉氏的老學詮釋系統，自己也
是更加曲折而隱微地落入了西方形上哲學的概念和思維困境中了。雖然他
也在原則上意識到這個西方式的問題，不該是《老子》本身的難題。

　　可確定的是，袁氏對這兩點都是明確否定的，因為就如前文筆者曾
分析過的，袁氏在這一點上是非常欣賞而承繼牟先生的，所以他不可能再
去用西方形上學式的思維方式和概念，將《老子》給詮釋成既無法融貫、
又經不起批判的實有形態形上學。所以袁氏才要追溯牟先生之前、那些近
現代學者所詮釋的本體宇宙論式的困境，並以牟氏為一重要的革命轉向之
關鍵。換言之，若以劉氏的四階段類型說來看，袁氏是承繼了第三階段的
牟氏說對前面類型的批判，然後才後出轉精地提出道家存有論的新前瞻。
然而，劉氏既然歸屬自己為第四種類型的貫通說，想必在這一點上應該要
和袁氏接近才是。然而，極令人意外的是，劉氏在這一點上是和袁氏大異
其趣的，甚至在此批判袁氏，以提出他自己的看法。簡單地來說，劉笑敢
先生既肯定《老子》之「道」具有客觀實有形態，同時也允許《老子》之
「道」具有本體宇宙論的意味，雖然他偶爾也出現游移的措詞，然而骨子
裡他還是傾向西方形上學式的理解方向。換言之，在《老子》之「道」這
個最核心的問題上，劉氏明顯同情他所劃分的第一種實體類之觀點。令人
不解的是，他雖歸屬自己為第四類型，但卻在這一點上又有回到第一種類
型的傾向，而且似乎並未特別意識到實踐境界類型對思辨實有類型的批判
性和難容性；雖然他偶爾亦提到第一種類型在運用西方形上學上的詮釋困
境，好像他亦同意或繼承牟先生似的，但事實上，在這一點他卻有騎牆之

嫌，劉氏並不像袁氏那樣從骨子裡同意並承續牟氏的觀點[53]。

如果說，上述所引用的劉先生之觀點還有斟酌空間的話，那麼他底下的看法就更加清晰了。劉先生真正的焦慮在於：

傳統的實體說把老子之道的複雜內涵歸結爲客觀存在，境界說把老子之道的豐富內容歸結爲主觀境界，袁氏欲糾正兩者之偏，提出道是價值之理，是價值世界的形上基礎，超越了主觀與客觀的對立，溝通了形上世界與價值世界的聯繫，但也把道的概念歸約和限定在價值意義之中，略去了道和本體論或宇宙論相似或相通的內容。這樣作消除了使用實體等概念所帶來的割裂形上與形下的問題，但把老子之道的客觀實有的意義也推到了可有可無的地位。……袁氏的做法和牟先生以及下文將要討論的傅偉勳先生的做法一樣，都是想消解或削弱老子之道的客觀實有的意義，……這種詮釋從自身的理論體系來看相當嚴密和精彩，但和老子關於道的大量論述以及老子哲學的素樸而渾融的特點則有所不合。[54]

其實袁先生和牟先生還是不同，牟先生解消了實有形上學的本體宇宙論姿態後，確實回到了別無所立的主體境界中，但袁先生卻由此看到道家存有論的曙光，並由此而仍然要強調道的客觀真實性或道的超主客真實性，只是他是以隱微的方式來表達而已[55]。劉氏顯然並沒有把握到袁氏在

---

[53] 劉氏這篇論文在討論牟先生的部分著力最淺、對話最少，據筆者判斷，這是因為劉氏對老子之道的理解離牟先生頗遠，而且兩者還頗針鋒相對。

[54] 劉笑敢，〈關於老子之道的新解釋與新詮釋〉，頁10-11。

[55] 就這一點上袁氏是近於傅偉勳和陳榮灼的。事實上，他們兩位大概是最早運用海德格的存有論來詮釋老子之道的重要學者，而袁先生應該也和兩位先生的思想有所交涉才是。參見Charles Wei-Hsan Fu, "Creative Hermeneutics: Taoist Metaphysics and Heidegger" *Journal of Chinese Philosophy* 3 (1976), pp. 115-143；陳榮灼, "On The Way Towards A Reconstruction of Taoist Philosophy", *Heidegger and*

存有論上的突破這一點[56]，而又回到了第一種實體類型說去了。換言之，這又將面臨牟先生的批判，即又用西方形上學的概念來說明《老子》，自然也會將西方形上學的思維方式和困境給帶進來。所以劉氏才會在一方面批評第一種用實體類型來理解《老子》必會有圓枘方鑿之病、用西方形上哲學無法理解道的豐富和複雜內涵，可是他卻又非常堅持地主張：「但是我們不應該因此而認為老子之道根本沒有類似西方哲學的宇宙論和本體論的內容。」可見，劉氏的說法隱含著矛盾性。而袁氏在這個地方則承繼了牟氏的貢獻，所以不再以西方的本體宇宙論一類的第一因、第一實體、原理等觀念來套用道家，因為這樣一來必陷道家哲學體系於矛盾和困難。其矛盾之處在不能融洽思辨實有形上系統和工夫論的實踐進路，其困難所在則是難逃西方傳統形上學被批判為獨斷的命運。

其實劉笑敢這麼堅持客觀實有的觀點，早就有跡可尋。劉氏在當年討論《莊子》的博士論文時，其中涉及《老》、《莊》之「道」的理解，就完全是本體宇宙論式的詮釋進路：「道既是世界的起源，又是萬物的依據，這說明在老莊那裡，道既有宇宙論意義，又有本體論意義。道的概念提出了世界的起源問題，也提出了世界的總規律問題。道的概念的出現標誌著中華民族理論思維水平的一次飛躍，對中國古代哲學的發展產生過巨大影響。道的涵義還比較含混，道的宇宙論意義和本體論意義尚無明確區別，這反映了理論思維發展的曲折性和理論開創前進的艱苦性。」[57]筆者推想當年劉氏可能並未閱讀到牟氏和袁氏一類的觀點，所以在當時大陸的主流學風下，自然而然地就將《老》、《莊》之「道」理解為本體宇

Chinese Philosophy, pp. 124-135。

[56] 這裡的存有論當然不是亞里斯多德式的存有論，而是海德格在解構西方形上學之後所強調的基本存有論。參見袁保新，〈存有與道——亞里斯多德與老子形上學之比較〉，《老子哲學之詮釋與重建》，頁152-167。

[57] 劉笑敢，《莊子哲學及其演變》（北京：中國社會科學出版社，1988），頁105。劉氏此書有系統地將老莊之道理解為素樸的本體宇宙論。所以上文曾提到王邦雄先生對劉氏的批評，主要就是針對劉氏博論中的客觀實有形上學觀點。

宙論之類。數年之後，當他閱讀到這方面的觀點時，才對他產生了修正式的綜合結果。然若嚴格地分析考察之，會發現到劉氏的修正式觀點，並沒有將他最核心的觀點給修正掉，甚至，他還用他的核心堅持來試圖修正袁氏之說。所以當劉氏強調自己和袁氏之間「只是程度的差異，而不是本質的」，筆者覺得這是因爲將問題給簡化後的樂觀之見。如他所說的：

> 我們認爲老子之道既有客觀實有的意義，也有價值基礎的意義。從我們現代人的二元論的眼光來看，這是完全不同的兩個方面，但在老子的時代，這二者完全可以是一回事。唯其道有客觀實有的意義，它才有資格成爲人類行爲的楷模，成爲人類之價值的權威性支持和絕對根據，如果抹殺或削弱了道之客觀實有的意義，也就削弱了道的價值意義。在這方面，筆者和袁保新的不同只是程度的，而不是本質的。袁氏參考牟先生理解架構，但要略爲拉開『道』與『主觀心境』的距離，即在一定程度上承認道『確有形上學的意含』。筆者則接受袁氏道爲價值之基礎的說法，但要略爲拉開『道』與『價值之理』的距離，多強調一點道的客觀實有的意義，而不把道歸結爲價值之理。[58]

　　劉和袁的不同未必只是程度上而已，而是頗爲本質上的差異，而這差異之所以是本質性的，就因爲它實涉及到《老子》之「道」的義理定位。而袁氏的重點不在強調主觀心境確有形上學的意涵，而是海德格意義下存有論的意涵，這兩個概念的不同，絕不只是語詞的表面差異而已，而是實質的差異。因爲袁氏顯然承繼牟先生和海德格對西方形上學的批判和解構，因此袁氏不會再度強調《老子》之「道」具有西方形上學的意味，而會朝向海德格意義下的非形上學式的基本存有論走。再則，劉氏以爲不強

---

[58] 劉笑敢，〈關於老子之道的新解釋與新詮釋〉，頁11-12。

調形上實體的客觀實有性，就會削弱《老子》之「道」的價值性，其實也是有待斟酌。因為如果再次去強調《老子》之「道」具有實有形上學的客觀性，那麼它和人生價值論之間的關係，才又會再度落到實然與應然的異質困境中。換言之，又將西方的理論困境帶了進來，又落入了西方語言概念系統所帶來的挾殺。

　　然而若不強調《老子》之「道」的客觀實有性，是否又必然會同時取消「道」的價值性呢？這也未必。如何說呢？道本身的存有論特性就是超主客觀性的豐盈開顯歷程，而它本身的價值就在它的超主客性，然此超主客性的存有論之豐盈，又和人生的價值倫理範疇有何關係呢？其實這就是道家的價值論之特殊處，其價值論本是在解構主客二元相待的人類中心主義式的價值觀，而是「以道觀道」的非主客、超人類中心式的文化治療學和宇宙性的生命關懷。換言之，它相契於海德格所謂的「原始倫理學」（original ethics，或譯為根源性倫理學）[59]，而非人類價值中心的相對倫理學。所以與其強調「道」的客觀實有性，然後再連結主體的價值性，不如回歸即存有即價值，即價值即存有的、非主客的「基本存有論」和「根源倫理學」的統一性中來。

　　最後，如果從方法論的層面來看，劉氏從其博士論文以來，就擅長語義的類析、文獻疏證，並強調歷史還原的優位性。劉氏自覺其歷史還原的客觀解釋態度，實與袁保新和傅偉勳一類的創造性詮釋態度不同。他不斷強調逼近古典本意的「我注六經」，優位於創造性詮釋的「六經注我」之主觀體會和運用。其工具是傾向語言辭性的結構分析，故他傾向從文字結構來觀看，會以為《老子》之語法明顯透露與西方本體宇宙論式相近的

---

[59] 關於海德格的「原始倫理學」一觀念，可參見【德】海德格，〈關於人道主義的書信〉，孫周興選編，《海德格爾選集（上）》（上海：三聯書店，1996），頁395-398。另參見毛怡紅，〈海德格爾的「原始倫理學」及其當代影響〉，《哲學雜誌》第12期（1995年4月），頁72-85。海德格對人本位主義的批判與根源性的倫理學的討論，另參見袁保新，〈什麼是人？：孟子心性論與海德格存有思維的對比研究〉，《從海德格、老子、孟子到當代新儒學》（臺北：臺灣學生書局，2008），頁132-144。

特色，所以這應該比較接近《老子》之「道」的事實圖像，不可隨意用創造性的詮釋法將之給化約。然而就如劉氏自身也不否認的：「任何人都無法還原老子哲學的歷史本意」、「力圖客觀的解釋也無法完全擺脫解釋者的主觀和客觀條件的局限」[60]，所以當劉氏堅持透過他的語義分析所解釋出來的客觀實有之「道」之內涵時，也要注意到：第一它絕不能就是《老子》本身的客觀事實圖像，第二也沒有絕對座標可以檢證劉氏之說確實較為客觀，第三劉氏所解釋出來的圖像有可能是矛盾而未必融貫的。如此一來，《老子》的客觀圖像仍然是謎，但已陷《老子》思想於破裂窘困中。然而劉氏卻依然堅持：「力求逼近古典的本意仍是一種基本的研究方法和研究原則。」

其實，「我注六經」這個「我」，也是有其主觀視域之限制的。尤其當「我」未能自覺做後設反省時，這個「我」就可能堅持地以為他先前的某種方法性操作訓練，為還原事實之最客觀根據。例如號稱最無「我」個人私趣介入的所謂純粹客觀科學研究，事實上，從量子力學的發現和哲學反省中，就可證明它也是離不開觀測者——即「我（人）」的視域。所以從丹麥科學家玻爾（Bohr）等人看來，人在科學發現中實已扮演著一個創造參與的角色了[61]。用孔恩（Thomas Kuhn）對科學史的研究發現來說，就是科學革命其實是在不同典範視域之間的轉移，根本不可能有無視域的純粹觀看：「一個人所看到的是由他所看的，以及他先前的視覺—觀念經驗所教他去看到的，兩者共同決定的。若是缺少這種先前的訓練，用詹姆士的話來說，只有有一種『繁雜而瑣碎的混淆』。」「無論科學家或普通人，都不是以零碎的方式去學習看這個世界的，所有我說的這些看來都會更合理。除非所有觀念的以及操作的範疇都預先準備好了——科學家和普通人都從經驗之流中收拾出整塊整塊的區域。……典範同時決定了經驗的

[60] 劉笑敢，〈關於老子之道的新解釋與新詮釋〉，頁11、1。
[61] 【丹麥】玻爾（Niels Bohr）著，〈知識的統一性〉、〈原子和人類知識〉，戈革譯，《尼耳斯·玻爾哲學文選》（北京：商務印書館出版，1999），頁180-211。

大部分領域。只有在經驗已經被這樣決定之後，尋找一個運作定義或一個純粹的觀察語言的工作才能夠展開。」[62]

　　反過來，這個「六經注我」的「我」，若能意識到自身可能的視域框限，也願意將「我」的視域朝向「開放性的視域」，那麼在與經典相互遭遇的過程中，他雖然亦不能避免有其自身的觀看焦點，但這個焦點卻不會僵固而唯一化，他時時願意調整融入新視域的發現。換言之，經典也會不斷地促使「我之視域」，融入已被開顯出來的「經典視域」，然後不斷朝向「我之視域」與「經典視域」的辯證融合。但他仍然不必宣稱這就是最近於經典之原意，雖然他亦已具備了相當綜合的客觀性。

　　當然，筆者絕不是強調創造性的詮釋可以得到更大的客觀性，事實上詮釋學在這個態度上是頗為務實的[63]，而且它在具體的詮釋操作中，也必須嚴格地考慮到詮釋的脈絡性問題，例如文獻本身、語言結構、歷史背景等種種考量。換言之，創造性的詮釋學未必走向任意和獨斷，也未必遠離古典的本意。相對地，堅持採取歷史還原立場者，它是否也要反省到，所謂本體宇宙論一類的語法結構，其實也可能已是預設了一種視域觀看的前見，而這個觀看視域本身在未經批判的西方形上學的視域滲透時，那種所謂客觀的語義分析，是否有可能也成了一種前見下的操作工具而已。當然，創造性詮釋也可能有它未經批判的前見，所以它仍要歷經不斷批判的考驗，但是它期待在不斷批判中，朝向視域不斷融合的豐盈過程。

---

[62] 【美】孔恩著，程樹德、傅大為、王道還、錢永祥譯，《科學革命的結構》（臺北：遠流出版公司，1991），頁167、183-184。

[63] 因為它平實地了解到人在理解事物的過程中必然帶有前見視域，而這個理解過程的存有論基礎狀態是個現象事實，所以強調絕對的客觀和歷史事實，乃是一種素樸的預設。事實上，所謂的歷史事實也是經過特殊視域觀看下的意義理解，而並不是什麼絕對超然的事實。參見【德】加達馬默爾（Hans-Georg Gadamer），《真理與方法》（臺北：時報文化出版企業公司，1993）。

五、被忽略的學術可能性：從袁保新的回應來重省
##　　陳榮灼與楊儒賓的研究方向

　　由於劉先生〈關於老子之道的新解釋與新詮釋〉一文，以相當可觀而深入的篇幅，對《老子哲學之詮釋與重建》一書，提出了較具系統實質性的對話和檢討，所以此文一出，即引發袁先生的撰文回應，甚至兩文還同時在《中國文哲研究通訊》刊出[64]。袁氏此文雖也同時回應了早年周大興先生在《中國文哲研究通訊》所發表的一篇〈儒家大路道家棧〉書評，但袁氏此文的重點，除了再次回顧其當年撰述博論前後的心路歷程、方法觀點的凝結過程，以及對《老子》之道的義理立場的重申和再確定外，主要還是在回應劉氏一文所提出的檢討。然而細觀此回應文，即可發現袁氏的回應精簡，在微言中回應了他和劉氏關鍵「差異」處的同時，其實也將問題再度拉到另一個更具高難度的整合性問題上：即他心目中的海德格式的存有論詮釋，有無可能、如何可能和東方式的宇宙（生成）論相銜接？當然這個《老子》式的宇宙論意涵，絕不再是西方形上學思維方式下的本體宇宙論之類。換言之，袁氏顯然不能同意劉氏這樣的判斷和立場：「《老子》第八十一章中，有十幾章都涉及了類似西方形而上學式的問題，特別是多次提到萬物之始、之根、之宗、之母等概念，這些概念都與西方的宇宙論有關，所以相當多的學者都接受了這樣一種觀點，即認為《老子》中主要講的是宇宙生成論，而不是本體論。」「面對這些《老子》原文的根據，我們很難視而不見，很難否認老子哲學中有一個關於宇宙起源的討論和關於宇宙總根源的觀念。」[65] 所以袁氏才指出：「因此，當劉教授為了保留《道德經》宇宙論的思想成分，試圖提煉『總根源』這一概念，表示『道雖然只是一個勉強的符號，但它畢竟是有所指的，我們只好順著老子的思路假設道就是老子所指的那個不可言說的實存之對象』時，我覺得劉

---

[64] 此回應文之緣起始末，請參見袁保新，〈再論老子之道的義理定位〉，頁152。

[65] 劉笑敢，〈關於老子之道的新解釋與新詮釋〉，頁15、18。

教授不免又推論太過了。」[66]

　　然而袁氏既將《老子》之道往海德格意義下的存有論方式作解，但又不完全認同牟先生將那些《老子》式的宇宙論語句全部視爲姿態，保留了《老子》式的宇宙生成論之可能詮釋空間，但又不許這種《老子》式和西方式的宇宙生成論相互混淆，那麼袁氏到底要如何在別異出他和劉氏的說法差異後，繼續在《老子》式的存有論和宇宙生成論之間，取得理論的合理性說明？換言之，他心目中的那種不同於劉氏所指涉的另一種《老子》式宇宙論，到底是什麼意義下的宇宙論？它和《老子》的存有論詮釋又要如何周洽無間呢？顯然地，這恐怕又是一個極高難度的理論綜合課題。對此，袁氏下文顯然反映了一種戒愼保守的心情：

　　關於劉教授的質疑與堅持，我可以接受一半，但保留另一部分。我可以接受的是，老子《道德經》中的宇宙論語句可以不必像牟先生一樣視爲是「姿態」，但是老子所懷持的宇宙論或宇宙生成論，是否與西方哲學的宇宙論、宇宙生成論相似，就有商榷的餘地。事實上，每一個民族都有宇宙生成的神話，而且往往也是這個民族哲學的母胎，否認老子《道德經》中有宇宙論的成分，的確不是很明智的做法。但問題是，我們應該如何看待這種宇宙論。

　　劉教授也許會質疑，如果「道」純然是「無」或「虛理」，那它又如何能夠成爲具有實質性的萬物的「始、根、宗、母」呢？這個問題困擾我很久。倒不是無法解答，而是老子《道德經》本身的文獻不足徵引，必須擴大到中國上古文化更廣大的脈絡中，才足以說明。大體而言，我認爲老子與莊子基本上都繼承了中國古代薩滿教的信仰，在宇宙生成論上持有「氣化」的觀

[66] 袁保新，〈再論老子之道的義理定位〉，頁156。

點，換言之，萬物的產生、消滅、轉化，或相形相禪，其實只是
「一氣之化」而已。這裡，「道」與「一氣」的關係不是「形而
上」與「形而下」的區別，而是一體的兩面，指涉的都是形上的
根源、造化力自身，只是「道」比較突顯虛理的性格，而「氣」
比較強調變化、動力的性格，……我仔細回顧我過去的論文，雖
然前後用語措詞不同，但是對於「道」的客觀性，或超主客義，
從未放棄，只是如何從存有學的角度轉出老子宇宙生成論的意
涵，苦無老子文獻的直接印證，所以未敢率爾敷陳。事實上，中
國古代氣化宇宙論這一課題，在當代中國哲學界並未得到很好的
梳理，這使得我們在還原中國古代哲學的特色時，一直像對老子
《道德經》的研究一樣，太多「格義」式的概念滲透到我們對文
獻的解讀中。[67]

　　而就筆者所知，袁先生似乎是第一次在書面文字，表達他對此一困境
的解方之法。而筆者認為袁先生上述的看法是重要的，這些看法的內容和
方向，可以說大大跨越出牟先生主觀境界說的囊括了。因為它可能具有將
道家存有論活化成「即存有即活動」的原初動態式歷程，而這個「存有之
道」開顯的歷程，用傳統古典道家的語言說，即是涉及氣化的過程。因為
「氣」就是「道」的另一種運動歷程的開顯語言[68]。換言之，這個存有之
道本來就不是個靜態的空洞虛理，而是不斷「物化」的生生大力之遊戲，
而此乃「宇宙氣化論」的勝義。然而，袁氏上述的話頭頗為精簡，若是將
其中所涉及的問題展開來，它仍然要說明，諸如：道家式的存有論和宇宙
氣化論的融通，要如何來重新說明道家在「道、物」之間的「始、根、

---

[67] 袁保新，〈再論老子之道的義理定位〉，頁155、156-157。
[68] 氣最能彰顯杜維明所說的「存有連續性」之核心觀念，它既可以解釋ontic的物之層次，也可以解釋
　　ontological的道之層次。此問題頗為複雜，參者拙文，〈《莊子》「精」「氣」「神」的功夫和境
　　界──身體的精神化與形上化之實現〉，《漢學研究》第22卷第2期（2004年12月）。

宗、母」的關係？亦即，既不可能再用西方因果式的第一實體之創生模式，那麼它又要如何展開「物化」之豐盈歷程呢？有沒有一種非因果、非根據的哲學理論可以來說明「存有之道」與「宇宙氣化」之間的連續一如之關係呢？

再則，袁氏亦提到了另一個很重要的線索，即，道家的形上之道有一個更根源而廣大的古文化母胎——即薩滿教（Shamanism）和它的宇宙生成神話（Creative Myth）[69]。換言之，道家的形上學論題很可能是來自遠古的宗教神話母題的轉化和昇華。但問題是，儘管可以贊成伊利亞德（Mircea Eliade）所說的，遠古的宗教神話中實蘊含著一套所謂「上古存有論」（archaic ontology）[70]，但這個「上古存有論」畢竟是隱含在創世神話的象徵（symbol）隱喻（metaphor）之中。它儘管可能是道家形上學的思想史根源，但不必然就完全等於道家的思維系統。換言之，道家的形上之道和古薩滿宗教神話之間的「連續」與「差異」之雙重關係的考察，是有必要再重新反省的[71]。換言之，袁氏以上的洞察，若真要展開的話，那又將是另一個大有可為的難題。據筆者的觀察，袁氏雖已洞察到這個問題的方向性和未來性，但很可惜地，就如他在面對道家式存有論一課題時的態度一樣，都是畫龍點睛，只見龍眼金睛不見龍體現身。

問題的解決曙光已然出現，敏銳的讀者必已覺察出，如果對當代較具開創性的中壯輩學者們的觀點不算太陌生的話，那麼，袁氏上述的點睛

---

[69] 據筆者的觀察，袁先生之所以注意到道家的氣化觀和原始薩滿宗教的關係，應是來自張亨先生的啟發：「老莊哲學的出現有他們的時空背景。在這背景下影響他們最大、最主要的就是原始宗教和神話思想，特別在楚地這些宗教和神話有豐富的特色。老莊以他們深邃的智慧、創造和轉化成精微玄奧的哲學。因此，探索道家思想的淵源不能只從史料文獻上去拼湊，而要從植根在文化底層的宗教和神話思想中去發掘。」參見張亨，〈莊子哲學與神話思想——道家思想溯源〉，《思文之際論集——儒道思想的現代詮釋》（臺北：允晨文化實業公司，1997），頁143-144。

[70] 參見【羅馬尼亞】伊利亞德著，楊儒賓譯，《宇宙與歷史——永恆回歸的神話》（臺北：聯經出版公司，2000），頁1-39。

[71] 筆者對此亦曾有討論，參見拙文，〈神話、《老子》、《莊子》的「同」「異」研究——朝向「當代新道家」的可能性〉，《臺大文史哲學報》第61期（2004年11月），頁139-178。

之說，其實可以從以下兩位學者的論點中，看到已然現身的龍形身相，那就是陳榮灼和楊儒賓兩位先生的開創性觀點[72]。筆者認為，問題的解決曙光，其一是：陳榮灼先生從海德格前後期的轉變和道家的對話重建討論觀點中，可以澄清存有論和宇宙生成論之間的理論過渡難題，即它可提升道家存有論的當代哲學高度。問題解決曙光之二是，從楊儒賓對原始宗教神話和道家思想的對話討論觀點中，可以揭露創世神話和宇宙生成論之間思想史的源頭和關係之釐清，並復原道家存有論的宗教深度。總而言之，道家思想的現代哲學化，其與海德格存有論的建構對話，大概是一條值得嘗試的豐盈之路[73]。就這一點言，筆者認為陳榮灼先生最有先見之明，而且也較能進入實質內容的重建工作[74]。而道家思想的體驗宗教化，其與原始宗教神話和冥契主義（Mysticism）之對話，大概也是一條復甦之路。就這一點言，筆者認為楊儒賓先生最有先見之明，並且也比較能進到文獻來重建這個工作[75]。對這兩位學者觀點的吸收消化、甚至對話整合，將是一

---

[72] 筆者的意思，並不是說陳先生和楊先生的觀點，是在繼承袁先生的看法後才發展出來。事實上，陳先生和楊先生的許多看法是在袁先生之前提出。筆者這裡只是就理論敘述的一種邏輯發展來說，而非就當代學者們觀點間之歷史實然面之前後影響而言。他們之間的許多觀點，雖不無可能互有影響，但也可能是在當代的共通學術氛圍下，各自獨立卻又互文性地發展出來。

[73] 用海德格存有論來詮釋老莊之道，是否又是另外一種洋格義呢？眾所皆知，海德格的基本存有論旨在解構西方形上學，並且試圖重新挖掘古希臘的原初經驗，以及從東方的古文化裡尋求相應的思想靈源。尤其海德格自身不但數度表示其思想和《老子》的近似性，並時常提及且引用老莊的思想以相映發揮其存有思想。所以筆者認為海德格的基本關懷、思維進路、核心觀念等，都與道家有著極相契的氣質在，所以運用海德格來幫助老莊的詩意思維得到當代哲學語言的高度澄清，不可與一般的格義套用同日而語。不過，這個問題要令人釋疑，是需要做細部的分析詮釋工作的。另參見【德】萊因哈德・梅依（Reinhard May）著，張志強譯，《海德格爾與東亞思想》（北京：中國社會科學出版社，2003）。

[74] 傅偉勳先生雖然最早提出海德格和老子的比較，但他主要是在運用海德格對理解、詮釋的反省來發展他所謂的創造性詮釋學。其中雖然亦偶爾提及海德格存有論和道家的契近處，但實未進到核心觀念的具體比較和詮釋；同樣地，袁氏雖亦看到老子之道和海德格存有論的相契性，卻也仍然未能進入兩者實質的比較詮釋中。就此而言，陳氏才是第一個進入道家存有論的實質重建者。

[75] 袁先生曾說苦無文獻之徵以解老子之道和原始宗教等關係，這個問題我們將在楊先生的論文裡得到足夠的文獻徵驗。參見楊儒賓，〈道與玄牝〉，《臺灣哲學研究》第2期（1999年3月），頁163-195。

條可以嘗試研究的新方向。所以本論文，除了評論諸學者的觀點外，也會嘗試釐清並重建諸學者的洞見，例如續著袁先生的學術洞見接著講，然後朝向整合陳先生和楊先生的開創觀點，以便將《老子》的哲學深度和宗教深度給揭露甚至融貫起來。

　　最後，筆者認爲道家的存有論本身必然就具有安身立命的宗教體驗性，而其宗教性也蘊含著一種存有論的深意。就如伊利亞德曾指出的：原始神話宗教本身就是一套上古存有論。然而，一方面要溯源原始宗教和道家的「思想史」、「連續性」關係，另一方面也要釐清道家對原始宗教神話的「哲學性」之「突破」差異。而這個連續與差異的雙重關係，若扣緊著道家的形上之道這個主題來說的話，它和原始宗教的連續性關係，從思想史而言，它就是來自原始宗教的創世神話之起源母題；而它和原始宗教的差異性關係就是在哲學的突破上，它不再像原始宗教那樣將之當成客觀實有性的根源。換言之，道家不會像原始思維（primitive thinking）那樣將象徵隱喻給實體化、人格化（後文將有專節論述）。所以就其連續性面向來看，要尋求道家形上之道的原始宗教之神話原型；但就其斷裂性面向來看，又要批判神話式的實體化傾向，並由此以接上海德格存有論對「存有—神—邏輯學」之解構，和基本存有論的重構。我們期待，如此一來重新詮釋整合後的《老子》形上思想，乃能有一番新氣象：它一方面既是哲學的清晰，又是宗教的體驗，另一方面它既是返本，卻又能開新。

六、從傅偉勳到陳榮灼的道家存有論之重建 —— 海德格眞正的介入

　　面對牟先生的詮釋體系，當時大部分學者都是順著牟先生之講述而講述，並以此形成典範系統的傳述和文化社群的建立。願意接著講、並且能接著講的學者，一則客觀性的挑戰和批判聲浪高，二則在那個時風氛圍裡，主觀上的信心懷疑和焦慮也在所難免。尤其，當時牟先生屬意康德系統對中國哲學詮釋的優位性，並對海德格系統未必欣賞了解的時風脈絡

下，再加上當時國內幾乎沒什麼重要的海德格專著翻譯面世，要強調海德格介入中國哲學詮釋的優位可能性，幾乎可以說是空谷足音。而且，這可能還涉及到詮釋視域再度轉移的革命性問題，然當時的學術氛圍，還離這個成熟之機頗遠。

前文曾指出，袁氏注意到主觀境界形上學的限制之一，乃是道家存有論的意涵有被減殺之嫌，因此在承繼牟先生的觀點後，他看到了這線曙光的可能性。但，其實袁先生還不是最早注意到這個可能性的學者，據筆者所知，至少還有兩位重要的學者在袁先生之前和同時，就注意到海德格和道家對話的可能性了。其中，傅偉勳先生早在1976年就曾發表他那頗有創意的論文──〈創造性的詮釋：道家形上學與海德格〉，討論道家形上學和海德格之間的可能創造性詮釋空間[76]。而陳榮灼也在1986年出版一本英文專書──*Heidegger and Chinese Philosophy*，運用海德格來全面重新詮釋中國哲學，其中最重要的部分當然還是有關道家和海德格之間的建構性對話[77]。但或許由於傅先生和陳先生這些創意性高的論文，在當時一方面因為難度高，另一方面則是以英文的方式發表，不利傳播，所以終是曲高和寡。底下就先從傅氏的觀點談起。

傅氏這篇對臺灣哲學界的方法論反省和運用影響頗深的論文，其實可以看成是他在另外兩篇論文基礎上的綜合之作。其一是1973年所發表的〈老子的道之概念〉，其二是1975年發表的〈海德格與道家中的超越－存有－神－邏輯學基礎的語言〉[78]。〈老子的道之概念〉深受唐君毅先生

---

[76] 參見Charles Wei-Hsan Fu, "Creative Hermeneutics:Taoist Metaphysics And Heidegger", pp. 115-143。

[77] 參見陳氏，"On The Way Towards A Reconstruction Of Taoist Philosophy", *Heidegger and Chinese Philosophy*。袁先生的博士論文是在1984年寫成，雖然要遲到七年之後的1991年才出版。換言之，袁先生可能和陳榮灼先生大約在同一時期注意到海德格。

[78] Charles Wei-Hsun Fu, "Lao Tzu's Conception of Tao", Inquiry,16 (1973); "The Trans-Onto-Theo-Logical Foundations of Language in Heidegger and Taoism", read in the *Symposium 'Language and Languages of Philosophy East and West' at the Annual Meeting of Association for Asian Studies*, San Francisco. (1975)。以上兩篇論文，及這一篇1976年的論文"Creative Hermeneutics: Taoist Metaphysics And Heidegger"，這三篇英文論文的觀點，又以另一種擴大的綜合方式匯聚在1985年發表的中文論文〈老莊、郭象與

「道之六義」說啓發，將《老子》之道析爲道體、道原、道理、道用、道德、道術之多層遠近關係來討論。其中尤其重要的癥結在於，傅氏當時就傾向將道體往存有論的方向詮釋，但卻也苦於作爲存有論意義的「道體」，如何和作爲宇宙論意義的「道原」取得理論性的融貫？他後來在〈創造性的詮釋－道家形上學與海德格〉一文中，對此有一重要的剖析：「當時我在撰寫〈老子的道之概念〉這篇文章時，……我就被老子的宇宙論思想所深深困擾。然爲了解決這個困惑，最後我選擇了對老子中的道原（道作爲源生）進行存有論的詮釋。而且，這個解決之道帶我進到詮釋學的領會，即它深具哲學意蘊，甚至有必要將其系統性發展成我所謂的創造性詮釋學，以作爲一種探究諸如形上學的和宗教理念的方法論之革新，也爲了揭露如道家形上學這種特殊思想系統下所隱藏的結構。而我自己對創造性的詮釋之思考，深受海德格對詮釋學的那種天才式的哲學反省之重大影響。」[79]

可見，在寫〈老子的道之概念〉時，傅氏已然注意到，對《老子》之道的探究不能純從文本的語言學式之分析，還必須加上哲學性的分析；亦即在文本的考證之外，還須加上義理的考證。對《老子》之道的探究方法之體會，再加上深受海德格現象學的存有論（phenomenological ontology）對理解詮釋的深刻反省之啓發，使傅氏意識到：像《老子》這種涉及形上與宗教層次的體驗，不可能純從字義表面得到整全而深度的理解，有必要重新反省甚至建立一套新的方法論，以面對這種具有超越語言、隱藏在語言之下的深層結構。不令人意外的是，他這種創造性詮釋的啓發正是來自海德格的存有學，筆者認爲，這不僅是因爲海德格對一般層次的理解詮釋之反省有其普遍性的意義在，更重要的是，海德格這種詮釋

禪宗──禪道哲理聯貫性的詮釋學試探〉，收入《從西方哲學到禪佛教》，頁399-431。據筆者觀察，傅氏這幾篇論文對臺灣的影響主要是在方法論層面，其對道家的存有論和超形上學等詮釋觀點，卻未受到足夠重視。

[79] Charles Wei-Hsan Fu, "Creative Hermeneutics:Taoist Metaphysics And Heidegger", pp. 117-118。

學的體會是與存有論密不可分的。而海氏一生唯一的思想課題——存有
（Being），本來就觸及到形上性、宗教性的根源問題[80]，而且海德格亦
曾提及他的存有契近於《老子》之道。所以旅居海外的傅先生，在方法論
和存有論的統合上，深受海德格影響並不令人感到意外。

　　不過，嚴格講，傅氏這篇文章的主要重點，在於創造性詮釋方法的
提出和運用。其中在方法論的提出上，多處引證海德格對詮釋方法的洞
察；至於運用此方法來解決《老子》之道的形上內涵方面，主要還是透過
莊子、郭象和王弼等人對《老子》的詮釋，來重新揭露《老子》之道在文
字表面的「實謂」之外，它真正「想說」、「能說」和「該說」的深度內
涵，最後才由作者綜合諸面向，設身處地替老子設想，如果老子現身於今
世之目前，他自己將會如何來重說。換言之，傅氏此文中的海德格之存有
論反而隱身在方法論之後，他雖時而指出《老子》之道和海氏之Being、
Ereignis的對話可能性，但大都只是點到為止、不及深論，反而時常隨文
評點海氏存有論的究極深度，並不及《老子》之道那種「超形上學」的深
奧[81]，很少見到海德格存有論觀念和《老子》之道的比較和發明。

　　換言之，傅氏此文雖然已點出海德格存有論和《老子》之道的可能
親近性關係，並從海氏的現象學式存有論中汲取詮釋方法的精髓，但他卻
未進入兩者的實質比較工作，所以當傅氏在總結其論時，雖也簡短提出海
德格的存有、詩性、思考與語言的連續性關係，將《老子》理解為詩性的
思想，並以此來說明《老子》詩性語言的模糊性，超克了「存有－神－邏
輯學」的二元困境後，旋即指出海德格的存有論，實不如《老子》之道那

---

[80] 傅氏在這篇文章的一開始就提到海德格「每一位思想家只思考一個思想」的說法，然後就海氏的
唯一思想：揭露「存有」，來和中國思想家的唯一思想：體「道」相比應。Charles Wei-Hsan Fu,
"Creative Hermeneutics:Taoist Metaphysics And Heidegger", pp. 115-116。

[81] Charles Wei-Hsan Fu, "Creative Hermeneutics:Taoist Metaphysics And Heidegger", pp. 115, 117。這可以
看作是傅氏的判教，傅氏一向認為海德格的思想未臻究極，所以總會在最後給出判教式的評點，如
他在《道元》一書評判海氏仍停在「思維」，還未及於真正的「悟覺」。傅偉勳，《道元》（臺
北：東大圖書股份有限公司，1996），頁269-270。

種絕對無言的「無無」之「超形上學」深奧[82]。然而此種做法，總會讓人覺得這似乎是有待論證的直覺判斷。換言之，傅氏此文對道家存有論的詮釋仍然不夠實質，尤其讓海德格存有論輕輕滑過，令人有登堂而不入室之憾。或許可以這樣同情地來看，傅先生他似乎跑得太快了，在還未來得及對道家存有論做出文獻實質的重建工程，他便急於解構這個存有之屋，以躍入那一絲不掛的「無無」、「超形上學（超存有論：trans-ontology）」之境界中。就筆者所見，傅氏這個「超形上學」的觀念，頗有將道家「超哲學之宗教性」給突顯出來的效果。然而傅氏顯然想強調宗教向度的「超言說性」，這雖有其見地（從傅氏的超形上學、超哲學的宗教性之洞見，筆者認為可以對道家形上體驗進行冥契主義（Mysticism）的對話重建），但就哲學的言說向度而言，則似乎落入了未將「能說的應儘量說清楚」之病[83]。最後，附帶一提的是，傅氏對存有論詮釋和宇宙論詮釋的不可相容性之強調，此中之宇宙論是指西方式的宇宙生成論之類，而不是袁保新在回應劉笑敢一文中，所提到的道家式宇宙生成論。換言之，袁氏亦會同意傅氏這種主張，即西方形上學式的宇宙論未能和道家存有論在理論上融貫，但傅氏並未意識到道家是否具有一種屬於自身的道家式宇宙論之可能，而它是可以和道家式存有論相通無礙的，如袁保新所期盼的。

七、陳榮灼對道家存有論的海德格式重建及對牟宗三系統的轉進

　　袁氏曾明白指出他在撰寫論文的過程中，傅先生的創造性詮釋學對他

---

[82] 傅氏提出莊子對老子有一創造性的詮釋，那就是用「無無」來詮釋「道」，這使得仍可言說的形上學，進入到徹底超越語言的道之自身。此時傅氏乃名其為「超形上學」，其概念就是「無無」一詞，它表示「無」和「有」之二分都還未興起前之無名、無形狀態。參見Charles Wei-Hsan Fu, "Creative Hermeneutics:Taoist Metaphysics And Heidegger", pp. 136-137。〈老莊、郭象與禪宗——禪道哲理聯貫性的詮釋學試探〉，《從西方哲學到禪佛教》，頁408-415。

[83] 維根斯坦之名言，強調我們對超言說的領域應保持沉默，但對能言說的範疇，應儘量說清楚。參【英】維特根斯坦（Ludwig Wittgenstein）著，涂紀亮主編，《維特根斯坦全集》（石家莊：河北教育出版社，2003），頁263。

在方法論上的突破有很關鍵性的貢獻。但據筆者推想，傅氏對袁氏的啓發可能不只在方法論的層次，應該還包括存有論的面向，因為傅氏那篇論文就是運用海德格來詮釋道家形上學的，所以袁氏應該也在這個實質的問題上受到激盪過。然而，傅氏雖然最早提出海德格和《老子》的比較，但他主要是在運用海德格對理解詮釋的反省，來發展他所謂的創造性詮釋學。其中雖亦偶爾提及海德格存有論和道家的契近處與差異處，但實未進到核心觀念的具體比較和詮釋；同樣地，袁氏雖亦看到《老子》之道和海德格存有論的相契性，卻也仍未進入兩者實質的比較詮釋中。就此一建構性的角度言，陳榮灼先生可以說是第一個進入道家存有論的實質重建者。

　　換言之，傅氏和袁氏雖然心儀海德格，並認為道家的「道」最契近海德格的「存有」。然兩人卻始終並未全面性地將道家的存有論給積極地建構出來，沒有落實到道家思想的觀念文獻，來和海德格哲學的觀念文獻進行一番積極性的建構對話。而面對道家存有論的可能性，陳榮灼先生卻幾乎早在二十年前就進行實質性的重建嘗試了。然而不知為何，這部著作所做出的前瞻性貢獻，似乎沒有得到它該有的地位和重視。觀其外在機緣，或許是因為它是英文著作而流通不便，但更可能的內在主因是：那時臺灣的整個學風，還處在全面吸收消化牟先生所締造的康德式詮釋架構下的中國哲學典範，而且當時臺灣對海德格存有論的介紹也還處在荒蕪的處女地階段。所以陳先生欲借用海德格前、後期的存有哲學，來全面介入中國哲學的詮釋工作，其中實隱含著一股欲與康德式的中國哲學詮釋相抗衡的味道，甚至重新進行新典範轉移的突破工作。這工作雖極富前瞻性，但弔詭的是，它似乎出生得太早了，它顯然超過當時的學術社群之流風許多，所以一直未能發揮本該有的影響力。換言之，陳先生在道家存有論的建構上，本來早已突破了牟先生主觀境界形態說，並可和袁先生對牟先生的反省相互印證確立，甚至往前跨出更大的一步了。底下，筆者就試著分析陳氏對道家存有論的建構過程，以喚回當年被遺忘的學術可能性。然而學術視域總在不知不覺中，就這麼轉了過去。現在兩岸三地的臺、港、大陸

學者，幾乎處處可以見到用海德格來重新詮釋中國哲學的新氣象[84]。回顧二十年前那前瞻性觀點，其孤芳自賞的自開自落之情，遙想可知，如今也已是遍地黃花了。

　　陳氏《海德格與中國哲學》一英文論著，可以說大量而全面地利用海德格哲學的前、後期觀點[85]，來發明詮釋中國的儒、釋、道哲學和藝術哲學。可以說，陳氏後來對中國哲學重建的那些中文論著，其觀點，基本上都已具體而微地在當年這本英文著作中被提出來了。陳氏利用海德格來詮釋中國哲學，運用的可說是極具靈活的洞察力，而且展延性又大；尤其海德格唯一的關懷課題──存有哲學，在經過他的眼光和巧思之後，竟都可和儒、釋、道系統中最根源、最癥結的問題對上話。其中膾炙人口的，例如用海德格的「Being-in-the-world」（在世存有）、「Ab-grund」（離據）來詮釋天台宗的「一念三千」、「從無住本立一切法」等最核心的判教觀念，以使天台和華嚴的系統差異性頓然清晰許多。例如將海德格的基本存有論和儒家的道德形上學並論，以突顯儒家道德的存有論性格，並反省牟先生用康德詮釋儒家時的主體主義傾向之困境；例如用海德格來詮釋禪宗的佛心、佛性爲非實體生起論、非主體主義，以避免禪宗受到諸如日本批判佛教一類的誤解和批判[86]。當然，陳氏認爲海德格的整體系統和道

---

[84] 如葉秀山、張祥龍、宋祖良、張天昱、沈清松、陳榮華、楊儒賓、謝大寧、賴賢宗、黃文宏、鍾振宇等。其中有用來詮釋儒家、佛教和道家，但目前漸漸以道家和海德格的對話爲大宗。

[85] 陳氏認爲海德格有明顯的前後期之「轉向」，而且這個轉向是有重大的關鍵意義，下文將有論述。另外黃文宏對此問題，則提出另一種「場所式」的解釋觀點，以澄清海德格前、後期哲學的非「彼」「此」性，而是轉從「共屬」的「整體」來思考。參見陳榮灼，〈海德格「轉向」（Kehre）的一個詮釋〉，《歐美研究》第31卷第2期（2001年6月），頁287-323。

[86] 陳氏雖未提及日本批判佛教對禪宗的「基體說」立場，不過陳氏利用海德格所詮釋下的禪宗無心說，正可回應批判佛教的獨斷詮釋。關於批判佛教的立場和反省，請參見林鎮國，《空性與現代性》，頁21-43；呂凱文，〈略論批判佛教運動在日本的發展〉，《法光》第101期（1998年2月）；龔雋，〈禪是佛教嗎？──「批判佛教」關於禪的觀念檢討〉，《禪學發微》（臺北：新文豐出版公司，2002），頁367-399。

家最接近，所以他利用海德格來詮釋道家也是最全面[87]。底下就只針對陳氏對道家與海德格的對話部分來深論之。

《海德格與中國哲學》一書，其中與道家最有關係的論文，主要是〈朝向道家哲學的重建之路〉。另外〈中國的藝術哲學與海德格：藝術與自然〉一文，亦因為中國藝術和道家哲學的親密關係，故亦觸及海德格與道家的核心觀念，不過，大抵不出前文的範疇。陳氏認為作為中國傳統三教哲學之一的道家，其教義的「原初意義」已被遺忘了，經典文本雖然還在，但它的「意義」卻隱晦不明。所以他強調道家哲學需要再「重建」。他所謂的「重建」、復甦「原初意義」，與其說是建立一個理論的有效性，不如說是活化經典的「意義」。在這裡，我們首先看到，陳氏一開始就把握住道家的存在性格和價值意義關懷，這可以看成是牟先生那個存在詮釋的承續，也相應於袁氏所謂道家的價值之關懷。然而陳氏亦體會到，為了活化道家哲學之意義，實有必要將它轉化成有生命力的現代哲學語言。而在二十年前，那個以牟先生之康德式為典範的中國哲學詮釋主流裡，他洞察到海德格哲學的架構，正可以充當這個活化任務的最當代性語言。他認為選擇海德格首先是基於這樣的事實：

首先，海德格在他有生之年的公開出版中，曾經至少有三次明白地提及，或關聯其思想於老子哲學；其二，即使純從文字措辭的立場來看，任誰都能夠發現老子哲學和海德格思想中的那些關鍵用語之間，實存在著強而有力的相近性。[88]

---

[87] 後來陳氏用海德格來詮釋中國哲學的中文論著，主要散見在其《「現代」與「後現代」之間》一書。另外，如〈海德格與天台宗〉刊在《鵝湖》月刊第8卷第10期；〈王弼與郭象玄學思想之異同〉，載於《東海學報》1992年第33期，頁123-138；〈「即」之分析──簡別佛教「同一性」哲學諸形態〉，載於《國際佛學研究》創刊號（1991年），頁1-22。

[88] 陳榮灼，"On The Way Towards A Reconstruction Of Taoist Philosophy", *Heidegger and Chinese Philosophy*, pp. 124-125。

　　陳氏在二十年前所提到的關於海德格在公開文獻上，至少三次提及
《老子》思想，其實還算是樸素的算法。如以現今學界對此問題的揭露，
恐怕海德格對《莊子》也不算陌生，而且他也很有可能翻譯過部分的《老
子》，至於其他雖未明言出處但實與道家思想關涉極深的觀點，實亦在所
多有[89]。所以陳氏以上兩點，還可以找到更多的文獻根據，但陳氏的重點
在於哲學重建，不在歷史文獻的考察。

　　陳氏一開始就先找出道家思想中的三個關鍵字：「道」、「生」、
「自然」，並運用海德格的存有學，來一一重新詮釋它們在道家思想的原
初意義外；並更進一步分析這三個關鍵詞在道家存有論中，彼此間的優位
性和分際性關係，以更加貞定住道家存有論的「非（西方）形上學式」
之原初義。最後，還乾脆將「道－生－自然」的三位一體性，和海德格
之「logos－poiesis－Ereignis」三者對應比較[90]。他認為《老子》與海德
格這樣的符應，既不純是語詞的相似性而已，也不是偶然現象。陳榮灼
注意到，海德格在〈通向語言之路〉一文中，曾經將通向原初「道說」
（Sage）的「道路」（Weg）這個古老詞彙，連結到充滿詩意思考的《老
子》之「道」（Tao）上[91]。然而由於「道路」常被降格成地點與地點之

---

[89] 張祥龍，〈海德格爾與道及東方思想〉，《海德格爾思想與中國天道》（北京：三聯書店，1996）
　　頁439-456；熊偉，〈道家與海德格爾〉，《自由的真諦——熊偉文選》（北京：中央編譯出版社，
　　1997），頁140-143。蕭師毅，〈海德格與我們《道德經》的翻譯〉，G. Parkes ed., *Heidegger and
　　Asian Thought*（Honolulu:University of Hawaii Press, 1987），pp. 93-104；賴賢宗，〈海德格論道：
　　一個文獻學之考察〉，《思與言》第42卷第2期（2004年6月），頁229-265；【德】奧特‧波格勒
　　（Otto Poggeler），〈東西方對話：海德格與老子〉、格瑞漢‧帕克斯（Graham Parkes），〈黑森
　　林上空升起的太陽：海德格與日本的關聯〉，收入《海德格爾與東亞思想》；孫周興，〈老子對海
　　德格的影響〉，《哲學與文化》第20卷第12期（1993年）。

[90] 海德格用Er-eignis來翻譯古希臘的physis，而logos、poiesis、physis這三個字，都是海德格用來重新
　　詮釋前蘇時期的古希臘哲學的關鍵字。然陳氏此文僅點出其與老子關鍵字的可比較性，並未深入比
　　較分析。關於logos和poiesis的相關討論，可參見【德】海德格著，熊偉、王慶節譯，《形而上學導
　　論》（臺北：仰哲出版社，1993）。

[91] 請注意海德格強調的是詩意思考（poetic thinking）的老子，而這絕不只是因為老子的表達形式是韻
　　文，而是因為老子的思考方式是契近於海德格所謂「沉思」（meditative thinking）、「根源之思」

間的具體形下之連結，遂使得我們粗疏地以爲「道路」是不契於《老子》
之「道」。而且海德格很不滿意「道」被翻譯成理性、精神、理由、意
義、邏各斯這類西方理性形上學的概念[92]。所以海德格要主張「道」是不
可翻譯的。換言之，海德格在思考語言的本質時，是將之提升疏通到存有
之道的開顯這個深度來，而此時他似乎也吸收了《老子》的形上之道這個
「道」字，所可能隱含著語言的原初存有義。

　　現在逆轉回來，由於《老子》的「道」這一語詞本身，具有「道路」
（way）和「道說」（speech）之雙重意蘊，而且這兩個意義的原初性都
必須關聯著「道」來理解，用海德格的話就是只能在ontological層次來理
解，不能用ontic層次來理解，這使得陳氏又將它們連接到海德格的存有學
上來加以詮釋。可以說，陳氏看到海德格利用《老子》之道來疏通他的語
言之根，顯示這兩著之間存在著精神的相契性，現在陳氏又逆轉回來，以
海德格來詮釋《老子》之道的這兩個特質。這似乎也顯示出《老子》和海
德格之間，是可以有一種特殊詮釋循環關係的。

　　陳氏如此詮釋《老子》之道的「道路」和「道說」雙重性：

　　首先，道是無，因此老子的道不是一個存有物（being），而
毋寧說它是一種存有的運動（ontological movement）。即道和物
之間具有一種存有論的區分（ontological differ-ence），因此說道
就是無，乃有其雙重的意義：就某一方面言，它意指道不是具體
事物，而另一方面它則是意指道是一個無形的存有活動之歷程。
其次，就道是萬物的根源言，道和存有物之間除了有其存有論的
區分外，萬物還都源自於道。實際上，莊子就將道描述成萬物的

　　（originative thinking），而具有聆聽存有之道的開放性，換言之，海德格意味下的詩性與思考，皆
　　和存有的真理開顯密不可分。

[92] 陳榮灼，*Heidegger and Chinese Philosophy*, p. 125。另參見海德格，《走向語言之路》，頁168。

物化過程。而一物之物化，就在當它被訴説（named）[93]之時。[94]

　　陳氏上述之説，明顯用海德格的存有論來詮解《老子》的形上觀念。其中第一部分還好理解，第二部分則不好把握，可以略爲將之疏解。首先《老子》之道的另一種表達就是「無」，而陳氏爲了不讓「無」被誤解成虛無空洞的一無所有，所以他要以海德格的「存有」之開顯歷程來做解；另一方面又擔心「無」被實體化成一個具體存有物，所以他又以海德格的「存有論區分」來澄清道和物之間的差異。而經過陳氏利用海德格對《老子》之道的詮釋後，一者「道」就絶不會成爲實有形上學思維下的形上實體；再者「道」也不會只是牟宗三境界形上學下的主觀心境。換言之，牟宗三那種由「無爲」工夫而來的「純粹無爲心境」之「無」，顯然大大不同於所謂「存有運動歷程」之「無」。因爲經過海德格存有學詮釋下的「無」（「道」），它本身即是一生生不息的開顯過程，而這就充分地彰顯了道家存有論的意義。也就是由此而進一步談及：「道是萬物的根源」這第二部分觀點。其實對海德格不陌生的學者，必然立刻會注意到，這個問題還關涉到「存有論的隸屬」一觀念。即，存有之道就其本身是無形無相而言，絶不可用具體存有物的方式來把捉它，這個道和物之間的差異，就是「存有論區分」所要澄清的。但，《老子》之道的「無」，既不是不存在，也不能超離隔絶於萬物之外或之上；換言之，《老子》的「無」是不能離開「有」的，或説《老子》之「道」是沒有離開「物」的；而這個「有」、「無」相即、「道」、「物」不二的關係，就是海德格「存有論的隸屬」一觀念所要強調的。然而問題更在於，這個無有相即、道物不二

---

[93] 陳先生這裡的意思還不夠明確，依筆者推測這大概就《莊子》〈齊物論〉所謂「道行之而成，物謂之而然」來説的。若依陳氏所採的海德格進路，則此時的「謂」（name）最好連結著「道行」的ontologica層次來看。就《莊子》文獻本身而言，此處的「物」和「謂」到底是ontic層次，還是ontological層次，是有些模糊。就像莊子的物可以有兩層次意義外，語言在莊子也有複雜的層次內容。參見拙文，〈莊子的真理觀與語言觀〉，《揭諦》創刊號（1997年6月），頁151-184。

[94] 陳榮灼，*Heidegger and Chinese Philosophy*, pp. 125-126。

的存有論隸屬關係，卻同時又是一個關於「道是萬物根源」的問題。但是在這裡，必須進而追問：此時的「根源」該如何理解？用《老子》自身的語言來說，就是「道生萬物」這一命題的「生」，該如何理解？

　　陳氏解決這問題的過程頗為複雜，因為他的論證過程涉及海德格的前、後期思想之轉向，及王弼和郭象玄學之演變問題，筆者將在下文慢慢拆解。現在先順著上述文脈繼續談下來。陳氏點出《老子》那個「無」是萬物根源的說法，被《莊子》描述為：「道」純粹只是「物之物化」歷程。這一點，筆者認為非常重要，因為它標示出道家形上之道的「具體轉向」[95]。筆者順著陳先生的洞見，將之理解詮釋如下：換言之，沒有離開物之物化歷程的道，甚至道即是物之物化歷程而已。可見，《莊子》對《老子》之道的詮釋可以將海德格的存有論隸屬之精義給彰顯無疑；但必須注意的是，當《莊子》說物之物化歷程時，這時的物已然不會是指個體對象物，而是「道在屎尿」意義下的「道之開顯」。可見，「物化」的殊勝義，乃在於它是存有之道的具體豐盈之展現而為言。若用《莊子》的話說，此時的物之物化，其實正是一種具存有論活動義的「天籟」[96]。

　　陳氏的第二部分比較不好理解，是因為他提到了物之物化與語言的關係，而且由於過於簡略，實在不容易把握。然就筆者的理解來詮釋，這裡的「訴說」（named），應該不是指那種人在表象思考活動下的命名指涉活動，因為若是如此，則此時的物已然成為「名以定形」下的對象物[97]，絕不會是「道在屎尿」下的物之在其自己。那麼此時的「訴說」又該如何

---

[95] 使用「具體轉向」一辭，主要是用來描述道家的形上之「道」、「無」，終是要回歸具體當下之「物」、「有」（甚至「身體」、「空間」）來直顯。這就好像海德格談「存有」、「無」，終是要回到「存有者」、「物」、「大地」來談。參見海德格，〈形而上學是什麼？〉、〈物〉，收入《海德格爾選集・上下》（上海：三聯書店，1996），頁135-153、1165-1183。

[96] 關於〈齊物論〉的天籟義，參見拙文，〈《莊子》工夫實踐的歷程與超形上學的證悟──以〈齊物論〉為核心而展開〉，《國立編譯館館刊》第27卷第1期（1998年6月），頁1-21。

[97] 《老子・王弼注》，收入【魏】王弼等著，《老子四種》（臺北：大安出版社，1999），頁21。王弼的「名以定形」是就ontic層次言，與道的混成無形、不知其名的ontological層次不同。

理解？筆者認爲透過《莊子》的「天籟」，《老子》之道的「道說」義、
還有海德格的原始語言之「Sage」，就可以得到善解。因爲《莊子》的天
籟，其實就是《老子》之道作爲一存有活動的生生歷程本身，只是它以音
樂象徵方式的詩意語言來表達而已[98]。所以天籟的不斷訴說，其實正是其
不斷地歌唱，而這個屬於道之訴說和歌唱，正好就是海德格所要表述的語
言之原初義。因爲，道之訴說本身正是物化豐盈的歌唱，故此時的物化已
成了道之歌聲和合唱，即道在不斷地物化之中來道說自己，而此種物化之
道說，正是語言之原初性，也才能通向語言的存有之路。如果以上對陳氏
和海德格的綜合理解詮釋，還不至於偏離其意的話，那麼它也就可以爲陳
氏下述簡潔的觀點，做一註腳：「因此，說道就是道路，乃意味著道本質
就是一個存有活動歷程；另一方面，說道就是道說，乃是關聯著物之物化
的語言特性來說的。」[99]

　　然而上述「道是物之根據」一問題之解明，還必須進到《老子》對
「道生物」之「生」的判釋。研究道家的學者們都知道，「生」在《老
子》形上學思想中，既是關鍵字，也是個爭議字。所以，陳氏在詮釋道家
之「生」的問題上，在筆者看來是從消極和積極兩方面來處理。消極面的
部分是澄清：道家的「生」義必須和基督教的「創造」義區分出來，因爲
作爲萬物根源的道，並非人格神的上帝一類；同樣地，道家之「生」也不
是從空洞虛無中創生出萬物來，即它不是突然從不存在變出存在。所以陳
氏也反對「道」被當成亞里斯多德意義下的第一因[100]。

---

[98] 這就好像【法】德勒茲喜用音樂的「單聲部」之共鳴，來隱喻他所謂「差異的重複」之本體運動：
　「迄今只有一個本體論命題：存在是單聲部的，……從巴門尼德到海德格爾，所採用的都是同一個
　聲音，都在同一個聲音的迴盪之中，這個迴盪本身展開了單聲部的渾身解數。一個單個聲音構成
　了存在的喧囂。」見〈自在的差異與虛擬性〉，陳永國編譯，《游牧思想——德勒茲・瓜塔里讀
　本》（長春：吉林人民出版社，2003），頁65。

[99] 陳氏這裡的說法，必須通過後期海德格的語言觀來理解。我們也可以將此看成是海德格與道家觀念
　的詮釋循環所形成的。

[100] 陳榮灼，*Heidegger and Chinese Philosophy*, pp. 126。

可見，陳榮灼承繼了海德格對「存有－神－邏輯學」的批判。所以他不贊成《老子》之道被當成西方形上學式、因果推論下所設定的第一因、超絕實體。反過來，陳氏在這一點則會同意牟宗三和袁保新對「實有形態形上學」的批判。然而道生物，既然不是實有的創生（當然也不是憑空地無中生有），那麼陳氏所理解的道生物，又和牟先生主觀境界形態的「不生之生」有何不同？如前文已論證過的，陳氏強調的是海德格意義下道家式存有論，而不是牟氏的主觀境界形態的形上學。所以，陳氏雖然不會將「道生物」理解成西方式的宇宙生成論，但同樣也不會將「生」只當成姿態而已。他還是以海德格存有論的方式來詮釋這個「生」字：「生在道家是另一個關鍵詞，它意味著不斷『帶出』」（bringing forth）的歷程。『帶出』絕不只限定在人的製造上，但它也和人的參與是分不開的。事實上根據道家，真人乃是能與道之生化歷程融洽體合之人。」[101]

陳氏上述的說法很重要，不過一樣需要做更仔細的說明。因為將道生物，理解成「不斷地帶出萬物的歷程」，究竟和將道生萬物理解為「宇宙生成論」，有何區別呢？難道這不是另一種語言置換的遊戲嗎？然而正如上文才分析過的，陳氏已將《老》、《莊》之道理解成物之物化過程，所以道本身就不只是一個被推論出來的靜態抽象之理，而是個即存有即活動的生化歷程；再加上道不是超離物化歷程之外的形上實體，而與物之物化有著相即不二的隸屬關係，所以當道不斷地開顯、吟唱它自身時，其實這正是一個不斷「帶出」的物化歷程。可見，這裡的「帶出」，其實還是就存有論意義下的「物之物化」來說，與西方式的宇宙生成論無關。

更重要的是，陳氏上文還提到了一個和牟先生說法相交集，但就筆者所見，又比牟先生涵蓋更大的觀點。此即就真人和道的關係這一問題而展開的。首先這裡的真人當然就是牟氏所謂體無之境界的人，然而這個體道、體無之境界人，到底又和道之生化（物之物化）歷程有何關係呢？如

---

[101] 陳榮灼，*Heidegger and Chinese Philosophy*, pp. 126。

我們所知，牟先生將「道」理解成人的主體境界之心靈，所以道生物被視為姿態，它只是一種眞人在不禁其性、不塞其源意義下的「不生之生」。換言之，主體的無爲逍遙心境並不眞能生物，他只是放開自己的有爲管控，然後物將暢通而自生。就如前文所分析的，本來牟先生這個回歸實踐形上學的存在詮釋進路，隱含著一種道家存有論的積極可能性，但卻被牟先生自己的解釋系統給隱沒掉了，因爲他將道純粹理解爲一種主體的沖虛玄德之心境[102]，所以原來那個道之不斷帶出物之物化歷程的存有論原初義就被化約了。關於這一點，如果再進到陳氏對道家另一個核心觀念「自然」的海德格式理解，那麼牟先生的問題癥結，也就會更清楚了。

由於「自然」這個詞，常被關聯到物理科學意義下的存有物全體來理解，所以陳氏首先要澄清，道家意義的「自然」是和這種物論層次（ontic）的自然概念不相同，因爲後者只是「自然的產物」，而不是「自然本身」。所以陳氏指出：「道家義的自然毋寧是指自然的生化歷程。事實上，根據郭象的定義，自然乃意指沒有外在、人爲的自身湧現（coming forth）。換言之，自然本質就是個自生（self-generation）和自化（self-emergence）的歷程。」[103]這裡可以看到陳氏利用海德格式的郭象詮釋來理解道家的「自然」。很明顯地，陳氏所詮釋下的這個「自然」，渾身充滿著存有論的物化帶出之意味，絕不只是體道者個人沖虛玄德下的一種心境下的「自然」、「無爲」而已。而且，陳氏認爲道家這三個關鍵字：「道－生－自然」以一種本質方式連結在一起，其中「自然」又是最具關鍵性的規範詞語：「根據老子，自然乃是對道更高的規範，這意味著作爲存有活動的道，乃是符應自然而運動……另一方面，生（化）也是以自然爲其尺度，生化基本上是事物的自生之湧現，即這個自生歷程是沒有任何外在原因的。」[104]

---

[102] 牟氏此觀點遍在其對王弼老學的再詮釋上，例如《才性與玄理》，頁154-155。

[103] 陳榮灼，*Heidegger and Chinese Philosophy*, pp. 126。

[104] 陳榮灼，*Heidegger and Chinese Philosophy*, pp. 126-127。

　　可見，陳氏利用海德格和郭象的綜合詮釋，使得道家的自然成為最重要的形上學關鍵詞，它可以造成的效果，至少有這兩方面：

　　其一是使道和物的存有論隸屬關係，達到最徹底的表達和確定。從此道之開顯即是物物自身的物化，亦即物物的自爾、自使、獨化，絕對沒有超絕於自然物化之上的另一個道體。可見，不管是將道生物理解成本體論式的「根據」，或是宇宙論式的「創生」，基本上都是將道和物區分成二元關係，然後再使用一種由果推因，或由因生果的形上學思維方式來連接，亦即海德格所謂「找根據」的形上學語彙[105]。其實，陳氏為了徹底論證道家的非西方形上學式那種「找根據」的模式，即為了不讓「無」、「有」的關係成為「根據」之因果模式，乃利用魏晉玄學從王弼、裴頠到郭象的爭論發展，再配合前後期海德格的轉向，來一起論證此難題。簡言之，陳氏認為王弼的「以無為本」還是落入了將「無」當成是「有」的根據之病，而經過裴頠對「無的優先性」之反對，以及郭象對「無的先驗性」之反對後，「無」能否被思考為存有物的根據？「無」是否是一種存有物之上的前存在？這些才真正成為問題，並嚴格被挑戰。而郭象並由此而走向非因果論式的獨化自生說，此說顯然對《老》、《莊》的自然一概念之突顯，有其重要的參考價值[106]。

---

[105] 陳氏後來喜歡用晚期海德格的「離據」（Ab-grund）一觀念，來發明道家的「自然」，而且據陳氏分析，早期海德格因為還保有將「存有」當成「存有物」的根據傾向，所以未能完全跳開西方形上學式的思維糾葛，直到後期轉向之後，才完全體會到「沒有離開存有物的存有」，此時才強調「離據」是表達存有與存有物相即不二的最佳方式。而這個離據的說法，顯然最契近道家的自然觀點。參見陳榮灼，〈王弼與郭象玄學思想之異同〉，《東海學報》1992年第33期，頁123-138。袁保新則強調：「海德格思想『轉折』前後的差異，與其理解為晚期忽略此有，強調存有自身，毋寧理解為轉折後的海德格，終於能夠徹底地揚棄了主體性形上學的語言，忠於自己對存有的思維，暢所欲言。」見袁保新，《從海德格、老子、孟子到當代新儒學》，頁133。

[106] 陳先生對郭象的詮釋顯然是創造性的詮釋，如果回到魏晉玄學的大背景來看郭象，而不是將郭象的注莊獨立出來，也不將郭象某些「自生說」文獻獨立於其他注莊文獻，那麼，陳氏所詮釋的郭象圖象，將可能受到質疑和挑戰。同情來看，陳氏主要是透過郭象文獻，以配合海德格的哲理，來突顯老莊「自然」的深義罷了。

　　同樣地，陳氏亦發現海德格在前期也還殘留西方形上學語言的糾葛，因為前期他也將存有當成存有物的根據（近似王弼），直到轉向後的晚期海德格，才強調不再以形上學的方式來思考存有，即不要將存有當成存有物的根據。故陳氏引證海德格的話：「與任何將存有視成一根據（ground）之願望相反，存有毋寧到處地展示出它自己是無據（Ab-grund）。」[107] 相應於此，陳氏並發現海德格在早期曾強調「存有可以沒有存有物而存在」，到晚期則已轉化為「沒有存有物則存有絕不能存在」。綜言之，陳氏經過以上的論證後，強調在消極面上，它澄清了道家既不是西方形上學式的思考，也不是絕對的虛無主義者；積極面則使得自生、自化等觀念成為道家形上思想的核心，而它們都強化了「自然」這一關鍵概念，對「道」和「生」的規範性、優先性[108]。

　　其次，這樣詮解下的道家之自然，才得到它那不折不扣的存有論活動義，而且這充滿存有論意蘊的自然之道，才是道家之道的首出根源義，而不是牟先生所詮釋的主體心境下的自然之道。換言之，就陳氏的理解詮釋，《老子》的道有一體兩面的意義：其一是就道之自身不斷帶出物之物化的存有論第一義；其二是真人體道而成為「道之在此（存有在此：Da-sein）」而聆聽道之歌唱、參贊道之開顯，而這第二義才相應於牟氏所謂沖虛玄德之道。然而就陳氏而言，道之物化的存有論帶出乃是道之第一義，它具有優位性。事實上，人屬萬物之一，本身也是這個存有的物化所帶出的。當然，人畢竟在萬物之中有其優位性，而這個優位性不但不是人類中心對萬物的宰控，反而是去人類中心而成為海德格意義下的「存有守護者」[109]。此時，人不但不會去禁塞萬物的物化歷程，他乃昇華轉化為真人，成為道在此的聆聽者、守護者、甚至參贊者，此時才能說真人融洽

---

[107] 陳榮灼，〈王弼與郭象玄學思想之異同〉，《東海學報》1992年第33期，頁128。

[108] 請參考*Heidegger and Chinese Philosophy*, pp. 127-129。

[109] 海德格認為成為存有的守護者是人的天命，參見海德格著，孫周興選編，〈關於人道主義的書信〉，《海德格爾選集（上）》，頁374-377。

體合於道之生化歷程。因此陳氏如此反省牟先生之限制：「自然義中亦有一雙重結構：㈠從『自爾』、『自生』、『自得』和『獨化』以明『自然而然』；㈡從『率性』、『無爲』和『任物』以明『順其自然』。……將道家與海德格相提並論，可以彰顯出道家是一種『關於存有的思想』。這樣一來，在對道家義之『自然』的定性上，不致只滿足將之視爲『主體境界－如牟宗三先生所主張者。』」[110]

　　換言之，從以上對陳氏觀點的分析中，可以看到牟氏並未嚴格區分出道之二義（自然而然與任其自然），更不能進一步由此而分別出「自然而然」的第一義，其所具有的道家存有論之優位性，以及「自然而然」（第一義）與「任其自然」（第二義）的一而二、二而一之關係，而只滿足於「任其自然」的第二義。關於「自然而然」的存有開顯，與「任其自然」的沖虛玄德，二者間的優次關係與相互隸屬的微妙關係，即道與眞人的關係一課題，陳榮灼亦曾在對晚期海德格屬人地位之討論中，有進一步的相關討論[111]，但由於已超出本章這裡所討論的脈絡，故暫止於此。然而至少到目前爲止，陳氏以上的自然二義之區分，實有助於反思牟先生系統的片面性。

　　順著以上的澄清，就比較能夠回應周大興先生曾在評論袁保新先生一書的限制時，順著牟先生的思路所提出的質疑，他說：「順著牟先生『主觀境界』形態而有所修正的『價值中心的存有論』，仍有一段曲折的理論之路要走。……作爲存在界價值理序之『道』，唯是令物自生、自化、自理而已；順著作者的提示，我們很懷疑，如何通過『致虛守靜』的實踐修養，僅憑此一洞見，便足以令萬物『自賓』『自化』？這樣的一片空靈，充其量只是逍遙乎無何有之鄉的沖虛境界，對天地萬物發乎美感經驗的觀照。」[112]

---

[110] 陳榮灼，〈王弼與郭象玄學思想之異同〉，頁132-134。

[111] 陳榮灼，〈Heidegger on the problem of Individuation〉，《東海學報》1984年第25期，頁203-217。

[112] 周大興，〈儒家大路道家棧──《老子哲學之詮釋與重建》評介〉，頁79-80。

　　或許可以這樣說，周先生所謂：從主觀境界到價值中心存有論，其間「那一段曲折的路」，筆者認為那可以是一條通過海德格的存有論相互詮釋循環之路，如此或能真正將道家存有論的意蘊給充分展示出來。而袁氏雖然指出了路標，但周氏則看到這個路標只是路標，它離真正到達的目的地，仍然還有一段遠路要奮鬥。然經過上述筆者對陳榮灼先生的海德格式道家詮釋之解析，基本上可以說已經相當程度地走上一大段路程了，所以目標也就愈來愈清晰了，其超越牟先生境界形態之處也就愈發明確了，如此上述周氏之疑也就可能得到了回應。

　　原來，周先生所提問的——「如何通過『致虛守靜』的實踐修養，僅憑此一洞見，便足以令萬物『自賓』、『自化』」——它之所以是個問題，是因為它還限定在牟先生主觀境界說的架構裡，所發出的提問。然而，如果能同時把握自然和道之二義，並且知其優次關係，那麼便會發現：不是人們的美感觀照心靈在令萬物自賓自化，實乃萬物本其自然之道在自賓自化，而人因為轉化了表象思考的成心知見，才讓自己融入那個非主客、非分別的自化大流中，所以乃可以說人既逍遙觀照萬物之自化，另一方面也參贊著自化之大流。換言之，大化的「自然而然」開顯了我和天地萬物，而我的「任其自然」則讓「自然而然」如如無蔽地當前湧現。故真人就在與天地萬物一體交融中，共享此一生生大化的合唱。此即所謂「天地與我並生，萬物與我為一」之境。其中既是存有論的、也是美學式的，並且兩者通而為一，此或可名之為形上美學或美學的存有論[113]。

　　對於這個問題，陳氏在談到海德格將《老子》理解為詩性思考時，也就或隱或顯地解及到了這個問題：「根據海德格，去思考意味著『讓值得思考的事物對我們訴說』，換言之，思考本質上與那召喚我們去思考者符應。由此進一步說，思考是詩性，是就這兩重意義來說：首先，思考作為

---

[113] 參見拙文，〈牟宗三對道家形上學詮釋的反省與轉向——通向「存有論」與「美學」的整合道路〉，頁283-332。

『讓某物對我們訴說』，所以它臨近於詩性。……第二，所謂值得思考或召喚我們去思考的，正是自然的生化過程。」[114]「特別有旨趣的是，去關注海德格也曾宣說的：『所有的藝術，當它們讓真理出現一事發生了，如此的本質性就是詩性的。』……最後，根據海德格：『美就是在其中讓真理以無蔽的方式發生著。』」[115]

　　由上可見，詩性的美學觀照就是任其自然的心境，然而這個心境既是關於美學的觀照，它更是真理開顯的場域，亦即它更是將自身完全開放給自然而然的存有之開顯。所以，在詩性的聆聽性思考中，任其自然之心境，實乃完全融入了自然而然的大化流行中，甚至只有在自然而然的大化流行召喚中，美感性的觀照心靈才能真正發生。如此一來，美感式的任其自然之觀照心靈，必然含攝在更廣大的、自然而然的之存有開顯的場域中才有可能。由此可見，周大興對袁保新的質問，其實是在牟先生的系統脈絡下之發問，若能超越並深化牟先生的系統，而轉進到上述的海德格式之詮釋系統中，這個問題就自然得到了澄清並化去。

八、陳榮灼的詮釋與袁保新的提問之整合嘗試 ── 存有論和宇宙論的統合可能

　　最後，還可以追問一個問題，即《老子》的道論常出現的宇宙論式的語句，如果透過海德格式的存有論詮釋後，它是否必須完全消聲匿跡？還是說海德格式的存有論詮釋，可否和一種特殊的宇宙論相容？可想而知，陳榮灼先生當然會反對學界普遍流行的西方形上學視域，那種將道家視為宇宙生成論的觀點[116]。但他似乎並未注意到道家式的存有論，是否可能開出非西方的道家式宇宙論一課題，亦即前文所提到過的，袁保新先生在回應劉笑敢先生時，所關懷的難題：「如何從存有學的角度轉出老子宇宙

---

[114] 陳榮灼，*Heidegger and Chinese Philosophy*, pp. 130-131。

[115] 陳榮灼，*Heidegger and Chinese Philosophy*, p. 162。

[116] 陳榮灼，*Heidegger and Chinese Philosophy*, p. 130。

生成論的意涵」。這個問題之所以存在，是因為《老子》的文獻中，確實經常出現這樣的話頭，除非將之置之不理，或像牟先生那樣將之轉譯化除，否則我們便至少必須面對兩個挑戰：

　　一是在理論層面上，當透過海德格而將道家詮釋為一套海德格式的存有論後，這種意味的存有論如何和某種意味的宇宙論融攝而不衝突？二則，顯然在文獻上要重新疏解道家存有論文獻和宇宙論文獻的關係。順著上述對陳榮灼先生的討論脈絡，筆者認為至少在第一個層面的理論問題上，現在應該可以提出一種整合的嘗試。至於第二個層面，因為涉及文獻的實質詮解，有必要以另一專文處理。但假使能夠回答第一個理論層次的挑戰，那麼第二個層面便只是技術性的問題了。換言之，陳氏在上述的討論中，雖未必意識到「存有論與宇宙論的統合」問題，但筆者以為從他對海德格式的道家存有學之豐富詮釋中，然後再回歸海德格的某些思維，未必不能由此而開發出來，以回應甚至解答袁保新先生提出的難題。在此，筆者願順此脈絡，試進一解，以為拋磚引玉之嘗試。同時要強調，從中也可看出陳榮灼的詮釋系統和袁保新的關懷，是可以對話地被整合起來，提供將來更全面整合道家形上詮釋以參考。

　　首先，道家式的存有論本身，乃是即存有即開顯的歷程，換言之，存有即展現為存有物的豐盈，而這個存有物的豐盈歷程，即是存有的大用流行自身。用道家的話說，道是物之物化的豐盈，而這個物之物化的豐盈，其實就是道家的氣化流行，就是通天下一氣耳。道之開顯實即氣化流行本身，不可在氣化的大用流行之外，別立一個道體來作為氣化開顯的根據。換言之，存有之道的氣化流行，完完全全展現成眼前這個物化的豐盈宇宙，也就是眼前這個生生不息的宇宙[117]。可見，宇宙的生化本身就是

---

[117] 關於道家的氣一概念，既可形上說，也可形下說，既能往存有論說，亦能往宇宙論說，並且與心性論和工夫論、身體觀的語言相互滲透，換言之，氣是個整合性的概念，我們不必陷入後來的學術切割之範疇分界，而遺忘了道通為一的整合。參考拙文，〈《莊子》「精」、「氣」、「神」的功夫和境界——身體的精神化與形上化之實現〉，《漢學研究》第22卷第2期（2004年12月）。

存有之道的展現，實不必因爲擔心存有之道被理解西方形上學式的根據（以爲在宇宙生化現象之前別有一個道體做第一因），就忘了存有之道本身就開顯自身爲物化宇宙之豐盈這個現象學式的事實。甚至可以如此說，如果道家的存有論不能自身展現爲一個豐盈的宇宙，那麼這樣的存有論就不是一個活動的開顯，而是抽象的空理。所以道家的存有論本身必然就會是某種生機活潑的宇宙論，只是這個宇宙論不是西方式的宇宙生成論，而是自本自根、相互關聯、循環不已的有機宇宙。對於這一點，筆者認爲海德格的存有論，似乎是可以隱含此意的。尤其他所謂「世界的世界化」一觀念。或許正可以被看成是存有論所開顯的一種有機宇宙觀或世界觀的說法。

　　海德格曾在討論「物」的殊勝義（ontological）時，提出這樣深刻的體驗語：

　　天、地、神、人之純一性的居有著的映射遊戲，我們稱之爲世界（Welt）。世界通過世界化而成其本質。這就是說：世界之世界化（das Welten von Welt）既不能通過某個它者來說明，也不能根據它者來論證。這種不能說明和論證並不是由於我們人類的思想無能於這樣一種說明和論證。而不如說，世界之世界化之所以不可說明和論證，是因爲諸如原因和根據之類東西是與世界之世界化格格不入的。一旦人類的認識在這裡要求一種說明，它就沒有超越世界之本質，而是落到世界之本質下面了。人類的說明願望根本就達不到世界化之純一性的質樸要素中。當人們把統一的四方僅僅表象爲個別的現實之物，即可以相互論證和說明的現實之物，這時候，統一的四方在它們的本質中早已被扼殺了。[118]

---

[118] 海德格〈物〉，收入《海德格選集》，頁1180-1181。

　　海德格首先對所謂的「世界」，下了這樣一個定義：「天、地、人、神之純一性的居有著的映射遊戲」。但這一句境界式的話頭，顯然需要更多的說明。首先，所謂「居有」的遊戲，其實就是「Ereignis」（appropriation，或譯為自然、共現同流等）的自化開顯之豐盈。然後天地人神乃是這個自然所開顯出來的一切可能性，而它們之間有著一種純一性的關係。至於何謂這純一性的關係？底下將會再說。這裡可看出海德格這一「世界」觀念的提出，乃是在他的存有學整個脈絡和精神下順理而談出的。因為「世界」正是存有的一切開顯可能性之聚集，在這個世界之外，沒有另外的根據或開顯，它就是一切天、地、人、神會聚遊戲的物化世界之場所。其中的物化之物，絕不是一個分別獨立的對象物，而是相互關聯，交融互滲的一體共振，如此而構成世界之世界化的歷程。可見，說世界是物化的場所，這個場所絕不是一個靜態的空間概念，不然海氏不會用世界之世界化來表示它的活動性。因此，海氏的世界不是靜態的空間概念，而是一個動態的過程，他謂之世界之世界化。

　　再則，世界之世界化即是存有的全然開顯之本身，絕不是在世界之世界化之外，另有一個超越的它者來作為世界化的開顯之根據。人類那種想要為世界之世界化尋找一種根據的因果說明衝動，反而使得人們錯過了眼前世界的當下世界化之唯一性。由此可見，世界之世界化乃是存有開顯出來的唯一世界。所以，當我們說存有開顯為世界時，它就契近於《老子》所謂存有之道開顯為氣化流行的宇宙。而且就在這個氣化流行的宇宙中，乃是通天下一氣耳之非分別狀態。這個天地並生、萬物為一的世界氣化狀態，就是海德格上述的「純一性」、「統一性」之基礎。而當人們將存有開顯的天地人神（四方）之一切物化豐盈給表象為各各區分的現實對象物時，那麼它們之間本來的統一性就會失去。

　　然而何謂四方之統一性呢？海德格如是說：

四重整體之統一性乃是四化（vierung）。但是，這種四化決不是這樣進行的，即：它包括四方並且作為這樣一個包括者而事後附加到四方上。四化同樣也並不限於這樣一回事，即：四方，一度現成的四方，只是相互並列而已。四化作為純一地相互信賴者的居有著的映射遊戲而成其本質。四化作為世界之世界化而成其本質。世界的映射遊戲乃是居有之圓舞（der Reigen des Ereignens）。因此，這種圓舞也並不只是像一個環那樣包括著四方。這種圓舞乃是環繞著的圓環，因此它作為映射而遊戲。它在居有之際照亮四方，並使四方進入它們的純一性的光芒中。這個圓環在閃爍之際使四方處處敞開而歸本於它們的本質之謎。世界的如此這般環繞著的映射遊戲的被聚集起來的本質乃是環化。在映射著遊戲著的圓環的環化中，四方依偎在一起，而進入它們統一的、但又向來屬己的本質之中。如此柔和地，它們順從地世界化而嵌合世界。[119]

　　海氏上面這席話，可謂大哉論。四方的統一性，海德格是透過四化來說明的，此即涉及四方之四化。所謂四化，其實就是存有開顯為一切的可能性，海德格的四方之「四」，應該只是個象徵，它意味著遍一切可能的十方開顯。而四方本身就是徹底的四化運動歷程，四方和四化是就同一事件而言，就像存有本身就是指存有的開顯，所以四方本身即是徹底的四化歷程。可見，這個化字，乃是不斷地帶出、化現在此，但它同時又湧入、化向在彼，其實這裡的「彼」和「此」，都只是存有統一性的作用，而不是實指「彼」「此」個體物的獨立區分，即「彼」「此」都是「居有」所開顯而不可絕對分隔的豐盈。而四化作為存有開顯的一切可能性之遊戲，其實本身就是存有開顯之自身。也就是自然的自化歷程，故四化的相互依

---

[119] 海德格，〈物〉，收入《海德格選集》，頁1181。

賴、相互映攝、相互共成一遊戲，實即Ereignis（居有）光照之開顯。換言之，四方之四化即是Ereignis的光照遊戲，如此則一切可能性的光照，彼此間都是交光互映的。即每一光照本身既在自光的奧祕中，但又同時滲入它光的奧祕中，如此「一即一切」的光之互攝，乃被海氏稱之為「自然（居有）的圓舞」。其實這裡的交光互映之說，正相通於《老》、《莊》的通天地一氣之說，兩者都是在表明一個前主客的、相互關聯的、有機的、一體親密的宇宙觀。而這個自然圓舞的循環共振，其實就是世界之世界化的統一性本身。

所以海德格繼續說：

世界化的世界的映射遊戲，作為圓環之環化，迫使統一的四方進入本己的順從之中，進入它們的本質的圓環之中。從圓環之環化的映射遊戲而來，物之物化得以發生。物居留四重整體。物物化世界。每一個物都居留四重整體，使之入於世界之純一性的某個向來逗留之物中。如果我們讓物化中的物從世界化的世界而來成其本質，那麼，我們便思及物之為物了。如此這般思念之際，我們一任自身為物的世界化本質所關涉了。如此思來，我們就為物之為物所召喚了。[120]

由上可知，物之物化即是世界的另一種說明。世界之世界化，就具體展現在物之物化的豐盈上。換言之，物之物化就是四方四化的凝聚之所在，所以每一物的物化本身，實乃含攝了天地人神四重整體於其中，而每一物化都是自然遊戲交光互映下的逗留，如此之物，才是《莊子》「道在屎尿」意義下的物。然而這個由物之物化所構成的世界化本身，就是存有彰顯的有機宇宙。換言之，存有之開顯即展現為世界之豐盈，而道家的道

---

[120] 海德格，〈物〉，收入《海德格選集》，頁1181-1182。

之開顯即展現爲天地萬物之生生，而這個天地萬物之場域實即是海德格的
世界，實即是存有的開顯之自身。因此，對道家而言，存有之道即展現爲
天地萬物，其存有論即是宇宙論。只是這個宇宙論本身不再有另一個超絕
於其上的第一因來做根據，它本身就是自生自化地開顯自身。換言之，它
就是海德格的離據，如此一來，存有即世界，存有論即宇宙論，二者不再
是因果的根據和創生關係。而道家式的宇宙論乃取得存有論的正名，兩者
不再是理論的兩層，而是同一內容的兩種語言解釋系統而已。

　　最後，可以引證安樂哲（Roger T. Ames）和郝大維（David L. Hall）
的說法來互證，因爲他們雖反對將道家理解成西方式的宇宙起源論，卻同
時又強調道家本身就含著一種特殊的關聯性宇宙論，而他們這種根據《老
子》文獻所詮釋出來的關聯性宇宙論，竟然和海德格的世界之世界化觀點
頗爲契近。由此也可間接證明，道家式的存有論之詮釋，是可能開出道家
式的關聯性宇宙論來。筆者就以安氏他們的說法，作爲這段論證的結語：

　　道家的宇宙起源論並不擔保某種極端的起始，那種起始與那
些描述秩序凌駕於混沌之上的形而上宇宙起源論有關，……《道
德經》中廣爲滲透的「母親」和「出生」的比喻，不是要訴諸於
那種有關起始和獨立的有效原因的語言，而是要在一種自生性的
再生產的不斷迴圈中來描述胎兒的誕生。其來由或許看起來像古
典的宇宙起源論……
　　《道德經》中所體現的關聯性宇宙論的四個預設：一、道家
肯定構成我們經驗世界的各種事件本身的實在性，認爲並不存在
「多」背後的「一」，且事件與時間不相分離。二、各種事物都
是過程性的事件，一方面各有其特性，一方面又內在地彼此相
關。每一事物都處在其他事物所構成的不斷變化的脈絡之中，並
在這種動態的脈絡中以共同創造的方式成就自身。三、生活是具

體的經驗場域，同時每一種具體的經驗場域又總是具有整個宇宙的全息性。四、世界的創生性轉化來自於構成世界的各種事物的回應性參與，在創生轉化的不斷過程中，事物不是被動的參與者，而是主動的共同創造者。[121]

九、楊儒賓的神話宗教詮釋之可能性：宗教神話和形上體驗的連續與斷裂

以上大抵從哲學的層面，論證了道家式的存有論可以開出道家式的宇宙論。對道家而言，其宇宙論的語句在經過海德格式的存有論詮釋後，已不能再用西方式的宇宙起源論來觀看了，但這絕不意味著《老》、《莊》的道只是個抽象的存有。事實上，《老》、《莊》的道乃是即有即活動，所以存有必然開顯為生機活潑的有機關聯之宇宙，所以既可以從存有論的角度來說它，也可以從宇宙論的角度來說它，這其實都只是針對同一物化世界的不同描述系統罷了。換言之，透過以上的討論，我們大抵從哲學的角度，澄清了袁保新先生在回應劉笑敢一文中所曾提出的問題。

雖然袁氏上述引文所提到的：如何從存有論轉出宇宙生成論？如何重新看待這種《老子》式的宇宙論？虛理如何成為實物的始母宗根？這些問題，大抵上筆者上述的哲學式討論已有所澄清了。然而，這種哲學式的討論並沒有解決所有的問題，因為袁氏還提到另外一個很重要的學術視角，那就是：道家宇宙論和原始宗教的創世神話之關係為何？道家氣化宇宙論和原始薩滿教的泛靈論世界觀之關係又為何？而上述安樂哲和郝大維反對道家為西方式的宇宙起源論，並在強調道家本身可以是一種關聯式的宇宙論時，同時利用明顯受到創世神話影響下的〈太一生水〉之作品，來論證道家的關聯式宇宙[122]。換言之，將道家宇宙論和原始創世神話連結並

---

121 【美】安樂哲（Roger Ames）、【美】郝大維（David Hall）著，彭國翔譯，〈《道德經》與關聯性的宇宙——一種詮釋性的語脈〉，《求是學刊》2003年第2期，頁11-12、5。

122 關於〈太一生水〉相關研究，參見陳鼓應主編，《道家文化研究·第十七輯》（北京：三聯書

觀，其實亦是一條可能的進路。對此，筆者認爲這也是個重要的學術新視域，這個新視域的開啓和重建，可能具有下述面向的意義：首先在歷史的層面上，可以幫助追索道家形上觀念在思想史上的來源；其二是在哲學的層面上，可以重新思考道家式宇宙論和原始宗教的創世神話之關係，以及反省道家思想和神話思維的連續（同一）與斷裂（差異）；其三是在宗教層面上，則可以復甦道家形上體驗的宗教性，亦即思考道家形上學和宗教的關係。

關於第一點，原始宗教神話作爲道家哲學的思想史源頭一觀點，已漸漸成爲學界的新認識。它顯然比劉歆《七略》、班固《漢書‧藝文志》的「王官說」、劉安《淮南子》的「淑世說」、牟宗三《中國哲學十九講》的「周文疲弊說」等，都還要更契入道家的思想主題、思維方式和觀念用語。這種說法早被聞一多先生所提出[123]，後經張亨先生的細密論證[124]，再經楊儒賓先生的比較發揮[125]，若再加上大陸學者葉舒憲先生和蕭兵先生那種百科全書式的舉證發明來看[126]，此說已漸有形成新典範的趨勢。筆者認同楊儒賓先生所判斷的：「本世紀的溯源思潮最大的特色，乃是它溯得更遠，溯得更具有說服力。籠統地說，這當中的種種說法皆可

店，1999）。安樂哲、郝大維著，彭國翔譯，〈《道德經》與關聯性的宇宙──一種詮釋性的語脈〉。

[123] 聞一多在其〈道教的精神〉曾敏銳地觀察到：「我常疑心這哲學或玄學的道家思想必有一個前身，而這個前身很可能是某種富有神祕思想的原始宗教，或更具體點講，一種巫教。這種宗教，在基本性質上恐怕與後來的道教無大差別，雖則在形式上與組織上儘可截然不同。這個不知名的古代宗教，我們可暫稱爲古道教。」收入《聞一多全集㈠》（臺北：里仁書局，1993），頁143。

[124] 張亨，〈莊子哲學與神話思維──道家思想溯源〉，原載香港大學《東方文化》第21卷第2期（1983年），後收入《思文之際論集──儒道思想的現代詮釋》（臺北：允晨文化實業公司，1997），頁101-149。

[125] 參見楊儒賓，〈昇天、變形與不懼水火──論莊子思想中與原始宗教相關的三個主題〉，載於《漢學研究》第7卷第1期；〈道家的原始樂園思想〉，「中國神話與傳說學術研討會」論文（臺北：漢學研究中心，1996）。

[126] 葉舒憲、蕭兵，《老子的文化解讀》（武漢：湖北人民出版社，1996）；葉舒憲，《莊子的文化解析》（武漢：湖北人民出版社，1997）。

歸到『原始宗教－神話』說的綱領下。其綱目大致有四：一是巫史說；一是儀式說；一是宗教經驗說；一是神話說。」[127] 楊先生並舉出主張「巫史說」如聞一多、張光直，「儀式說」如陳鍾凡、藤堂明保，「宗教經驗說」的赤塚忠、山縣三千雄，以及「神話說」的吉拉多特（Girardot）、中鉢雅量、羅夢冊、張亨、蕭兵、葉舒憲等。

　　以上這份名單，雖然不是全面性的網羅，但大抵上已顯示出一種橫跨臺海兩岸、美日海外學者的主張了。顯然這份名單還在遞增當中，筆者只是要特別指出，以上這四種主張，其實是可以互補互證的，甚至它們之間還是四位一體的關係。如何說呢？因為原始人徹徹底底就是宗教人[128]，而就原始人的宗教經驗內容而言，它通常是透過儀式的實踐方式而得到證成的。換言之，原始宗教之所以特別突出其體驗性，而不只是一套教義和規範的功能，其中關鍵就在於它們是在儀式實踐中才出現的。可以這樣類比，如果原始宗教經驗是一種心靈意識的出神遠遊（trance）境界的話，那麼儀式就是他們的轉化工夫論了[129]。而神話雖可方便地說是儀式的理論面，事實上，原始宗教的神話在其具體的情境脈絡中，也沒有離開儀式的實踐氛圍。它並非脫離音樂、舞蹈、面具、法器、靈藥、聖地等等儀式實踐的當下具體「聖顯」（hiero- phany）之外，成為純文字性的神話紀錄文本。換言之，最原初的神話是用儀式情境的戲劇表演來吟唱敘述的，如此，方才是馬凌諾斯基（Bronislaw Malinowsky）所謂「活的神話」[130]。所以，神話在原始時代之所以能具有語言治療的效果，原因

127　楊儒賓，〈道與玄牝〉，頁167。

128　關於此說，請參見【羅馬尼亞】伊利亞德著，楊素娥譯，《聖與俗——宗教的本質》（臺北：桂冠圖書股份有限公司，2001）。

129　筆者並非指神話的儀式過渡和通神遠遊，完全等同於後來道家學派的工夫和境界，因為其實質進路和經驗層次，仍然有相當的重大差異。筆者在此只是強調其歷史的連續性和類型的相近性。筆者對此有比較完整的討論，參見拙文，〈神話、《老子》、《莊子》的「同」「異」研究——朝向「當代新道家」的可能性〉，《臺大文史哲學報》第61期（2004年11月），頁139-178。

130　馬凌諾斯基自許人類學家和民族誌學者，比一般僅從文本記錄的神話餘骸研究更有優勢。最大的原因，就是他們能在實際的田野經驗中，親身經歷那種與儀式完全融合的活神話。【波蘭】馬凌

就在於他們是在集體的儀式中，共同經歷一種宗教「聖顯」經驗的洗禮，而使得舊的生命得以重獲新生[131]。至於巫史的說法，很明顯地也是連貫在一體的，因爲神話儀式的實踐情境，正是由部落中擁有特殊秀異的心靈者——巫，來主導帶領這場集體的意識旅遊。

　　至於第二點，除了在歷史層面上的溯源外，還進一步在哲學的層面反省道家思想和神話思維的同異關係；換言之，必須同時考慮道家思想對原始神話思維的連續性繼承和革命性突破。就這一點而言，上述張亨先生和楊儒賓先生也都同時關注到這兩方面的關係了。誠如張先生所言的：「莊子哲學中許多重要的觀念及其主要的部分都跟神話思想有密切的關係。只是原來神話中素樸的信念已被莊子施以哲學的轉化，形成新的理境，神祕的、魔術的色彩大爲減低。如果我們不從神話思想方面去追究，對於莊子，甚至道家哲學的產生，恐怕不容易解釋。」[132]不過，二位先生的論述重點，主要還是在論證連續性的關係面居多（這主要是爲建立道家在思想史上的源頭），至於差異面部分，可能還有再繼續發揮的空間（筆者認爲差異面的強調有助於呈現道家在宗教經驗和哲學反思方面的突破處）。筆者亦曾以專文討論此一課題，其中除了繼承張先生和楊先生之說外，另提出一個從意識的起源、發展和回歸、圓融的巨型敘述結構，從存有論的辯證層次和心性意識的演變歷程，來說明道家哲學和神話思維的同、異關係[133]。然而，對道家與神話的「同」「異」性之不同面向的側重，它除了在古代思想史的脈絡下，具有判定道家思想的根源性與突破性之作用

　　諾斯基，《巫術、科學與宗教》（臺北：協志工業出版，1996），頁70-79。

[131] 關於神話、儀式和治療的三位一體關係，最好的田野記錄之一，可參見【美】約翰·內哈特（John Neihardt）著，賓靜蓀譯，《黑麋鹿如是說》（臺北：立緒文化事業有限公司，2003）。

[132] 張亨，〈莊子哲學與神話思想——道家思想溯源〉，收入《思文之際論集——儒道思想的現代詮釋》，頁136。

[133] 參見拙文，〈道家的神話哲學之系統詮釋——意識的起源、發展與回歸、圓融〉，《清華學報》新第34卷第2期（2005年12月）；〈神話、《老子》、《莊子》的「同」「異」研究——朝向「當代新道家」的可能性〉，《臺大文史哲學報》，頁139-178。

外，還具有介入當代道家形上系統之詮釋爭論的爆發潛能。這話是如何說呢？

　　其實，將道家思想源頭的原始宗教說，和當代形上學的詮釋爭論綰結起來，據目前筆者的觀察，乃是由楊儒賓先生近年提出的，似乎也是目前僅見的。楊先生此文〈升天、變形與不懼水火——論莊子思想中與原始宗教相關的三個主題〉，是由莊子工夫境界中的宗教經驗現象（如升天、變形、不懼水火一類的超越體驗），來追溯它們和原始薩滿巫教的親緣關係，並區分其間心靈境界深度的差異。這篇論文的討論對象是針對莊子和原始巫教的同異關係，可以說是張亨先生那篇論文的繼續發揮，而且彼此間相互輝映。更引起筆者注意的是，楊先生近年來，另有一篇以老子為對象的論文〈道與玄牝〉[134]，繼續討論老子和原始宗教的關係。從筆者看來，這篇文章頗有理趣和新意，它至少突顯出兩個重要的企圖，而超出張亨先生那篇論文所處理的範疇了。第一個特點是，他不僅在先秦道家的系譜學上，從莊子和原始宗教的溯源關係，推進到老子和原始宗教的溯源關係，更重要的是，他區分出了老子和莊子在承傳原始宗教神話的類型上是有所不同的，老子承傳的是大母神（The Great Mother）的宗教神話（基本上是農業植物神話類型），而莊子傳承的則是薩滿巫教的宗教神話（基本上是狩獵動物的神話類型），如此一來，楊先生乃將道家與原始宗教的承傳關係，帶到一個更細緻但也更複雜的境地。換言之，張亨先生接受了卡西勒（Ernst Cassirer）所強調神話思維的跨文化之普遍性[135]，而楊先生雖然不會反對神話思維的基本特性具有普遍性，但神話思維所具體運用的原型意象還是有類型差異的。例如老子所運用的大母神神話之原型意象，和莊子所運用的薩滿教神話之原型意象，就有所不同。而且，楊先生在文章中似乎也隱含著一個重要的消息，那就是：老、莊不同的神話意象之運

---

[134] 楊儒賓，〈道與玄牝〉，頁163-195。

[135] 張亨，〈莊子哲學與神話思想——道家思想溯源〉，頁111、115-116。

用，會影響它們的思想格局之走向。據此，楊先生提出一個頗具顛覆性的
觀點：

　　老莊並列，此詞語可取其「同」義，也可以取其「異」義。事
實上，先秦典籍似乎並無一本書將兩者並列為道家中人，……道
家之所以成為一個系統，恐怕是秦漢以後史家反省前代學術、整
理歸納所得之事。先秦時期，老自老，莊自莊，兩者關係密切，
但莊之於老不像孟荀之於孔，莊子除了接受老子思想外，他的思
想恐另有源頭（筆者按：楊先生此處正是指薩滿神話，而非大母
神神話）。反過來講，老子思想的定位最好還是訴諸老子本文，
老子與莊子或與魏晉玄學的脈絡化，其間的得失固不易言。[136]

　　第二個特點是，楊先生顯然並不只以老子和原始宗教的思想史關係的
再證成為滿足。他在文獻舉證和思想詮釋雙軌並進的方式下，令人信服地
證成了老子思想和大母神神話的契近關係後，帶著這個既古老又新穎的神
話視域，轉到形上學的討論陣地，介入當代道家形上學系統相的爭論中，
並企圖以新視域來對道家的形上爭論，重起一種新觀看的衡定作用。他企
圖透過對老子的思想史溯源之進路，找到另一種介入老子形上學爭論的新
方向：「老子的『道』之解釋極為紛歧，我們透過發生學的『起源』之認
識，不無可能可以從另外一種觀點詮釋老子的思想。」「筆者認為老子的
女性論述可用者不少，我們如將此假說運用到『道』的基本性格，將神話
理論帶到哲學論爭的場合，可能也會有幫助。」[137]

　　正如上述強調的，對道家與神話思維的「同」「異」面之側重，很可
能會影響對道家形上性格的判定取向。例如，上述袁保新先生曾提及的，

---

[136] 楊儒賓，〈道與玄牝〉，頁188-189。
[137] 楊儒賓，〈道與玄牝〉，頁164、172。

道家的形上之道和氣化宇宙論，實源自原始薩滿巫教中的泛靈論和創世神話；然而可否據此而將兩者視爲同一類型呢？就此而言，筆者認爲必須將「思想史的連續性關係」和「哲學突破的差異性關係」同時考慮進去。如果學者主要考慮在思想史的連續性關係一面向，那麼很可能因爲《老子》思想中有很多主題、表述形式和觀念元素，看來都和原始宗教神話相近，自然會將創世神話那種宇宙起源論的模式，直接當成《老子》宇宙論的原型，以此作爲強而有力的證據，來支持並證成《老子》之道具有客觀而實有的創生性。楊儒賓先生就是傾向這種觀點的典範代表，因爲他比一般學者更注意道家思想和遠古神話的親密關係，這使得他在面對道家形上問題的糾纏時，找到另外一個參考座標。

　　在〈道與玄牝〉一文中，他繞過境界形態與實有形態的哲學詮釋糾葛，直接轉從《老子》之道的思想史起源探入，強而有力地證明了《老子》一書中，諸多有關道的狀辭：如玄牝、谷神、江海、食母、甘露、陶器、橐籥等，其源頭皆是出自宗教神話中的大母神意象。而原始神話中的大母神意象，顯然是個具體生育的起源神話之原型象徵，所以承續原始母神宗教而來的《老子》「道生物」之說，其中作爲母性生殖之喻的道之「生」，必也含有實有創生或生化的意味。換言之，楊先生認爲，玄牝是《老子》一書的根本喻根，而玄牝一族的意象皆指向「母－子」的創生及依存關係，所以，《老子》的「道」應當是客觀而且具有創生性的。楊先生不斷地再三重申此觀點，從底下一系列的引文中，可以看出他欲證成此觀點的強烈企圖：

　　「玄牝」一詞造語奇特，這是《老子》一書特有的語彙，老子無疑地借用此語來形容道。道與萬物，其關係就像「玄牝」與眾多所生之物；道生生不息，其模態正如女性之創生力量一般；道玄之又玄，老子用來比喻道的女性意象遂不得不變爲「玄

牝」。

　　老子所以結合「母」與「食」兩語，用意很清楚，他要強調道之始源、創生，萬物不但由它而出，生出之後，它還不斷地供養萬物。

　　道與萬物的關係是生與被生，類比來講，即是「母」與「子」，所以說「天下有始，以爲天下母」。

　　老子用「母——子」比喻「道——物」，此時的「母」已不僅是「創生」的意義，它還蘊含了「依據」、「底層」、「根源」的意義在内。

　　老子直接將道的創生與水的功能連結起來，他說：「大道泛兮，其可左右。萬物恃之以生而不辭，功成而不有」，道與物的關係就像水與物的關係。

　　大母神神話與咬尾自成圓圈的烏諾魯斯神話一體難分，老子的道之玄牝意象與渾沌意象也是重疊一起，難以割裂。大母神——烏諾魯斯生出萬物，但又要併吞萬物，或者要求萬物再向祂們回歸；老子的形上之道的創生軌跡，也正是如此。[138]

　　楊先生此類觀點，可以說是他這篇論文後半部的核心焦點。一言蔽之，即企圖用《老子》襲用的大母神神話意象群，來證成《老子》之道有創生性。對當代《老子》形上爭論有涉獵者，必然猜到，楊先生企圖挑戰的是牟宗三先生對《老子》所做出的形上判定。楊先生既不贊成牟先生將道家的「生」，理解爲「不生之生」的境界形態，但也不特別採取道家式存有論的詮釋進路，而是以古宗教的大母神意象來證成道的客觀性和創生性。如筆者曾經指出的，牟先生對《老子》之道的實踐、主觀、境界的詮釋進路，對比於他之前（民國以來）的那種思辨、客觀、實有的詮釋進

---

[138] 楊儒賓，〈道與玄牝〉，頁172、173、173、174、180。

路，可以說在當代老學詮釋史中具有某種「哥白尼式的革命意義」；然而楊先生此處的顛覆做法，則頗有將牟先生的典範轉移給再次倒轉一次的效果。然而，楊先生如此對牟先生轉向革命的再轉向，是否意味著重新回到牟先生之前那種思辨形上學、客觀實有形上學的詮釋老路去了呢？

　　其實，從楊先生文末「後記」對評審意見的回答中，約略可看出，他並非要回到西方式的思辨形上學、本體宇宙論的詮釋老路去，但他卻也堅持主張老子之道具有客觀性、實有性、創生性，這是不容折扣的。他強烈主張：「如果老子使用的這些核心意象都在表達創生之意，那麼，我們討論老子道的性質時，即不宜跳過『創生』的面向不談。相反地，我們該嚴肅的正面處理。因為我們既然認為『玄牝』是個根本喻根，環繞這些喻根的相關象徵又都蘊含『創生』之義，而且，《老子》本文都明言『道生之，德畜之』、『天下萬物生於有，有生於無』、『大道泛兮，其可左右』、『無，名天地之始；有，名萬物之母』，那麼，根據節約原則，我們似乎沒有必要繞道曲折解釋。我們不妨向奧肯借精省之刀，砍掉曲折的解釋。面對文本，我們肯定老子所說的道具有創生義，而且，這還是道的第一義。」[139]

　　就筆者所知，楊先生是採取這種論證方式，來介入實有、境界形上學爭論的唯一學者。其論證方式相當值得重視，但目前並未引起足夠的重視。他將袁氏所提出的：道家宇宙論和古宗教神話關係很重要，但卻「文獻不足徵」一難題，給具體地解決了，並由此而介入道家形上義理之判定的難題。筆者認為，楊先生的觀點新穎，能在《老子》的文獻和古神話文獻之間，找到很具說服力的連續性關係之證據，也可以再度加強道家和原始神話之間的思想史連續性關係。但，由思想史的連續性關係之證成，是否必能同時直接證成道家的「道生物」之哲學、宗教內涵，完全就是大母神創世神話中那種實體實有的創生類型呢？筆者目前認為，其間似乎還有

---

[139] 楊儒賓，〈道與玄牝〉，頁186-187。

可待斟酌之處。

就楊先生的角度看，牟先生主觀境界的不生之生說，實乃歷經莊子、王弼、郭象之詮釋發展，再加上中西分判、儒釋道對比下的判教式詮釋效果，其論證過程和得到的解釋都頗爲曲折；而且牟先生在方法上，採取的是一種「後老子發展觀點」的逆推，以貞定老子觀點的做法。然而，楊先生不認爲從莊子、王弼、郭象之發展脈絡，反過來觀看《老子》形上思想，是唯一可行的方式；事實上，他指出從韓非、嚴遵、河上公、成玄英、李榮等戰國兩漢注家，則是另一種注解觀看角度[140]。更重要的在於，他轉從道家思想史的源頭這一新視域來觀看這個問題，亦即他扭轉了歷來學界傾向由發展角度而來的觀看，改從源頭上溯回去，並由大母神源頭往下觀看《老子》。他認爲這種由上往下（從神話到老子）的觀看角度，要比由下（莊子、王弼和郭象）而上（老子）的觀看角度，來得清晰而簡明。換言之，楊先生認爲古宗教神話和《老子》形上思想間的關係，要遠比王弼和郭象來得親密多了，甚至從某個核心角度說，也比《莊子》更親密。所以一般學界所認同的，莊子將老子那種具有客觀形上學意味之表述，給內化轉成主體生命之心靈境界的做法，楊先生似乎認爲這種「以莊解老」的進路，實已帶入了詮釋之轉化，還不如「以神話解老」來得更如實情。

對於楊先生的神話詮釋進路，在實有與境界的爭論場景中，實令人感到耳目一新，頗有眞意和潛能。但對於其中的推論和判斷，則覺得仍有再討論的必要。首先，《老子》和遠古神話在思想史上的親密連續關係，未必能直接跳躍到兩者間的哲學內容之等同。尤其在某些核心論題上，突顯二者之間的斷裂別異關係，也是非常必要的。例如，大母神神話的意象和主題，顯然被《老子》承繼了，所以楊先生能在兩者間找出強而有力的線索關係；但這是否意味《老子》的思維方式完全等於古宗教之神話思維

---

[140] 楊儒賓，〈道與玄牝〉，頁187-193。

呢？兩者之間沒有精微卻重要的差異嗎？若有，則當老子在襲用母神創世神話一類的隱喻意象時，其背後的思維方式和對語言的反省深度，是否也會響影到彼此間，對所謂「創生」的理解和體驗？

　　神話是一種泛靈論世界觀下，想像力的象徵顯現，它常帶有擬人化和格位化的互滲移情和投射傾向，而神話思維這種具有將象徵和隱喻給「實體化」、「實指化」的傾向，依然完全保留在《老子》的思維核心嗎？認為，《老子》的思維方式對古神話思維方式，應該有它的革命處，此或可勉強以社會學上所謂「哲學的突破」名之[141]。而這個思維方式的革新和突破，是否會使得兩者在表達同一個主題時，其具體內容之指涉將呈現出精微的差異？尤其涉及到這個「超越語言」的終極性課題——「道」時，「不可言說」和「可語說」的層次關係和對語言的反省之有、無、深、淺，將會是關鍵性的癥結。換言之，我們是否可以因為創世神話的母子創生說或生化說[142]，和《老子》道生物之母性隱喻說，在主題和語句表面上的沿用性、相似性，就認為二者是同一類型，然後以前者內容來作為後者內容的必然證成？

　　筆者認為未必可行，因為它有可能是精簡問題後而來的證成。除非我們不承認《老子》在思維方式和語言反省上，有它對神話思維的超克處。否則，思維方式所涉及的語言認知，還是會決定對命題表達的實質內

---

[141] 哲學家雅斯培（Karl Jaspers）曾提出「軸心時代」一觀念，而社會學家韋伯（Max Weber）和派深思（Talcott Parsons）則以「超越的突破」、「哲學的突破」來說明這個軸心時代的特殊意義，而近來治中國思想者，亦喜用此觀念來說明：先秦諸子知識階層興起的意義、先秦諸子和古宗教神話之間的連續和斷裂關係。例如：余英時，《中國知識階層史論》（臺北：聯經出版公司，1993），頁30-38；余英時，〈軸心突破和禮樂傳統〉，《二十一世紀》第58期（2004年4月）；張灝，〈世界人文傳統中的軸心時代〉，《時代的探索》（臺北：聯經出版公司，2004），頁1-26；陳來，《古代宗教與倫理——儒家思想的根源》（北京：三聯書店，1996），頁1-4。

[142] 若就神話的母子創生、生化之說而言，確實帶有客觀性、實有性之「生」；不但如此，神話思維甚至可能將生化的母體以某種動物圖騰形像來實之。但這樣的思維方式，把原來屬於象徵隱喻層次給實體化之傾向，應該被老子給批判超越了。換言之，老子雖也延續了神話隱喻象徵之語言妙用，但顯然知道那只是對「不可道之道」的隱喻，不可也不必將之執定。

容之詮釋。簡言之，《老子》具有對語言限制的深刻認識和體會，他對道
的實存工夫和經驗體證，也都和語言的解構有密切的關係。甚至對文明的
治療和批判，也都集中在對語言的治療和批判上；而這些顯然都不是神話
思維所具有的哲學高度，反而後來的《莊子》，在這些核心主題上是緊扣
《老子》的精髓而繼續深化。筆者認爲《老子》，至少有三種層次的語言
反省：一是絕對沉默的超言說性之暗示（冥契體驗之當體），二是隱喻
象徵的文學詩意之語言妙用（在無法言說與概念辯證之間，採用啓發性
的活語），三是概念的辯證之釐清（把能用分析性語言講清楚的儘量講
清楚）。至於《莊子》除了以上三種語言層次的反省和運用之外，還加
上了敘述的語言妙用（某個意義上說，敘述亦可以看成隱喻的另一種運
用）[143]。而老莊在上述第二層次的隱喻象徵語言方面，顯然受到神話的
深刻影響，但，由於經過了更爲豐富而深刻的語言反省，恐怕也不可同日
而語了。換言之，以「神話解老」，是否在形上道論這個議題上，眞會比
「以莊解老」來得合理而深刻，恐怕還是有待爭論的問題。不過，楊先生
顯然將此問題的討論，帶到一個更複雜而有待辯證的境地裡了。

　　老莊雖然在思想史上是以古宗教神話爲源頭，但在哲學思維和宗教氣
質的內涵上，實亦有對神話思維、宗教經驗的批判和超越。以創世神話這
個主題來說，原始宗教人通常將創世神話當成神聖的歷史事實來看待，神
話人未必了解自己可能犯了將象徵隱喻給實體化的危機，所以他們的創世
說經常被想像成當然耳地實有實體之眞實創生（要注意的是，創世神話儘
管傾向實有的創生，但絕非是西方的思辨形上學，反而是實踐體驗的，因
爲他們是在儀式情境中來落實）；所以大母神生化說，不但傾向實有創生
形態，而且通常也是起源論式的，這個起源前的創生母體，時常也可以是
超離獨立在創生後的世界之上。換言之，神話的泛神論世界觀或許是道家

---

[143] 老子和莊子的語言使用風格之討論，即關於——沉默、隱喻、敘述、概念——四種層次的整體關
　　係之辯證，參見拙文，〈從《老子》的道體隱喻到《莊子》的體道敘事——由本雅明的說書人詮
　　釋莊周的寓言藝術〉，《清華學報》新第40卷第1期（2010年3月）。

式的宇宙觀之母型，但也是個有待淘沙取金的原型粗胚。《老子》「道生物」一類的命題，果然在內容上完全就是這種起源式的實有創生說嗎？筆者認爲這個問題如果單從《老子》的某些文句之表面看來，再加上排列出《老子》延續神話的原型意象群，那麼楊先生的看法似乎就自然顯出合理性來，因爲它猶如事實擺在眼前般的自證自明。所以楊先生據此主張可以向奧肯借刀，解去歷來哲學詮釋的曲折繁雜，以還它本來之神話經脈。

　　但筆者認爲這樣做，也可能將問題看簡單了。道生物的宇宙生成論命題，從原始宗教神話的圖像思維看，它們肯定在世界之上另有一個格位的創生實體。換言之，它們大都有將象徵和隱喻給實體化和格位化的傾向，所以創世神話也就常以諸如「母子」之類的具體生化圖像來表達。然而，我們很難相信《老子》會一併繼承這種實體化和格位化的思維方式，因爲這和《老子》極深刻的解構性思維方式，是相互衝突的。這種解構精神，當是對語言深刻反省的表現，而這裡也必然會對神話的繼承有其批判。例如《老子》將「道」理解爲「無」，這個「無」是無形無相、超越語言的，它是不能用具體存有物的實體思維來把捉的。換言之，《老子》顯然早就了解到海德格所謂「存有：道」與「存有者：物」之間的「存有論區分」，否則他不會開宗明言就宣稱：「道可道，非常道；名可名，非常名」，這章句顯示出《老子》對道和語言的關係反省是自覺而深刻的。再則，《老子》用「自然」來規範「生」，它讓「道生物」的「生」，有從宇宙起源論轉向的可能，讓道不能脫離物而獨存獨生，顯然《老子》的道物之間是相即的「存有論隸屬」關係；《老子》也強調道是「象帝之先」的「無」，可見，道並非實體性的位格存在是很明顯的，而實體性的位格創造說，反而是對道的一種物化和限定。另外，《老子》主張無、有「同出異名」的「玄」之關係，也超越了神話中或隱或顯的聖俗二元傾向[144]。

---

144 馬關於神話和道家之間的同異關係，請參見拙文，〈道家的神話哲學之系統詮釋──意識的起

　　神話的實有創生，常使創生前的本體世界，和創生後的現象世界，區分為「聖」與「俗」異質的兩層。從神聖的時空，墮落為歷史的時空，顯然它具有兩層存有論的意味。所以，神話思維總要在通過儀式（rites of passage）中，不斷地重建一個斷裂點、突破處，以再度樹立通向神聖時空的通道之「門」，如宇宙山、宇宙樹等中央軸道（central axis）的再建立；如此，諸神乃在儀式中隨時降臨，而儀式中人藉由儀式來轉換意識，如循著宇宙中軸而上升會神，這時神人才又得以在聖地中心再度連結，再次使本體神聖臨現，此乃所謂「聖顯」（hierophany）[145]。可見，正如神話中的宗教格局，或隱或顯、或多或少都帶有「聖」、「俗」不同質的「差異」格局。然對《老子》而言，道與物雖有其「存有論的區分」，但這個區分只是方便說，他終究要強調「道法自然」；而這個「自然」深意，必將「道」之開顯力還原回每個「物自身」之中，成為純粹的「物之物化歷程」。如此，道與物之間終是「存有論的隸屬」關係，亦即道、物之間並非絕對的兩層區分，而是即物即道的物化豐盈之自身。《老子》此種存有論格局，應該不純是神話思維的實有創生說之完全承續，而是有其批判性的繼承和創造性的發展了。

　　神話式的儀式思維、聖俗的異質關係，通常也會借用空間的儀式化象徵來建立。而且，它在憑藉甚至依賴這些象徵時，常常不自覺地落入將象徵給實體化的困境中。因此常在宗教、神話中看到儀式的暴力和禁忌[146]。例如，當聖地被儀式具現在某一特定的象徵性時空中時，便常呈現出宗教史上的殘酷爭奪，如對唯一聖地耶路撒冷的爭戰不休。而《老子》顯然已將外在的儀式投射，透過工夫轉化為內在自心修養的意識轉

　　源、發展與回歸、圓融〉有較細部的比較和論證。

[145] 上述對神話的一系列陳述，請參見【羅馬尼亞】伊利亞德著，楊素娥譯，《聖與俗──宗教的本質》。

[146] 參見【英】鮑伊（Fiona Bowie），〈儀式理論、通過儀式與儀式的暴力〉，金澤、何其敏譯，《宗教人類學導論》（北京：中國人民出版社，2004），頁173-217。

換，所以他知道聖地象徵的實義，只是致虛守靜的心性狀態，而不會將象徵給實體化，更不必依賴儀式。而且，也會認為聖地的投射建立反而是心靈的外馳，而非心靈的復觀。最後，《老子》應該也會主張聖地是無所不在、遍一切處的道心之象徵而已。這些都顯示出對「道」的實質體會和思維方式，都和神話有著根本性的差異和斷裂。

當然還可以從《老子》的文獻中，找出許多重要的哲學價值是對神話思維的超克。但我們又要如何來面對楊先生所提出的鐵證？亦即《老子》在很多文獻上，同樣承襲了母神神話的意象和主題呢？從以上的分析中，筆者認為這個現象並不矛盾。癥結只在語言問題上，講得更具體一點，涉及語言的象徵隱喻之作用和反省一課題。依筆者看，《老子》雖然方便地襲用了母神創世神話的意象，來暫時暗示那種超越語言、不可言說的「道生」體驗，但他必知道這只是語言的方便說，一種藉由象徵隱喻來開顯眞理的方便妙用。他並未走向語言實在論的執定之路，因為對他而言，不但概念的單義性定用不可執，隱喻的多義性妙用更不可執，否則都將與「道可道非常道」、「不知無言」的終極第一義自相矛盾。再則，當隱喻的多義性被實體化時，它就有可能走向單義性的概念之路，如此一來，活的隱喻語言便失去了多義啓發性，而有被概念語言取代的危機。正所謂：「在觀念化的運動中，隱喻是從感性的指稱向著精神性的意義超升；在感官可經驗事物向著非感性的理型推移的過程中，逐漸造成了一組組的對立：感性／精神、感性／智性、感性／意義，這些對立，正好剝去隱喻多義的外衣，僅僅保留那些固定、單義的類比。至此，隱喻被排擠至哲學最邊緣的位置，觀念的單一性佔據了哲學的核心。」[147]

所以在詮釋《老子》的形上道論時，也有必要考慮到，對道的象徵隱喻之反省和還原一問題。然而，《老子》之道是對母神創世神話的喻根

---

[147] 黃雅嫻，〈從限制到蔓延——德希達哲學中的「隱喻」〉，《哲學與文化》第33卷第5期（2006年5月），頁60。

之借用，楊先生也是很清楚的，但他的重點反而卻是要由此隱喻之借用，來證成兩者在內容上的連續性；而本章的立場則是正視《老子》對隱喻使用的語言自覺，強調兩者在內容上的斷裂性。楊先生說：「老子用女性意象形容道，其敘述平鋪直截，『食母』、『玄牝』、『母子』諸語的意圖極清楚，無庸再論。但老子連結女性與道，其範圍猶不僅於此。老子事實上運用了一連串的象徵比喻，彼此間環構成一組完整的『女－道』之意象世界。」「從玄牝到江海，從谿谷到陶器到橐籥，老子使用的意象非常一致，它們無疑地繞著母性的意象展開，『母性』是老子思想的根本喻根，這是確切無疑的。」「被神話意識置放在時間起源前的宇宙論概念，其實質內涵往往指涉的是意識底層的無意識狀態。初民不自覺投射到外界的圓、中、女性、機體等質性，其真正的家宅是在人的無意識底層。」[148]

楊先生顯然很清楚《老子》之道的表述，是對女性母神神話的象徵運用，也知道神話意識中的本體宇宙是人類心性底層的無意識之投射。那麼，《老子》在工夫論中，對感官和認知的致虛守靜的滌除下，以回歸不知無言的對道敞開的自然狀態，此時雖不是一般主客「分別」意識的清明，但也絕非是深層意識不知覺的流動投射。《老子》那種與道合流的恍兮惚兮，其實是一種「非分別的分別」之清明覺照，而非無意識的投射，正如「滌除玄覽能無疵乎」、「歸根復命以觀復」，此中之「玄覽」必能起覺照之「復觀」。準此，《老子》對道與物的體會，自然不會完全等同於創世神話的格局和內涵，雖然它們之間在語言的表述上，具有高度的相似性。但，語言背後的心靈狀態和思維方式，可能更是決定如何理解這些語言命題的關鍵。尤其《老子》這種對語言有自覺，又涉及超越語言的終極課題之時，更是如此。

換言之，筆者認為《老子》在屬「道」這個最核心的論題，雖然在主題和表述的方式上，承續了母神神話之喻根，但《老子》在思維方式上

---

[148] 楊儒賓，〈道與玄牝〉，頁173、178、180。

必已有所突破了。或可說，《老子》已能了解意象和喻根畢竟只是一種語言之象徵方便，所謂「名可名，非常名」。實不必執隱喻爲實有、把象徵當實體。換言之，思維方式的哲學突破，將使《老子》理解到神話表述的妙用和限制，實不必如神話思維般將之具象實體化、格位化，因爲，象徵隱喻便有可能因耗損而走向概念單義性之路，如此一來，原本超越語言的道，便被語言給限定和物化了。所以，正如《老子》之道不可被實體物化，同樣的，《老子》對道的隱喻，也一樣不可被實體單義化。對於這一點，德希達（Jacques Derrida）透過對海德格存有學和語言隱喻關係的二合一之反省，深刻而值得重視：「德希達對隱喻的思考類似海德格對存有本身的思考，如果回到海德格對西方形上學的看法中，可以知道存有是不可被定義的，一旦被概念化，存有的意義被確定了，卻狹隘化了存有的探討，試圖脫離存有探討單一的規定性，正是海德格在形上學沉思所要喚醒的。概念與隱喻之間的關係，就如同『對存有的限定』與『存有本身』的關係。不過，存有這種『未定』亦解釋了隱喻本身的不定與豐富。存有本身就是隱喻性的，存有只能用隱喻的方式去思考。德希達在思考隱喻的抹去時，也察覺到隱喻是否是一種類似海德格存有自我隱退。」[149]

　　神話思維對於隱喻的運用之同時，由於對隱喻的不可實體化這一本質，自覺反省得不夠，將導致隱喻的活路有被限定的危機，如此一來，隱喻便在實體化的過程中隱退了，逐漸走向概念化的單義定向之路。顯然的，《老子》在使用神話隱喻時，一則因爲體會到存有之道超越了語言定義性，二則明了隱喻的開放非實體性，才會善用活用如此之多的神話隱喻。假使我們將神話那種母子生化的隱喻，當成眞有實體的生化之具體指涉，並以之證明《老子》「道生之」的實有性，那麼，將可能使得《老子》的「道」和「隱喻」同時隱退，成爲概念單義性可加以指涉的客體對

---

[149] 沈清楷，〈從Aufhebung（棄存揚升）到Différance（延異）〉，《哲學與文化》第33卷第5期（2006年5月），頁77-78。

象物。

　　假使對《老子》和古神話之間的思維差異之強調，是有其必要的，那麼，再返回來看楊先生的論證時，就會有一些鬆動的可能。亦即，王弼和郭象雖然未必比古神話和《老子》接近，但就某些核心突破點來看，筆者認為《老子》和《莊子》的親密性，應該還是要比古神話更契近些。用《莊子》來詮釋《老子》，有它一定的優位性。所以，一方面要溯源原始宗教和道家的思想史連續性關係，另一方面也要釐清道家對原始宗教神話的哲學性之突破差異。就如張亨先生所提出的：

　　道家並不是想把神話解釋成寓言，而是將神話思想轉化成為一種哲學，……稱莊子思想是「一種」「哲學」並非是用西方哲學中對「哲學」一詞嚴格的意義，也並非視同於西方哲學。只是藉以區別在莊子思想與神話思想之間，還是有一種根本上的差異——神話思想不過是原始心靈的直接投射，並沒有經過自覺和反省。同時它也是集體性的，不顯示自我主體，尤其無所謂自我在達成其精神境界的時候所需的工夫歷程。而莊子則不然。莊子是生在一個文化已經成熟的時代，原始的神話思想實際上已趨沒落，在莊子的意識裡也並不同意神話或巫術的直接作用。

　　莊子雖然不像辯士之類有意識的和神話抗爭，也自然不是停滯在或是想延續神話的階段。而是吸收轉化了神話中的思想，發展出一種新的哲學面貌。

　　莊子……他不能像原始人一樣，只訴諸一些感覺，或者僅僅出於情感上的認同。他必須對這種思想另做詮釋。因為神話已經減失其魔力，而他正處於神話和理性的中途。所以莊子是立足在哲學的要求上，從反省個別自我開始。……像這樣的途徑自然跟神話思想的形態有極大的差異。

　　莊子哲學中許多重要的觀念及其主要的部分都跟神話思想有

密切的關係。只是原來神話中素樸的信念已被莊子施以哲學的轉化，形成新的理境，神祕的、魔術的色彩大爲減低。[150]

張亨先生就《莊子》哲學對神話思維的超克之洞見，筆者認爲也可以適用到《老子》哲學對神話思維的超克。而且，這個超克處是屬於哲學思維、語言反省的突破。就其連續性面向來看，筆者完全贊成去尋求道家形上之道的原始宗教之神話原型，但就其斷裂性面向來看，卻不贊成將兩者的存有論類型給同一化。反過來，本章要以突破性的觀點來批判神話式的實體化傾向，並由此接上海德格存有論對「存有－神－邏輯學」之解構和基本存有論的重構。我們期待，如此重新詮釋整合後的《老子》形上思想，能有新氣象：它一方面既是哲學的清晰又是宗教的體驗，另一方面它既能返本又能開新。

不過，特別需要提及的是，楊先生雖然用大母神的宗教意象和《老子》形上隱喻的近似性，來論證《老子》之道具有實有性和創生性。但這並不意味楊先生所理解的《老子》之道是屬於西方形上學式的宇宙生成論。他曾在文章的後記中，回應審查者的意見時提出澄清：「然筆者主張老子的道爲客觀實有，此說不是站在經驗論的實在論之立場，此中描述的道與萬物之關係也不是『外在論的』、『原子論的』因果繫聯。……但道的『客觀實有』是否只能依『外在論』的方式才能建立？筆者認爲其他的解釋也是有可能的，茲事體大，容待後商。」[151]

換言之，楊先生也不認同那種外在論式、因果論式的宇宙起源論。所以，他所謂的客觀性、實有性、創生性，應該也不是牟先生和袁先生所批判下的西方實有形上學形態。他似乎因爲擔心牟先生的不生之生說，會減殺道家之道的眞實開顯之大力，所以要堅持道家的道是客觀存在的，而且

---

[150] 張亨，〈莊子哲學與神話思想——道家思想溯源〉，頁123、124、127、136。
[151] 楊儒賓，〈道與玄牝〉，頁194。

其開顯萬物之生生大力也是眞實不虛的。再加上他看出大母神之神話意象的創生性和《老子》之延續性，因此更加強了他對《老子》道的創生性之堅持。婉轉地理解之，他既主張這個創生說不是外在論式，也不是因果論式，那麼道和物之間就不必是上下、先後的二元分離之關係。如此一來，楊先生這個道物不離的創生說，就未必和筆者上文所論證過的——由道家式存有論以通向道家式的宇宙論的觀點——不能相容。換言之，楊先生所堅持使用的客觀性、實有性、創生性這些辭語，也有可能是在不同定義的脈絡下，以另外一種言說方式表述和本章出入不大的觀點。當然，楊先生對此並未再加以深論。

　　最後，假使可以認同道家的思想不只是一套理論，而是涉及價值意義層面的終極關懷，那麼就不必將自己的詮釋劃地自限，只將道家詮釋成一套有效而可理解的純哲學命題爲滿足，反而可以更進一步地通向存在性與宗教性的體驗之路來復活。值得一提的是，前文曾提及傅偉勳的「超形上學」一說[152]，就筆者的理解，傅氏此說不大引起學界共鳴和正視，頗爲可惜。其實他這個觀念隱含著將道家的哲學詮釋，再度昇華到超言說性的宗教詮釋之可能，或說將道家的哲學詮釋之概念系統相給化掉，以還原它的純粹體驗性，而純粹體驗性由於是超語言的，所以便涉及宗教性的體驗當體。就此而言，應該正視傅偉勳這個超形上學的說法。

　　至於如何將道家超形上學的宗教體驗給展示出來？就道家形上學的宗教性課題之探討，筆者目前認爲最好的詮釋進路有二：第一就是將它溯源到古宗教神話來，如此一來，道家的思想史源頭就有了著落，而且道家的許多思想主題（如道生物、氣化）、表達方式（如詩性的隱喻表達）和意象用語（如渾沌、壺蘆、化），都可以找到古宗教神話中的原型對應項；另外，也讓我們看到道家心齋坐忘一類的工夫，實乃轉化自原始宗教的過度儀式之類，所以道家的體道內含自有和原始宗教相類似的宗教體驗發

---

[152] 傅偉勳，〈老莊、郭象與禪宗——禪道哲理聯貫性的詮釋學試探〉，《從西方哲學到禪佛教》。

生。第二是和古今中外都普遍存在的冥契（神祕）主義式宗教體驗相比較詮釋；例如《老》、《莊》中存在著大量有關超時空、超語言、超死生、非分別、與萬有合而爲一、光明至福的體道心境之描述。這些體道心境，除了從傳統的形上學和心性論角度來理解外，若能將之帶到普世現象的神祕主義之體驗潮流中，更可以看出道家形上學在存有論的哲學詮釋外，另一番宗教體驗滋味。

筆者認爲若純就宗教體驗的心靈質感和深度而言，將道家放在冥契主義的脈絡，或許要比放在原始宗教脈絡下討論更加契近。將道家放在原始宗教神話的討論脈絡，雖可讓我們找到道家形上宗教性的原始形態，但未必是最相契的形態，因爲道家已從古神話宗教的連續性關係中，有所突破了。而這個突破處也正是我們在思考道家和原始宗教神話所不可忽略的革命性所在。總之，道家的形上之道雖有一個更根源而廣大的古文化母胎——即大母神和薩滿教的宇宙生成神話，而道家形上學正是來自遠古的宗教神話之轉化和昇華。如伊利亞德所說的，遠古的宗教神話中實蘊含著一套所謂「上古存有論」（archaic ontology）[153]，但這個「上古存有論」畢竟是隱含在創世神話的象徵隱喻和通過儀式之中，它儘管是道家形上學的思想史根源，但也不完全等於道家的思維系統。就目前筆者對學術界的觀察而言，筆者認爲從楊儒賓先生對原始宗教神話和道家思想的對話討論中，最可以揭露創世神話和宇宙生成論之間的思想史源頭和關係，並復原道家存有論的宗教可能性。而且近年來，他亦頗強調東方思想（如儒家和道家）和冥契主義的對話，試圖復甦儒道的宗教性。筆者也認爲道家的存有論本身必然就具有安身立命的宗教體驗性，其宗教性也蘊含著一種存有論的深意。所以，如何將道家存有論的哲學詮釋和宗教詮釋結合起來，將又是一條深具挑戰性的意義道路。

---

[153] 伊利亞德著，楊儒賓譯，《宇宙與歷史——永恆回歸的神話》，頁1-39。

十、結論：朝向存有論、冥契主義、神話學、美學的四重詮釋交響曲之可能

《老子》處在當代中西學術語言、方法的合流情境，其形上思想在各種不同觀看視域下，有所開顯也有所遮蔽。本章認為可以牟宗三對《老子》的形上學詮釋和判定作為分水嶺，將之權分為「前牟宗三時代」、「牟宗三時代」、「後牟宗三時代」三個詮釋階段，並分別對之進行類型的基本劃分。例如：前牟宗三時代的「實有形上學」（客觀）詮釋進路、牟宗三時代的「境界形上學」（主觀）詮釋進路、後牟宗三時代的「道家式存有論」（超主客）詮釋進路。尤其在肯定牟宗三對《老子》形上詮釋的典範轉移意義後，著手反省牟宗三的境界形上學詮釋之限制，並揭發其隱而未顯的可能性。對此，本章尤其將重點放在後牟宗三時代，那些既繼承又批判牟宗三的當代中壯輩學者們之新研究成果。據筆者觀察，他們所提出來的多重詮釋可能性，具有值得繼續深化的開創性價值，但由於他們的觀點大都以單篇或數篇論文來呈現，不足以造成新學術典範轉移的能量，所以仍散落在學術刊物的角落中。筆者認為是需要對後牟宗三時代的《老子》形上詮釋，進行整理考察、批判綜合的時機了。然而，筆者主要的興趣和企圖，並不是要對當代老學詮釋現象的全面「歷史性」介紹或回顧，而是要進行個人對《老子》形上思想的重建工作。換言之，筆者將來會回歸道家的文獻，進行個人的細部詮釋工作。只是在這個重建和詮釋的過程中，不是採取古典注疏訓詁的方式，而是將之放在當代的詮釋語境中，和當代學者的研究成果進行互文性的詮釋對話，在其間尋找具有當代開創性的突破思維，然後以此來和道家的文獻進行對話，以彰顯道家形上思想在「當代」的活力。並由此漸漸導向筆者近年來所關懷的「當代新道家」一課題。

然而就筆者目前有限的理解分析和詮釋歸納，「後牟宗三時代」的《老子》形上詮釋進路，有四條進路特別值得關注並開發：一是海德格的

存有論詮釋進路，二是冥契（神祕）主義的詮釋進路，三是原始神話宗教的詮釋進路，四是美學的詮釋進路。而這些進路是本章和當代頗具開創性的研究成果對話，所結晶出來的新方向。它們也是中壯輩學者們，企圖在牟宗三的詮釋效果下繼續「接著講」的靈光，「接著講」意味著嘗試對牟宗三的超越。其中，諸如：傅偉勳、陳榮灼、袁保新、劉笑敢、楊儒賓等學者們。可見，後牟宗三時代的《老子》形上詮釋，呈現出多元多音的豐富現象，只可惜他們通常以單篇或數篇的論文出現，並未構成體系性的表達，所以還不大被學界所正視，這種現象並不利於學術的往前發展。在筆者看來，以上四條進路不但不是各自獨立不相干的詮釋方法，反而是相通互滲的四條通往《老子》形上思想的道路。它們雖以不同的取向和語言來揭露《老子》的形上思想，但是，既同為揭露《老子》的形上思想，彼此間應該就有對話融通的可能道路在。換言之，筆者所以從這些學者的研究成果中，擇取並歸納出這四條進路，並非純是任意偶然的。在本章結束前，將這四條進路的對話可能性簡述如下，至於細部而具體的詮釋工作落實，將在本書之後章節論述。

首先，對《老子》採存有論的詮釋進路是一種哲學的詮釋取向。但這個意義下的哲學和思考，絕非思辨哲學和表象思考，而是契於海德格的基礎存有論和原初思考。這種海德格存有論意義下的哲學詮釋，同時保有生命學問的體驗意味在。所以存有論的詮釋，基本上不會是思辨實有形上學進路，反而相契於實踐形上學的意味。然而，這個存有論詮釋的內涵，卻超出了境界形上學對主體心靈的限縮，走向存有論與美學的開放性統合。

而冥契主義的詮釋進路，明顯是宗教詮釋的取向，這種特殊性的宗教詮釋，是直就普世性的冥契心靈之體驗來詮釋，而不落入宗教形式和教義的糾纏中。換言之，《老子》之道從存有哲學的角度來說，雖可以展開一套存有論的哲學語言，但若從心性體驗的角度看，也可以被放在冥契主義的宗教體驗中來考察。在筆者看來，道家本來就是即哲學即宗教，所以可將《老子》的存有論詮釋和冥契主義詮釋整合起來，對此，或可以「冥契

存有論」稱之。換言之，可以通過「冥契存有論」，來溝通哲學的存有論
詮釋和宗教的冥契主義詮釋。

　　另外，關於神話學的詮釋進路，當前的學術共識，神話和道家在思
想史上的親緣關係已被充分證成。道家在形上學、工夫論、心性論上的核
心主題，大都可以在原始宗教神話中找到原型的象徵；例如，創世神話中
所隱喻的上古存有論（對應道家的形上學）、通過儀式所隱含的永恆回
歸（對應道家的工夫論）、儀式前後的意識解離和轉換（對應道家的心性
論），這些神話的意象和主題都可能是道家思想的母題來源。當然，除了
在思想史的層面上找出神話和《老子》的連續性關係外，更要在哲學的層
面上釐清神話和《老子》的差異性。由於創世神話是原始思維的宗教性實
踐，它本來就是在儀式的情境中，進行著意識的轉化和治療的實踐活動。
換言之，創世神話的上古存有論絕不是一套文字概念系統，而是和儀式實
踐、心靈治療完全結合在一起，可見，神話的「存有」、「儀式」和「治
療」本是三位一體。亦即，採取神話式詮釋進路，將會不斷地提醒我們：
承續神話精神的老、莊，應該也要將存有論、工夫論、心性論打成一片才
對。由上可見，神話式的《老子》詮釋，一方面可復甦過度使用抽象概念
的哲學詮釋之困境，而疏通《老子》哲學的宗教體驗性外；另一方面，透
過創世神話的象徵隱喻語言和《老子》形上哲學概念的對話，也可以避免
將形上語言給概念實體化之危險。

　　最後，第四條是美學的詮釋進路。首先這裡所謂的「美學」並非伽
達瑪所批判的「美學主體化傾向」層次的美學，而是超越主客、超越美醜
二元判斷的一種「形上美學」；它是在解構了認知主體下，一種空無的道
心（神、虛）對萬物的觀照，此時的物則是道的具體遊戲之展現，是「天
地人神」在此的相會聚集。換言之，《老子》的形上美學之詮釋，隱含著
一種特殊的「認識論」，這個道家式的認識論，不是西方知識論層次下的
主客格局下的認識，而是一種「原始」的「觀物」方式。可以說，這裡的
「原始」是指主客未區分之前的「純粹經驗」狀態，而「觀」則是一種無

我無心的直觀，且在直觀的同時，物之存有乃能當下朗現自身，故「觀」實又是「任物自然」的「聆聽」。可見，直觀、聆聽都不是把物當成對象物，然後在距離之外進行對象化的宰控，反而是將自身融入一種主客不分、情景交融的共同場域中，亦即在道通為一、一氣流通的恍兮惚兮狀態。這種狀態既可以從冥契主義的角度來詮釋，其實也可以從根源義的美學角度來詮釋，而這種美學就隱含著美學的存有論深度。由於，《老子》的形上之道，實亦不能離開具體之物，甚至「無」之妙用，也只有在「有」之徹向中，才能得到具體的開顯，此乃所謂「有」、「無」同出而異名之「玄」性，其實這個「玄」正表示出「道」和「物」的「即」之「具體轉向」。可見，從美學的詮釋角度切入，有一個好處，那就是美學一定要涉及「觀物」，即美學必然要在一個具體的「觀物」情境中來展現，只是這時的「觀」和「物」，都不再只是認知主體和認知客體的能所對待，反而是直觀朗現與物之存有的同體朗現。可見美學的詮釋進路，可以帶領我們從「物」、「身體」、「空間」、「世界」等具體的角度來談論「道」，以避免讓道成為離物的抽象掛空之道。此亦即前文曾分析過的，道即是物化的歷程，即是世界的世界化歷程，因此，《老子》的本體存有之道，實融貫於宇宙論的具體生化世界。換言之，美學的詮釋進路將《老子》之道，帶入眼前這個具體的生活世界，它將不斷提醒人們要用「藝術」而非「技術」的角度來感受這個世界。顯然，從美學的角度來切入，將帶領我們轉向從「物」的角度來論「道」，結果將形成一種「即物而道」、「即身體而道」、「即空間而道」、「即世界而道」的景觀。

——發表於《清華學報》新第38卷第1期，2008年3月，後經大幅增補

第二章
牟宗三對道家形上學詮釋的反省與轉向——通向「存有論」與「美學」的整合道路

一、導論：牟宗三造成道家詮釋的典範轉移

　　學術「視域」（horizon）的變遷，常使文獻開顯出不一樣的「典範」（paradigm）圖像。觀看者的角度一調整，也常使舊問題不再是問題，而新問題卻以未曾有過的艱難，困擾著新觀看者的意識框架。正如科學史家孔恩對科學研究的歷史反省，所洞察的：「典範一改變，這世界也跟著改變了。受一個新典範的指引，科學家採用新的工具，去注意許多新的地方。甚至更重要的是，在革命的過程中科學家用熟悉的工具來注意一些他們以前所注意過的地方時，他們會看到新而不同的東西。」[1] 換言之，一個準集體新學術社群，即將有一種共典範式的觀看，然後嘗試解決共同開顯出的學術問題。二十世紀的近現代中國學術新社群，面臨前所未有的學術現象之一，乃是東、西視域和語言的相遇。這種思想遭遇的潮浪，很自然地產生了語言的格義現象，即以原本是他人視域下的語言概念等等（如西方的形上學概念、第一因、形上實體、本體宇宙論等），套用在自己脈絡的語言概念上，遂造成以他者概念來格自家本義的學術現象。殊不知每個語言概念皆是每個文化的「存有居所」之象徵[2]，不同的

---

[1] 【美】孔恩（Thomas Kuhn）著，程樹德、傅大為、王道還、錢永祥譯，《科學革命的結構》（臺北：遠流出版公司，1991），頁165。

[2] 參見海德格（Martin Heidegger）「語言是存有的安宅（房子）」一觀念。所以不同的語言使用，遂在不同的文化思維背景中，對世界開顯出不一樣的存有意義來。換言之，若透入到語言的存有論基礎來看語言，則不同文化所使用的核心概念，常常是不可共量的（incommeasurable）。參見【德】

語言概念背後，更是深藏著不同的問題意識、思維方式、文化厚度和世界觀[3]。如此一來，用他者的語言概念來格義自家本有的語言文獻時，就很可能造成一種深刻卻危險的弔詭現象：一者，原本自家的視域和問題忽然模糊或不見了；二者，用他者的眼鏡卻在自家的文獻中，看出新的圖像，甚至長出奇花異果來。

　　如此一來，在新問題取代舊問題的情況下，新瓶換舊瓶的同時，卻也使得原來的酒香變了調似的。然而，當代學術的進步，常常隨著語言和方法論的反省而有著突破性的進步；例如，隨著當代方法論的後設反省愈深刻時，卻發現新的學術問題也有可能是個假問題，或者是「錯置的視域」所觀看出來的假象。雖然它也開顯出某個視域的圖像出來，但事後也可能被證明這個開顯，其實遮蔽了原初的本來面目[4]。而錯置的視域之觀看，通常正隨著語言概念的格義而來。

　　例如，對老子之道的形上義理性格之判定，就其字面上的語法結構形態來直接解讀，二十世紀的當代學者之視域觀點，幾乎都傾向於觀看出實有形上學，亦即本體宇宙論式的形上圖像來。這種本體宇宙論是西方自希臘以來的形上學思考之主流，它的思考方式是思辨性格的，亦即從眼前這個雜多的宇宙現象，去思考雜多背後的「一」，思考物理學「之後」（meta-）、「之上」（trans-），超越物理之特殊存有者，而使得特殊得以存在的「根據」或「實體」。而「本體」（第一實體）之概念，乃是由宇宙雜多之「果」，逆推本體統一之「因」，所不得不設定的充足理由

　　海德格著，孫周興譯，《走向語言之途》（臺北：時報文化出版企業公司，1993），頁75-127。

[3] 如卡西勒（Ernst Cassirer）〈語言〉主張：「各種語言之間的真正差異並不是語音或記號的差異，而是世界觀的差異。」「當領悟了一門外語的神韻時，我們總會有這樣的感覺：似乎進入了一個新的世界，一個有著它自己的理智結構的世界。」【德】卡西勒著，甘陽譯，《人論》（臺北：桂冠圖書股份有限公司，1994），頁178、196。

[4] 關於「觀看」不是一種純粹的看，它通常和不同時代的文化和意識形態有關，請參見【英】約翰·伯格（John Berger）從藝術史的角度反省，氏著，《觀看的方式》（臺北：麥田出版公司，2005）。

之「終極實體」。然後，再由此「本體論」去順推出生成這個雜多宇宙的結構和過程，故乃有「宇宙（生成）論」[5]。可見，西方形上學（Metaphysics）的思考方式是理性思辨的，其具體內容則有本體論和宇宙論兩面向，而終極本體則是一種超越的「客觀」、「實有」、「實體」之存在。二十世紀初以來，從這樣角度來觀看老子的學者所在多有：

胡適：「老子這一個觀念，打破古代天人同類的謬説，立下後來自然哲學的基礎，……老子的最大功勞，在於超出天地萬物之外，別假設一個『道』。這個道的性質……生於天地萬物之先，卻又是天地萬物的本源。」[6]

馮友蘭：「古時所謂道，均謂人道，至老子乃予道以形上學的意義。以爲天地萬物之生，必有其所以生之總原理，此總原理名之曰道。」[7]

徐復觀：「道乃由現象進而追求其所以能成此現象之原因，所推度出來的。即是由有形而推及無形，由形下而推及形上。所以老子『道』的觀念的成立，是通過精密思辨所得出的結論。」、「老子思想最大貢獻之一，在於對此自然性的天的生成、創造，提供了新的有系統的解釋。在這一解釋之下，才把古代原始宗教的殘渣，滌蕩得一乾二淨；中國才出現了由合理思維

5　海德格把西方這種形上學的思考，批判為「存在－神－邏輯學機制」，參見其〈形而上學的存在──神──邏輯學機制〉一文，收入氏著，孫周興選編，《海德格選集（下）》（上海：三聯書店，1996），頁820-843。對此的學術反省，另參袁保新，〈存有與道──亞里斯多德與老子形上學之比較〉，收在氏著，《老子哲學之詮釋與重建》（臺北：文津出版社，1997），頁152-158。拙文，〈《莊子》對形上學思考的批判與存有論進路的指點〉，收入拙著，《莊子靈光的當代詮釋》（新竹：清華大學出版社，2007），第一章。

6　胡適，《中國古代哲學史》（臺北：遠流出版公司，1986），頁48-49。

7　馮友蘭，《中國哲學史》（臺北：藍燈出版社，1989），頁218。

所構成的形上學的宇宙論。」[8]

　　勞思光：「老子之學起於觀變思常。萬象無常，常者唯道。於是『道』爲老子思想之中心。而『道』爲形上之實體，是有實有義。」[9]

　　陳鼓應：「道字是老子哲學上的專有名詞，這裡指道是構成世界的實體，也是創造宇宙的動力。它是永恆存在的，故而稱爲常道。所以這一個道字顯然是指實存意義的道。……這個虛空的道體，是萬物的根源，這裡所說的道，也是指形而上的實存之道。」[10]

　　劉笑敢：「老子第一個把道當作客觀的實在，……顯然，老子的道是世界之本原，莊子作爲先秦道家的集大成者，也繼承了道的這一意義。」「道既是世界的起源，又是萬物的依據，這說明在老莊那裡，道既有宇宙論意義，又有本體論意義。」[11]

　　另外，喜歡從綜合的多角度來論說老子之道的學者：如方東美的道體、道用、道相、道徵之四義中的「道體」說，似亦具有本體論的意味，而其「道用」則是從宇宙生成的角度來說[12]。又如唐君毅的道之六義說，其中一義就是強調道乃形而上實體，眞實存在，具有生成萬物的眞實作用[13]。又如嚴靈峰分道爲道體、道理、道用、道術，其中的道體之道也是

[8] 徐復觀，《中國人性論史・先秦篇》（臺北：臺灣商務印書館，1999），頁330、325。

[9] 勞思光，《新編中國哲學史》（臺北：三民書局，1988），頁252。雖然勞先生亦注意到老子的虛靜所含有的主體境界義。然而勞先生似乎認爲：將道當成形上實體之實有規律和虛靜的主體境界，兩者間並不存在理論矛盾。甚至主張主體虛靜正好是爲了觀照此形上實體之萬有規律。

[10] 陳鼓應，《老子今註今譯及評介》（臺北：臺灣商務印書館，1991），頁13；另可參見其《老莊新論》一書（香港：中華書局，1997），頁3-49。

[11] 劉笑敢，《莊子哲學及其演變》（北京：中華社會科學出版社，1988），頁104、105。

[12] 方東美，《生生之德》（臺北：黎明文化出版社，1987），頁296-299。

[13] 唐君毅，《中國哲學原論・導論篇》（臺北：臺灣學生書局，1986），頁348-365。

形而上的實體，具有宇宙生化的功能[14]。

　　這就難怪《道德經》大部分涉及到形上課題的文獻（如十四章、二十一章、二十五章等），也就理所當然地，被理解詮釋成實有形上學類型下的形上實體和宇宙生成論。然而，這個二十世紀近現代學術社群中，普遍出現的觀看視域，果真契近道家形上學的本來圖像？《老子》這類文獻，是在表達近似西方傳統形上學那種訊息嗎？假如學者不把這些文獻獨立出《老子》工夫實踐原則之外，假如不把這些文獻抽離出《老子》哲學精神的總體脈絡，又假如我們不把西方形上學的詞語概念，及其背後的思考模式挾帶進來，甚至批判地釐清彼此形上進路背後的文化關懷之差異；並且，盡量回到《老子》以觀《老子》這類形上文獻，則重新帶回的理解詮釋圖像，將會有「轉向」的可能。簡言之，原來那種帶有「洋格義式的觀看」[15]，所投射出的實有形上學圖像，就會被另一種觀看給「轉向」成很不一樣的道家風貌來。

　　牟宗三在二十世紀的客觀實有視域之觀看潮流中，就是第一位堅持回歸主體實踐，以觀看道家形上學的「視域革命」者。他可以說是在西方實有形上學的觀看潮流中，第一位造成《老子》實踐形上學觀看方式的突破和回歸，他強調：

　　我們平常所了解的哲學，尤其是西方哲學，大體都是實有形態的形而上學（依實有之方式講形而上學）。這是大分類、大界限。西方哲學從希臘哲學開始，一直到現在，一講形而上學，大體都從「存在」上講，屬於實有形態。中國在這方面，尤其道

---

[14] 嚴靈峰，《老子研究》（臺北：中華書局，1966），頁378。另外，關於以上對老子之道的「綜合解說」，參考劉笑敢〈關於老子之道的新解釋與新詮釋〉一文，刊在《中國文哲研究通訊》第7卷第2期（1997年6月），頁1-40。

[15] 「洋格義」一詞，轉用自林鎮國對西方近現代學者對東方「中觀學」的詮釋過程中，所帶入的西方視域之觀看研究的總體現象之介紹和反省。參見其〈中觀學的洋格義〉，收入氏著，《空性與現代性》（臺北：立緒文化事業有限公司，1999），頁181-210。

家，比較特別一點，這就是所謂「中國哲學底特質」。道家不是從客觀存有方面講，而是從主觀心境方面講，因此屬於境界形態。[16]

　　一說到本體，我們就很容易想到這是客觀實有層上的概念。可是你要了解，道家實有層上實有這個概念是從主觀作用上的境界而透顯出來，或者說是透映出來而置定在那裡以爲客觀的實有，好像眞有一個東西（本體）叫做「無」。其實這個置定根本是虛妄，是一個姿態。這樣的形上學根本不像西方，一開始就從客觀的存在著眼，進而從事於分析，要分析出一個實有。[17]

　　中國儒釋道三教都很重工夫，古人的學問不像西方人用思辨的、知解的方式，而都由工夫實踐的緯上著手，由此呈現出一些觀念。後人就先對所呈現出的觀念做客觀的了解，反而常把緯忘了，於是整個系統就飄蕩無著而衍生許多不相干的誤解。[18]

　　牟宗三這個學術判斷，其特殊情境，正如下述學者所觀察到的。袁保新指出：「牟先生的解老在當代老學詮釋系統中是最突出的，也是最孤立的。」[19]劉笑敢也說：「而與客觀實有形態相對應的只有牟宗三先生的境界形態說。這是在關於老子之道的諸多詮釋之中，最突出也最獨特的一種理論。」[20]楊儒賓亦提到：「老子的道到底是純粹境界形態的？還是實有形態的？這是當代老子學研究一個關鍵性的問題，也是爭執已久的老問題。牟宗三先生是炒爆這個議題的關鍵人物，他所提供的境界形態說的理

[16] 牟宗三，《中國哲學十九講》（臺北：臺灣學生書局，1993），頁128。
[17] 牟宗三，《中國哲學十九講》，頁131-132。
[18] 牟宗三，《中國哲學十九講》，頁113。
[19] 袁保新，《老子哲學之詮釋與重建》，頁51。袁先生承繼了牟氏的實踐進路之詮釋，但卻企圖突出主觀境界形上學所遮蔽的道家存有論之可能。
[20] 劉笑敢，〈關於老子之道的新解釋與新詮釋〉，頁6。劉先生並未承繼牟氏的觀點，在經歷牟氏和袁氏的挑戰後，他以更曲折的方式延續其在博士論文就保有的本體宇宙論之實有形上學觀點。

據，據筆者所知，大體仍為支持境界形態說的人所採用。」[21] 以上這三位中壯輩學者的判斷，很符合實情。牟先生在早期實有形態的潮流視域中，的確是很特殊。然而由於他在哲學論證上精嚴成套，具有體系一貫的理論說服力，加上學生輩們的繼承和宣揚，就目前臺灣學界看來，牟宗三的境界形態說早已不再是早年孤寂，反而頗有後來居上，另成一新典範的影響力在。

　　牟先生之所以能有這種新視域的洞見和回歸，就筆者的觀察，主要是因為他的「判教視域」所造就出來的。這裡所謂的「判教」，乃是指中、西形上學的對比批判（如實踐形上學與思辨形上學的對揚），東方儒、釋、道存有論的同中之異之判釋（如儒、釋、道對比於西方的思辨形上學，乃同為實踐形上學一路，但三者又可判為：儒家是縱貫縱講的既境界又實有的形上學，而佛、道兩家乃只是縱貫橫講的純境界形上學[22]），然後從中提煉出他對道家形上性格的重新觀看。換言之，他在「判教視域」的方法論方面，有著深度、廣度的自覺，能同時對比地觀看不同視域，以反省西方思辨視域和東方實踐視域的形上學差異。因為牟宗三扣緊道家工夫實踐進路的核心原則，以存在的進路作為道家文獻的基本詮釋視域（此異於唐君毅的語義類析法和徐復觀的思想史方法[23]），加上牟氏從西方形上學史的發展中，正視康德對獨斷形上學困境的批判，以及他對東方實踐

---

[21] 楊儒賓，〈道與玄牝〉，載於《臺灣哲學研究》第2期（1999年3月），頁187。楊先生不贊成牟氏的主觀境界說，且楊先生的論證方式是別開蹊徑，轉從老子和原始宗教的大母神神話意象之親密關係，來證成老子之道的實有性和創生性，不過其所謂的實有和創生，亦不同於西方方式的本體宇宙論一類。關於以上袁氏、劉氏、楊氏和牟先生的對話觀點之檢討反省，請參見筆者國科會計畫〈「當代」《老子》「形上思想」的「反省批判」和「詮釋重建」㈠〉[NSC94-2411-H-194-023-]，部分已刊登在國科會成果繳交之網頁，另將正式發表。

[22] 基本上，牟先生對儒釋道的判教，還是有其預設立場的儒家價值中心論在，並不純是客觀的理解而已，而牟先生這種儒家中心主義的判教，可看成是延續宋明理學與及其尊師熊十力，那種駁斥佛老的立場，只是牟先生對佛老的理解更客觀些，也深入很多而已。

[23] 關於牟宗三的存在進路、唐君毅的語義類析、徐復觀的思想史方法之比較，可參見袁保新，《老子哲學之詮釋與重建》，頁61-75。

進路優位性和西方思辨進路的差異之釐清，使得他自覺地要避免將道家實踐形態給理解成客觀實有形態。否則，將會迫使道家形上學掉入西方古典形上學所遭遇的獨斷火坑，其結果將難逃猜天猜地的批判和解構。如此一來，道家形上學的優點不但消失不見了，又反將道家推入原本自家系統所沒有的西方形上學困境中。換言之，自家的寶藏隱蔽了，它者的問題困境卻開顯了。

　　反觀牟宗三，他不但不將這些文獻獨立出實踐的原則外，而直就文字的表面結構進行獨立的分析。反而提醒學者，《老子》這些文獻的語法結構，所可能暗示的實有形上學之傾向，其實只是一種語言所幻化出的姿態而已：「儼若有客觀實體之姿態，（有客觀性、實體性之姿態），實則只是一姿態，故非『存有形態』」[24]。如果學者不能貞定住實踐的詮釋視域，那麼就會因為錯置的觀看方式，而被姿態影像所迷誤。所以，真正的精神還在主體工夫所證悟的境界形上學，而這點正是《莊子》在其他文獻的表達方式中，所自覺要化除實有姿態的用心和貢獻。因此，牟先生如是說：「老子之道有客觀性、實體性、實現性，至少有此姿態。而莊子則對此三性一起消化而泯之，純為主觀之境界。故老子之道為『實有形態』，或至少具備『實有形態』之姿態，而莊子則純為『境界形態』。」[25]從牟先生的角度看，老、莊的形上性格在實質上還是一致的，其差別只是語言表達上的差異。如此一來，牟先生既承認了《莊子》內七篇在語言表達上，對《老子》形上表達的自覺轉化，但並不切斷老、莊形上性格的同質連續性。所以我們看到，牟先生在透過討論王弼注老的詮解過程中，其實是在進行對《老子》客觀實有姿態的語言表象，進行一場解構式的本質還原工作[26]。

　　牟宗三的視域革命，所造成的《老子》「存在詮釋」之轉向，在當代

[24] 牟宗三，《才性與玄理》（臺北：臺灣學生書局，1985），頁149。
[25] 牟宗三，《才性與玄理》，頁177。
[26] 牟宗三，《才性與玄理》，頁128-167。

的老學詮釋史上，的確是個重要的里程碑。他迫使當代學者不得不正視西方實有形上學的思辨困境，與東方實踐形上學的存在性格。唯一仍然令人難以適應的是，那些以語言文獻學式的解析爲方法，強調所謂客觀事實、本來面目的歷史還原態度者，總是會對牟先生這種視明顯的語言結構爲姿態，強行將之轉譯化解爲主體境界形態的做法感到不安，認爲這多少帶有詮釋暴力、六經注我的味道。換言之，牟宗三這種判教形式下的重新解讀，難免帶有「創造性的詮釋」意味[27]，而這種「依義不依語」的創造性解讀[28]，雖然頗能自我融貫其說，但還是令許多「依文解義」者，感到服口不服心，甚至心口不服。而這個問題的關鍵，恐怕還是與上述所說的方法論反省和立場有關。

　　要詮釋《老子》形上之道的精神內涵，原則上，要對《老子》一系列核心觀念群有恰當的理解，諸如：「無爲」、「自然」、「道」、「生」、「有」、「無」、「物」等。而所謂恰當的理解，除了釐清觀念自身的各別意義外，更進一步，最關鍵處還是在整體掌握觀念群彼此間的統合關係，亦即《老子》的形上觀念（部分）與形上系統（整體）之間的「詮釋循環」之講明。類似地，要討論牟先生對道家形上學的詮釋與批判，也可以透過他對上述觀念的理解和層次關係的安排上是否都穩當飽滿，來加以再分析、再評判。由此而可進一步反思：牟先生的道家詮釋之系統相的大架構問題，亦即檢討其論斷《老子》形上智慧時，所用的三大核心觀念架構：「實踐的形上學」、「境界的形上學」、「主觀境界的形

---

[27] 牟宗三此做法，實隱含了傅偉勳所提出的「創造性詮釋」之意味，尤其富有傅氏所謂「創謂」之精神，即能依義不依語地替作者講出作者隱含但未能清晰表達的意涵來。參見傅氏〈創造的詮釋學及其運用〉收入氏著，《從創造的詮釋學到大乘佛學》（臺北：東大圖書股份有限公司，1990），頁1-46。

[28] 當然，牟先生不會認爲他的詮釋是沒有客觀文獻根據的。事實上，《才性與玄理》的觀點，就是扣緊王弼注老的文獻來一一立論，只是他認爲要依的是語言的內在理路，而非文字表面的姿態。基本上它與後來《中國哲學十九講》的觀點相同，只是前者是在紮實的文獻基礎上，對老子的形上學做徹底的還原詮釋，後者則是演講稿，觀點集中且透脫，且明顯帶有中西系統、儒釋道三教的比較分判之特色。故要研究牟先生對道家形上學的觀點，這兩部著作應該一體互觀。

上學」，以期從此探討中貞定出：那些地方應被繼承、釐清、批判和重建。所以，本章將順著第一節的導論，進一步以下列幾個子題來進行，以對牟先生的道家詮釋做出系統性的批判繼承和創造重建：「實踐形上學」的繼承與「境界形上學」的釐清；道家的「不生之生」和儒家的「實有創生」之再檢討；儒家到底是境界形上學？還是實有形上學？以及「主觀」境界形上學的批判修正；通向海德格式的道家存有論與美學的統合之路。

二、「實踐形上學」的繼承與「境界形上學」的釐清

對道家形上學的詮釋，牟先生自覺地分判東、西形上學進路在方向上的根本歧異，亦即「實踐工夫進路」與「思辨知解進路」的重大差異。原則上可以這樣看，儒、釋、道的基本進路是透過工夫實踐，來回歸以證入萬事萬物的真實境界。亦即實現了「無執的存有論」[29]，或約可說認識到康德所謂的「物自身」（thing-in-itself），若用海德格的語言則是守護存有的真理（Truth of Being）[30]。反觀西方自希臘以來的形上學思考之傳統，則是以純粹理性的應用，憑推論設定沒有任何經驗內容的空洞理念（empty idea），以此構造一套猜天猜地的本體宇宙論，此即康德所謂以純粹理性的超越運用和謬誤推論所成的獨斷形上學，而牟先生乃批判其為思辨知解的形上學。若用海德格對西方形上學的批判則是：因忽略了

---

[29] 牟宗三，《現象與物自身》（臺北：臺灣學生書局，1984）。牟先生雖然強調儒釋道三教皆超越了「執的存有論」層次，故可同列為「無執的存有論」，但，嚴格講牟先生只許儒家的存有論具有實質實有義，至於道家式和佛教式的存有論皆只是虛說。

[30] 眾所周知，牟先生鍾情於康德，但對海德格卻沒有相應的同情理解。基本上，牟先生是用康德的概念和系統，來成就他對東方儒釋道的哲學詮釋典範，其中尤以肯定康德所不能肯定的界限概念（如物自身、智的直覺），來作為重新詮釋東方哲學以超克西方哲學系統之所在。但有趣的是，近年來，尤其在牟先生逝世後，學界又重新興起一股以海德格為核心的東方哲學詮釋，頗有取代康德而成為新典範的趨勢。請參見牟先生的《現象與物自身》及《智的直覺與中國哲學》（臺北：臺灣商務印書館，1987）；另參見陳榮灼，*Heidegger and Chinese Philosophy*（《海德格與中國哲學》，臺北：雙葉出版社，1986）；陳榮灼，《現代與後現代之間》（臺北：時報文化出版企業公司，1992）。

「存有學的差異」（ontological difference）而「遺忘了存有」（oblivion of Being）的情境下，以「計算性思考」（calculative thinking）和充足理由律的第一哲學和神學之應用，所建立的一套「存有－神－邏輯學構成」（onto-theo-logical constitution）[31]。

　　牟宗三對東、西形上學差異的判析，一開始可由兩個基本對比觀念來說明：即「實踐的形上學」和「思辨的形上學」的對比提出。就筆者的觀察，「實踐的形上學」首先是對東方「實踐性格」之傳統的嚴守把握；其次則是繼承了康德對純理形上學的批判後，走向實踐優位的主張；最後則是透過與西方思辨形上學的純理性格之比較而彰顯其意義。可以說，牟先生認為，對比於西方「思辨形上學」的空洞獨斷之危機，「實踐的形上學」一觀念，的確能夠彰顯東方實踐進路的合法優位性，而將儒、釋、道三教都納入「實踐的形上學」一觀念底下。但要注意的是，內在於東方實踐傳統中，實踐形上學就如同「無執的存有論」一觀念，是外延較大，但內容較不明確的大觀念。它在外延上雖同時涵蓋了儒釋道，但在內容上則只能外在地對比於西方思辨形上學的分判而清楚，卻不能透過它來進一步釐清儒釋道的細微不同。可見，對比於西方傳統，此觀念是明確的，但內在於儒釋道的同中之異，就不能有進一步的釐清效果。

　　首先，筆者認為「實踐形上學」的提出是要被重視和吸收的，儘管它並未能進一步在細微處，讓學者可以釐清儒釋道的同中之異，但它在與西方思辨形上學做出對比的狀況下，卻能產生澄清的功能。從牟宗三的角度看，在對老莊形上智慧的討論時，假使學者在出發點上，就意識到「實踐形上學」與「思辨形上學」的區分，那麼學者就不會將《老子》第一、十四、二十一、二十五、三十四、五十一等形上章句，和《莊子》〈大宗

---

[31] 關於海德格對西方形上學思考的「存有－神－邏輯學」之批判，可參見〈形而上學的存在－神－邏輯學機制〉，收入海德格著，孫周興選編，《海德格爾選集（下）》（上海：三聯書店，1996），頁820-843。

師〉之爭議文獻[32]，獨立出道家的文獻總體脈絡之外，而只將這些含有形上意涵的語句，加以獨立地類析其文字結構。也不會以西方思辨形上學的觀念來套用解釋，以避免將觀念背後的思維模式給混雜進來，遂產生將道家解讀成西方傳統形上學般的思辨知解、空洞獨斷的本體宇宙論系統。如此，才可能免去這樣的危機，即使得老莊的道論（形上體驗）和工夫論（實踐進路）形成牛頭不對馬嘴的現象，結果將使得道家大部分屬於工夫實踐的文獻，得不到恰當充分的理解，甚至使得道家的詮釋系統陷入理論矛盾[33]。因為思辨形上學、本體宇宙論、形上實體等觀念的提出，其背後的認識論基礎和思維方式，是由現象經驗的觀察加上思辨理性，來「由果推因」地置定超絕形上實體（第一因），再由第一因實體來「由因推果」地演繹出一套宇宙生成論來。然而在道家的工夫實踐文獻中，《老子》和《莊子》所強調的不但不是一般感官經驗的現象觀察和理智思辨的因果推求或演繹，事實上，老莊反而對知性的心識作用有所批判，並試圖以工夫轉化加以超越：

　　載營魄抱一，能無離乎？專氣致柔，能嬰兒乎？滌除玄覽，能無疵乎？[34]

---

[32] 〈大宗師〉這段文獻，在對道的表達形式上和《老子》非常相近，然而卻引起許多學者對這段文獻的不同看法和爭議：「夫道，有情有信，無為無形；可傳而不可受，可得而不可見；自本自根，未有天地，自古以固存；神鬼神帝，生天生地；在太極之先而不為高，在六極之下而不為深，先天地生而不為久，長於上古而不為老。」【清】郭慶藩輯，《莊子集釋》（臺北：華正書局，1985），頁246-247。關於此段文獻所引起的學術爭議和意義，可參見筆者國科會計畫〈「當代」《老子》「形上思想」的「反省批判」和「詮釋重建」(一)〉。

[33] 道家的形上學與工夫論之關係，即涉及道的認識論基礎一問題的反省，民國以來的諸多學者，時常對這個問題意識得不夠，逐使得道的內涵和體道的進路，產生扞格甚至矛盾現象。參見袁保新對胡適之、馮友蘭、勞思光、徐復觀、唐君毅、牟宗三，在這個議題上的檢討評論，〈當代老學詮釋系統的分化〉，《老子哲學之詮釋與重建》，頁34-52。

[34] 王弼，《老子道德經注》，收入樓宇烈校釋：《王弼集校釋》（臺北：華正書局，1992），頁22-23。

五色令人目盲，五音令人耳聾，五味令人口爽，馳騁田獵令人心發狂，難得之貨令人行妨。[35] 至虛極，守靜篤，萬物並作，吾以觀復。[36]

見素抱樸，少私寡欲。[37]

不自見故明，不自是故彰，不自伐故有功，不自矜故長。[38] 爲學日益，爲道日損，損之又損，以至於無爲，無爲而無不爲。[39]

知者不言，言者不知。塞其兌，閉其門，挫其銳，解其紛，和其光，同其塵，是謂玄同。[40]

《莊子》〈齊物論〉「枯木死灰」的「隱几」，〈大宗師〉「坐忘」的：「墮肢體，黜聰明，離形去知，同於大通，此謂坐忘。」[41]

〈知北遊〉的：「形若槁骸，心若死灰，眞實其知，不以故自持。」[42]

〈在宥〉：「墮爾形體，吐爾聰明，倫與物忘。」[43]

〈人間世〉的「心齋」：「若一志，无聽之以耳而聽之以心，无聽之以心而聽之以氣！聽止於耳，心止於符。氣也者，虛而待物者也。唯道集虛，虛者，心齋也。」[44]

雖然，道家上述的文獻是針對生命總體的有爲造作而發的轉化實踐，

---

[35] 王弼，《老子道德經注》，頁28。

[36] 王弼，《老子道德經注》，頁35-36。

[37] 王弼，《老子道德經注》，頁45。

[38] 王弼，《老子道德經注》，頁56。

[39] 王弼，《老子道德經注》，頁127-128。

[40] 王弼，《老子道德經注》，頁147-148。

[41] 【清】郭慶藩輯，《莊子集釋》，〈大宗師〉（臺北：華正書局，1985），頁284。

[42] 【清】郭慶藩輯，《莊子集釋》，〈知北遊〉，頁738。

[43] 【清】郭慶藩輯，《莊子集釋》，〈在宥〉，頁390。

[44] 【清】郭慶藩輯，《莊子集釋》，〈人間世〉，頁147。

而這工夫所要對治的核心，則是在感官知覺、知性範疇、理性思辨等等識心的有爲造作（即要「解心」），亦即轉化感官與智識作用在主客對立中所執定的主體我（老子之「無我」、莊子的「至人無己」）。如此，學者乃可反問：道家如何可能以「無我」、「無己」的虛靜心，使主體觀察推求出在我之外的一形上實體之對象物呢？簡言之，思辨形上學的系統和形上實體的觀念，它的認識論基礎不會是這種工夫實踐進路的，除非學者可以允許道家本身就隱含這樣的矛盾混淆。又假若道家的思想果眞存在著自身的矛盾，且有淪爲知解思辨的嫌疑，那麼學者又要如何解釋以下這種現象呢？《莊子》在其文獻中曾多次質疑思辨形上學，並突顯其工夫實踐的存有論立場[45]。如果《老子》果眞爲思辨形上學的系統，且與《莊子》實踐存有論的立場有相當根本的差異，那麼如何可能在這個屬於最基礎、最具決定性的形上課題，《莊子》非但未曾質疑過《老子》，更處處贊之隨之，且許之爲博大眞人，這是很難說通的。

在繼承「實踐的形上學」一概念，以對比於「思辨形上學」而起澄清之效後，現在可以具體地來看，牟宗三是如何透過實踐的取向，來解明《老子》的「無爲」、「自然」、「無」、「有」、「道」、「生」、「物」，這一系列的重要概念。原則上，他主張藉由以下三層結構關係的釐清，可以將道家的玄理性格給全部展示出來：首先是關於「道」和「無」的觀念要如何理解？其次是「有」的觀念如何理解？「無」和「有」的關係要如何理解？最後，則是「無」、「有」和「物」之間的關係又要如何理解[46]？

由牟宗三的實際詮釋過程來看，他的出發進路乃是實存的進路，亦

---

[45] 關於莊子對一般形上學思考的批判，及其存有論的立場，參見拙文，〈莊子對形上學思考的批判與存有論進路的指點〉，收入《莊子靈光的當代詮釋》一書。另外，「超形上學」一語是傅偉勳用來突顯莊子的形上體驗之特色，參見其〈老莊、郭象與禪宗——禪道哲理聯貫性的詮釋學試探〉中文論文中，收入氏著，《從西方哲學到禪佛教》（臺北：東大圖書股份有限公司，1986），頁399-431。

[46] 牟宗三，《中國哲學十九講》（臺北：臺灣學生書局，1983），頁87。

即實踐進路的把握。落實到《老子》的概念上講，就是以「無爲」的工夫首出性爲出發。即，他對《老子》的詮釋是從「無爲」這觀念開始，這就像佛家的「去無明」、儒家的「致良知」一樣，皆點出實踐工夫的首要優位性。據此而具體地分析：《老子》思想起源於對「周文疲弊」的歷史機緣而發，然而「周文疲弊」的有爲造作，可以自生命主體找到更根本的內在原因，此即《老子》提出「無爲」的實踐工夫，以期轉化「自然生命的紛馳」（身體我）、「心理情緒的跌宕」（心理我）、「思想意念的造作」（認知我）等等「主體我」的種種被文化符碼化的系統機制。可見牟先生並非直接從形上學來討論「道」、「無」、「有」、「物」等觀念本身，而是先從道家的思想史之起源一脈絡，即「周文疲弊」這一有爲造作的文化危機和符號暴力出發，然後從「周文－有爲」的時代挑戰，轉向「老子－無爲」的文化治療；如此一來，《老子》的形上思想之性格，一開始，就被牟先生的思想史、實踐進路給定向了。首先，他以「無爲」的工夫出發，由此來貞定《老子》實踐形上學的基本取向。接著，從「無爲」的工夫義，來透顯出無爲的境界義，即透過對知性主體我的層層有爲機制加以轉化超拔後，「無掉」生命的各種「有爲妄作」後，呈現出一種無造作、無妄爲的精神境界，落到老莊的文獻上講，則以「自然」、「逍遙」、「無待」等觀念來說明，這就是「無爲」的境界義。牟先生主張「講無爲就函著講自然」，此話的意思正是指在實踐工夫的轉化超拔進路下，講工夫就必含著境界。故「無爲」特重其工夫義，而「自然」則特重由工夫所呈現的境界義[47]。

到此爲止，已可理解並正視實踐形上學的進路，並約可了解「境界的形上學」一詞最基本的涵義是：在強調工夫實踐後所證悟的心靈境界，以及由此心靈境界所成就的一種特殊意義的觀照形上學：「境界這個字眼

---

[47] 可見，這個意義的自然，既不是認知主體所對的自然對象物，也不是科學觀察所發現的客觀自然律，而是心靈精神意義的逍遙自在。

的字，或許我們可以免強界定爲實踐所達至的如何樣的心靈狀態。依這心靈狀態可以引發一種『觀看』或『知見』。境界的形上學就是依觀看或知見之路講形上學。」[48] 如此一來，「實踐的形上學」一詞似乎不僅通達於「境界的形上學」，甚至兩詞語根本就指涉同一內涵。因爲實踐必達至境界，故實踐的形上學必達至境界的形上學，而境界必得依實踐爲基礎，故境界形上學必已是實踐形上學了。但我們是否可以說「境界形上學」只不過是「實踐形上學」的同義異語之表達罷了？它就如「知解形上學」與「思辨（實有）形上學」是同義異語的情形一樣呢？

對此，牟宗三曾有一個頗值得再三反思地說明，即他確實除了強調儒、釋、道皆是實踐的形上學外，亦明白地主張儒、釋、道也同具有境界形上學的意味，只不過儒家的情形更特別：

> 道家式的形而上學、存有論是實踐的，……這種形而上學因爲從主觀講，不從存在上講，所以我給它個名詞叫「境界形態的形而上學」。客觀地從存在講這叫「實有形態的形上學」，這是大分類。中國的形而上學——道家、佛教、儒家——都有境界形態的形而上學的意味。但儒家不只是個境界，它也有實有的意義，道家就只是境界形態。[49]

根據以上引文，可以進行如下討論。首先，「境界形上學」的提出，雖是對比於「實有形上學」而彰顯其義，但是否可以說「境界形上學」等於「實踐形上學」，且對比於「實有形上學」等於「思辨形上學」呢？基本上，筆者認爲是可以的。論證如下：境界形上學的根本立場是，從主觀講、不從存在上講；而實有形上學則是從客觀存在上講，不從主觀上講。

---

[48] 牟宗三，《中國哲學十九講》，頁130。
[49] 牟宗三，《中國哲學十九講》，頁103。

而這裡所謂從主觀上講，更確切的意思應是指從主體上講，而最穩當的說法，應是從實踐上講，亦即由工夫實踐入路講。而所謂從存在上講，進一步說，則是指：「西方哲學直接客觀地由對象方面講實有形態的形而上學。」[50]「當我們說存有論時是在西方哲學的立場，照希臘傳下來的形而上學的存有論講。」[51]「西方的最高原理例如idea啦，地水風火啦、原子啦，或者上帝啦，這些都是西方的形態，這一些說法都是實有形態的形而上學。」[52]「存有論的概念是可以客觀地實指的，是可以分解出來的。實有形態通過客觀的分解可以實指出一個客觀的實有，或是上帝，或是原子或是地水風火等等，都是客觀的實有。」[53]可見牟先生對實有形上學的最基本界義，應該是指西方形上學那種透過知性主體的純理性格，然後從客觀存在對象的雜多背後，去推究出一個統一的客觀實有之終極第一實體，以便依此來解釋一切存在現象的合法性。所以，西方形上學傳統由牟先生看來，儘管可以有所謂「內在的存有論」（如亞里斯多德的範疇）、「超越的存有論」（如耶教的上帝）等種種類型[54]，但它們一樣俱是「實有形態」的存有論，或「實有形態」的形上學。一言以蔽之，它們俱是思辨知解的運用，所試圖推論設定出客觀而超絕的形上實體對象物。對此，我們從牟先生散布在各處的觀點中，可以一再找出這樣重複的主張，例如他說：

---

[50] 牟宗三，《中國哲學十九講》，頁103。

[51] 牟宗三，《中國哲學十九講》，頁93。可見牟先生這裡的存有論，是就西方形上學思考傳統下的意義來說的，而不是海德格批判西方形上學傳統下另行提出的「（基本）存有論」。若以海德格觀點來看，西方的形上學傳統意義下的存有論，乃「遺忘了存有」，所以是一種「敘述故事」般的「存有－神－邏輯學」，所以他要為西方的形上學挖根找活水。參見〈形而上學的存在－神－邏輯學機制〉收入海德格著，孫周興選編，《海德格爾選集（下）》，頁820-843。

[52] 牟宗三，《中國哲學十九講》，頁135。

[53] 牟宗三，《中國哲學十九講》，頁115。

[54] 牟宗三，《圓善論》（臺北：臺灣學生書局，1985），頁337-340。

　　希臘最初的哲學家都是自然哲學者，特別著力於宇宙根源的探討，如希臘哲學始祖泰里士視水為萬物根源，……均重視自然的客觀理解，……自蘇格拉底首先肯定理型的功用，柏拉圖繼而建立理型的理論，由之以說明客觀知識之可能，……如是遂建立其以理型為實有的形式體性學。亞里士多德繼之，復講形式與材質的對分，上而完成柏拉圖所開立的宇宙論，下而創立他的邏輯學。他們這種理智思辨的興趣，分解的精神，遂建立了知識論，客觀而積極的形上學 —— 經由客觀分解構造而建立起的形上學。這種形上學，吾名之曰觀解的形上學（Theoretical Metaphysics），復亦名之曰「實有形態」的形上學（Metaphysics of Being-form）。[55]

　　假使牟先生對境界形上學與實有形上學的基本界義，確實如上述分析所呈現的，而且不鬆動這樣的基本定義，那麼便可得出這種結論：境界的形上學與實踐的形上學基本上是同義的，兩者之別並不在內容上，而只是在行文脈絡上。如為了強調實踐性格且對比於思辨性格，則此時或多用實踐形上學一語；若強調的是實踐後的境界義，且為了彰顯此心靈境界，實不同於從客觀存在上去設定空洞的形上理念時，則用「境界形上學」一語。反過來，實有形上學與思辨形上學的情形也相同。可見，從中、西形上學的分判這一哲學座標來看，既是實踐形上學就不可能同時是思辨形上學，所以由實踐進路所開出的儒、釋、道形上智慧，既然已是屬於境界形上學的範疇，原則上，就不可能同時又是實有形上學。套用牟宗三喜歡使用的康德概念來講，實踐形上學和境界形上學之間，思辨形上學和實有形上學之間，乃是一種「分析命題」的關係[56]。所以實踐必然直接可導出境

---

[55] 牟宗三，《中國哲學的特質》（臺北：臺灣學生書局，1998），頁13-14。

[56] 這就好像牟宗三用分析命題來說佛教共法的「緣起性空」一命題，即緣起必含著性空，性空必含著緣起。參見氏著，《中國哲學十九講》，頁255。

界，思辨必然可直接導出實有；而由於實踐和思辨是對反的兩種進路，同樣的邏輯，境界形上學必然就和實有形上學難以並存。

但是，令人困惑而納悶的是，筆者上述根據牟先生的基本定義所分析得出的結論，卻與牟先生的某些斷言有所出入。即牟先生雖同意儒、釋、道同時具有境界形上學的意味，但卻也強調儒家不只是境界意味，同時也有實有形態的意味。換言之，假如筆者上述的分析既忠於牟先生本人的概念定義，而推論的過程也是無誤的話，那麼照理講，他應該是會同意筆者上述的論斷；然為何牟先生又會主張儒家同時兼具境界與實有兩種形上學之意味呢？難道牟先生會認為儒家的系統自相矛盾嗎？熟悉牟先生對儒、釋、道判教立場的人，當然知道牟先生的立場是在張揚儒家，而不是在貶低儒家。換言之，牟先生對儒家形上立場的判定，可能存在著概念上的跳躍，這個跳躍實關涉到東方實踐系統內部的再判教。而這個跳躍，是否也隱含著一些誤解的空間在呢？這個問題的解答，勢必要進到更複雜而曲折的討論中，才有豁然開朗的可能。然而牟先生就在討論《老子》的形上境界時，同時以比較的方式呈現了這個問題的線索。底下，順著他對《老子》的具體詮釋過程中，來一步步地釐清其中的糾結。

三、道家的「不生之生」和儒家的「實有創生」之再檢討

牟宗三是透過「無為」的工夫義，來透顯「自然」的境界義，並由此而提出「境界形上學」一觀念。然而站在西方將價值與事實二分的觀看視域，學者是可以對此提出這樣的質疑：「無為」的主體工夫可開顯出「自然」的心靈境界，是可以理解接受的；但問題是，為何這種精神境界卻可以含蘊一種特殊的形上學呢？即學者或許會質問：自然的境界義只是屬人類主觀心靈上的精神活動，它如何可能涉及客觀的形上存有？如此連接兩個範疇，是否混淆了主觀應然與客觀實然的層次謬誤呢[57]？要解決以上這

---

[57] 即陳康所提出的「道的異質性」一問題，參見袁保新，《老子哲學之詮釋與重建》，頁26-29。劉

類西方視域所帶出的理論難題，恐怕只有回到《老子》的實踐形上視域本身，來重新觀看並釐清《老子》系統自身的系列問題：如「無為」工夫的具體核心內容到底為何？「自然」境界義的全幅內容到底為何？由工夫實踐而有的境界形上學，其中的形上學有何特殊意涵？與西方傳統形上學的關係該如何釐清？

　　首先，牟宗三以「無為」的自然境界義，來統攝理解「無」、「有」、「道」等重要觀念時，其所採取的理解次第是這樣的：「無為」的工夫所顯示的「自然」境界，乃是一種精神上的逍遙無待。可以說，顯發「自然」的精神境界者，即是回歸而開顯了「道」之自身，而體道者就是能開顯「自然」的精神境界者。可見，《老子》之「道」在牟氏的理解下，基本上是與「自然」同義的，皆是指生活上、精神上的超越境界之觀念。但是，其對「道」的理解程序和具體內容，其實除了是由「自然」的境界義而來，更是透過「無」、「有」這兩個概念的辯證說明而來。原來，除了用「無為」、「自然」兩觀念來說明工夫實踐與精神境界之外，他還用了「無」這個觀念來同時說明：即「無」當「動詞」時，首先表示工夫義而相通於「無為」的工夫義；而當「無」做「名詞」表示境界義時，則相通於「自然」的精神境界義。但可以再加細分的是，雖然「無為」同時相通於功夫和境界義，但「無為」一詞的使用主要是重其功夫義；而「無」一觀念雖然也同時有動詞的工夫義與名詞的境界義，但「無」一詞的使用主要則重其境界義。但不管怎麼說，在他的解釋下，道家形上概念的「無」、「自然」等，基本上皆只能是主體心靈的精神境界，是屬於價值世界的概念，而不是事實世界。

　　然而問題是，從「無為」的工夫義到「自然」的境界義，其理論程序是順當的；但是從「無為」的工夫義到「無」的境界義，牟先生的說法

笑敢亦在〈關於老子之道的新解釋與新詮釋〉一文中，對此提出反省。另參見筆者對此問題的再檢討，可參見筆者國科會計畫〈「當代」《老子》「形上思想」的「反省批判」和「詮釋重建」㈠〉之部分發表在國科會網頁上的研究成果，另即將以專文發表。

就較爲曲折，而且在文獻上的根據上也較爲勉強。牟先生認爲：「『無』是簡單化地總持的說法，（老子）他直接提出的原是『無爲』。」[58]其意是說，唯有透過「無爲」一觀念才能理解「無」一觀念，即透過「無爲」的工夫實踐，才能透顯「無」的精神境界。因此牟先生主張：「從無爲再普遍化、抽象化而提煉成『無』，『無』首先當動詞看，它所否定的就是有依待、虛僞、造作、外在、形式的東西，而往上反顯出一個無爲的境界來（筆者注：即「無」的名詞義），這當然就要高一層：所以一開始，『無』不是存有論的概念，而是實踐、生活上的觀念，這是個人生的問題，不是知解的形而上學之問題。」[59]

　　可見，牟宗三透過「無爲」的工夫與境界，來相應理解詮釋「無」一觀念的動詞、名詞義，主要的用意，恐怕是擔心「無」被理解成西方傳統存有論、知解形上學意義下的客觀實有之「缺如」，亦即「虛無」（non-being）。因爲在亞里斯多德（Aristotle）傳統下的西方存有論，「無」一直是被理解爲「空無一物」。牟先生充分地正視到《老子》的「無」，並非西方傳統實有形上學意義下的「虛無」，而是有其實踐經驗的心靈深義，所以他要透過「無爲」的工夫，來貞定「無」的境界所透顯的形上智慧。然而，就當他在還原《老子》「無」的實踐心靈性格的同時，卻也不自覺地化約了「無」在「道家式存有論」方面的可能豐富內涵[60]（下文將有深論）。當通過虛靜的無限妙用之心境，來理解「無」、「自然」的精神境界時，這種無限妙用的心境之具體呈現是如何？這無限妙用的心境又如何可能成就一特殊形上學的完成呢？這樣的境界形上學又該如何理解？

　　牟宗三認爲「無」作爲不執著的無限妙用心境，並不是一個停留在

---

[58] 牟宗三，《中國哲學十九講》，頁89。

[59] 牟宗三，《中國哲學十九講》，頁91。牟氏此處有詮釋暴力之嫌，遂將「無」在存有論上獨特的地位化約成「無爲」的純粹精神意義，下文將另有分析。

[60] 「道家式存有論」這個觀念，是在繼承、批判和超越牟宗三的實踐、境界形上學之後，所提出的一個新說法，其內容主要是契近於海德格的「基本存有論」一精神來看道家，底下將另有論述。

抽象狀態的空理念，而是能有其「即存有即活動」的具體呈現之妙用的，亦即《老子》所謂「常無欲以觀其妙」的「無」。這無限妙用的具體呈現之發用處所，就牽涉到無限妙用的徼向性——即《老子》所謂「常有欲以觀其徼」的「有」。他根據王弼對「徼，歸終」的注解，強調常有乃是常無妙用的具體歸向處。可以說，「無」是「有」的發用之本體，而「有」則是「無」的發用之場所。故作為活潑生動的具體呈現之無限妙用的精神境界——「自然」之「道」，其呈現的具體過程是通過「無」、「有」的循環辯證來彰顯其玄妙大用。即這個由無為工夫所透顯的妙用心境，就是體道者的精神心境。「無」、「有」的辯證玄妙之用正是體道者的形上智慧，因此牟先生就透過這「無」、「有」的雙重性來理解「道」。可見，他是通過「無」來收攝理解「有」，也通過「有」來具體落實「無」，再透過「無」、「有」二觀念的圓環關係來理解「道」之作用結構。如此一來，他乃將《老子》的「有」從「物」的層次，或與「物」層次親密緊連的關係中解放出來，將「有」上提到「無」的層次來，並透過道和無、有的關係之說明，使得《老子》的「有」成為了形上層次的道之作用處。在此，別忘了《老子》的道是被牟先生理解為純是「道心」的，即所謂「沖虛玄德」是也。由此條理一貫，牟先生乃將《老子》的「道－無－有」三概念，一以貫之在「心靈境界」這一無限妙用的作用下來理解。如此，則《老子》的「天下萬物生於有、有生於無」這一類的實有形上學之「姿態」，全部都是境界形上學的「隱喻」（metaphor）而已。不僅如此，牟先生還強調，道心通過道之無性（真實性）與道之有性（具體性）之雙重作用下，乃與「物」發生真實的關係，而這個「物」已不是對象物，而是「物自身」之朗現：「當主觀虛一而靜的心境朗現出來，則大地平寂，萬物各在其位、各適其性、各遂其生、各正其正的境界，就是逍遙齊物的境界。萬物之此種存在用康德的話來說就是『存在之在其自己』。」[61]順著

---

[61] 牟宗三，《中國哲學十九講》，頁122。

這個脈絡下來，《老子》的「道－無－有－物」之關係，全部都在境界形上學的詮釋語境中，重新被牟先生貞定並還原。

據筆者的觀察，牟氏是套用王弼「體用論」、郭象「跡冥圓」的結構，來解《老子》的「無有論」。如他說：「道本是無聲無臭、無形無體，亦無名，然此是後返以悟體。吾人不能永停於此後返之『無』之狀態中。吾人悟如此之體有何用呢？答曰：即爲明其生成個物之用。欲顯此用，必關聯著個物，……『無』非死無，故隨時有徼；『有』非定有，故隨時歸無。……此有無渾化爲一之『玄』性，即是道之具體性與眞實性，惟因此始能有生物之妙用。」[62]「有而不有，則不滯於有，故不失其渾圓之妙。無而不無，則不淪於無，故不失其終物之徼，……如是，無、有、物爲三層，而由道之妙與徼以始成萬物之義，更見確切而精密。」[63]

完成了以上這個詮釋理路，將《老子》之「道」的西方「本體論姿態」還原後，牟先生現在就可以長驅直入地破除《老子》「實有形上學」姿態中的核心概念──「（道）生（物）」，也就是對《老子》的西方「宇宙論姿態」之解構。牟先生儘管運用王弼的體用論來說明有、無關係[64]，但由於他堅持道家並非像儒家的天命流行有其「縱貫縱講」的「實有創生」之肯定，而只是由工夫所朗現之心靈境界才有的對物之觀照作用。因此，判定道家只是「縱貫橫講」式的「不生之生」。換言之，由於他認爲道家的「道」只是一姿態，實乃是「道心」而已，並不能有眞正的實有形上學之「體用論」[65]，只能說是一種境界形上學的道心活動而具有

---

[62] 牟宗三，《才性與玄理》，頁132-133。

[63] 牟宗三，《才性與玄理》，頁135。其實，以上牟先生所詮釋下的「無、有、物爲三層」之說，只是方便說的滯辭。事實上，三者已被牟先生用精神境界之作用來一以貫之。關於牟氏所理解的郭象「跡冥圓」，亦參見《才性與玄理》，頁187-195。

[64] 除了《才性與玄理》中明顯運用王弼體用論架構來理解老子，在《中國哲學十九講》中亦隨處可見這樣的痕跡，例如所謂：「所以說『無爲而無不爲』，無不爲是作用，無爲是本。知道了這個意思，進一步要了解『有』。道家很完備，無是本，但並不只講無，將生命抽象了只掛在無上也不行，一定要無、有、物三層都講才完備，才顯其全體大用。」《中國哲學十九講》，頁96-97。

[65] 換言之，這個問題非常類似牟先生在評判佛教的體用論時，也是認爲佛教並不能眞正講體用論，其

的體用特性。當然,這些問題的講明,顯然還有待透過他所謂「不生之生」、「縱貫橫講」、「作用的表象」這些觀念來討論。

綜言之,牟氏先透過「無爲」的工夫義,以將「自然」、「無」理解成精神的境界;又通過「虛靜」將「無」理解爲不執著的無限妙用心境。再透過「無」作爲一具體呈現的妙用心境,必有其發用處來理解「有」,最後透過無限玄妙的「無」、「有」辯證歷程來理解「道」[66]。如此一來,《老子》一系列的等等,就全部被串連在一個主觀精神境界的軸線上,而找到彼此間的融貫關係。牟宗三強調由此無限妙用的道心(在此牟先生已將本體論姿態的道體,化爲純粹心靈境界之道心作用),確實可以實現他所謂的境界形上學,至於該如何更進一步理解道家式的境界形上學呢?尤其是放在儒、釋、道的比較視域來看這個問題時又是如何?這樣,也就會關涉到一個最核心的問題。此即必得具體地落實到牟先生對《老子》的「道」、「物」關係之理解,尤其中間所牽涉到的決定性觀念——「生」的解釋(在此,牟先生則要進一步將宇宙論姿態的道體創造,化爲純粹心靈境界的觀照實現)。

談到這裡,也就可以將前面論述過的問題合併來看。前文曾指出:境界形上學的根本立場是從主觀精神來往內講,不從客觀存在物去往外講,即由實踐進路所證悟的境界,所實現的是境界形態的形上學;而實有形上學的根本立場則是從客觀存在講,不從主觀上講,它是由純理推論置定的空理念所構成的實有形態形上學。因此筆者的結論是:實踐形上學、境界

原因是因為牟先生認為,佛教只是另一種境界形態,絕非實有形態。可見,以牟先生的立場言,只有儒家這種既實踐又實有的形上學,才能成就實義的體用論。參見〈佛教體用論衡定〉,收入氏著,《佛性與般若》(臺北:臺灣學生書局,1989),頁571-657。

[66] 還是要再次強調,牟先生對老子的「無—有」、「無為—無不為」、「無限妙用—一具體應世」等關係的討論,深受王弼那種企圖用體用論調和儒道、形上觀念群,如「無為」、「自然」、「無」、「有」、「道」圓融自然與名教的影響。因此,老子的道之有無雙重性,必要展現為應世之學,甚至是「聖人體無用有」的帝王之學:「顯這個無的境界的目的是要你應世,所以『無為』一定連著『無不為』。有無限的妙用才能應付這千差萬別的世界,所以道家的學問在以前叫『帝王之學』。」氏著,《中國哲學十九講》,頁96。

形上學是異名同義的，而儒、釋、道因為同是實踐進路而同具境界形上學的意味，也就不可能同時是實有形態形上學，因為實有形上學的進路是在於思辨知解所成的。也由於以上結論是根據牟先生自己的定義，再經由合理的分析所得出，所以學者實不好理解為何牟先生既許儒、釋、道同為境界形上學，卻又要同時強調儒家具有實有形上學的意味（牟以道家為純粹的境界形上學，佛家近於境界形上學，儒家則同時具境界、實有這兩重意味）。要回答這個問題，正可由他對《老子》「道」與「物」之關係的核心觀念「生」來索解。

　　原來其將「自然」、「無」、「有」、「道」，收攝在無限妙用的精神境界來理解，而「道」作為一能具體發用的玄妙心境，其具體的發用呈現處，就連接著「物」來講。當以「無」為本的玄妙之用，呈現其徹向性到「有」之處所時，也就關聯到「物」身上，即無限妙用的心境之呈現，總是連著「物」而呈現。當然，此處的「物」，已不是現象物、對象物，乃是無主客對立相、無對象相、無時空相的物之在其自身。牟先生認為，如此乃可說「道」在「無」、「有」的具體妙用下，每一具體呈現的同時，也就是在其徹向性處實現了物自身，故可方便名之為：「道生萬物」。也因為這種由無為的工夫所證悟的「道」之精神妙用，其無限妙用的具體呈現處，必通達關聯著「物」。如此乃可說：這樣的精神境界、形上智慧，實對天地萬物也有一種特殊的說明和交代。由此，牟先生乃強調其中當也含著一特殊的形上意義，而顯然地，道家這種實踐進路所成就的特殊形上學意味，當然與西方思辨的形上學大異其趣。但問題是同為實踐、境界形上學的東方三教，又該如何進一步來分辨呢？他指出：「中國三大教都是實踐的，都從主觀面講，那為何還有儒釋道的不同呢？道家是純粹的境界形態，和儒家佛教的分別相當微妙，當該如何了解呢？關鍵就寄託在這個問題，就是玄恢復『道之創生萬物』之具體的創造性。」[67]

---

[67] 牟宗三，《中國哲學十九講》，頁103-104。

　　原來牟宗三是要透過分判「道」與「物」之間的「生」之類型，和其中的精微差異，來區分儒、釋、道的同中之異。他認爲道家類型的「生」，其實義應只是「不生之生」，只是境界形態的實現原理。而儒家類型的「生」則有積極義的創生，屬實有形態之實現原理。更進一步來細說，他認爲道家的「道」之精神境界，乃是一種主體心境上的沖虛玄德。而沖虛玄德之妙用，只是放下主體的造作有爲之宰控所加諸在萬物身上的扭曲和禁塞，以使萬物各自本其物自身的自然自性來自生自長。即當人放下有爲妄作而來的禁塞扭曲，在「無爲」的「道」之心境所觀照開顯下，物物本來就各各在自生自長。因此《老子》所謂的「道生之」，既不是說有一客觀實有的形上道體在背後創生萬物，也不是指無限妙用的心境眞能憑空創造出萬物來，而只是說，放下有爲造作的妄執虛構之禁塞扭曲後，物物本來就以其自生自長、自使自取在活動著，即它們在「道」心的觀照作用下，無蔽地朗現著。關於此，牟先生曾順著王弼的注，而有一段綜合性的說明：

　　此亦表示沖虛玄德、不塞不禁，則物自生，自濟、自長足。此亦是「道生」之消極表示。「道生之」者，只是開其源、暢其流、讓物自生也。此是消極意義的生，故亦曰「無生之生」也。然則道之生萬物，既非柏拉圖之「造物主」之製造，亦非耶教之上帝之創造，且亦非儒家仁體之生化。總之，它不是一能生能造之實體。它只是不塞不禁，暢開萬物「自生自濟」之源之沖虛玄德。而沖虛玄德只是一種境界。故道之實現性只是境界形態之實現性，其爲實現原理亦只是境界形態之實現原理，非實有形態之實體之爲「實現原理」也。故表示「道生之」的那些宇宙論的語句，實非積極的宇宙論之語句，而乃是消極的，只表示一種靜觀之貌似的宇宙論語句。此宇宙論之語句，吾名之曰「不著之宇宙

論」。「不著」者，不是客觀地施以積極之分解與構造之謂也。而道之爲體爲本，亦不是施以分解而客觀地肯定之存有形態之實體也，故其生成萬物，亦不是能生能成之實體之生成也。故生者、成者、化者，皆歸於物之自生自成，自定自化，要在暢其源也，此種「不著之宇宙論」，亦可曰「觀照之宇宙論」。[68]

四、儒家到底是境界形上學？還是實有形上學？

　　然而牟先生卻認爲儒家的道體與萬物之關係，並不是道家式的沖虛玄德那種不生之生的美學式觀照。而這種美學式觀照下的「道－物」關係，實在不是實有形上學的宇宙論之生成之實義，只能看成是一種語言之姿態。依此，上述所謂的「不著之宇宙論」或「觀照之宇宙論」，其實皆只是「不生之生」的虛說，以牟氏自鑄的語言說，這個宇宙論之姿態，實只是心靈之道「作用的表象」。不像儒家肯定一天命生生不已的道體，作爲客觀實有負責創生萬物的作用。因此，他把道家界定在只有「作用層」的呈現作用，而儒家既可以有「作用層」，又同時肯定「實有層」的實有創造。換言之，牟宗三所詮釋下的儒家實有形上學系統，其理路反而和基督教上帝創造一類較接近，它們同是實有的創生類型之「縱貫縱講」，只是後者停留在宗教神話式的位格上帝說，而且是「從無生有」的創造；儒家則是進到哲學式的形上實體說（如《中庸》、《易傳》[69]），且是連著萬物來強調「妙萬物而爲言」的創生。不過，它們在同是「實有創生」這一點來說是契近的。相對地，牟先生所詮釋下的佛教和道家則比較接近，都只是就般若和道心來講「實現原則」，而不能講實有創生的「創造原則」，故是「縱貫橫講」[70]。以下引用牟先生數語，以證之：

---

[68] 牟宗三，《才性與玄理》，頁162。

[69] 牟宗三，《中國哲學的特質》，頁73-82。

[70] 關於創造原則和實現原則之別，參見牟宗三，《中國哲學十九講》，頁104-106。

　　道家的道，不是客觀的指一個實體──或像上帝，或像儒家的天命道體──來創生萬物。從讓開一步講當然是主觀的，「道生」是個境界，道就寄託於這個主觀實踐所呈現的境界；由此講生，就是消極意義的不生之生。[71]

　　創生之實義由不同教路之特殊規定，又出現不同的形態。例如基督教的形態，是宗教家、神話式的講法，……儒家講天命不已的道體，就是創生萬物，《中庸》《易傳》都如此表示。有人依據耶教的創造來了解，因此儒家所說的不是創造，其實這也是創造，……這是儒家的形態，以「妙運」講創造，所以說：「天地之道，可一言而盡也：其爲物不貳，則其生物不測。」這就是創生，和上帝之爲人格神當然不同，所以儒家之天命不已不是宗教之人格神，而是形而上的道體，……儒家是妙運的實有形態，基督教是人格神的實有即上帝自無而造萬物，這是教路所決定的不同。[72]

　　儒家之天命不已的道體就是創生萬物，易曰：「大哉乾元，萬物資始，乃統天」，乾元就是最高的創造原理，……這就是創造，創生萬物。嚴格講創造之所以爲創造之實義要從道德上見。就是基督教從上帝說創造，嚴格講也是由道德上見。因此儒家由天命不已、天地之道的道體所表示的創造，就叫做創造性自己、創造性本身。耶教的人格神──上帝──嚴格講就是創造性自己，也叫做創造性原理。創造性自己就是天地萬物之本體，人格化就是上帝，不人格化就是創造性本身，亦即創造的實體，是絕對的實體。[73]

---

[71] 牟宗三，《中國哲學十九講》，頁112。

[72] 牟宗三，《中國哲學十九講》，頁114-115。即牟先生認爲實有的創生，不必以基督教的創造說爲唯一或標準定義，儒家和基督教亦都是實有創生系統，只是具體的創生內容不同而已。

[73] 牟宗三，《中國哲學十九講》，頁116-117。從道家「天地不仁」角度來看，儒家式的乾父坤母之

　　牟宗三認為儒家的仁體（心性之體）與道體在其本質內容上，並不同於道家的沖虛玄德。因為儒家的仁體作為意志底自由有其道德價值創造的積極義，而儒家的道體也其有創生宇宙的客觀實有義，由此仁體的意志自由之積極創造所體證的「道德的形上學」，正可以將道體創生的客觀實有義給彰顯出來，並由此而說宇宙的秩序即道德的秩序。牟氏並由此堅決主張：儒家這種由意志底自由所體證的道德的形上學，是唯一真正能將天道的實有創生義給呈現出來的系統。他指出：「創造真正的意義要由道德上見。創造性自己是指道體而言，從生活上講就是道德的創造。為什麼由道德見創造呢？因為道德乃發自意志，是意志的作用，而意志是個創造的能力，……因此嚴格講，真正的創造若不取宗教家神話式的講法，就必是儒家的形態。」[74]「儒家的智慧可完全由歌頌文王的那首詩表現出來。客觀地講是『維天之命，於穆不已』，即『天命不已』的觀念；主觀地講就是《中庸》讚『於乎不顯，文王之德之純』之『純亦不已』。道德的創造就是德行之純亦不已，此語一轉就是《易傳》的『天行健，君子以自強不息』。」[75]「為什麼存心養性是事天唯一的道路呢？蓋因存心養性始能顯出心性之創造性，而此即體證天之所以為天，天之創生過程亦是一道德秩序也。此即含著說宇宙秩序即是道德秩序，道德秩序即是宇宙秩序也。」[76]「照儒家看道德秩序就是宇宙秩序，宇宙秩序就是道德秩序，……仁無外，心亦無外，仁外不能有物。萬物都涵蓋在仁這個道德心靈之下，仁具有絕對的普遍性，當它達到絕對的普遍性時，仁就是宇宙秩序，從這裡可以說一個道德的形而上學。」[77]

　　「道德」、「護載」式的創造說，仍帶有宗教神話式的隱喻味道。換言之，從基督教的上帝之愛的創造，到儒家的道德式創造，再到道家的天地不仁之說，可以看成是宗教神話意味遞減，哲學意味遞增。

[74] 牟宗三，《中國哲學十九講》，頁118-119。

[75] 牟宗三，《中國哲學十九講》，頁121。

[76] 《圓善論》，頁137。

[77] 牟宗三，《中國哲學十九講》，頁136。

敏銳的讀者必然可以發現，強調道德實踐進路是唯一可以證知天的
生生之德，乃在於牟先生實有一判教的預設立場。即他在立場上，認同理
學家所謂的天理流行，其生生之德必須是像道德意志般的創造性一般，才
能顯其大中至正的價值創造。至於老莊呢？他認爲其所體證的「道」之
「生」，則只是無關乎道德價值創造的純美學式之消極觀照，故只能在
沖虛玄德、虛靈心境下成就不生之生，而不能有實有創生的積極價值意
味[78]。對於佛教呢？則判定其爲滅度的智的直覺，所證的如相實相，亦不
能直接說創生，只能由圓教下的般若法身對法的保住而才能對法之存在有
一必然的說明。對此，牟先生雖強調儒釋道同時皆肯定智的直覺，但他
又區分「創造型的智的直覺」和「呈現型的智的直覺」，而他乃將佛、
道的「縱貫橫講」歸爲呈現型，儒家的「縱貫縱講」則是兼具創造型和
呈現型[79]。牟氏除了在討論形上學層面，強調道家只有道心作用的「作用
層」之肯定，缺乏道體創造的「實有層」之肯定[80]，而儒家才是實有與作
用的同時肯定。此外，他還順著儒、道兩家對「仁、義、智、聖」的「道
德」、「價值」之討論，而將道家理解爲一種智慧作用的「共法」，是以
「作用地保存」和「正言若反」的詭辭方式間接地肯定了儒家的道德價
值。換言之，牟先生用「作用地保存」一觀念，技巧地緩和了原本道家對

---

[78] 對此，筆者並不贊同牟先生之判斷。筆者認為道家的美學觀照不但隱含著一套存有論，同時也隱含
著一種面對天地萬物的根源性倫理態度，亦即它有自身的道德觀點，雖不同於儒家，甚至批判儒家
式的二元性、相對性、規範性、地方性的道德（所謂下德）。簡言之，筆者認為道家的上德、玄德
一觀念，契近於海德格所謂的「原始倫理學」。

[79] 牟宗三，《中國哲學十九講》，頁119-126。另外關於牟先生對儒釋道的精微別異和判教，參見其
《智的直覺與中國哲學》（臺北：臺灣商務印書館，1987）；氏著，《現象與物自身》（臺北：臺
灣學生書局，1984）。

[80] 牟宗三，《中國哲學十九講》，頁127：「這個『無』就主觀方面講是一個境界形態的『無』，那
就是說，它是一個作用層上的字眼，是主觀心境上的一個作用。把這主觀心境上的一個作用視作
本，進一步視作本體，這便好像它是一個客觀的實有，它好像有『實有』的意義，要成為實有層上
的一個本，成為有實有層意義的本體。其實這只是一個姿態。」

儒家二元道德觀的批判[81]。原來在《老子》、《莊子》的文獻中，有多處明白批判儒家的地方，牟先生都順著王弼和郭象的詮釋，將它們給解消和融通。換言之，他是順著魏晉會通儒道的路數，以更精緻的哲學方式，將道家和儒家的對比張力化解掉。但這樣的做法，雖有時呈現出一些哲學理趣（如跡冥圓），但若站回道家的立場本身來看，也有隱蔽道家許多重要特色的危機。

經過牟宗三的詮釋，儒道之間的張力不但化約了不少，甚至將道家詮釋成爲一種共法，而可以被收攝消融到儒家裡去：「道家是比較簡單，……它不把『無』特殊化爲任何東西，從這一方面說，它最有哲學性，最有普遍性，因爲這是共通的，大家都可以講的……。其實聖人也可以講無，不一定講無就來自老子……。作用層上的話，人人可以說的，不是誰來自誰，用佛教的詞語說，這屬於共法。」[82]牟氏上述這種將道家理解爲共法以收攝在儒家的實有層的作用下，又利用「作用地保存」來調合儒道衝突的做法，都會讓人一再聯想到王弼那種利用道家之「無」，來調合儒家名教與道家自然的做法。只是王弼是以道家的「無」（自然）作爲「體」，以儒家的「名教」作爲「用」，然後在「崇本舉末」、「守母存子」的體用論結構下來調合儒、道[83]。牟先生當然不會贊成王弼那種以道家爲體、儒家爲用的形上學立場，有趣的是，牟先生幾乎是倒過來，以爲儒家才有眞正的「體」和「用」，而道家則只有「用」且特別發揮「用」的層面，故或可收攝在儒家的系統中，或至少不必衝突。總之，若說王弼是站在道家立場來會通儒道，那麼牟先生很明顯地就是站在儒家立場，一

---

[81] 若善解牟先生「作用地保存」，則此概念實可隱含對「實有層」的道德意涵，加以批判、治療、解放的可能。因爲，從老莊的角度來看，儒家所肯定的實有層之仁義禮智，有可能落入周文地方性、符號二元性的僵化教條和意識形態（即「下德」），而治療解放後的「作用地保存」之道德，才是「上德」。當然，這並非牟先生的意思和立場，而是站在道家立場而來的創造詮釋。

[82] 牟宗三，《中國哲學十九講》，頁150-151。

[83] 王弼《老子道德經注》在對第三十八章的注解中，主張：「守母以存其子，崇本以舉其末，則形名俱有而邪不生，大美配天而華不作。」見《王弼集校釋》，頁95。

方面突顯儒家，一方面調合儒道。只是這樣一來，道家便有落爲儒家附庸
的危機。其實，道家在對儒家道德的批判中，實亦透顯著它自身的「道德
觀」，筆者以爲這個「道家式的道德觀」，頗契近海德格的「原始倫理
學」。也認爲牟先生對道家的「作用層」和「作用地保存」之詮釋，是站
在儒家中心主義的消化詮釋，它很可能也是再度對道家的化約。

　　關於以上的判教立場是否完全無諍而貼切？其所詮釋的道德的形上學
之系統相是否會落入主體主義之嫌[84]？是否還未跳脫「以主攝客，攝客歸
主」的主客格局[85]？道德的意志是否仍只是限於一種主體下的作用，即此
種自由是否只限於主體意志的自由？牟先生以康德爲架構所詮釋的道德形
上學系統相，是否眞正能超主客而證成自由與存有的眞理呢？這些都值得
再三討論。例如道家、海德格就不以意志主體做工夫，而且不以意志的決
定來討論自由，尤其不在道德意志上做工夫，而是要超越意志的層次。因
爲意志的作用乃是以主體爲背景，必也落入主客對立下的主體主義了[86]。
另外，牟先生所說的道德形上學既是實踐又是實有，那它如何在價值意味
的道德創造和客觀實有的宇宙創造之間取得理論的融貫，而禁得起諸如

---

[84] 參見陳榮灼和袁保新對牟先生的康德式儒家詮釋之反省，他們兩位皆從海德格的基本存有論和原始倫理學方面，試圖重新詮釋儒家的道德形上學。陳榮灼的觀點，散見在《「現代」與「後現代」之間》一書。另參見袁保新，〈「什麼是人？——孟子心性論與海德格存有思維的對比研究」〉，《東海哲學研究集刊》第7期（2000年6月），頁23-54。

[85] 牟先生常以「以主攝客、攝客歸主」來強調天道（客觀性）與心性（主觀性）的統一。很顯然地，牟先生這種帶有康德知識論語言色彩，在詮釋儒家天人合一之學的道德感通體驗上，未必是最好的語言策略，牟先生此等用語充斥在《中國哲學的特質》一書中。

[86] 陳榮灼：「無論儒家或海德格，他們都不採取純粹理論或觀解的進路，卻都強調實踐的優先性。其不同在於：儒家強調道德的實踐，而海德格卻強調一種與道德無關的自己對自己的關聯。」氏著，《「現代」與「後現代」之間》，頁130。關於海德格的存有論具有一種實踐的體驗意味，這一點到處散見在其著作中，尤其後期他在討論「哲學的終結和思的任務」、「思與召喚」、「思與詩」等議題時，最為明顯。總言之，這種實踐之沉思體驗不再停留於純粹的文本閱讀和理性思維，在如他在〈我進入現象學之路〉所說：「僅僅通過閱讀哲學文獻，不能實現所謂『現象學』的思維方式。」〈只還有一個上帝能救渡我們〉：「在我看來，從形而上學產生出來的理論與實踐的區別，和二者之間的轉化的想法，阻塞著洞察我所理解的思想的道路。」海德格著，孫周興選編，《海德格爾選集（下）》，頁1284、1311。

勞思光所批判的「客觀存有（實然）與道德價值（應然）混淆」的質疑呢[87]？尤其當他堅持將儒家的創生理解成具有實有形上學的意味時，那麼這種具有實有形上意味的道德形上學，是否又要重新面對康德和海德格對西方客觀實有形上學的批判挑戰呢？可想而知，牟先生會強調儒家的道德實踐才是其形上學的基調，所以儒家式的實有創生並不同於西方式的實有創生。然而果真如此的話，那麼牟先生何不另立新名，或單只使用「道德的形上學」一概念就好？因為當他堅持用實有形上學一語來指涉儒家時，它很容易又會掉入他自己所批判的西方實有形上學之名相糾纏中。

對於牟宗三的康德式儒學詮釋之反省，不是這篇論文有能力處理的。本章所關心的焦點主要是在於，他對境界形上學與實有形上學的界義似乎有滑動的傾向，亦即它不再只是作為中西形上學判教的準則，它也滑溜到儒、釋、道的內部判教中來了。由此，乃出現另一種更為具體指涉的特定分判，所謂：「由不生之生才能說境界形態，假定實是生就成了實有形態，譬如儒家天命不已的道體就實有創生萬物的作用，就成了客觀的實有、創生的實體了。」[88]此即通過「道」—「生」—「物」之具體關係來界定，假使「道」具有客觀性、實體性的本體論意涵，「生」具有實現性的宇宙論意涵，則道與物之間的關係就是本體宇宙論式的創生關係[89]，那麼此類型即是實有形態的形上學，而牟先生又名之為「縱貫縱講」。經由牟先生的詮釋，道家的「道」只是一沖虛玄德的心境，並不真正具有客觀性、實體性的本體論意涵，「生」也只是「不生之生」的消極實現原理，那麼此類型就只能是境界形態的形上學，牟先生則名之為「縱貫橫講」：

　　道家的境界形態的形而上學是「縱貫的關係橫講」。道家的道與萬物的關係是縱貫的，但縱貫的從不生之生、境界形態、再

---

[87] 牟宗三，《新編中國哲學史㈡》，頁100-105。

[88] 牟宗三，《中國哲學十九講》，頁105。

[89] 牟宗三，《才性與玄理》，頁178。

加上緯來了解，就成了「縱貫橫講」，即縱貫的關係用橫的方式
來表示。這橫並不是知識、認知之橫的方式，而是寄託在工夫的
緯線上的橫。[90]

　　其實牟先生顯然認為真正涉及存有論層次的才能是「縱貫」，至於
知識論層次則只涉及「橫講」；由於他認為儒家不但有其存有論，而且是
客觀實有的創生，故才是存有論的實義，能名實相符於「縱貫縱講」；而
道家和佛教雖然不是一般的知識論層次，而且在其道心和般若的精神作用
下，乃能對「物自身」之價值意義有所彰顯，故乃有其存有論的意味和姿
態。但也由於不是真能對形上實有予以肯定，故其存有論仍只是一虛說，
所以方便名之為「縱貫橫講」。若同情理解牟先生鑄此新詞之用心，大概
是要強調佛、道兩家的存有論其實只是「工夫」一橫面所證成之「縱貫姿
態」[91]。這裡要特別指出的是，牟先生對道家的所謂「縱貫橫講」之「縱
貫」，是就其存有論的「虛說姿態」來說的，而所謂的「橫講」則是就實
踐工夫來說，當然，這個工夫必然含著境界，再由此境界以成一「道家存
有論」之縱貫姿態。

　　弔詭的是，當牟宗三繼承康德而進行中西形上學的判教時，境界形上
學是一個禁得起批判的優質概念，而實有形上學則是該被批判解構的獨斷
概念。然而當場景跳到儒、釋、道的判教脈絡時，實有形上學一詞竟然翻
身成為合法性的優質概念，以對比出境界形上學的片面性或偏執性，此時
境界形上學一詞又似乎帶有貶值的意味。作為一個當代中國哲學詮釋最精
嚴、最具系統的哲學家，牟先生不可能犯了這麼明顯的概念跳躍，而且是
在處理他最推崇的道德形上學一課題時；所以同情理解之，他所謂儒家除
了是境界形上學亦同時是實有形上學，此中的實有形上學之內涵應該與他

[90] 牟宗三，《中國哲學十九講》，頁115-116。
[91] 關於縱貫縱講和縱貫橫講之討論，參見氏著，《中國哲學十九講》，頁113-126。

所批判的西方實有形上學有相當大的差異在。

依牟氏的觀點，可以直接說西方傳統的本體宇宙論既是思辨知解形上學亦是純粹的實有形上學，因爲它既是依思辨進路而建立，且它所置定的形上實體，又具有本體論的實體義、實有義和宇宙論的實現義。而道家被詮釋爲純粹的境界形上學，至於儒家呢？他既不可能將它等同於西方本體宇宙論式的純粹實有形上學，也不許儒家和道家一樣只是純粹的境界形上學，所以在兩端的考量中，只好強調儒家同時具有境界形上學和實有形上學的意味。然而這樣的判定著實令人不安，觀其原由，或許是出在他對整個儒家傳統中的兩個發展向度的整合努力：即一是由孔孟到陸王所代表的重視主觀性原則一路，此路較顯心性實踐的境界形上學之意味；另一則是由《中庸》、《易傳》至程朱所代表的重視客觀性原則一路。此路除了心性實踐之內容外，還有所強調天道創生萬物下貫性命之面向。換言之，它亦具有由上而下的縱貫創生之內容，而牟先生就是由此而強調儒家亦具有實有形上學的意味。然而他也認爲孔孟的主體性原則在實踐所顯發的境界中必亦通達到客觀性原則，而《中庸》、《易傳》的客觀性原則，並非純屬西方那種本體宇宙論的思辨形上學，而是以主觀性的實踐原則爲基底，即由仁體心體證悟道體後，才再由道體往下說性體，如《中庸》「天命之謂性」一路[92]。

雖然我們可以同情地理解牟先生的用心和本意，但還是認爲他將原本作爲中西形上學分判的觀念，轉用到儒、釋、道內部判教的做法，是一種增加困擾的跳躍做法。即，使用境界形上學和實有形上學兩觀念，來作爲儒、道不同類型的「生」之分判，一方面容易使人混淆西方實有形上系統於儒家，另一方面也容易使道家系統的存有論面向遭到遺忘（底下將會申論）。因爲《中庸》、《易傳》表面上似乎直接從客觀性的天道來談，

---

[92] 關於上述的孔孟一路和易庸一路的特色，與彼此間的關係之討論，參見牟宗三，《中國哲學的特質》，頁73-94。

天道的創生似乎具有本體宇宙論的客觀性、實體性、實現性；但究實地說來，既然《中庸》、《易傳》的天道創生義，實在是由心性仁體的道德實踐所感通證悟的，即所謂的道德的形上學乃是由道德情感的創造、感通、遍潤而成就的。因此，道體的實有義之創生，基本上必須通過仁心的道德感通之創造性來理解。可見儒家的道體不同於西方本體論的實體義、客觀義，它仍是價值世界之概念，而非事實世界之概念。可見，儒家的道體創生，不管在內容或進路上都不同於西方宇宙論的實現，當然亦不同於耶教上帝的憑空創造。不管孔孟一路，還是《易》、《庸》一路，儒家的進路到底是實踐的，絕不容許與實有形上學的思辨進路相混淆，所以由實踐所證悟的境界實有義、實現義，亦不能簡單地與本體宇宙論一類的觀念實體義、實現義相等同。據此，儒家的道德的形上學之意涵並不適合簡單地類同於西方實有形上學一語，否則只會將牟先生對《中庸》、《易傳》一路所做的釐清和詮釋，再度給混淆成宇宙論中心哲學。如此一來，勞思光指出的實然與應然混淆之批判，就會構成實質的挑戰。

　　總之，筆者認為就中西形上學進路的不同分判而言，實踐形上學與境界形上學主要為標舉東方實踐進路，且對比西方思辨形上學與實有形上學的純理進路而彰顯提出的，即實踐形上學與境界形上學主要應該是在中西形上學的比較分判上所使用的大觀念。至於儒、釋、道的同中之異呢？由於儒、釋、道在其實踐入路不盡相同，因此其境界內容亦會有不同旨趣，雖可同歸之為無執存有論一層次，但實亦各有其精微的差異有待分判。對於這個東方式的內部再判教，筆者認為以下的觀念使用便已足夠：此即儒家的道德形上學，佛家式的存有論，和道家式的存有論。至於在對比西方思辨形上學、實有形上學的方面，儒、釋、道很清楚都同時是實踐形上學、境界形上學，而且實有與境界之間的對立，實難以同時成立。所以，筆者認為牟先生主張儒家同時是境界形上學又是實有形上學的說法，曲折之間容易再度引起混淆，不如請循其本，較為清朗。把實踐和境界交給東方，把思辨和實有交給西方，然後把儒家交給「道德的形上學」一名稱即

可。

　　對於這一點，筆者引用劉述先的以下的觀點，來作為相應的結論：
「當代新儒家重建道德的形上學，所走的並不是古希臘訴之於宇宙論的
玄想建立客傾的形上學的道路。牟先生曾經做過一個極有意義的劃分，即
『實有形上學』與『境界形上學』的分別。所謂實有形上學即希臘式的存
有論或本體論。這一類的形上學經康德的批判已經倒塌，出現二律背反的
現象，而沒法子加以證成。」而且劉先生還更進一步地強調：「牟先生指
出，在今日做形上學重建的工作，只能在境界形上學而不能走實有形上學
的道路，這是極深刻的睿識。」[93] 劉先生對西方實有形上學在康德批判之
後的困境，當然知之甚深[94]，他會同意牟先生對整個東方境界形上學的實
踐進路之強調。然而，劉先生此語卻也隱含著對牟先生的批判可能性，因
為，若牟先生不僅許儒家是境界形上學，同時更強調儒家的實有形上學之
性格。那麼劉先生這一說法：「今日做形上學重建的工作，只能在境界形
上學而不能走實有形上學的道路」，反倒有點是站在道家的境界立場來批
判儒家。

五、「主觀」境界形上學的批判修正

　　道德的形上學與佛家式的存有論皆為牟先生所用而為筆者所樂於接
受，但本章準備以海德格意義下的「道家式存有論」，來取代牟先生以主
觀、純粹的境界形上學所理解的老莊形上智慧[95]。其理由除了上述所指出
的，境界形上學只有對比於西方思辨實有形上學時，才能起澄清之效，單

---

[93] 劉述先，〈當代儒學發展新契機〉，收入林安梧編，《第三屆當代新儒家國際論文集之四：當代儒
　　學發展之新契機》（臺北：文津出版社，1997），頁17-32。
[94] 參見劉述先，〈康德與當代哲學之關係〉、〈形而上學序論〉，收入氏著，《中西哲學論文集》
　　（臺北：臺灣學生書局，1987），頁231-238，頁265-290。
[95] 牟氏雖以曾說過道家式存有論一語：「道家也有道家式的存有論，它的形上學是境界形態的形而上
　　學。」氏著，《中國哲學十九講》，頁121。其實，牟氏所謂的道家式存有論應該只是虛說，且不
　　同於本文的道家式存有論之實質內容。本文是以契近於海德格式存有論來說的，至於牟氏根本上還
　　是只將道家詮釋為主觀純粹的境界形上學。

由此觀念，並不足以進一步區分儒、釋、道的同中之異。最主要的理由還是在於，筆者認爲牟先生所詮釋的境界形上學之實質內容，並不足以彰顯道家形上智慧的全幅意蘊；因爲他將道家理解爲純粹的境界形上學時，其所謂的「純粹」之意，大抵是透過主觀和不生之生的進路來理解的。即將道家的形上智慧理解爲主觀境界的形上學，而所謂主觀是指主體的虛靜觀照，由此主體的虛明所朗現的沖虛玄德即是道，故道生之，只是在沖虛玄德觀照下的不生之生。對於這樣的理解，筆者認爲有兩個重要關鍵處，必須再做釐清和重建：一是其所使用的「主觀」、「主體」等詞語，是否能適當地傳達道家的工夫和境界義？是否容易令人產生主體主義的誤解？二是其所理解的道家境界，是否能夠全幅地把道家式的存有論給彰顯開來呢？

上述第一個問題，涉及概念的使用是否精當；至於第二個問題，則關聯到內容的詮釋是否飽滿。要澄清上述問題，有必要說明本章在這一點上，是如何理解道家的。簡言之，道家形上智慧的全部意蘊，就形式上講，可由工夫與境界的內容來透顯。就生命實存的眞實情境說，人總已是陷泥在有爲造作的非本眞（inau- thentic）狀態中，由此，工夫乃是生命實踐以轉化出陷泥、超拔乎境界的唯一踏實支點，而道家形上智慧之起點正是由此具體艱辛的情境出發，從此開出一條轉非本眞爲本眞的實踐進路，以實現境界智慧之眞實。《老子》的工夫確實可用「無爲」一觀念來統稱之，而此工夫的轉化對象爲何呢？牟先生基本上是以周文疲弊的特殊機緣來作爲《老子》思想起源的特定歷史背景，即當時的周文成了空洞形式的虛架子，桎梏著生命的天眞原成，使人陷泥在有爲造作中。

牟先生認爲《老子》是以有爲造作來理解癱塌疲弊的周文，並進而追溯有爲造作在實存生命上的主體根據——即所謂自然生命的紛馳、心理情緒的跌宕和思想意念的造作。原來，一切外在的有爲造作，還是由生命主體內在自身的攀結而來，或可名此爲「根源基因」，此顯示它是任何「特殊機緣」的內在基礎，由此而更彰顯出生命實存情境的眞實艱難和莊嚴，

以及點出此是人人無所逃，而必得親臨面照的眞實起點。而「無爲」的工
夫，原則上講即「爲道日損」的轉化以回歸之實踐，轉化即是轉去我執所
執定的主體我，回歸即回返前主客的與道同體之本眞。若將「無爲」的工
夫。張開來說，乃可以有種種的具體指點：如「至虛極、守靜篤」、「專
氣致柔、滌除玄覽」、「棄智絕巧、見素抱樸」等。

　　若透過康德（Immanuel Kant）的語言來表達，爲道日損所要損的乃
是那感官知覺與對象的對立過程中，想像的時空形式條件之附加、知性範
疇的範疇決定、理性應用的推論等，即損掉這些使人限定在現象層次的主
體我之種種機制和架構，以開顯智的直覺而回歸物自身的境界。若以海德
格的語言表達，則可說，在回歸存有眞理自身的工夫路上，該損的乃是那
些將人束縛在存有物層次（ontic）的對象化活動、表象性思考、計算性
思考，以及充足理由律之因果推論。綜言之，就回歸道自身此一核心課題
上，工夫主要對治的乃是主客對立、能所對待的語言二元結構，其境界則
是要回歸前主客、超能所的存有開顯的原初狀態，亦即回歸到主客二分前
的存有學基礎——存有的眞理。此亦即表示主客對立、能所對待的經驗和
思維模式，其實是從前主客的存有原初狀態中分化坎陷而來的。而牟先生
所謂的「無爲」工夫即蘊含「自然」境界，本來是指無爲的日損工夫，以
回歸「道」的自身。然而他先以精神獨立、無所依待來了解「自然」，又
以無限妙用心境的「無」、「有」辯證之具體活動歷程來了解「道」。一
言以蔽之，他所理解下的「自然」、「無」、「有」、「道」皆只是一
種精神妙用的境界描述，而且由於此精神是從人的主體所發，故又以主
觀境界來統稱之。但問題是，牟先生是依佛教，尤其是借用唯識學中的
「（唯）識（所）變」一觀念來使用境界一詞的：「這是從主觀方面的心
境上講。主觀上的心境修養到什麼程度，所看到的一切東西都往上升，就
達到什麼程度，這就是境界，這個境界就成爲主觀的意義。」[96]

---

[96] 牟宗三，《中國哲學十九講》，頁130。關於牟先生對「境界」一詞的佛教唯識學說明，可參看氏

　　這有個問題，需要提醒。依心境而有的體驗之觀看所成之境界形上學，是否必然是主體主義或不離主觀格局？若依唯識學的「虛妄唯識」之遍計執性而言，不僅「境識不二」，客體對象不能離開主體心識，甚至可以說，對象是被意識所建構的，此即「識變」之意。換言之，唯識學在分析眾生的染污生滅之現象結構時，確實是不離開主客相對、能所相立這一格局的。但唯識學亦強調「轉識成智」，而這個轉化成的非分別智，已不再是知識論層次的主體建構和觀看，而是能所相泯的「非分別狀態」。換言之，「境界」一詞，在佛教的眞俗二諦格局下，是有兩義的：在虛妄唯識下的俗諦層次，只是一種肉眼（主體感官心識）所成之主觀境界；而在轉識成智的眞諦層次，則是一種超主客的佛眼（解構主體感官心識）所成之如如境界。所以，佛教在主體提升到絕對之境時，便已超越了主體中心之觀看。同樣地，道家的喪我工夫和境界，也不再是主觀之觀看，而是以「以道觀道」式的「聆聽」「天籟」。所以，佛、道的境界形上學，雖然一開始不離於主體的實踐進路，但其絕對境界卻絕非是主體中心主義的，甚至只有在解構主體中心才有可能開顯事物之存有自身或本來面目。亦即，當這個主體之心境，上升達到超主客之無待狀態時，此時的境界就是超越能／所、主／客的一般「唯識所變」的狀態，故不再適用於「主觀」一詞才是。

　　所以，筆者認爲不管使用「主觀」或「主體」，這兩個詞語的使用都容易產生誤解和混淆。因爲它們基本上是主客對待的知識論層次中的概念，並不貼切於超主客的存有論層次，知識論層次正好是道家工夫所要超克的日常實存之知覺模式，而存有論層次則是境界所回歸的前主客之存有開顯之根源狀態[97]。如今，以工夫所要超克的主體主義式的知識論用語，

著，《中國哲學十九講》，頁128-130。

[97] 關於知識論層次的符應真理觀和存有論層次的開顯真理觀之差異和關係，請參見Martin Heidegger, Tr. by John Macquarrie & Edward Robinson, *Being and Time*, (New York, London: Routledge, 2003), pp. 257-273；拙文，〈海德格從存有學立場對科技的反省與拯救〉，《文明探索》第21期（2000年4

來描述超主體主義的存有論境界，勢將不必要的概念混淆帶入。然而牟先生一再使用這些知識論架構的詞語來說明道家的存有論境界，其原由是因爲深受康德哲學的影響之故，所以在吸收康德哲學的過程中，也背負了康德哲學系統相的包袱。此正如袁保新透過海德格對牟先生的系統相所做出的反省：「牟先生幾乎無所保留地承接了西方近代哲學主體主義的所有預設，譬如認識論方面的主客二分、現象與物自身的二分，倫理學方面的事實與價值二分，哲學人類學上的知、情、意三分，以及基礎主義的思考方式。」[98] 又如陳榮灼指出的，牟先生並未注意到德國哲學在康德之後的發展過程中，對康德哲學的主體主義傾向之超克，尤其以海德格存有論對康德哲學之批判：「主體主義是西方哲學從康德以來表現出來很重要的一種趨勢。如果中國哲學想要通過海德格對形上學的批判，除了康德外，就要利用海德格哲學來重建中國哲學。」[99]

若暫時撇開詞語的糾纏，牟先生其實也會同意道家在其終極境界是超主客的，他亦曾明白地指出：

> 境界形態的形上學就是依觀看或知見之路講形上學。我們依實踐而有觀看或知見，我們對於世界有一個看法或說明。這個看法所看的世界，或這個說明所說明的世界，不是平常所說的既成的事實世界，而是依我們的實踐所觀看的世界。這樣所看的世界有升進，而依實踐路數之不同而亦有異趣，而既成的事實世界則一定不可移，此則名曰定性世界……。而若我們的感性與知性不是定性的，而是可轉的，……則現象之爲定性世界亦是可定可不定的，可使之有亦可使之無。而所謂有升進有異趣的世界則都屬

月），頁77-124。

[98] 袁保新，〈試論儒家心性之學的現代意涵及其與科學的關係〉，收入劉述先主編，《當代儒學論文集：挑戰與回應》（臺北：中央研究院中國文哲研究所籌備處，1995），頁209-210。

[99] 陳榮灼，《「現代」與「後現代」之間》，頁92。

於價值層的，屬於實踐方面之精神價值的；而若在此實踐方面的
精神價值之最後歸趣總是定在自由自在，則有昇進有異趣的世界
總歸是一，雖有升進而亦有終極之定，雖有異趣而亦有同歸之
同，而此世界中的萬物即是「物之在其自己」之物……終極地言
之，實是最定者，最客觀者，絕對的客觀者——亦是絕對的主觀
者——主客觀是一者。[100]

　　此沖虛玄德之為宗主實非「存有型」，而乃「境界型」者。
蓋必本於主觀修證，所證之沖虛之境界，即由此沖虛境界，而起
沖虛之觀照，……此沖虛玄德之「內容的意義」完全由主觀修證
而證實，非是客觀地對於一實體之理論的觀想……，以自己主體
之虛明而虛明一切。一虛明，一切虛明。而主體虛明之圓證中，
實亦無主亦無客，而為一玄冥之絕對。[101]

　　不過，學術的討論往往就是語言的不斷釐清之辯證過程，所以牟先生
雖然在某些討論脈絡，提到道家在終極境界上的「超主客」玄冥義，但畢
竟大都標舉「主觀境界形上學」一詞，來指涉道家形上類型並加以定名，
故有造成不必要的混淆之病。上述為牟先生所作為的批判式澄清，應該還
是有其必要。依筆者之意，牟先生盡可以「境界形上學」一詞說之即可，
不必另加「主觀」二字，此二字乃康德系統下的知識論層次之語言糾纏，
實為滯辭。
　　筆者認為，比概念用語和哲學系統相更根本的癥結，乃是牟先生並未

---

[100] 牟宗三，《中國哲學十九講》，頁130-131。這裡，可以看到牟先生那種依康德而有的「事實」與
「價值」二分的傾向。再來，若依孔恩從科學史對「科學革命結構」的反省，科學知識實亦不能
脫離某一知識社群的「視域典範」之觀看。換言之，它背後實亦隱含著「價值」的預設，而當視
域「典範」轉移時，所觀看出來的世界圖像，亦由之轉變，如此看來，科學知識所觀看的亦非一
絕對的「定性世界」、「事實世界」，即他們亦可能有其價值的信念在。氏著，《科學革命的結
構》，頁165-190。

[101] 牟宗三，《才性與玄理》，頁141。

全幅彰顯道家形上境界之內容。他試圖以主觀境界的沖虛玄德，把道家式存有論詮釋成主觀境界形上學，以至於有將道家存有論給化約之嫌，結果使得道家存有論的重要觀念，如「道」、「生」、「無」、「有」、「自然」等觀念都有被減殺之嫌。其實道家的「無爲」「日損」之工夫，雖然是由人自身所出發，但這是否意味著道家是一種主體哲學或人類中心主義呢？牟先生認爲道家的境界是不能脫離主體中心的，如《才性與玄理》指出：「隨主體之超升而超升，隨主體之逍遙而逍遙。所謂『一逍遙，一切逍遙』並不能脫離此主體中心也。」[102] 但道家的工夫與境界皆不會落入主體中心主義，因爲如前所言，道家的工夫和境界雖由人自身所發，但這並非意謂由人自身所發就一定是主體哲學，尤其不必然是知識論模式下、主客對立格局的主體之意。事實上，道家工夫論所要做的正是解構主體的「無我」實踐，乃是要克服感官、想像、知性、理性所建構的表象主體，而回歸超主客的無我之「眞我」；此「眞我」當然不是一般的「主體我」，而是無主客對立相的同體狀態。同體狀態就意味著前主客的存有開顯之境界。故，此時的境界實不適合說：主體我以無限自由的心境在觀照萬物，因爲此時的眞人已回歸了道自身，回歸到萬物同體的根源狀態，一切皆是道在流行呈現，是「道在觀道」，而不是「我在觀道」。

正如袁保新所反省指出的：

可見，如果因爲強調老子的實踐性格，將老子形上概念完全限定在觀念發生過程中來了解，收在主觀親證之下，以「主觀心境」觀道，而不能以「道」觀「道」，則未必是老子的本義。雖然牟先生曾明言「境界形態」的主觀性亦既是最眞實的客觀性，但不容否認的，「主觀境界」一詞對道的客觀性或超越主客義的提示並不夠明顯。嚴格論之，老子爲道日損的實踐工夫，正是透

102　牟宗三，《才性與玄理》，頁182。

過「不自見、不自是、不自我、不自矜」的修養過程，取消造成
一切對立的主觀性，以期依止於主客玄冥之絕對的「道」，所以
無論「主觀性」或「客觀性」均不是貞定「道」的恰當名詞。」

　　「道固因主觀境界之不同而不同，但「道」並不即是「主觀
境界」，「主觀境界」只是「道」之諸可能異趣與層次之開顯，
因此以「主觀境界」說明老子形上義理的形態，就突顯老子思想
的實踐特徵而言，我們可以欣然接受，但更周延地說明「道」的
形上涵義，則必然從超主客義來了解。[103]

　　其實牟先生所說的主觀，其真義並不是相對於客觀上的主觀，而是
就主體義來說的主觀，至於其特別強調主體之用意，或許也有牟先生要超
克康德的用心在[104]。因為康德只將智的直覺歸屬上帝，而人僅有感觸直
覺，故只能經驗到現象，結果使得人的有限成了定然不可轉的事實。然而
牟先生根據東方之實踐傳統，要重新將智的直覺收攝落實到人自身的主體
來，如在道家，即以主體所發的智的直覺來顯示人本身具有呈現道的可
能。這或許是牟先生在順著康德哲學的反省中，繼承了康德的系統相，卻
也同時將其系統相可能的限制給帶了進來。例如，肯定智的直覺是忠於東
方傳統而來的稱理之談，但問題是，若將上帝的智的直覺收攝到人主體自
身來，而宣稱人具有智的直覺的可能時，通常人們會有一種錯覺，以為智
的直覺是主體先天所特有的一種能力，所以當主體發揮其智的直覺之時，
物自身也就跟著出現。可以說，這樣的表述方式實已不自覺地落入知識論
的思維模式中，只是它改以「智的直覺」取代「感觸直覺」一概念，以

---

[103] 袁保新，《老子哲學之詮釋與重建》，頁74-75。

[104] 這裡對牟先生那種帶有「主體主義」詮釋意味的反省，有些類似海德格對胡賽爾的批判，即其對
　　意識的現象學描述，未能完全跳出胡賽爾自己所批判的心理主義。故海德格要徹底走向現象學的
　　存有論，以回歸超越主客格局的「事物存有自身」。參見〈我進入現象學之路〉：「胡賽爾以其
　　意識現象的現象學的描述又回到了恰恰是他從前所批駁的心理主義的立場上來了。」孫周興譯，
　　《海德格選集（下）》，頁1282。

「物自身」取代「現象」一概念罷了。

事實上，道家並不肯定一實體性的主體，然後才在主體上肯定智的直覺之屬性；相反地，只有在工夫實踐中轉化了主體執取的同時，這個非主體、非表象的敞開狀態，才能在其敞開中聆聽存有之道的開顯，而此時敞開中的聆聽，或許才可強名之曰——智的直覺。此即智的直覺和道的開顯之關係，實不再是知識論模式下對立而顯的關係；而是人將自己解放到道之開顯的場所中，同時與之交融共振。其中我非主、物非客，唯是「道通爲一」的敞開共遊狀態，亦即我在解構自我中心的同時，融入了存有之道的生生大流中。然此時若強爲之名，並援用康德的語言來表達，則或可方便地權說：我不再是我而是智的直覺，物不再是物而是物自身。但必須對語言使用警策在心的是，此智的直覺不再是主體所發，而物自身亦不再是客體所對。換言之，當人們將感觸直覺對事物的建構和宰控給解放時，那個讓事物如開顯其自身的敞開心境，就是所謂的「智的直覺」。此時，強爲之名而作爲智的直覺之眞君和眞宰[105]，並非主體所有的一個屬性、能力或機制，反而是在功夫修行中放下了成心主體之機制的同時，我不再是主體、物不再是客體，事物和我一體朗現其不可名言的存有境界時，才能方便地稱說：智的直覺朗現物自身。可見，所謂「一（我）逍遙則一切（萬物）逍遙」，實不必採用主體主義式的詮釋。反而可以倒過來說，唯有聆聽任隨一切逍遙之本然，我才有逍遙之可能，只有我不再是我而是無我之敞開，才能聆聽一切本來就自然而然在開顯中的天籟。即這個我與一切俱在逍遙中的我，實不再有我，只有在任其自然中敞開以逍遙。所以這個敞開的沖虛玄德，實不再是主體中心而是以道爲中心[106]，不是以我爲

---

[105] 但若以〈齊物論〉的真君和真宰，來相應於牟先生所理解的智的直覺，也必須注意它們的非主體性、非實體性。

[106] 對比來看，海德格對人的境界義之了解和所用的詞語Dasein（Being-there），比較接近於老莊。因為，Dasein乃意味著對「存有」（即「道」）的守護（之可能性）而言，而不是一般人文主義、人類中心主義下的人義，此即將人的生命通達到宇宙的根源奧祕來立言，而且人和存有又具有質的同一性，而這種同一性的呈現正是要超越主體主義、人類中心主義才可能的。參見Martin

中心而是以一切爲中心。

　　總之，勉強以智的直覺來理解眞君和道心，並不是眞正去肯定一個超越的主體，其名叫做智的直覺。事實上，作爲眞君的道心乃是非主體、非實體、非機能式的一個敞開狀態，它是在主體機能之心被轉化和放開之後，我不再有我、心不再是心地融入存有之道的同體開顯之中，如此方是道在自身的不可名言之天籟吟唱。至於將之分解而採分別說地表述成「我以智的直覺朗現物自身」時，此已落入方便的權說了。千萬不可順此方便說，再以知識論的習性又將之想像成：我有一智的主體以開顯絕對客觀的物自身。對此，日本哲學之父西田幾多郎對智的直覺和純粹經驗的說明，正契近上述的看法，值得引證如下：

　　有人認爲知的直觀在超越時間、空間、個人對實在的眞相進行直視，這一點上和普通知覺是不同類的，但是，如前所述，從嚴密的純粹經驗的立場來看，經驗是不受時間、空間、個人等形式限制的，……主客之別是失去經驗的統一的場合發生的相對形式，把它看作相互獨立的實在，只不過是一種獨斷……。因此，所謂智的直觀不過是使我們的純粹經驗狀態進一步加深和擴大，也就是指意識體系發展上大的統一的發現而言的……。眞正的智的直觀是純粹經驗上的統一作用本身……。從純粹經驗論立場看，這實在是主客合一、知意融合的狀態……。這時物我相忘，既不是物推動我，也不是我推動物，只有一個世界，一個光景。一談起智的直觀，聽起來似乎是一種主觀作用，但其實超越了主客的狀態。[107]

　　Heidegger, *An Introduction to Metaphysics*, (New Haven: Yale University Press, 2000), pp. 28-29。

[107] 【日】西田幾多郎著，何倩譯，《善的研究》（北京：商務印書館，1989），頁31-32。另參見拙文，〈西田幾多郎《善的研究》之存有論詮釋——認識之眞、倫理之善、藝術之美、宗教之神的一體觀〉，載於《中正大學中文學術年多刊》新第1期（2006年12月）。

六、通向海德格式的道家存有論與美學的統合之路

　　西田幾多郎的純粹經驗，不再是知識論層次的主客對立，而是主客相忘的統一場所[108]。在此統一而純粹的經驗中，智的直覺和物自身皆融合而入於純是一個世界、一個光景中。總言之，道心是通過對主體妄我（成心）的工夫轉化後所呈現的敞開狀態——「無」。而這個「無我無心」的「敞開之無」（道心），乃能向「無形無相」的「開顯之無」（道）而敞開。必須特別注意的是，這裡的「敞開之無」和「開顯之無」的親密性和差異性關係。簡言之，「開顯之無」是指道家的「道」，而「敞開之無」則是指道家的「德」（眞人、道心）；用海德格的話說，「開顯之無」就是指「存有」（Sein），而「敞開之無」則是指「存有在此」（Da-sein：本眞之人）的守護。所以兩者的親密性，就在於道（無）的開顯是透過眞人的敞開而在此具現的，且兩者是超主客的同體共振相應，故時而可方便說，眞人即是道，眞人的玄德即是道。但，其差異性亦不被忽視遺忘，因爲道的開顯是第一序的，只有道先開顯其自身，人才有可能對之敞開，而且就算人不對道敞開，道亦是以其隱沒的方式在開顯其自身，只是對人沒能彰顯其存有的意義而已。

　　以筆者的理解，牟先生似乎只把握到「敞開之無」（道心），並以主體心境的沖虛玄德說之，卻遺忘了「開顯之無」（道）的存有論深義，遺忘了沖虛玄德對存有論之無的聆聽和融入。即放下主體有我之執，回歸超主客的同體之道本身，此時可以說人體證了道，回歸了道，但這又是什麼意思呢？牟先生是以沖虛玄德而將「道」理解爲主體觀照的心境，在其不禁不塞的無爲心境下觀照萬物之自生自長：「以沖虛玄德之止起觀，『不塞其源，不禁其性』，而暢通萬物自生、自長、自相治理之源，此即其爲

108　關於西田幾多郎的場所一觀念之內容和討論，請參見黃文宏，〈西田幾多郎的宗教哲學——以〈場所邏輯與宗教的世界觀〉爲例〉，收入李明輝、陳瑋芬主編，《現代儒家與東亞文明：地域與發展》（臺北：中央研究院中國文哲研究所，2002），頁427-450。

主為本之意。故亦不是存有形態之實物而為主為本者。道不是一獨立之實物，而是一沖虛之玄德，故其本身實只是一大自然，大自在。」[109]「是以此『自然』亦是沖虛境界所透顯之『自然』，非吾人今日所謂之自然世界或自然主義所說之『自然』也。『自然世界』之自然乃指客觀實物自身之存在言，而境界上之自然則是指一種沖虛之意境，乃是浮在實物之上而不著於物者……。正是遮撥一切意計造作而顯之『洒脫自在』之自然，此即是沖虛而無所適、無所主之朗然自在。」[110]「道家重觀照玄覽，這是靜態的，很帶有藝術性的味道，由此開中國的藝術境界。藝術境界是靜態的、觀照的境界。」[111]「在靜的工夫之下才能『觀復』。由虛一靜的工夫使得生命虛而靈、純一無雜、不浮動，這時主觀的心境就呈現無限心的作用，無限心呈現可以『觀復』，即所謂：『夫物芸芸，各復歸其根，歸根曰靜，是謂復命。』這些都是靜態的話頭，主觀的心境一靜下來，天地萬物都靜下來了。」[112]

　　筆者認為，這個「自生自長」的「自然」，本來隱含著海德格意義下的「道家存有論」之深義。但非常可惜的是，牟先先在這個地方卻過門而不入，太過片面地突顯了主體心境的「自然」、「無為」之「觀看」，遺忘了「自然」作為「自生自長」的「存有開顯」之原初義，遺忘了這裡的所謂「觀看」，其實更是一種對「天籟」的「聆聽」。而「天籟」本來就是萬物「咸其自取、使其自己」的「存有開顯」。也由於牟先生將道家「自然」的存有論意味給減殺了，以至於他在理解道家的藝術美學性格之內涵時，只能偏重在主體的朗然觀照、自在不著一面，難怪他會強調道家這種沖虛觀照是靜態性的，甚至是消極的。顯然，牟先生並未能就自然無為之不著心境，實亦同時就是聆聽萬物的自生自長，而這裡的「一逍遙

---

[109] 牟宗三，《才性與玄理》，頁154。

[110] 牟宗三，《才性與玄理》，頁144。

[111] 牟宗三，《中國哲學十九講》，頁122。

[112] 牟宗三，《中國哲學十九講》，頁122。

則一切逍遙」，實乃就沖虛玄德與存有開顯之同時呈現而不分來說的。依此，則此時的自在不著之逍遙觀照，絕非是靜態，反倒是存有開顯的豐盈生生，這種展現爲吹萬不同的動態生生之存有開顯，才是道家的藝術境界。若用海德格和高達美（Hans-Georg Gadamer）的話說，這裡顯然包含著一個「美學的存有論」、「藝術的眞理觀」一深度[113]。而牟先生幾乎在觸及到這些核心內容的同時，卻又輕輕地滑過了。對於道家的藝術觀所含的存有論和眞理觀之深意，筆者認爲葉維廉對道家美學的研究，有值得參考之處，他對道家的理解比相應於上述的詮釋，其中實不乏超越牟先生的理趣：

　　像道家的返璞歸眞，海德格對原眞事物的重認，使得美學有了一個新的開始。詩人可以不沉迷於「眞」的「概念」和「假設」，而與原眞的事物直接地交通。所以他在「詩、語言與思想」一書裡說：「去『思想存在』的意思是：對『存在』出現在我們之前的魅力的應和。這應和源自這魅力同時歸回這魅力。」[114]

　　在我們現在的意識裡，排除所有公式系統化的思維類分與結構，肯定存在於概念外和語言外的具體世界中的萬物，無須藉賴人的概念和語言，便可以自然自足、各依其性其用的演生調化。所謂「吹萬不同而使其自己也」……。所謂「天」或「天然」者，是指物之「塊然看生……自己而然」。所謂「道」，也是指萬物未受抽象思維分封自然生發的實況。一旦了悟到人在萬物自

113　參見【德】加達默爾著，洪漢鼎譯，《眞理與方法》（臺北：時報文化出版企業公司，1993），頁149-238。
114　關於知識論層次的符應眞理觀和存有論層次的開顯眞理觀之差異和關係，請參見Martin Heidegger, Tr. by John Macquarrie & Edward Robinson, *Being and Time,* (New York, London: Routledge, 2003), pp. 257-273；拙文，〈海德格從存有學立場對科技的反省與拯救〉，《文明探索》第21期（2000年4月），頁77-124。

放中的角色，我們自然不會重視滔滔欲言的自我，而調整我們的觀感角度與語言表式，轉向無言而能獨化、活潑地自生自發的萬物萬象。這個從整體出發出（以物觀物）和從偏面出發（以我觀物）之間的美學含義是大大不同的。[115]

「以我觀物」和「以物觀物」之間美學感應和表現程序的分別。前者以自我來解釋「非我」的大世界，觀者不斷以概念、觀念加諸具體現象事物之上，設法使物象配合先定的意念；在後者，自我融入渾一的宇宙現象裡，化作眼前無盡演化生成的事物整體的推動裡。去「想」，就是去應和萬物素樸的、自由的興現……。重視「以物觀物」的道家美學，是要儘量消除由「我」決定的類分和解說，而同時肯定事物原樣的自足，詩人彷彿已化作事物的本身。[116]

由上可知，牟先生將「道」自身的存有論意義給遺落了，是因爲他忽略了「以道觀道」（亦可說「以物觀物」）或「我自然則一切自然」乃是有兩層意涵的。即當我以工夫回歸道的本然時，除了在精神層次上人能「任其自然」地逍遙無待外，其實真正讓精神逍遙無待的並不是主體性的我，而是解構主體以回歸超主客的存有開顯之道（亦即對存有魅力的應和）。換言之，我之所以能「任其自然」（無言），乃是因爲主體解消的同時，一切俱還原而融入那個「自然而然」的道之開顯中（「獨化」）。而這個「自然而然」的道之開顯，乃是「任其自然」的沖虛玄德作用的場所，只有這個場所本身不斷地在開顯著，我才能敞開自己以融入這個同體共振的開顯場所。亦即前言所說的，「開顯之無」（自然而然）是第一序的天籟開顯之場所，只有在此場所的開顯狀態下，人才能以其「敞開之

---

[115] 葉維廉，〈語言與真實世界〉收入氏著《比較詩學》（臺北：東大圖書股份有限公司，1988），頁99-100。

[116] 葉維廉，〈語言與真實世界〉，頁100-101。

無」（任其自然）來融入其變化大流中（充滿生機豐盈的物化之美）。

　　葉維廉以上的看法，雖然以較為渾淪的方式來表述，但仔細分析，實相應於海德格所謂「存有」（Sein）（原初語言：無言之言）和「在此存有」（Da-sein）（詩性思維：敞開之聆聽）的關係。而筆者對以上兩重向度的關係之說明，也正相應於陳榮灼所強調的，道家的自然義中有其「雙重結構」：㈠從「自爾」、「自生」、「自得」和「獨化」以明「自然而然」。㈡從「率性」、「無為」和「物化」以明「順其自然」。陳榮灼並由此而主張：「將道家與海德格相提並論，可以彰顯出道家是一種『關於存有的思想』，這麼一來，在對道一字義之『自然』的定性上，不致只滿足將之視為『主體境界』，一如牟宗三先生所主張者。」[117]

　　據陳榮灼的洞察，牟先生遺落了「自然而然」一層面所顯示的道家存有論一面向，且因此在詮釋道家文獻時有詮釋化約之嫌，他只強調「順其自然」的精神境界層面（即從主體心境的不禁不塞、讓開一步而為言），更以主觀境界稱之。其實，自然除了指去主體的工夫實踐後所證得的超主客之無限自由心境外，此去主體的無我心境，正是為回應「存有開顯之本然」（自然而然）的大化流行才顯發其用。其實「順其自然」與「自然而然」，根本是二而一、一而二的。而所謂「自然而然」可顯示出「道家式存有論」的豐盈，即「自然而然」是指，萬物各各秉持自性道而自生、自長、自使、自取，即各各秉著自性道的物，原本即各自在展現其豐盈的呈現歷程，並沒有任何背後的推動根據，皆是無據（Ab-grund）的，自使自取而各有存有學上活生生的意義。這個所謂的「自然而然」，不但具有美學意義，而且還是海德格意義下的存有真理（之美學意境），因此葉維廉和陳榮灼皆以海德格的physis和Er-eignis，來對應理解道家的「自然（而然）」：

---

117 陳榮灼，〈王弼與郭象玄學思想之異同〉，《東海學報》第33期（1992年6月），頁132-134。

　　抽象的系統涵蓋不了具體的存在。詹姆氏的「並行同時性」和懷德海的「經驗直奉」，可以說是這個主題進一步的說明。都是反對把眞世界用概念減縮爲某些需要的形狀，及至海德格，他要求回到蘇格拉底時代以前對physis的原意，他解釋爲「事物的湧現」，反對meta-physis，即反對超出事物具體的存在而進入了概念的世界⋯⋯。就是這個需要使海德格的哲學特別有意義：慢慢地破除減縮性的概念、類分行爲及以理念世界爲主的秩序，他設法恢復存在原有的根據地，指向直現事物爲直現事物的眞質。是在這一個層次上，我們發現海德格和道家主義者說著同一的語言。[118]

　　從一「文法之角度」來看，當他說「Das Er-eignis ereignet」時，海德格實際上已將Er-eignis「動態化」。這一舉動並不偶然，因爲依其本質，Er-eignis永是動態的。簡言之，Er-eignis本身就是一種運動。而且這是一種只是「自身在動」的運動——於此義上可說之爲「自動」⋯⋯。這一「自身運動」並非由外來的原因所引致；相反地，它只是「自身如此」。[119]

　　由於本章主要是在檢討牟宗三對道家詮釋的反省和評判，最後雖然歸結到海德格的存有論和道家的相應上；但這畢竟是個大課題，有待回到道家的概念和文獻上，一一與海德格的觀念和文獻，進一步做更細緻的對話詮釋，筆者將會有專文另行討論。以上只是要滿足這樣一個結論，即道家的道，絕不純只是道心的主觀心靈境界之沖虛玄德而已，它的第一義更是在於自使自取的天籟生生之開顯；亦即老莊的「道法自然」之「自然」，具有海德格意義的「存有開顯」之存有論意味，它不該被完全化約爲「主

---

[118] 參見葉維廉，〈語言與真實世界〉，頁125-126。

[119] 參見陳榮灼，〈道家之「自然」與海德格之「Er-eignis」〉，《清華學報》新第34卷第12期（2004年12月），頁225。

觀境界」而已。換言之，道家的「自然」，相應於海德格的phy-sis和Er-eignis，它們皆是指物之自身的絕對湧現，是自使自取的運動自身。難怪，陳榮灼會主張道家的「自然」就是翻譯海德格Er-eignis最好的選擇。

雖然就人來說，存有學上的一切意義，均要通過人的理解始得以揭露，但這並不意謂人獨立創造了此意義，或人創造了萬物。其實真人只是放下自身的執障，回歸開顯本身，使原本的豐盈能向真人示現，故真人不應只強調人的能動敞開性，更不宜以主體來理解，畢竟有「自然而然」的存有學之本然呈現，人才能有「任其自然」的回歸與觀照。當然，若不通過人的工夫實踐而達至「任其自然」的觀照境界，則「自然而然」的存有呈現亦終隱暗不顯。故牟先生對此沖虛玄德的堅持亦正有其不容否定的洞見在，只是在最精微的究極處，並未能彰顯「自然」的自使自取之存有論意涵，遂使道家式存有論減殺不顯，且有流於人中心主義之嫌。所以，有必要在承繼牟先生的基礎上，進一步地釐清和重建道家式存有論的內涵。

換言之，從以上的分析中，可以看到牟氏並未完全把握道之二義：即自然而然（開顯之無）與任其自然（敞開之無）之二義；更不能進一步由此而分別出「自然而然」的第一義，其所具有的道家存有論之優位性，與及「自然而然」（第一義）與「任其自然」（第二義）的一而二、二而一之關係，而只能滿足於「任其自然」的第二義。關於「自然而然」的存有開顯，與「任其自然」的沖虛玄德，二者間的優次關係與相互隸屬的微妙關係，即道與真人的優次和隸屬關係，牟先生並未能有進一步的相關討論，這乃是因為主觀境界系統的片面性所致。

最後，順著以上的澄清，乃可以回應周大興順著牟先生思路所提出的質疑，他曾在評論袁保新對牟先生觀點的反省時，提出一個再反省，即美學式觀照如何可能通向存有論一難題，他說：「順著牟先生『主觀境界』形態而有所修正的『價值中心存有論』，仍有一段曲折的理論之路要走……。作為存在界價值理序之『道』，唯是令物自生、自化、自理而已；順著作者的提示，我們很懷疑，如何通過『致虛守靜』的實踐修養，

僅憑此一洞見，便足以令萬物『自賓』、『自化』？這樣的一片空靈，充其量只是逍遙乎無何有之鄉的沖虛境界，對天地萬物發乎美感經驗的觀照。」[120]

　　或許可以這樣說，從主觀境界到價值中心存有論之間的「那一段曲折的路」[121]，筆者認為那可以是一條通過海德格與道家相互詮釋的路，如此或許比較能將道家存有論的意蘊給充分展示出來[122]。以上經由海德格與道家的對話，基本上可說已相當程度地走上一段路程了，所以目標也就愈來愈清晰，而超越牟先生境界形態之處也就愈發明確了。據此，周先生上述美學式觀照如何走向存有論之疑，也就可以得到回應。筆者認為，周氏所問的問題：「如何通過『致虛守靜』的實踐修養，僅憑此一洞見，便足以令萬物『自賓』、『自化』」。它之所以是個問題，這是因為還限定在牟先生的主觀境界說的架構裡。如果能跳出牟先生的理論脈絡，轉向海德格式的美學存有論之視域，如此，則能同時把握自然、道、無之二義，並且知其優次關係，那麼便會知道：不是主體的美感觀照心靈令萬物自賓自化，實乃萬物本其自然之道自賓自化，而人因為轉化了主體表象思考的成心知見，才讓自己融入那個非主客、非分別的自化大流中，所以乃可以說真人既逍遙觀照萬物之自化，另一方面也參贊著自化之大流。換言之，大化的「自然而然」開顯了我和天地萬物，而我的「任其自然」則讓「自然而然」如如無蔽地當前湧現。故真人就在與天地萬物一體交融中，共享此一生生大化的歌唱。此乃真可謂「天地與我並生，萬物與我為一」之

---

[120] 周大興，〈儒家大路道家棧——《老子哲學之詮釋與重建》評介〉，《中國文哲研究通訊》第2卷第3期（1992年9月），頁79-80。

[121] 「價值中心的存有論」是袁保新順著方東美的思路而提出的，主要是為了克服實然與應然的二元困難。對其中的討論和反省，參見筆者國科會計畫〈「當代」《老子》「形上思想」的「反省批判」和「詮釋重建」㊀部分已發表在國科會成果網頁上，另將以專文發表。

[122] 葉維廉：「海德格後期曾看過一些《老子》，但對道家的整體，顯然也是沒有做過什麼研究的……，而在兩重文化相隔二十三世紀的時空，兩個不同的哲學家竟然發出了相同的問題、追尋同一個物我通明的關係。這為我們顯示了什麼？顯示了重獲真實世界的一個可能的據點。」〈語言與真實世界〉，頁132。

境。其中既含有存有論、也是一種美學，甚至是眞理觀，並且三者通而爲一，此或可名之爲形上美學、藝術的眞理觀或美學的存有論[123]。

其實，以上這個問題，當海德格將《老子》理解爲詩性思考時，也就或隱或顯地回答了這個問題：

根據海德格，去思考意味著「讓値得思考的事物對我們訴說」，換言之，思考本質上與那召喚我們去思考者符應。由此進一步說，思考是詩性，是就這兩重意義來說：首先，思考作爲「讓某物對我們訴說」，所以它臨近於詩性……。第二，所謂値得思考或召喚我們去思考的，正是自然的生化過程。[124]

特別有旨趣的是，去關注海德格也曾宣說的：「所有的藝術，當它們讓眞理出現一事發生了，如此的本質性就是詩性的。」……最後，根據海德格：「美就是在其中讓眞理以無蔽的方式發生著。」[125]

「詩……呼喚事物，叫它們來……，呼喚是一種邀請。請物進來，好讓它們向人們見證它們是物之爲物……。物如此被喚被命名後，共同聚向天地人神……，聚、集、群、存是物物之生……，物物之生成我們稱之爲世界……。物物之生而展開世

---

[123] 關於形上美學一觀念，請參見史作檉，《形上美學要義》（臺北：書鄉文化出版社，1993）。關於藝術的真理觀、美學的存有論一觀念，請參見海德格和高達美之著作。另參見葉維廉，〈語言與真實世界〉，頁106：「道家的美感立場也可以稱為『抒情的視境』，lyrical vison；我要加英文，是因為中文『抒情』的意思常常是狹義的指個人的情，但『抒情』一語的來源，包括了音樂性、超個人的情思及非情感的抒發。例如不加個人情思的事物自由的直現便是……。所謂『以物觀物』的態度，在我們有了通明的了悟之際，應該包含後面的一些情況：即，不把『我』放在主位──物不因『我』始得存在，物各自有其內在的生命活動和旋律來肯定它們為『物』之真；『真』不是來自『我』，物在我們命名之前便擁有其『存在』、其『美』、其『真』，所以主客之分是虛假的。」

[124] *Heidegger and Chinese Philosophy*, pp. 130-131.

[125] *Heidegger and Chinese Philosophy*, p. 162.

界，展開世界而物得以存……。物物之生而完成世界……，物物之生，物完成物之爲物。物物之生，物展姿——形態——成世界。」海德格認爲物我之間，物物之間是一種互照狀態，是一種相交相參，既合仍分，主客可以易位。由於肯定了原眞事物爲我們感應的主位，反對以人知去駕馭天然，我們發現海德格幾乎和道家說著同一的語言，尤其是後期的海德格……。道家用的幾乎是詩的語言，往往用詩的意象，直攻我們的感官。[126]

　　由上可見，詩性的美學觀照就是「任其自然」的心境。然而這個心境既是關於美學的觀照，更是眞理開顯的場域，亦即它更是將自身完全開放給「自然而然」的存有之開顯。此時，「無的敞開」之心境（道心）乃和「無的開顯」之存有（道）合而爲一。所以，在詩性的聆聽性思考中，「任其自然」之心境實乃完全融入了「自然而然」之大化流行中，甚至只有在「自然而然」的大化流行之召喚中，美感式的觀照心靈才能眞正發生。如此一來，美感式的「任其自然」之觀照心靈，必然含攝在更廣大的「自然而然」的之存有開顯的場域中才可能。如此可知，牟宗三所詮釋的主觀境界之沖虛玄德，雖可直接通向美學的觀照意境，但卻遺忘了這個美學觀照本身就是在存有眞理的開顯場所中起作用的，所以他並未能眞正由此而建立美學式的存有論，而道家式的存有論之飽滿內涵，正在此美學與存有眞理的統一上。

——發表於《臺大中文學報》第25期，2006年12月

---

[126] 葉維廉，〈語言與眞實世界〉，頁130。

第三章
道家的逍遙美學與倫理關懷——
與羅蘭・巴特的「懶惰哲學」之對話

一、前言：悠然南山、桃花流水的緩緩日子，去不復返？

　　德國哲學大師海德格在1953年，接受日本美學學者的訪談對話中，曾特別提及「地球和人類的歐洲化」之現象和危機。他所謂「歐洲化」的內涵，是指理性之合理化要求，以及隨之而來的科技強勢，對一切不能以（工具）理性衡量的事物，所給予的拒斥，結果使得生命的源泉遭到空前的枯竭[1]。海德格晚年特別關懷的課題便是科技的批判與大地的拯救，提出的治療之道則是重新以詩意的居存方式來安居於大地[2]。用早期海德格的概念說，「詩意的居存」必是一種本眞的（authentic）存在方式，而對比之下的「技術性居存」，則是非本眞（inauthentic）的存在。然而，到底詩意的居存，是怎樣的生活情境？

　　或許可以從反面的敘述中，看出蛛絲馬跡。他曾經感慨現代西方人當今生活方式的失根狀態：「現代技術的通訊工具時刻挑動著人，攪擾和折騰人——所有這一切對於今天的人已經太貼近了，比農宅四周的自家田地，比大地上面的天空更親近，比晝與夜的時間運轉，比鄉村的風俗習慣，比家鄉世事的古老傳說更熟悉。……當今人的根基持存性受到了致命的威脅。」[3]

---

[1]　【德】海德格，〈從一次關於語言的對話而來〉，見馬丁・海德格著，孫周興譯，《走向語言之路》（臺北：時報文化出版企業公司，1993），頁88-89。

[2]　海德格，〈技術的追問〉，見海德格著，孫周興選編，《海德格爾選集（下）》（上海：三聯書店，1996），頁924-954。

[3]　海德格著，孫周興選編，〈泰然任之〉，《海德格爾選集（下）》，頁1235。

　　可見對比於技術的居存，詩意的居存如有根基的植物，讓人安居扎根在大地田園之上，並向天空敞開仰望。晝夜四季的時序循環運轉，時間悠緩地流淌，家鄉世事、人事勞作與風俗，一切俱在安詳相親的韻律中。用海德格晚期那既哲學又詩意的意象說，這顯然便是：天地人神共同棲居在每一當下和每個存有物之中[4]。毫無疑問，詩意的居存是在自然根基的存有空間中，讓人和萬物共同安居在此天地自然之中。然而這樣的自然根基，在海德格看來，隨著全球在西方現代理性化的擴張過程，已逐漸失根而枯竭。詩意的居存在海德格看來是具有自然美學意味的好生活方式，若用詩歌的意象來隱喻的話，那是一幅：南山悠然、流水桃花的日子。然而這種「春有百花秋有月，夏有涼風冬有雪」的緩緩歲月，是否一去不再復返？技術的居存又是如何的生活步調？

　　現代西方文明的政經強勢，使得全球捲入現代性的普遍化進程中。世界歐美化、西化的現象，除了在政治、經濟、文化等宏觀下的霸權反省中，是極為顯題的權力與後殖民論述課題外，對於「生活世界」這一微觀的具體存在處境，它到底意味著什麼？則是本章感到興趣的。筆者的意思是，西方現代性的科層管理支配方式、資本甚至後資本工商業社會、資訊影像內爆的虛擬世界等等，一波波科技生產、經濟交換、政治支配等西方新型文明模式的重疊加乘，對於人的存在和生活，到底意味著什麼？它對海德格所歌頌的詩意居存之自然美學生活，到底又意味著什麼？這也是本章所以討論道家的「逍遙美學」和羅蘭・巴特的「懶惰哲學」，背後的關懷與焦慮。

　　說到技術的居存和現代性的生活處境，立即浮現心頭的是這樣一幅影像畫面，拍攝於1936年，卓別林（Charlie Chaplin）默片《摩登時代》（*Modern Times*）的意象：巨大的工業齒輪，如超現象主義般的巨獸，不停地輪轉吞噬，生產線川流不息，以它自身的生產邏輯向前滑動。人，彷

---

[4] 海德格著，孫周興選編，〈物〉，《海德格爾選集（下）》，頁1172-1174。

彿半個機器人似的，秩序的排列、規格的動作，隨著生產線的分工與速度，鎖上一顆顆的螺絲釘……。巨輪快時人亦快，慢時人亦慢，人不能有任何個人的思維和情緒，一恍神，生產線便毫不待人，錯失眼前，人也就可能被捲入巨輪中，支離破碎為產品的組成分子。

　　在此，人的思維化約為工具性的身體，身體化約為生產線的工具。從早到晚，日復一日，卓別林所飾演的現代工商業下的勞動人生，確實符應了馬克思觀察的剝削和異化。這是卓別林以其藝術心靈的敏銳和關懷，對於西方現代性新生活的批判反諷之一。

　　另一個畫面是臺灣近年來流行的一則飲料商業廣告。這則廣告神話，以其敏感的商機嗅到現代人的生活處境，以一句關鍵語揭露了現代人的身心狀態──「你累了嗎？」（「蠻牛」提神飲料的廣告）。這則廣告以荒謬幽默的各種現代職業情境為背景，百行百業儘管千差萬別，但一樣疲憊的神情，一樣需要瞬間提神。因此，一句廣告話語居然植入人心，好像一句咒語式的符碼，命中了現代生活的勞苦重擔之危機；而另一句：「喝了再上！蠻牛！」竟為商品帶來無限的商機。換言之，「疲累→提神（再上）→又疲累了→再度提神（又再上）→……」如此循環無端，成了現代人勞碌命運的輪迴邏輯。

　　然而對比上述的煩忙節奏，現代人有了另一種物極必反的新現象，值得觀察和深思。例如有「慢活」、「樂活」的農莊田園新生活回歸運動[5]，強調生活簡單就是美[6]，甚至主張簡樸、清貧生活的復歸等等[7]。換言之，休閒產業成了一項新興的文化美學工業，甚至開始強調：「閒暇」

[5]　【美】海倫・聶爾寧（Helen Nearing）、史考特・聶爾寧（Scott Nearing）著，梁永安、高志仁譯，《農莊生活》（臺北：立緒文化事業有限公司，2004）。

[6]　【美】愛琳・詹姆斯（Elaine St. James）著，黃漢耀譯，《心靈簡單就是美》（臺北：新路出版公司，1997）。

[7]　區紀復，《簡樸的海岸：鹽寮淨土十年記》（臺北：晨星出版社，2000）；【日】中野孝次著，李永熾譯，《清貧思想》（臺北：張老師文化事業公司，1995）。

才是文化基礎[8]。這些新思潮、新生活實踐，不管深淺如何，不管它是否又成為資本商業生產邏輯的一環，但確實是一股逆流的新潮。它似乎想逃脫過於強調效率實用的技術居存方式，重新找回悠緩而幸福的美學存在方式。基本上，本章就是在這兩種生活現象的衝突矛盾中，來思考道家的「逍遙美學」和巴特（Roland Barthes）的「懶惰哲學」之深意。並且以對話的方式，一方面豁顯巴特對西方現代生活的批判與治療，及其和東方生活美學的遙契與交往；另一方面則透過道家的「逍遙美學」之詮釋，一方面深化巴特的洞察，另一方面見出道家對現代文明治療所可能具有的古典新義。總之透過巴特與道家的對話，海德格的詩意居存之內涵可得到另一種呼應的詮釋；並由此見出道家自然美學的生活方式，對現代性文明可能的治療之道。

二、羅蘭・巴特的「懶惰哲學」之深意

　　「懶惰」一詞，對身處現代情境的工商效率而言無疑是負面性的詞彙，它通常代表逃避、軟弱、懈怠、無能等負價值的指控。懶惰者，幾乎就是無用之人，因為他將人的生產勞動資本給貶值甚至剝除。然而在人們熟悉的生活世界，「懶惰現象」卻也隨處可見，每個人、每一天的某些時刻，任誰都曾經落入這般存在片刻，體驗到渴望逃離壓迫卻又同時未敢當下決斷的矛盾困窘，結果便墮入既不願承擔亦無能放下的「之間」處境。這種矛盾、非統一的鬆散意志，常使人們呈現一幅懶惰無力的疏離、耗弱狀態。這樣的疲乏現象，也是工商效率社會的另一種陰影景觀。

　　以上那種「懶惰現象」，並非筆者所要討論的對象。本章所要探討的「懶惰」，不是逃避也非軟弱，既無矛盾也非疏離。嚴格講，本章所討論的「懶惰」超越了積極、消極的二元對立，是一種難得而自覺的存在境界。以「境界」命名的「懶惰」，便可能隱含一套「懶惰哲學」有待加以

8　【德】皮柏・尤瑟夫（Pieper Josef）著，劉森堯譯，《閒暇：文化的基礎》（臺北：立緒文化事業有限公司，2003）。

詮釋揭露。為了界定本章所要探討的「懶惰哲學」之層次和深度，以及它和道家逍遙美學的關係，底下筆者嘗試從當代法國文學評論大家羅蘭・巴特的一篇文章分析起，從中界定和突顯本章所討論的「懶惰境界」和「懶惰哲學」之旨趣。巴特這篇訪問稿，於1979年9月16日刊登在法國《週日世界報》，名為〈我們敢於懶惰〉[9]。正是這個帶有驚世駭俗的名稱，巴特企圖為「懶惰」提出創造性的超越價值，一種具有批判、解放、治療意義的「懶惰哲學」，於焉（可能）誕生。

　　一開始，巴特從學生的懶惰現象，甚至自己的懶惰經驗談起。從人們都曾有過的學校生涯、學生情境出發，描述一般普遍可見的懶惰體驗。由於學校場域常常充滿傅科（Michel Foucault）所謂「規訓與懲罰」的束縛與壓迫[10]；而教育也常如布爾迪厄（Pierre Bourdieu）指出的是為社會價值、國家菁英的複製與再生產來服務[11]。因此，學校的教育體制，對充滿野性的青春生命力而言，難免充斥著乏味束縛、教條制度、科層化管理的死寂氣氛[12]。由於學生難以採取公開而直接的抗議鬥爭，由此，被動地生產出消極態度，無言地抗議壓抑的氣氛。這樣的懶惰並不是全無意義的，對巴特言，這種懶惰勉強也算是對抗教條束縛的手段，也是對壓抑的回應，一種消除煩悶無聊的主觀策略，甚至可能是某種辯證式的良心表現。

---

9 【法】羅蘭・巴特著，劉森堯譯，《羅蘭・巴特訪談錄》（臺北：桂冠圖書股份有限公司，2004），頁431-440。

10 對傅科言，學校和軍營，甚至牢房，有其「家族類似性」，都充滿對人們身體的規訓和懲罰。參見【法】傅科著，劉北成、楊遠嬰譯，《規訓與懲罰：監獄的誕生》（臺北：桂冠圖書股份有限公司，1993）

11 【法】布爾迪厄著，楊亞平譯，《國家的菁英──名牌大學與群體精神》（北京：商務印書館，2004）；另參見【美】柯林斯（R. Collins）著，劉慧珍等譯，《文憑社會──教育與階層化的歷史社會學》（臺北：桂冠圖書股份有限公司，1998）。

12 激進教育學者如【美】伊萬・伊利奇（Ivan Illich）特別揭露學校的偽善性、對兒童自由的侵犯及對個性的摧殘，因為學校的本質在於「價值的制度化」，所以他強烈主張整個社會都需要「非學校化」。參見〈我們為何必須廢除學校〉，伊利奇著，吳康寧譯，《非學校化社會》（臺北：桂冠圖書股份有限公司，2004），頁5-34。

據此，巴特以他對文化現象的符號學之敏銳，提出了洞察：學生的懶惰反倒成了學校體制結構下自然要出現的一種符碼[13]。

　　學生這種懶惰狀態，雖不無意義且具符碼象徵性，但對巴特言卻仍是痛苦的經驗，甚至可能挾雜自我譴責的恥感成分。他曾以第一人稱描述親身的體驗：

　　我曾經在高中教過一年書，但我對學生的懶惰概念並非從那裡而來，而是來自我自己當學生的經驗。如今那樣的懶惰竟以隱喻的姿態，再度出現在我當下的生活當中：我現在經常會面對一堆煩人的工作，比如寫信件或閱讀文稿，我心中會不斷加以抗拒，覺得不可能做完，好像學生覺得不可能做完作業一樣。這時候，這牽涉到一種懶惰的痛苦經驗，一種對意志之扭曲的痛苦經驗。

　　我會經常陷入一種抗拒某些事情的狀況，有些事情非做不可，可是心裡卻又不想做，一直抗拒去做──當然大致而言最後總是會做完──那都是由於懶惰心理所造成，是懶惰強加在我身上，而不是我自己選擇要去變得懶惰。顯而易見，這種懶惰多少有點可恥。[14]

　　情非得已的抗拒所滋生的懶惰現象和經驗，對巴特無疑是痛苦的經

---

[13] 羅蘭·巴特著，劉森堯譯，《羅蘭·巴特訪談錄》，頁431-432。巴特的文化符號學分析頗富盛名，他甚至在《薩拉辛》一書區分五種符碼。至於其作品，如《神話學》乃是對日常生活或廣告的意識形態的神話化之分析與解構；《流行體系》則是利用語言的結構來分析巴黎的流行服飾現象；《符號帝國》（另一譯名為《符號禪意東洋風》）則分析日本各種日常生活的美學傾向。總之，巴特擅長從各種具體的文化事物來揭露其精神內涵、意識形態。不過，晚期在討論「攝影的本質」與「死亡」的關係時，巴特歷經一種現象學的還原轉向，而進入「沒有符碼化的訊息」之境地。對此可參見郭思慈，〈從符號學到現象學的轉向──羅蘭·巴特論攝影本體〉，《當代》1995年第107期，頁8-17。

[14] 羅蘭·巴特著，劉森堯譯，《羅蘭·巴特訪談錄》，頁432、433。

驗。爲什麼？因爲它仍是扭曲、不統一、非自覺的被動意志狀態。尤其當
人們困在做與不做「之間」，矛盾且徘徊的拉鋸戰，顯然讓生命意志力耗
弱消散，甚至矛盾分裂的痛苦感，會反噬自身成爲自我譴責的罪惡恥感。
對巴特言，這種懶惰狀態，雖可能帶有消極的抗議意義，但無法讓人眞正
超越壓力處境；尤其當人們將這種懶惰狀態轉換爲各類娛樂形式時，它仍
然只是痛苦矛盾的變形和綿延而已：

　　但在巴黎時就不一樣，我必須時時忍受工作以及不得不工作
的折磨，我只好製造一些懶惰形式的娛樂來排遣這種壓力：泡咖
啡喝或喝杯水……等等……。我還知道另一種痛苦的懶惰形式，
福樓拜稱之爲「醃漬」，意思就是躺到床上或沙發上，什麼都不
做，把自己置入「醃漬」狀態，只讓腦中思想運轉，這時會感到
有點沮喪……。我經常「醃漬」自己，當然時間不會拖很久，也
許只持續一刻鐘或二十多分鐘……，然後，我又重新打起精神。[15]

　　不管是學生的懶惰經驗、巴黎的懶惰變形娛樂經驗、賴床醃漬的懶
惰經驗等，都具有家族類似性：即矛盾、沮喪、猶豫不決等相似的意識特
質，處於此狀態下的意志，基本上是扭曲分裂的，甚至不自覺地帶有罪責
的成分。這一系列的「懶惰現象」，都不是巴特所眞正渴望的「懶惰境
界」，也不可能據此而成立一套眞正的「懶惰哲學」。那麼到底巴特所要
宣揚的境界是怎樣的經驗？巴特曾經描述另一種對比於上述「（成年）巴
黎經驗」的「（童少）巴黎記憶」，記憶中所曾有過的經驗意象，才眞正
觸及懶惰境界的玄機：

　　我一直記得一個意象……，當我還很小的時候，青少年時

---

[15] 羅蘭‧巴特著，劉森堯譯，《羅蘭‧巴特訪談錄》，頁433。

代，那時候的巴黎非常不同，那是第二次世界大戰前，那時候的巴黎夏天很熱……。在炎熱的夜裡，就搬出一張椅子坐在門口街上，然後什麼都不做。這是一幅懶惰的意象，如今已經完全消失了，我從未再見到，在今天的巴黎，再也看不到類似的懶惰景觀。[16]

　　對巴特言，二戰前的巴黎，某些片斷永恆般的童少、夏夜記憶，必然非常不同於現今車水馬龍、白日煩忙的巴黎。容許筆者運用一點詩意的想像進入巴特童少的記憶空間──時間倒帶四五十年前，涼如水的夏夜降臨，白晝火熱城市的工商巨輪，歇了下來，人們紛紛解離了工具性、機械性的生產鎖鏈，回到無所事事的休息狀態。晚飯後的夏夜，大人們搬出椅子，悠閒無事，三三兩兩或語或臥於門前，然後，孩子穿梭遊戲其間，庭前香草惹蟲鳴，芬芳正盛。這一種夜涼如水的韻律、難以言說的氣味、三兩閒散的語默，構成一幅「懶惰的意象」，深深刻印在巴特的潛意識記憶裡。到底這是怎樣的氣氛讓巴特念念不忘，並以傷感的語氣，感慨良深地嘆道：「這是一幅懶惰的意象，如今已經完全消失了，我從未再見到，在今天的巴黎，再也看不到類似的懶惰景觀。」

　　巴特近似現象學式描述的童少記憶，不得不令人想起，那位賦予記憶以崇高文學甚至哲學深意的法國文豪普魯斯特（Marcel Proust）和他的《追憶逝水年華》。其中，普魯斯特渴望回歸剎那永恆之記憶片刻，好似人生只有某些片刻值得追憶，才是真實活過的，而詩人總不斷透過追憶，召魂般地永恆回歸於如此片刻[17]。事實上，巴特確實也注意到，他的懶惰體驗和普魯斯特透過自由回憶的創作經驗，有其親密關係。他一方面對普

---

[16] 羅蘭‧巴特著，劉森堯譯，《羅蘭‧巴特訪談錄》，頁435。

[17] 許多從事藝術活動的詩性心靈者，常常會出現類似出神於童年青少記憶的經驗，如瑞典導演伯格曼，也曾明白吐露耽懷童玩的經驗。【瑞典】柏格曼（Ingmar Bergman），韓良憶等譯，《柏格曼論電影》（廣西：廣西師範大學出版社，2003），頁11。

氏非常傾心[18]，另一方面也確信：

　　這種有思想的懶惰，是否即是普魯斯特在《追憶似水年華》中所說的逝去的時光？普魯斯特的創作手法有其特殊之處，他的這本作品主要建立在自由記憶的理論上面，由隨性的記憶和感覺去進行他的敘述。這種隨性的自由手法即是一種懶惰，從這個角度看，也就是普魯斯特式的隱喻手法，懶惰指的正是那塊甜糕餅在主角口中慢慢分解的過程，那就是懶惰，主角的記憶由此展開，這時候，他是懶惰的，如果不是，他的回憶就不會是隨性的。[19]

　　隨性、自由是普魯斯特召魂記憶的法門，而此中滋味，巴特將它相契於「懶惰」。顯然，不管是自由隨性地追憶或鬆軟如水的閒適慵懶，對普魯斯特和巴特而言，都具有超然的精神氣質在其中瀰漫四溢。甚至可以說，這種懶惰的片刻，隱含著人的「本真存在」之消息在其中。普魯斯特經常描述從具體身體感受和眼前聲色氣味氛圍出發，從中體會到超時間的經驗，同時也帶來無比的喜悅、洞悉事物的本質、唯一的真實感、永恆性的片刻，甚至超越了死亡的焦慮：

　　然而，一個已經聽到過的聲音，或一陣從前聞到過的氣味，仿佛同時在現時和過去再現，顯得真實的而非實際的，理想的而非抽象的，這樣，事物永久性的、通常隱伏的本質立即脫穎而出，而我們真正的自我，有時好像死亡已久又沒有完全死亡，此

---

[18] 巴特在一張孩童的照片上特別批註：「我們是同時代的人嗎？我開始走路，那時普魯斯特還活著，正在完成《追憶似水年華》。」羅蘭巴特著，劉森堯譯，《羅蘭巴特論羅蘭巴特》（臺北：桂冠圖書股份有限公司，2002），頁29。

[19] 羅蘭·巴特著，劉森堯譯，《羅蘭·巴特訪談錄》，頁437-438。

時甦醒了，由於獲得神奇的養料而生氣勃勃。擺脫時序的一分鐘在我們身上重新塑造了擺脫時序的人。……死亡一詞對他已失去意義，當他置身於時間之外。

　　我身上剛才體會到三四次復活的東西，也許正是不受時間束縛的一些生活片段，但這種出神入定，儘管有永恆性，卻是短暫的。然而我覺得它給我帶來的愉悅，儘管在我一生中十分少見，卻是唯一有繁殖力的，唯一真實的。其他事情不真實的跡象比比皆是。[20]

　　童少巴黎的夏夜記憶，一直持續保存在巴特的永恆回憶中。而當四五十年後的中老年巴特，身陷煩忙瑣碎、不得抽身於城市囹圄時（所謂「巴黎的身體」）；他所採取的應變策略之一便是：儀式性地重回鄉村，以尋回那個懶惰的巴特、閒適的巴特（所謂「鄉下的身體」）[21]。並且很快就在遙遠記憶的童少巴特，和眼前鄉村的慵懶巴特之間，找到重疊的親緣關係。並確信其中的存在狀態是一種境界，隱含哲學深意：

　　什麼都不做，這是懶惰的最高級形式，這是一種哲學形式。我生命中有一段時期，每天睡午覺起床後，大約下午四或五點時，就盡情享受這種懶惰，一點抗拒的感覺都沒有，我全身放鬆，聽命於身體的自然反應，這時仍處於昏昏欲睡狀態，毫無精神可言。我並不想嘗試做正經事情，一切順其自然。這是在鄉下時生活的情況，特別是在夏天之時。[22]

---

[20] 【法】普魯斯特（Marcel Proust）著，沈志明選譯，《失而復得的時間》（北京：北京中國廣播電視出版社，2000），頁262、264。

[21] 〈多樣化的身體〉強調：「我有兩個地方的身體：巴黎的身體（疲憊而焦躁）和鄉下的身體（笨重且休息）。」羅蘭·巴特著，劉森堯譯，《羅蘭巴特論羅蘭巴特》，頁73。他所謂鄉下身體的「笨重」，應是近乎《老子》「為腹不為目」、「弱其志，強其骨」一類的樸拙、安詳之意。

[22] 羅蘭·巴特著，劉森堯譯，《羅蘭·巴特訪談錄》，頁433。

　　原來，「什麼都不做」的體驗，才是巴特所歌頌的最高形式的懶惰，其中的懶惰境界才真正具有哲學性。問題在於「什麼都不做」，到底是怎樣的存在體驗，這仍然需要加以詮釋。首先，他對「什麼都不做」的相關體驗之描述，其身心狀態是在自覺的前提下，處於：無迎拒（一點抗拒的感覺都沒有）、全身柔軟放鬆（我全身放鬆，聽命於身體的自然反應）、恍兮惚兮的非意志狀態（昏昏欲睡狀態，毫無精神可言）、無為無用（並不想嘗試做正經事情）、適性任隨（一切順其自然）之狀態。一言以蔽之，這是一種悠然無礙、自由自在的詩意美學體驗。

　　這樣的鄉村田園經驗，對巴特的存在意義言顯然非同小可。他曾在以自身為解構對象的另類自傳《羅蘭巴特論羅蘭巴特》的實驗性書寫嘗試中[23]，特別再度提及那美好的詩性美學體驗，其中精神氣質完全相應上述的懶惰時光。例如他在書前附上珍貴的照片，並於一幅顯然是鄉村宅院的照片上，批註如是話語：

　　在U.消磨掉多少個愉快的上午：陽光、房子、玫瑰花、寧靜、音樂、咖啡、工作、沒有性欲的騷擾、清閒悠哉的感覺。[24]

　　更耐人尋味的是，這本另類的自傳最後就結語在一段悠閒慵懶的詩性札記上：

　　8月6日，在鄉下，這是一個晴朗天氣的早上：陽光、燠熱、花、平靜、安詳、光芒。沒有欲望，沒有侵略性，無一閒蕩。擺

---

[23] 這是一本另類的非傳記性之傳記，巴特試圖藉此書寫來從事：真實性自我的顛覆、真實性的扭曲，最後達到真實性的不存在。故強調：「我沒有傳記，或者更確切的說，當我從事寫作工作寫下第一行字的時候，我再也看不到自己，我失去了自我的意象。我再也無法想像我自己，再也無法為自己的意象定位。」羅蘭・巴特著，劉森堯譯，〈知識分子何用？〉，《羅蘭・巴特訪談錄》，頁330。

[24] 羅蘭・巴特著，劉森堯譯，〈多樣化的身體〉，《羅蘭巴特論羅蘭巴特》，頁32。

在我面前的，只有工作，好像是一種永恆的存在：一切都很圓
滿。這可是「自然」，是嗎？一種失神……，還有別的嗎？[25]

　　要澄清的是，訪問稿的「什麼都不做」和傳記裡的「只有工作」，
並不相互矛盾。因為前一脈絡下的「什麼都不做」，主要是指意識的無爲
任運狀態；而後一脈絡下的「只有工作」，顯然不是實效性、目的性的工
作，而是跳出平常工作邏輯的隨興遊戲。因爲安於「只有工作」的「工
作」，具體而言主要是指巴特所喜愛的業餘、隨興的身體活動：「繪畫」
（或音樂）。而它對巴特言，完全逸出了實用功利邏輯，是純粹遊興的自
由活動：「我喜歡繪畫，這是一種不必什麼花費的活動，帶有美學性質，
同時也是一種休息和懶惰的行爲，這中間沒有驕傲跟自戀的成分，因爲在
這方面我是個業餘愛好者，我並不在意畫得好或不好。」[26]
　　「業餘愛好者」是巴特非常重視的一個觀念，因爲它能帶出遊牧、
歡愉的自由氣氛和動能。蘇珊・桑塔格（Susan Sontag）的評論，特別指
出巴特藉由業餘愛好者這一主張，擺脫世俗強加的庸俗稱號，來獲得遊
興[27]。而且在此狀態下，超越了好與壞的評價，也解離了自戀與傲慢，顯
然這是忘我的單純存在之美學體驗。巴特甚至認爲無目的式的業餘、繪畫
（和音樂）身體遊戲，超然忘我的美學體驗，是一種文明的解放：

　　我有空閒時，我就以純業餘愛好者的姿態玩點音樂或作點
畫。業餘愛好者的最大好處是，他不必陷入想像和自戀。當我們
在畫素描或著色的時候，如果我們只是業餘愛好者，就不必去考
慮「意象」的問題，我們可以自由自在作畫。那是一種自由，我

---

[25] 羅蘭・巴特著，劉森堯譯，〈總體性的怪物〉，《羅蘭巴特論羅蘭巴特》，頁231。

[26] 羅蘭・巴特著，劉森堯譯，《羅蘭・巴特訪談錄》，頁434。

[27] 【美】蘇珊・桑塔格，〈寫作本身：論羅蘭・巴特〉，李幼蒸譯，《寫作的零度》（臺北：桂冠圖
　　書股份有限公司，2004），頁218。

甚至要說，那是一文明的解放。……業餘愛好者並不是消費者，業餘愛好者的身體和藝術之間的接觸很親密，而且是立即的，因此此種現象會顯得特別美好，也展現了未來的生機。[28]

　　可見，鄉村慵懶的氣息、隨興自由的繪畫純遊戲活動，是對巴黎城市煩忙壓迫的治療，甚至也是解放現代性文明苦悶的象徵性儀式活動。巴特具有極度敏感甚至略帶神經質性格的心靈，他顯然對陷落於「巴黎巴特」的自戀異化[29]，有著難以忍受的疏離感。他曾在《羅蘭巴特論羅蘭巴特》一書的三張附錄照片眉批中，強烈透露他對社會性自我（social ego）的覺察，甚至從小時候起，就意識到這種氛圍所帶來的傷害。例如第一張孩童的照片眉批：

　　小時候，我時常感到厭。這種感覺不時發生，竟然持續了一輩子，一陣陣地噴發出來（當然，後來由於工作和結交朋友的緣故，這種感覺比較緩和了一些），總是明顯可見的。這種厭煩的感覺多半帶有驚慌的性質，然後是沮喪：比如在開會或演講的場合、參加國外的晚宴、和一群人高高興興地在一起時，厭煩無所不在，而且看得到，難道這是我的歇斯底里的病徵嗎？[30]

　　隔頁的第二、三張照片上，更眉批：「演講：沮喪。」[31]「開會：厭

---

[28] 羅蘭・巴特著，劉森堯譯，〈羅蘭・巴特的二十個關鍵字〉，《羅蘭・巴特訪談錄》，頁275-276。
[29] 巴特將自戀視為愚蠢：「愚蠢像一個切不開的硬核，像一種未開化狀態……，是一種演出，是一種虛構美學，還是一種幻想？也許我們自己也想進入其中？很美，很迷人，很怪。總之，關於愚蠢，我實在無話可說，只有一句：愚蠢迷戀我。愚蠢在我身上激起的正確感情應該就是迷戀：愚蠢緊緊纏著我（你很難去對付、去阻擋，它會在拍手遊戲裡佔上風）。」羅蘭・巴特著，劉森堯譯，〈愚蠢，我無話可說〉，《羅蘭巴特論羅蘭巴特》，頁61。
[30] 羅蘭・巴特著，劉森堯譯，《羅蘭巴特論羅蘭巴特》，頁30。
[31] 羅蘭・巴特著，劉森堯譯，《羅蘭巴特論羅蘭巴特》，頁31。

煩。」[32]

　　巴特對（巴黎）社交氣息的厭煩，對比於他對（鄉村）懶惰氣息
的喜愛，這可以從他對懶惰體驗的身心描繪中，得出重要的訊息，如：
一點抗拒的感覺都沒有、全身放鬆，聽命身體的自然反應、昏昏欲睡、
毫無精神、不想做正經事情、平靜、安詳、光芒、沒有欲望、沒有侵略
性、無一閒蕩、永恆存在、圓滿、自然、失神、美感、沒有驕傲和自戀
等等。筆者認為，童少巴特和鄉村巴特的懶惰時光，大抵接近普魯斯特
所追憶的詩性體驗，而且兩者都可能帶有弱意的「冥契意識」（mystical
conscious- ness）之經驗特質；若以冥契主義的類型來區分，它們傾向史
泰司（Walter Terence Stace）所謂外向型的冥契經驗[33]；或威廉‧詹姆
斯（William James）所謂自然光景的冥契經驗[34]；或杜普瑞（Louis K.
Dupré）的非宗教性的自然密契主義之審美體驗：

　　其特色在於：心靈有能力突破它的常態限制，變成一個更大
的整體的部分。自我融入環境中，與周遭事物溝通，或者更正確
地說，它參與了一個新的、共通的自我性。萬物活躍如有生命、
前所未見的統合化除了一切對立，大概是這種經驗最顯著的特
色。這些特色使自然密契主義與審美經驗密切相關。在審美態度
中，自我與它所冥想的對象達到一種類似的、但強度稍弱的合
一。[35]

──────────
[32] 羅蘭‧巴特著，劉森堯譯，《羅蘭巴特論羅蘭巴特》，頁31。

[33] 史泰司所謂「外向型的冥契」有許多特色（如一體感、真實感、安寧感、神聖感、不可言說等），
其中最核心而區別於「內向型的冥契」，便在於前者是在時空的雜多中見統一。【美】史泰司著，
楊儒賓譯，《冥契主義與哲學》（臺北：正中書局，1998），頁160。

[34] 詹姆斯特別提及：「大自然的某些光景也有喚起這種密契心境的特殊能力。我所收集的這些驚人例
子大部分發生於戶外。」【美】詹姆斯著，蔡怡佳、劉宏信譯，《宗教經驗之種種》（臺北：立緒
文化有限公司，2001），頁468。

[35] 【比利時】杜普瑞著，傅佩榮譯，《人的宗教向度》（臺北：幼獅文化事業公司，1988），頁

可見，巴特的懶惰境界既是美學性的超然體驗，也可能帶有非宗教性的自然冥契特質。筆者認爲，也就是因爲美學詩性與自然冥契的共融特質，使得巴特和普魯斯特在這裡找到存在的本眞性和安身立命之所在[36]。亦即，冥合無爲的一體融洽之安詳，讓普魯斯特和巴特悠悠我心地渴望重返此中三昧，並企圖從中建立哲思。

　　到此，才眞正觸及巴特懶惰經驗之底蘊，而且將慵懶意象下的冥契意識給揭露出來。難怪，巴特會將它命名爲具有超然意味的「境界」。既是境界，就不是隨意隨處可得的。對此，巴特坦誠懶惰境界，只是偶爾臨現如天啓般之禮物；事實上，當他企圖刻意重返此一「無所事事」之情狀，通常感到挫折無能，反而時常掉入一般人那種陰暗而痛苦的懶惰無力：「坦白講，我始終都爲提不起勇氣去『什麼都不做』而覺煩惱。有某些時刻，我的確眞的很想讓自己整個鬆懈下來，然後什麼都不做，誠如福樓拜（Gustave Flaubert）所說：『我鬆懈下來，什麼都不做，干你什麼事呢？』事實上，我始終無法悠哉過生活，甚至追求閒暇都做不到，除了和朋友交往，我的時間都投注在工作和陰暗的懶惰上面。」[37]

　　換言之，巴特那高級形式、哲學層次的懶惰，是一種難得的境界，沒有相當的工夫，難以住守這樣美好境地。嚴格講，它並非主體意志刻意構築出來的，反而比較像是放空自我後，一種隨順漂浮於當下的被動柔順

476。「密契主義」、「神祕主義」、「冥契主義」只是mysticism不同的譯名。

[36] 巴特這種美學意境的懶惰情狀，不得不令人想起本雅明所謂「靈光」的身心體驗：「什麼是『靈光』？時空的奇異糾纏：遙遠之物的獨一顯現，雖遠，猶如近在眼前。靜歇在夏日正午，沿著地平線那方山的弧線，或順著投影在觀者身上的一節樹枝，直到『此時此刻』成為顯象的一部分——這就是在呼吸那遠山、那樹枝的靈光。」【德】華特・班雅明（Walter Benjamin）著〈攝影小史〉，許綺玲譯，《迎向靈光消逝的年代》（臺北：臺灣攝影工作室，1999），頁34。波特萊爾（Charles Baudelaire）感嘆資本主義下，抒情詩人的不再、感通冥合的經驗的消逝；本雅明感嘆機械複製時代靈光的消逝、說書人悠閒氣氛的不再；海德格批判科技掌控下存有的遺忘、天地人神共棲於物的經驗之消逝；一樣都是面對西方現代性文明困境，而發起美學式的救贖渴望。

[37] 羅蘭・巴特著，劉森堯譯，《羅蘭・巴特訪談錄》，頁433-434。

感[38]。這種工夫和境界的具體內容，到底是什麼？對困居西方語言存有之屋的巴特言，他甚至懷疑「什麼都不做」的懶惰境界，這一超然的歸空、無矛盾、非意志的靜觀、準自然冥契的美感體驗，是否眞能爲庸碌的現代西方人所深刻理解和體驗：

　　我經常自問：在我們現代西方社會當中，是否存在有「什麼都不做」的現象？有許多人的生活方式和我們不同，他們比我們更賣力工作，可是當他們有閒空時，並不會「什麼都不做」，他們總是會找一些事情來做。……在今天的巴黎，再也看不到類似的懶惰景觀，咖啡館內所呈現的，一樣像是一幅懶惰的景觀：談話聊天，像一幅「圖像」，但這並不是眞正的懶惰。以現代眼光看，可能的情況是，懶惰並不在於什麼都不做，而是在於劃分時間，在於如何使時間多樣化的問題，比如說我在工作時，如何在工作中間尋找娛樂，我把時間切開，這也是製造懶惰的方式，然而，我所嚮往的則是另一種懶惰。[39]

　　巴特坦然承認自己並未眞能常常安住「什麼都不做」的無爲境地，雖然他曾數度驚鴻一瞥於「靈光」體驗，但大多時候他都處於雖不能至而心嚮往之的有爲渴望中。然而博雅而敏銳的巴特，終究屬於詩性心靈，他意識到契印他所謂純粹「什麼都不做」的懶惰境界，除了少數西方藝術心靈之外，大抵就屬東方的宗教、美學體驗，最能深刻傳達他難以言狀的心地，而現代西方人幾乎是難於契入的。對此，巴特毫不隱藏他對東方美學、宗教的嚮往和讚揚：

---

[38] 詹姆斯對冥契經驗的特性歸納，其中之一便是「被動性」。詹姆斯著，蔡怡佳、劉宏信譯，《宗教經驗之種種》，頁459。

[39] 羅蘭・巴特著，劉森堯譯，《羅蘭・巴特訪談錄》，頁435。

有一首禪詩，很簡單，卻令我著迷不已，這首詩說明了我所嚮往的懶惰境界：靜靜坐著什麼都不做，看著春天來了，草慢慢長了出來。這首詩譯成法文之後，形成爲很有味道的一種錯格形式，一種語法結構上的斷裂，這裡的主體並不是靜靜坐著的人，也不是春天，這種結構上的斷裂指出了懶惰的狀態，主體的位置被剝奪了，我們看不到「我」的位置，這是眞正的懶惰，在這樣的時刻裡，已經沒必要說出「我」的存在了。[40]

我說過「做什麼才好」，這正是形成我們生活中思慮重重的經緯，好比佛家所說的「業障」，也就是說，有許多的因會不斷促使我們去行動和去反應，煩惱因此而孳生。「業障」的相反是「涅槃」，一個人如果不時爲「業障」所苦，那麼他可以期待並追求「涅槃」，懶惰因此也可以說採取了一種空無的姿態。眞正的懶惰在本質上是一種「不做決定」的懶惰，是一種「在那裡」的懶惰……，既不參與，也不離開，就是「在那裡」。……我認爲道家思想中即存在有一種「什麼都不做」的懶惰哲學，亦即所謂的「無爲」。[41]

巴特敏感地意識到現代人的煩忙焦慮，那幾乎無法停止的自我強迫，可以從佛教的「業力」、道家的「有爲」來理解。現代人充斥的種種語言符號思慮，猶如天羅地網綁縛了人們的存在。因此，符號的約定價值、重複習性、權力邏輯，必然一再驅迫人們時時刻刻要求自己「做什麼才好」。一針見血地說，這種符號暴力便是巴特在〈法蘭西學院文學符號學講座就職演講〉，所強調的「語言本質就是法西斯」：

---

[40] 羅蘭‧巴特著，劉森堯譯，《羅蘭‧巴特訪談錄》，頁436。
[41] 羅蘭‧巴特著，劉森堯譯，《羅蘭‧巴特訪談錄》，頁437。

在人類長存的歷史中，權勢於其中寄寓的東西就是語言，或者再準確些說，是語言必不可少的部分：語言結構。語言是一種立法，語言結構則是一種法規。我們見不到存在於語言結構中的權勢，因爲我們忘記了整個語言結構是一種分類現象，而所有的分類都是壓制性的：秩序既意味著分配又意味著威脅……。同樣，語言按其結構本身包含著一種不可避免的異化關係。說話，或更嚴格些說發出話語，這並非像人們經常強調的那樣是去交流，而是使人屈服：全部語言結構是一種普遍化的支配力量。……但是語言結構運用之語言既不是反動的也不是進步的，它不折不扣地是法西斯的。因爲法西斯主義並不阻止人說話，而是強迫人說話。話一旦說出來了，即使它只在主體內心深處發出，語言也要爲權勢服務。[42]

　　這裡，我們一方面看到後結構主義時期的巴特，身上所帶有的拉崗（Jacques Lacan）和傅科的影響烙印；另一方面也看到他將後現代對無所不在的語言法西斯之微觀權力反省，連結到佛教的業力、道家的有爲之洞見，是非常深刻而值得省思。對應於語言法西斯和有爲、業力的連結，巴特則將懶惰的境界上升到禪佛教的「空無」、「涅槃」，道家的「無爲」層次。認爲只有在這裡，主體自我才能被放空、語言符號的驅迫才能被解除，如此一來，人才從焦慮的存在轉入懶惰的存在、從非本眞轉向本眞，然後成爲一靜觀的空無、當下的現存[43]，無爲任運於眼前自然萬物的自開自落。季節來了，什麼都不做，只是靜靜地，觀春來草自生！

---

[42] 羅蘭‧巴特，〈法蘭西學院文學符號學講座就職演講〉，《寫作的零度》，頁5-6。另參見蘇珊‧桑塔格對巴特的分析和評論〈寫作本身：論羅蘭‧巴特〉，《寫作的零度》，頁215-242。

[43] 巴特「空無的姿態」所達致的純粹「在那裡」，可以透過日本道元禪師的「有時之而今」的境界來理解。而傅偉勳曾透過海德格的本眞、存有、時間這些關係，來詮釋其中的存有狀態。參見氏著，《道元》（臺北：東大圖書股份有限公司，1996），頁267-274。

　　巴特特別提到上述禪詩譯成法文時的「錯格」、「斷裂」之意味和必要。如何說呢？如上述點出的，巴特對語言法西斯本質的深刻理解，使得他不得不採取語言遊戲的策略，以語言游離語言，來不斷逃脫語言固著僵化的權力本質和意識形態[44]。由此，巴特強調書寫與閱讀的情色特質、狂歡感受、形式主義、格言風格、業餘身分、非系統性、非二元對立性。對「語言－自我－權力－煩惱」的鎖鏈邏輯戒慎恐懼，迫使他走向不斷逃亡的轉移、離棄策略，如此便有他所謂的遊戲文字、玩弄符號的語言無政府主義[45]。所以巴特強調非系統性的書寫策略，其中之一便是「倒錯」與「斷裂」的手段，因為它們可以帶來：純粹的快樂、純粹的「耗費」（dépense）[46]。耗費是法哲巴塔耶（Georges Bataille）思想最核心的概念之一，其意正要彰顯無目的、非實用性的當下純粹力量的轟然釋放，這是巴塔耶批判文明壓抑、延遲異化，所強調的帶有色情、遊戲意味的歡愉概念[47]。顯然巴特吸收並相契於巴塔耶的看法，只是將之實踐到文本的遊戲來，因此轉入一種語言遊戲策略所帶來的歡愉。由此巴特對無為詩歌的翻譯，敏感意識到其中的錯格、斷裂之必要。

　　最後值得一提的是，巴特不僅認為他所主張的懶惰哲學，可通往禪佛教的空無涅槃、道家的無為自然之妙境，甚至它還可能隱含著倫理學的向度。巴特的主張確實令人驚訝，他不但將人人厭棄的懶惰提高到涅槃、無為的高度，使得敢於懶惰成為了「敢於放下」、「敢於無用」的精神妙境。他更由此指出一條不可思議的倫理學道路來：

---

[44] 屠友祥，〈意識形態‧句子、文〉，《當代》1995年第107期，頁18-27。
[45] 羅蘭‧巴特，〈法蘭西學院文學符號學講座就職演講〉，頁12-13。
[46] 關於「倒錯」與「斷裂」、「耗費」的語言策略，參見〈羅蘭‧巴特的二十個關鍵字〉，《羅蘭‧巴特訪談錄》，頁294-295。
[47] 巴塔耶，〈耗費的觀念〉，氏著，汪民安編譯，《色情、耗費與普遍經濟：喬治‧巴塔耶文選》（長春：吉林人民出版社，2003），頁24-41。巴特和巴塔耶的這些主張，都可溯源回尼采對力量、身體、欲望的洞見。關於尼采，參見汪民安，《尼采與身體》（北京：北京大學出版社，2008）。

　　在托爾斯泰的倫理體系中，我們也可以看到類似的哲學傾向，比如，我們在面對邪惡時，是否應該採取懶惰的姿態，托爾斯泰認為是的，因為這樣做的話，我們不必用另一個邪惡來回應面前的邪惡。我不必多做證明，這樣的倫理體系今天已經沒有人願意相信了。當然，如果我們進一步看，懶惰其實正是邪惡的至高對抗哲學原則。[48]

　　巴特上述的主張，可惜稍為簡略，但卻帶出一個聽來頗為怪異驚人卻富含深義的訊息。他透過托爾斯泰的倫理學隱喻，提出一種既非「以惡止惡」、也非「以善抗惡」的新姿態；換言之，巴特不是站在一般善、惡二元對立的相對道德觀來面對罪惡。他透過托爾斯泰「不必用另一個邪惡來回應邪惡」的態度，來呼應「懶惰哲學」的倫理性，認為面對邪惡，真正應該採取的是「懶惰的姿態」。此意為何？巴特此說顯然是一種文學的隱喻手法，在看來似乎文不對題的話語中，其實深富哲理。據此，他最終敢於宣稱：「懶惰其實正是邪惡的至高對抗哲學原則」。

　　若能溯源筆者上述對懶惰哲學的分析，或可以找到解答的鑰匙。一則由於巴特將懶惰提升至佛教空無、道家無為的境地；二則由於巴特深曉語言的法西斯特質在於語言結構，而語言結構的本質正是二元對立。因此，一般世俗道德的善惡，其實都離不開語言符號的區分和構作，即「善惡」是一體成形、同時成立的。誇張一點說，善惡是孿生兄弟、兩者是共犯結構。而整個社會必然在價值的正向與負向、中心與邊緣之間，不斷地鬥爭擺盪。據此，從巴特看來，不僅惡不能止惡，善亦不能真正止惡，因為不只以惡抗惡會再度滋生罪惡，以善抑惡也可能只是更加幽微地助長罪惡[49]。

---

[48] 羅蘭‧巴特著，劉森堯譯，《羅蘭‧巴特訪談錄》，頁437。

[49] 這讓我們想起尼采（Nietzsche, Wilhelm Friedrich）強調的「超然於善惡之彼岸」，參見【德】尼采著，謝地坤、宋祖良、程志民譯，《論道德的譜系‧善惡之彼岸》（廣西：灕江出版社，2007）。

總言之，巴特所謂「懶惰其實正是邪惡的至高對抗哲學原則」，其實是建立在對語言二元結構和相對性道德的超越上。所以，巴特的懶惰實非無所作為的中立鄉愿、亦非縱容罪惡的包庇，而是超然的理解、接納、包容。所謂的「接納包容」不是對惡行的接納，而是對惡行產生的結構本質，有一真正的理解和同情。這裡所隱含的倫理學，可能契近《老子》「無為」的「上德」、「玄德」：「善者，吾善之；不善者，吾亦善之」；其前提正是《老子》深曉「寵辱若驚」的語言二元結構（下文將進一步分析）。

總之巴特的懶惰哲學之倫理向度，是建立在對語言的二元分類之超越上[50]。因為語言的結構，必然造成善惡的相反而相成，兩者既是差異卻又統一，如此一來，一般倫理學的立場便帶有壓抑和打壓的傾向。而巴特的懶惰哲學之新倫理態度，則在無為、不言的超然中，化解了「道高一尺、魔高一丈」的弔詭。

三、道家的逍遙美學──與物相遊的美好時光
㈠逍遙的閒散慵懶之美感意象──無用之大用

筆者曾描述巴特的童少、鄉村意象，並從童少巴特和鄉村巴特的懶惰意象中，看到「懶惰境界」，一幅「什麼都不做」的姿態：一點抗拒的感覺都沒有、全身放鬆，聽命身體的自然反應、平靜、安詳、光芒、沒有欲望、沒有侵略性、永恆存在、圓滿、自然、失神、美感、沒有驕傲和自戀等等。這樣的解離、冥契、詩性美學系列的意象，偶爾如天啟般降臨巴特

---

[50] 巴特指出：「我們知道，佛教對任何肯定（或否定）引入的死胡同加以堵塞；它勸說人永遠不要被下面這四種命題所纏繞：這是A──這不是A──這既是A也是非A──這既不是A也不是非A。現在，這四種可能性與我們結構語言學所建立起來的完美的範式〔A──非A──既不是A也不是非A（零度）──A與非A（複合度）〕是一致的；換句話說，佛教這種方法正是抑制意義時的那種方法：含義的這種秘訣（即範式）被看成是不可能的。……這樣就可以達到愈發明確地嘲弄範式，嘲弄意義的機械性本質。所針對的是符號的建立，換句話說，就是分類。」孫乃修譯，《符號禪意東洋風》（臺北：臺灣商務印書館，2003），頁107-108。

身上，令他「自從一見桃花後，直到如今更不疑」，從此宣稱此中有眞意（哲學）。巴特敏銳洞察到，道家的「無爲」（禪佛教「涅槃」）才眞正配稱得上他一心嚮往的「懶惰境界」；因此，我們在老、莊「無爲」等較抽象的概念之外，是否也可以看到類似巴特懶惰意象系列身心狀態之具體描述？熟悉道家文獻者，必然馬上浮出許多意象，可以印證、深化巴特的洞察。讓筆者先從「逍遙」這幅自在無爲的意象看起，然後串連一幅幅悠閒的道家美學畫面。

《莊子》開篇於〈逍遙遊〉，「逍遙」二字正是道家對體道者的境界描述語。然而在正式討論逍遙境界及其哲學前，先從逍遙的具體意象看起吧：

〈逍遙遊〉開頭以神話式的詩意象徵，透過鯤遊北冥深海的深積厚藏工夫，化而爲鵬地翔乎南冥天池之逍遙境地。從：北至南、暗到明、海往天、鯤化鵬，等等一連串的對比轉化，旨在鋪陳一個昇華之境，並會歸爲自由無礙的「鳥」之原型意象上。宏偉的意象，不管是巨鯤悠然於深海還是大鵬乘風於天池，牠們的確在感官上讓人有暢然快意的自由、自在感。《莊子》除了利用神話的象徵敍述，來召喚人們想像力的悸動外，他終究也要回到人的具體處境來，即逍遙遊的無爲自在，落實在眞人的身心狀態上，會是一幅如何的樣貌？對此，筆者認爲，〈逍遙遊〉的結尾，正是這姿態的落實，從中可以看到逍遙的「懶惰」風貌：

子獨不見狸狌乎？卑身而伏，以候敖者；東西跳梁，不辟高下；中於機辟，死於罔罟。今夫斄牛，其大若垂天之雲。此能爲大矣，而不能執鼠。今子有大樹，患其無用，何不樹之於無何有之鄉，廣莫之野，彷徨乎無爲其側，逍遙乎寢臥其下。不夭斤斧，物無害者，無所可用，安所困苦哉！[51]

---

[51]【清】郭慶藩輯，〈逍遙遊〉，《莊子集釋》（臺北：華正書局，1985），頁40。

　　就文脈和概念說，莊周這段嘲諷惠施的話是在破除惠施實用功利的「有蓬之心」。一方面指出「用」是約定俗成的地方符碼，它總有文化相對性，所以宋人的章甫禮冠不適合斷髮文身的越人，因此解放了「用」的多元多義性，所謂「活用」不龜手藥可謂善譬。另一方面，更要破除人類中心的「用物」立場，徹底放下人對萬物的宰控，讓萬物回歸「物之在其自己」；大瓠、大樹等一切萬物，都不披上人類的符號暴力，不爲人而存在，它們只是生命之在其自己，如此弔詭地成就了「無用之大用」。更引筆者興趣的是，說書人莊周在敘述這些故事時，他所暗示出的「人－物」關係意象。這個特殊意象，筆者將它呼應於巴特所曾描繪的「懶惰境界」之意象，並企圖從中分析出道家的「人－物」關係之哲學。簡單地說，惠施意識狀態下的「人－物」關係是技術性的，而莊子意識狀態下的「人－物」關係則是藝術性的。顯然莊子要扭轉一個從技術到藝術的觀物方式之轉向。由此而有所謂道家的「觀物哲學」。未免太早落入哲學概念式的分析，先再度回到意象的畫面上，並容許人們的詩性想像力，將畫面稍爲再深描一番：

　　是時，大概正當盛暑的6、7月。莊周腰繫大瓠，載浮載沉，遊戲在不知名的江湖之上。蔚藍湖面上，陽光將湖面照的波光瀲灩。莊周通身恍如一個無益也無害的孩子般，身心釋然，沒有任何造作使力。他只是渾身是水，縱浪漂浮，清涼自在，如魚兒悠遊相忘江湖。——如此一來，惠施原本要掊碎的無用大葫蘆，變形成爲與莊周身體合而爲一的腰舟。即，葫蘆和莊周在遊戲中遇合爲一。

　　大葫蘆如是，請看惠施眼下無用的大樹，又是如何：眼前一片廣闊綠野綿延，那是不知名的山坡，和無人命名的鄉野。遠處，點點白鷺，或佇或啄。近處，其大若雲的犛牛，三兩成群逐水草臥。一棵無名的參天巨木，上通藍天白雲，光影灑下，綠意錯落，陰涼綿綿，蟲鳴鳥囀，化成一片聲色渾然。一個不知從何而來，亦不知姓名的孩童，舒展身心，無所事事，恍兮惚兮，一無掛礙，他，逍遙乎寢臥參天巨木之下！

　　莊子站在巨木的物自身立場，因為逃逸出人（惠施）的有用之眼、技術之手，它才能在「有用」的邊緣外，不夭斧斤，不被人害，終於可自開自落而自在。莊子當然也在暗喻功利實用心態的惠施，其實和獵心熾盛的狸狌是一樣的，觀看角度都是獵取資源的視角，結果偷心孤注、東埋西伏，眼看獵物正要上手的同時，自己卻掉入一個更大的機關網罟之中。莊子真是善於隱喻，機關網罟，顯然意指惠施那實用、功利、技術操控的人為暴力所自編自導的天羅地網。莊子其意，正是指人用自身的語言符號編織成一套套有用的階序之網，但在網盡天下萬物的同時，人也被編入網罟之中。從此，人和萬物成為了獵人與獵物的關係，它充滿死亡的隱喻。

　　換言之，乘瓠浮遊、任樹自長、放牛吃草的同時，萬物回歸前語言的物之在其自己，人也回歸了赤子之樸、孩童之真。此時，人與物是在遊戲中相遇，悠閒美麗的時光，頓時化現。這樣的時光，莊子才勉強命之無為、逍遙。而這樣逍遙無為的身心情狀，完完全全是懶惰的意象：絲毫無用、無益也無害、無以名之、恍然如夢、恬淡悅樂、天真渾樸。沒錯，〈逍遙遊〉的故事就結束在這畫面上，它讓人們留下一幅具體而令人嚮往的意象！這裡的懶惰無為充滿了美麗、祥和、閒適，近乎樂園之境！

　　以上兩幅意象，在筆者看來很能傳達巴特的「懶惰境界」之三昧。無用的人、無用的物，共構一幅悠然自適、物我兩忘的美學藝境。然而若以為莊周的懶人意象僅止於此，那也未免單薄。事實上，莊周這種閒來無事的「白日夢」意境，只要用心去看是隨處可見的。許多畫面都可以放在道家懶惰意象、哲學的光譜下來理解，其間充滿家族的類似性。未免支離太遠，這裡僅再指出兩個有名的例子，以突顯道家懶惰意象的精神風貌。一是莊周夢蝶，另一是魚樂之辯。

　　〈齊物論〉的結尾是這樣的：「昔者莊周夢為胡蝶，栩栩然胡蝶也，自喻適志與！不知周也。俄然覺，則蘧蘧然周也。不知周之夢為胡蝶與，

胡蝶之夢爲周與？周與胡蝶，則必有分矣。此之謂物化。」[52]

　　「夢」是這個故事的關鍵語，它像一道祕密橋樑，使得莊周和胡蝶之間，居然分而無分地遇合了；結果，形體上雖然周與蝶有分，但精神上卻使得莊周產生一種「不知周也」的冥契感。換言之，莊周（人）與胡蝶（物）之間，不再是主客的對立隔閡，而是情景交融地共在共遊，這顯然也是美學式的詩意冥契心境[53]。此時人絕不會是實用功利心態的技術者，他轉化自己的語言分類命名活動，提升爲恍然如夢的無言不知狀態，所謂的「夢」正是忘言、忘我、忘知的「忘」之隱喻。也就是這個「忘」，使得莊子能夠超然己、功、名的羈絆。這裡的「夢」與「忘」，也是導向美學的冥合道路，同時也就是懶惰無爲的意境。

　　〈秋水〉篇的結尾也是一段膾炙人口的對話。故事主角依然是莊子與惠施，場景發生在水澤橋樑邊上，顯然這是一場戶外郊遊記。底下的語言機鋒，明顯對照出兩人的不同存在、思維、觀物方式：

　　莊子曰：鯈魚出遊從容，是魚之樂也。

　　惠子曰：子非魚，安知魚之樂？

　　莊子曰：子非我，安知我不知魚之樂？

　　惠子曰：我非子，固不知子矣；子固非魚也，子之不知魚之樂，全矣！

　　莊子曰：請循其本。子曰『汝安知魚樂』云者，既已知吾知

---

[52] 【清】郭慶藩輯，《莊子集釋》，〈齊物論〉，頁112。

[53] 莊周夢蝶之「夢」，不是一般心理學意義下的潛意識之夢，而是契近巴舍拉（Gaston Bachelard）所謂的詩意夢想、宇宙夢想、白日夢。其所謂白日夢的狀態乃是：非對象性、非表象性、去焦點化、恍惚悠然、無時間性、空間綿延性、無限感：「當這般的白日夢攫住了冥想的人，細節變得模糊，所有的畫面消逝，光陰不覺流走，空間漫無止境地延伸。這種白日夢也許可以稱爲『無窮的日夢』。」見【法】加斯東・巴舍拉著，龔卓軍、王靜慧譯，《空間詩學》（臺北：張老師文化事業公司，2003），頁284。另參見巴什拉，〈夢想者的「可伊托」〉，參見氏著，劉自強譯，《夢想的詩學》（北京：三聯書店，1997）。

之而問我。我知之濠上也。[54]

　　這段對話就邏輯語言層次的論辯言，莊子一點都不佔上風，反而惠施的質問和結論，都有其合邏輯性。因為，就惠施的認知觀點，人和魚是屬於不同的物類存在，彼此間基本上是不能相知的，尤其屬於心理層面的快樂與否這一感知課題，人如何可能跨越物種藩籬，客觀而確定地認識到魚的快樂？況且人所認知感受和命名的快樂，對於不具語言的魚類而言，是否可用人所屬的快樂去指涉它，確實也是極大的問號。站在惠施的立場，也就是一般主客認識論的角度看，說人能夠超越生物學的界線而確認另一物類的心理感知，這絕對不是可以得到客觀證明的知識命題。雖然嚴格講，惠施所謂的「我非子，固不知子矣」這一斷言，還不夠精確，留有爭論餘地[55]；但是惠施的後半部斷言：「子固非魚也，子之不知魚之樂」，則大抵是可以成立的。

　　然而問題的真正關鍵，主要並不在於邏輯語義層次的論辯和分析，因為莊子原來的出發點，並不是要引發語言推理的論辯，也根本不在於確認魚到底快樂與否這類客觀知識問題。以文獻的關鍵字說，在於「本」的領悟，亦即讓無謂的爭辯回到那還未爭辯之前、甚至無言之前的「本然情境」吧！然而這本然之境，實乃繫屬在莊周的心境，而不是惠施的心境上。呼應前面所討論的，惠施是人類中心主義的實用技術心態，莊子則是與物相遊的藝術心境。這種無用、無害的藝心，使莊子在春光日暖的郊遊情境下，完全忘我地融入一派天地悠悠的氣氛中，因此一時悠然見鯈魚出遊從容，自然在無所事事、一無掛礙的心境下，如俳句詩歌性地詠嘆出「是魚之樂！」

---

[54]【清】郭慶藩輯，《莊子集釋》，〈秋水〉，頁606-607。

[55] 因為莊子與惠施同屬一物類，再則有共同約定俗成的語言，因此，莊子和惠施兩人之間，一定程度的相知是可能的，不會是像惠施所說那般極端：我不是你，因此我不可能認知你的意思、感受、判斷等等。因為，果真如此，人與人之間的溝通將幾近不可能。

實情是對當下情境的莊周言，不只是魚樂，實乃整個世界和萬物皆在當下，物我兩忘、生生不息。換言之，莊子歌詠的「樂」，不是認識論的對象判斷課題，而是超越主客的藝術美學內涵。這種帶有尼采酒神入迷性質的「樂」，只能從情景交融、物我兩忘的和諧生機來理解。扣緊上述的論題，莊子的「我知之濠上也」的「知」，是美學性的體知，是前主客的一體無礙之氣氛直覺，這種氣氛下的本然情境，只能屬於懶惰無為意境下的冥合之樂。如此可見，一同郊遊的兩人，惠子依然活在有用的機栝中（如巴黎的巴特），而莊子則讓自己被自然情境穿透，時時回歸遊戲中成為一個無為、無用的純真赤子（如鄉村的巴特）。如此一幅慵懶意境，真正落實了：「魚相造乎水，人相造乎道……。魚相忘乎江湖，人相忘乎道術。」[56]

逍遙既是等於無為，那麼逍遙的懶惰悠閒意象，同樣也可以從無為的意象中見出端倪。果然，我們一樣在《老子》的無為描述中，看到那與逍遙慵懶類似的意象系譜：逍遙、無為、童真的三位一體。《老子》對處於「無為」的「人格形象」之描述，除了有相通於逍遙悠然的惚恍、沌沌、昏昏、悶悶一類之外，嬰兒純真的形象也經常出現，如「專氣致柔，能嬰兒乎」、「我獨泊兮其未兆，如嬰兒之未孩」、「常德不離，復歸於嬰兒」等等。[57]

(二)逍遙之美感境界與哲學

上一節筆者從相契於巴特的懶惰意象出發，先勾勒出道家逍遙意境的閒適無為之畫面；接著將繼續討論，這樣的閒散慵懶意象，到底具有什麼樣的境界和哲學。首先就從「逍遙」兩字講起（隨後再論「遊」），尤其以莊解莊，看看《莊子》本身是怎麼界定它的。經查，《莊子》有關「逍遙」一詞，除了〈逍遙遊〉以篇為名外，其他共在五個脈絡下出現六次：

56 【清】郭慶藩輯，《莊子集釋》，〈大宗師〉，頁272。
57 【魏】王弼，《老子四種》（臺北：大安出版社，1999），頁7、16、24。

〈逍遙遊〉：「彷徨乎無爲其側，逍遙乎寢臥其人，不夭斤斧，物無害者，無所可用，安所困苦哉！」

〈大宗師〉：「假於異物，託於同體；忘其肝膽，遺其耳目；反覆終始，不知端倪；芒然彷徨乎塵垢之外，逍遙乎無爲之業。」

〈天運〉：「古之至人，假道於仁，託宿於義，以遊逍遙之虛……逍遙，無爲也。」

〈達生〉：「子獨不聞夫至人之自行邪？忘其肝膽，遺其耳目，芒然彷徨乎塵垢之外，逍遙乎無爲之業，是謂爲而不恃，長而不宰。」

〈讓王〉：「日出而作，日入而息，逍遙於天地之間而心意自得。」[58]

「逍遙」兩字的出現脈絡有幾個特定現象：一者它只能繫屬在「至人」（真人、神人、聖人）這一類道家型的解脫者身上；二者它幾乎與「無爲」一詞同時並立出現；三者它是透過系列的美學語彙而得到形容，如彷徨、芒然、遺忘、心意自得等等。由此三點，便可確認逍遙就是真人體道「境界」的描述。它不是一般狀態的形容詞，而是體道狀態的境界語。據此便不能不把它的「工夫－境界」之哲學內容給展示出來。

就像巴特的懶惰不是日常意義下的懶惰，而是深具哲學意味的悠然境界；同樣地，《莊子》的「逍遙」更是徹底於「至理內足，無時不適；止懷應物，何往不通」的無爲境界。明代憨山大師在註解《莊子》內篇時，

---

[58] 【清】郭慶藩輯，《莊子集釋》，〈逍遙遊〉，頁40；〈大宗師〉，頁268；〈天運〉，頁519；〈達生〉，頁663；〈讓王〉，頁966。郭慶藩案：「逍遙二字，《說文》不收，作消搖……唐釋湛然《止觀輔行傳》引王瞀夜云：消搖者，調暢逸豫之意。夫至理內足，無時不適；止懷應物，何往不通。以斯而遊天下，故曰消搖。……〈逍遙遊〉者，篇名，義取閒放不拘，怡適自得。」《莊子集釋》，頁2。

便將「逍遙」視爲道家的解脫境，甚至與佛教的境界類比：

　　逍遙者，廣大自在之意。即如佛經無礙解脫，佛以斷盡煩惱爲解脫，莊子以超脫形骸、泯絕知巧，不以生人一身功名爲累爲解脫。……世人不得如此逍遙者，只被一箇我字拘礙，故凡有所作，只爲自己一身上求功求名。自古及今，舉世之人，無不被此三件事，苦了一生，何曾有一息之快活哉！獨有大聖人，忘了此三件事，故得無窮廣大自在逍遙快活。[59]

　　暫且不論佛教的涅槃解脫和道家的無爲逍遙，可否相契、是否等於這一類屬於佛、道比較會通的難題（當然巴特主張道家的無爲、佛教的涅槃，都是他雖不能但嚮往之的懶惰境界）。要提醒的是，憨山特別指出逍遙是廣大自在的道家解脫境，不是一般人能體會做到的，其中癥結便在於「我」的拘礙，使人終生落入求功、求名的繫累之中。換言之，人聖之分、煩惱超脫之別，其中關鍵正在三件事上：己（我）、功、名。

　　憨山其實扣緊〈逍遙遊〉文獻而發。〈逍遙遊〉的境界便歸結在「三無」的超越上，所謂：「乘天地之正，而御六氣之辯，以遊無窮者，彼且惡乎待哉！故曰：至人無己，神人無功，聖人無名。」[60]

　　相對於逍遙、悠閒、慵懶、適然的廣大自在時光，一般人的實況大抵煩忙庸碌、勞苦重擔、苦迫疲憊、難得安息、匆匆一生。如〈齊物論〉所深切感嘆的悲情，人幾乎在煩忙的驅迫下異化了存在的節奏；結果人成了自己的它者、他人的過客，人們終究彼此疏離，走完悲哀莫名的一生：

　　一受其成形，不忘以待盡。與物相刃相靡，其行盡如馳，而

59 【明】憨山大師，《老子道德經憨山註‧莊子內篇憨山註》（臺北：新文豐出版公司，1993），頁154。
60 【清】郭慶藩輯，《莊子集釋》，〈齊物論〉，頁17。

莫之能止，不亦悲乎！終身役役而不見其成功，苶然疲役而不知
其所歸，可不哀邪！人謂之不死，奚益！其形化，其心與之然，
可不謂大哀乎？人之生也，固若是芒乎？其我獨芒，而人亦有不
芒者乎？[61]

　　莊子這一席話說得鏗鏘有力、一氣呵成，但聞來令人鼻酸甚至黯然神
傷。它幾乎是大半人生的實相寫照。令人驚異的是，莊子的筆調彷彿帶有
預言性質，它似乎宣告：順著「道術將為天下裂」的文明進程下去，必然
要走向「行盡如馳，莫之能止」的高速時代與人生。那緩緩的歲月、悠悠
的時光，正如人的童年必然逝去，文明歷史也終要來到爭先恐後的競逐年
代。順勢而下，集體的忙與盲之行馳景觀，誰能置身於外？莊子以充滿存
在主義式的口氣疾呼：「其我獨芒，而人亦有不芒者乎？」這樣下去，將
會是個集體虛無主義的年代啊！

　　要解脫盲目的苦迫，回復自在本真之境，關鍵正在「己、功、名」
這三位一體的鎖鏈。解開它需要的是工夫，三「無」正可看作工夫義的動
詞[62]，而「己、功、名」則是工夫要超克的對象。〈逍遙遊〉開宗寓言就
點出鵬的逍遙無為境界，前提乃在水之積厚、鯤之深藏的工夫，而「化」
則是工夫昇華為境界的蛻機。至於工夫的具體內容到底為何？便關涉三
無，尤其最最核心的關鍵則在「己」的解構。

　　〈逍遙遊〉的至人「無己」之「己」，同於〈齊物論〉南郭子綦「喪
我」中的「我」。問題在於「我」（「己」）的內容和本質到底為何？
「我」難道不是一個存在的自明基礎嗎？如何「無」之？簡單說，「己
（我）」不是抽象的白板，它的存在厚度是社會化過程所建構的。一旦
「己（我）」的社會文化積習愈多愈深，就漸漸形構出主體的同一性自

---

[61] 【清】郭慶藩輯，《莊子集釋》，〈齊物論〉，頁56。

[62] 這裡的「無」，從工夫的角度可展開道家一系列的工夫論光譜，如《老子》的「為道日『損』」、
　　「致『虛』極」；《莊子》的「『喪』我」、「心齋」、「坐忘」等等。

我，由此進而預設人格統一性的實體自性我[63]。因爲這種實體般的自我，必然落在社會文化場域中，並透過意識和語言網絡而建構起它的本質同一性，從此主體自我與客體對象的二元認知結構，也自然同時發生作用，在我之外的他人和萬物便容易被當成對象化的它者，對於這種以主體自我爲中心而來的對象化認知活動，道家便斥之有爲、有待。有爲、有待通常就會以自我中心的觀看之一偏，陷入是非無窮的循環爭辯中。正如〈齊物論〉所揭露的「物論」之二元困境：「故有儒墨之是非，以是其所非而非其所是。……故曰：彼出於是，是亦因彼。彼是方生之說也。」[64]這個二元「物論」的是非結構，其關鍵便在於能運用語言的人類主體性自我，所以〈齊物論〉直指問題核心說：「自『我』觀之，仁義之端，是非之塗，樊然殽亂，吾惡能知其辯！」[65]

　　進一步說，社會、歷史、文化情境所構成的「自我」，其建構過程是奠基在「名」和「功」的機制上，並隨之根深柢固、牢不可破。如何說？名可從兩個角度說明：一是就內在性的名言符號的命名分類等指涉分別活動；另一則是外在化地給予對象以價值判斷。第一種名言意義的名，使得「大道將爲天下裂」，人從此創造了一個屬於符號的意義世界，成爲一個主體性存在的關鍵；亦即，透過語言的二元分別、計算性思考、對象化活動之種種自我認知機制，產生種種是非、善惡等相對性的意義價值判斷，如此這才進入第二種意義下的名。可見，第二種意義下的名，實可相通於所謂的功。功可以看成主體自我在建構的過程中，受到社會意義規範影響下，所執取內化的「有用之用」的價值取向。因此〈秋水〉強調：「以功觀之，因其所有而有之，則萬物莫不有；因其所無而無之，則萬物莫不

---

[63] 【清】郭慶藩輯，《莊子集釋》，〈齊物論〉：「非彼無我，非我無所取。」頁55。從上下文脈看，「彼」的意思難以完全確定，但筆者認爲將之詮釋爲「各種身心活動的變化之流」是可以的；然而對莊子而言，由於社會文化的語言形塑，身心之流將漸被規訓成爲「我」的統一性捆束，而朝向「取」活動。

[64] 【清】郭慶藩輯，《莊子集釋》，〈齊物論〉，頁63-66。

[65] 【清】郭慶藩輯，《莊子集釋》，〈齊物論〉，頁93。

無：知東西之相反而不可以相無，則功分定矣。」[66]

　　由於人的語言是二元結構的差異所複雜化而成，因此價值的有用、無用之判斷，必因時間（不同歷史時代）、空間（不同地方文化）的相對相立之語言意識形態，產生「相反」（相對立的「功」之判斷）卻不能「相無」（因為語言判斷的肯定是建立在否定的基礎上，只是這時的否定暫時處於隱沒狀態，但它卻是肯定得以成立的基礎），這便是人類語言符號所建立的關於有用、無用的「功分」之「定」（即功分的本質）。總而言之，從上述的分析中約可得出這樣的結論，對道家而言，語言活動的二元機制、社會文化的價值薰染、主體自我的構成，可以看成三位一體，交織糾纏成道家的「有為」。

　　對於名的問題，還可再進一解。名雖可推擴其義為：指整個人類自我中心所構作的名物建制、官僚建制等文化機制和價值，如《老子》所謂「始制有名」之「名」。即將名和整個名物制度連綴在一起。然而名最核心的意義，則在「割」與「言」，而相對於「樸」與「無言」、「無名」。即名實乃是語言（言）的分別（割）之符號化運動，一切人文的複雜化進程，莫不建立在這個「割」（區分）的語言本質上；而且從此「無名」、「不言」之「道」，那個語言指義前的「不可道之道」的「渾沌」將鑿破而隱蔽。因此，《老子》才要企圖回歸恍兮惚兮的未割之渾樸：「無名之樸、亦將不欲、不欲以靜、天下將自定」、「樸散則為器、聖人用之則為官長。故大制不割。」[67]

　　由上可證，名是區別分割的欲望活動，此欲望活動所表現出來的基本形式，便是對偶性的語言結構，一種「名以定形」的權力姿態。例如當〈齊物論〉透過王倪的「無言」，質疑人類為何有資格斷定不同物類「孰知正處」、「孰知正味」、「孰知正色」時，便指出了語言的權力本質，

---

[66]【清】郭慶藩輯，《莊子集釋》，〈秋水〉，頁577-588。
[67]【魏】王弼，《老子四種》，頁31、24。

及人類的語言暴力[68]。總之「名」就是分別的欲望意識，當它作用時便以對象化的指涉活動，將事物確定成「客體物」，而與「主體我」處於二元對立的狀態，同時在相對性的事物區別下來確立自身和它物的價值階序，從此人類的文化便可以在二元性的區分結構下，進行不斷複雜化、合理化、秩序化的建制活動。對道家言，這樣的名言活動，絕不是純粹中立的客觀媒介，事實上它是人類自我中心的權力欲之變形，不，它其實就是人類權力欲的本身之發用。所以從某個核心意義說，道家對有為、造作的心靈治療，是集中於對語言的治療；亦即「處『無為』之事」的工夫，可集中在「行『不言』之教」上，進而將「無我」的工夫集中在「無名」上。從這裡一樣再度證成上述論斷，道家對心靈的治療必然同時涉及語言的治療，而語言的治療又同時關涉文化的治療。對老莊而言，心靈治療、語言治療和文化治療，根本就是一化三清。當《莊子》要從物回溯於道，要從社會人還原成宇宙人時，要超越主客二元對立的分別性，以復歸一體性之無待、逍遙、齊物等境界時，這個造成人們異化、社會化、限定化的封限不通之關鍵：己、功、名之鎖鍊，自然就成了工夫所要超克的對象。而無己、無功、無名的三無，也就成了至人神人聖人的無待逍遙境界之必要條件了。

　　上面大約討論了逍遙的意境和哲學，接下來便可連結「遊」一概念，以完成「逍遙遊」的美學意境、懶惰哲學之全貌。若說「逍遙」就是「遊」的精神境界，「自得」就是「無待」，那麼，何謂無待之「遊」？依何而「遊」？對此同樣不必求遠，以莊解莊便得宗旨。關於遊的文獻很多，這裡擇其精要數條以為分析：

　　〈逍遙遊〉：「若夫乘天地之正，而御六氣之辯，以遊無窮者，彼且惡乎待哉！」

---

[68] 王倪和齧缺的公案式對話，參見【清】郭慶藩輯，〈齊物論〉，《莊子集釋》，頁91-93。

　　〈大宗師〉：「彼方且與造物者爲人，而遊乎天地之一氣。」

　　〈應帝王〉：「乘夫莽眇之鳥，以出六極之外，而遊無何有之鄉，以處壙埌之野。」

　　〈在宥〉：「入無窮之門，以遊无極之野。」

　　〈山木〉：「若夫乘道德而浮遊則不然，無譽無訾……遊乎萬物之祖，物物而不物於物，則胡可得而累邪！」「刳形去皮，洒心去欲，而游於無人之野。」

　　〈知北遊〉：「嘗相與遊乎無何有之宮，同合而論，無所終窮乎！」[69]

　　上述文獻即可證知《莊子》的遊，是一種形上境界。不管是遊於「無窮」，還是遊於「天地一氣」、「無何有之鄉」、「無極之野」、「萬物之祖」、「無人之野」等等，遊顯然就是指體道者的形上境界。即遊必然是「乘天地之正」、「乘道德而浮遊」；而「遊乎天地一氣」、「御六氣之辯（變）」的浮遊遨翔意象，不免讓人想起「相忘於江湖」的魚樂、「其翼若垂天之雲」的鵬翔。魚樂、鵬翔的意象就是指體道者在沖虛玄德下，自由自在的形上遊戲心境。換言之，道家的逍遙美學意境，一定得和無窮天地的「形上之遊」結合起來，才能眞正彰顯道家懶惰哲學的深度和全貌。

　　體道者的遊之精神，〈逍遙遊〉又將之歸結爲「無待」（「彼且惡乎待哉！」）。有所「待」則不能「遊」，「無待」才能眞正能形上之遊。原來「待」特指人我、物我的主客能所之二元相對狀態；而「無待」則是超越主客二元的冥契合一之境。用〈齊物論〉的意象便是莊周夢蝶的「適

---

[69]【清】郭慶藩輯，《莊子集釋》，〈逍遙遊〉，頁17；〈大宗師〉，頁268；〈應帝王〉，頁293；〈在宥〉，頁384；〈山木〉，頁668、671；〈知北遊〉，頁752。

志」之樂；然而「蝶」與「周」遇合於恍兮若夢的美感情景，若將之換成道家的哲學概念，便涉及一、獨、通、齊物等等。可見逍遙無待之遊，基本上就是依道而遊的冥合融通之整體感，它便是「萬物與我爲一」的「一」，「道通爲一」的「通」，「出入六合，遊乎九州，獨來獨往，是謂獨有」、「澹然獨與神明居」的「獨」，它們不外乎都在表達身心與宇宙共在的一體、融通之冥契感。正如威廉・詹姆斯所指出的：

　　它們全部指向一種洞見，那是我不得不賦予某種形上學涵義的洞見，這個洞見的基調始終是一種和解。就好像世界的所有對立，給我們帶來的困難與麻煩、矛盾和衝突，現在都融合爲一了。[70]

　　這種對個人與絕對者之間一般障礙的克服，是偉大的奧妙成就。在密契狀態中，我們與絕對合而爲一，我們也可以意識到這種合一。這是密契經驗傳統恆常而成功的部分，幾乎不受地域或教條的差異而改變。[71]

　　總合上述，可以說逍遙是《莊子》的核心概念，它和無爲、自然、遊、道、齊物、一、通、獨等概念，處於同一形上層次而可相互通詮。道家的逍遙美學之意境，實乃「依道而遊」、「遊於物之初」，這裡的「物之初」便是人類語言符號命名前的「物之在其自己」，便是道具體流行所呈現的「天籟物化」之流。眞人的逍遙就在消融語言權力欲的自戀與傲慢的同時，融入天籟物化的道之流行，進入「天地與我並生，萬物與我爲一」的恍然之境。這樣的一體之境，既是美學意境，同時是冥契意境。而道家的逍遙意境、懶惰無爲，其哲學終是要歸結到這個冥契體驗來。換言

---

[70] 詹姆斯著，蔡怡佳、劉宏信譯，《宗教經驗之種種》，頁465-466。
[71] 詹姆斯著，蔡怡佳、劉宏信譯，《宗教經驗之種種》，頁494。

之，道家的逍遙美學，既是一種形上美學，也是一種自然美學的冥契經
驗。

(三)逍遙美學的倫理學向度

　　前文大抵完成道家的逍遙意象、境界、哲學的相關討論，並得出如下
的義理圖像：逍遙、無爲、悠閒、適然，其實是美學意境，尤其是一種具
體性的形上美學[72]，並且通向物我相忘、天人一體的冥契哲學。剩下的問
題是：這種自然美學類型的冥契主義，是否會因爲超越己、功、名的有用
立場，昇華爲無用之大用的純粹無關心之遊戲時，就必然使得道家的形上
美學，只能流於不問世事、不憂世務的清客？筆者的提問是，假使筆者所
詮解的道家形上美學隱含心靈治療、語言治療、文化治療的三位一體性，
那麼這樣的美學式批判治療，難道沒有隱含某種意味的倫理學向度或態
度？

　　正如筆者在討論巴特懶惰哲學時指出的，巴特意識到他所謂「懶惰境
界」和哲學，不但相契佛教的空無、道家的無爲，甚至宣稱懶惰才是對抗
邪惡的至高哲學原則。巴特不贊成「以惡止惡」和「以善止惡」，反而認
爲懶惰才能眞正超然善惡對立，並在超然中讓善惡二元的傾軋得到釋然之
寧靜。可見巴特認爲懶惰哲學是隱含倫理學向度的，或至少具有一種態度
在。巴特這個含苞待放的特殊倫理學主張，在道家是非常突出的，甚至筆
者懷疑巴特這樣的領會，可能受到了道家或佛教的啓發。尤其從巴特的自
傳和訪稿來看，確實可以找到若干佛道影響的蹤跡，當然若要明確證成此
事，則還有待文獻學式和哲學分析的雙軌努力。這裡主要是要揭露道家的
逍遙美學，其實是有一條道路通向特殊意味的道家式倫理學。現在，只能
先將這條道路的路徑素描出來，細節的展開則有待來日。

---

[72] 「具體性的形上美學」是指道家的形上學其實也是一種美學，而道家的美學也是一種形上學，合而
　　言之，即為形上美學；而「具體性」是指：形上之道是在天籟物化的差異中見其同一，因此，形上
　　美學不是抽象的同一之道，而是在當下具體的物化豐盈中，見到一氣流行的多元交融之大美。

　　要解決此問題最好直接回到道家的文獻本身，就可以得到回答和證明。由於道家認為人類的價值意義，離不開語言符號的建構，但由於語言的二元性本質，使得人間的倫理道德在不同地方文化語言系統下，被建構成種種相對的善惡規範。如《老子》：「天下皆知美之為美，斯惡已。皆知善之為善，斯不善已。故有無相生，難易相成，長短相較，高下相傾，聲音相和，前後相隨，是以聖人處無為之事，行不言之教。」[73]〈齊物論〉：「夫道未始有封，言未始有常，為是而有其畛也，請言其畛：有左、有右，有倫、有義，有分、有辯，有競、有爭，此之謂八德。」[74]

　　《老子》一針見血指出人間的評價皆有相對性，它是語言的切割所造成的，所以治療之道在於「無為」、「不言」。而《莊子》以反諷語氣戲謔人間世的倫常八德，不但一般的左、右分類離不開語言的二元對比性，更因為價值的中心、邊緣之強判，造成好名求名的競爭衝突。總之道家對周文建制和儒家道德，採取批判治療的立場，其批判性在於揭露一般道德的語言本質，如二元性、地方性、暴力性、壓抑性等等；至於治療性則是回歸前語言的無為觀照（如老子：「處無為之事，行不言之教。」）和以語言遊戲語言的自由遊牧（如莊子：「得其環中，以應無窮。」）

　　道家不會認同康德意義下的先驗道德理性之說，反而主張道德通常是在社會文化的經驗脈絡下，被語言系統的意識形態所規範塑成。因此人間的價值，不管美醜、是非、高下、善惡，都沒有絕對自身的先驗超越本質，只有語言相對約定俗成的意義。如此一來，美善並不意味超然獨立的價值，同理，醜惡也不意味天生本質就是醜惡。甚至所謂的美善也可能是一種符號暴力，在成立自身的同時劃出一道鴻溝，使得暫時不符界義的存在都落入深淵，賤斥為邊緣的它者。

　　表面看來，無為之事、不言之教，似乎純是消極的無所事事，好似逍

---

[73] 【魏】王弼，《老子四種》，頁2。
[74] 【清】郭慶藩輯，《莊子集釋》，〈齊物論〉，頁83。

遙意境的形上美學一般無事無爲，然而深入其中，便會發現一條通向道家
式倫理學的幽徑。用《老子》的概念說，道家式倫理學可命名爲「上德」
和「玄德」，以區別於一般善惡相對層次的「下德」：

> 上德不德，是以有德。下德不失德，是以無德。上德無爲而
> 無以爲，下德爲之，而有以爲……。故失道而後有德，失德而後
> 仁，失仁而後義，失義而後禮。夫禮者，忠信之薄，而亂之首
> 也。[75]

　　《老子》上述的弔詭語句並不好解。將之疏解如下：「上德」是道家
真正肯定的絕對性「玄德」。[76]「不德」的「不」是破除、批判、治療；
而「不德」之「德」，是指落入相對性的周文儒式道德。「是以有德」
（此「德」乃上德），意指由於「上德」超越相對的善惡倫理，所以才能
有真正理解和包容的「玄德」。由於一般的倫理只能肯定善方、裁判惡
方，因此《老子》認爲這便落入了「下德」；特別是因爲他爲了「不失
德」（此「德」乃下德），結果在堅持（不失）善名善相的同時，掉入
《老子》所謂的「無德」，即無法實現真正的玄德。另外，「上德」就事
相而言，超然於價值裁判，故曰「無爲」；就心境言，「上德」無心於二
元的名言分判，故曰「無以爲」。至於「下德」在事相上呈現懲惡揚善之
作爲，故曰「爲之」；在心境上則不斷進行善惡分別的命名衝動，故曰
「有以爲」。最後，《老子》總結墮落的次向：只有「失道」了，即失卻
了無名自然而來的玄德、上德才會落入「而後德」的徵向，這個「後德」
之「德」，便是地方性、符號性、相對性的倫理框架之德；順此而下將更
加支離破碎，相對性的德一步步演化出相對性的仁、義、禮。尤其一旦進

---

[75] 【魏】王弼，《老子四種》，頁32。

[76] 【魏】王弼，《老子四種》，〈五十一章〉：「道生之，德畜之，物形之，勢成之……生而不有，
　　爲而不恃，長而不宰，是謂玄德。」頁44。

入了「禮」的社會建制和框架規範，那麼語言文化的意識形態之僵化，就很難避免了。那麼原來那無名而自然的純真厚樸，不再復見矣。

可見，上德、玄德的良善，不是以一方對立另一方的分別之善，而是「渾沌」之善。這種上德之善，《莊子》用渾沌寓言來隱喻：「南海之帝為儵，北海之帝為忽，中央之帝為渾沌。儵與忽時相與遇於渾沌之地，渾沌待之甚善。儵與忽謀報渾沌之德，曰：『人皆有七竅以視聽食息，此獨無有，嘗試鑿之。』日鑿一竅，七日而渾沌死。」[77] 渾沌的待人甚善，其善之內涵乃是因為沒有用語言的分判之暴力去強加在儵和忽的身上，因此，儵忽之別、南北之分，皆在純然渾樸的「環中」得到包容與渾化。對於渾沌之善、德，《老子》又權名為「德善」、「德信」：「聖人無常心，以百姓心為心。善者吾善之，不善者吾亦善之，『德善』矣。信者吾信之，不信者吾亦信之，『德信』矣。聖人在天下，歙歙焉，為天下渾其心，百姓皆注其耳目，聖人皆孩之。」[78]

「善者、不善者」、「信者、不信者」，老莊都以渾沌之善來超然導化，儘量減少符號命名的暴力，讓百姓復歸孩童渾樸之心。道家認為一般倫理學由於落入善惡鬥爭之環，因此不管如何摩頂放踵來揚善止惡，終是落入「相濡以沫」的困境，不如「相忘於江湖」，在善名、惡名兩不立的情況下[79]，一切存在俱在單純遊戲中遊戲。正如巴特言懶惰才是面對罪惡最高的哲學原則，〈大宗師〉如下的隱喻，正可印證並充盡巴特言不盡意的洞察：「泉涸，魚相與處於陸，相呴以濕，相濡以沫，不如相忘於江湖。與其譽堯而非桀也，不如兩忘而化其道。」[80]

「譽堯而非桀」是一般倫理學所謂的道德，但對於道家言，去除罪惡

---

[77]【清】郭慶藩輯，《莊子集釋》，〈應帝王〉，頁309。

[78]【魏】王弼，《老子四種》，頁42。

[79]【清】郭慶藩輯，《莊子集釋》，〈養生主〉：「為善無近名，為惡無近刑。」頁115。對道家而言，善惡之分、刑名之受，皆是相濡以沫，不如兩忘。

[80]【清】郭慶藩輯，《莊子集釋》，〈大宗師〉，頁242。

的好方式可能不是一味譴責罪惡之行，反而是抹去神聖之名。因為罪惡與神聖之名實，是同時被建造出來的，就好像蹺蹺板的兩方，孿生一體。或說道家由於理解罪惡與神聖產生的原由，從而化導罪惡之行、平淡神聖之名。最後乾脆聖名、惡名兩不立，只有當下無名的遊戲天真。這個天真的玄德、上德、渾沌之善、相忘江湖，便是道家的逍遙形上美學、自然冥契哲學，所隱含的特殊倫理學向度。甚至《老子》相關的柔、水、下、容、拙、不爭等系列的關鍵概念，其所反映的處世姿態，都可以放在這道家式倫理學立場，重新加以理解詮釋。

四、結論：巴特對東方生活美學的嚮往與遙契

　　作為逍遙無為的懶惰境界，看似容易實屬艱難。因為真正的懶惰境界，建立在徹底地認知、面對、覺察、消除自我、語言、名利的糾纏，以及它們的種種複雜變形。用道家的名相說，它是建立在心齋、坐忘一系列的喪我工夫之上，才有可能徹底落實。這也是為何巴特要坦然承認，他雖然偶爾在鄉村體會到一點懶惰美學的滋味，但僅憑靈光乍現是不夠的，他坦白自己常常因為提不起勇氣去「什麼都不做」而感到煩惱。許多時刻他多麼渴望讓自己整個鬆懈下來，如福樓拜所言的：「我鬆懈下來，什麼都不做，干你什麼事呢？」但身陷巴黎名利社交的巴特，坦承自己始終無法悠哉過生活，甚至追求閒暇都做不到。

　　雖然如此，巴特深知懶惰哲學之艱難，是因為人必須在實存而不是觀念上，真正去克服自我、語言、權力三者微妙糾纏的關係。人若無法面對之、解開之，便無真正的遊戲和自由，也就無能敢於懶惰。他和西方後結構諸大家所反思出來的共法結構：自我、語言、權力的編織關係，其實也正相通於道家所謂「至人無己，神人無功，聖人無名」。

　　雖不能至，心嚮往之，我們仍然可以說：從巴黎的巴特到鄉村的巴特，其實是返樸歸真的身心轉化儀式。尤其後期的他，特別強調跳出「形容詞」的迷思：

　　他無法忍受自己的意象，他為被定名所苦。他認為人類之間的完美關係，定位在這個意象的空隙之間：抹除人與人之間的形容詞。受形容作用的關係來自意象、來自統馭，以及死亡（在摩洛哥，他們顯然對我一無所知，我以一個好西方人的姿態努力做這個或做那個，他們卻毫無反應：這個或那個完全無形容詞的修飾，他們不知如何來評論我，他們拒絕餵養我或誇獎我的想像）。[81]

　　形容詞之所以有效，是建立在自我的自戀基礎上，所以當形容詞將人們固定住時，也就是失去自由和死亡的時刻了。蘇珊·桑塔格特別提到：「巴特在自己晚期的著作中不斷否認人們強加於他的體系建立者、權威、導師、專家等等似是而非的庸俗稱號，以便為自己保留享受歡娛的特權和自由。」[82]

　　可以肯定地的是，巴特什麼事都不做的懶惰意境，和道家的逍遙美學有精神的契合處，雖然在境界的深淺上仍有相當的差距。尤其道家的逍遙美學終是要歸依於道，以化為自然美學的冥契體驗；然而巴特的懶惰意象，雖略為帶有弱意的自然冥契味道，但他似乎並未對這樣的冥契意境，給予形上哲學的擴深。同樣地，巴特雖然洞悉語言的權力法西斯本質，並將主體看成只是語言的一種效果而走向語言遊戲之路，但巴特並未將語言遊戲建基在形上變化之根源。然而道家的語言遊戲，仍然要根源於道之遊戲，因為道是一無目的純粹力量之遊戲，是前語言的變化之流，因此真人的語言乃不得不依道而遊，故呈現卮言之圓遊，否則語言便成了人類符號的權力支配之意識形態了。

　　最後要提醒的是，巴特的懶惰哲學建立在諸多思想家、經典文本的

---

81 羅蘭·巴特著，劉森堯譯，〈形容詞〉，《羅蘭巴特論羅蘭巴特》，頁49。
82 蘇珊·桑塔格，〈寫作本身：論羅蘭·巴特〉，《寫作的零度》，頁218。

互文性基礎上，爲對治西方現代性文明所錘鍊出來的一帖美學療方，尤其和西方當代後結構主義的思潮有著最多的互文呼應。巴特經歷拉崗、傅科等人核心觀點的撞擊對話[83]，如自我的虛妄、人的死亡、潛意識的語言結構、語言的微觀權力等等（巴特不只和拉崗、傅科等人互動深刻，影響他的還有：尼采、德希達、克莉絲提娃、索雷斯、布萊希特、紀德等西方當代大家）[84]。耐人尋味的是，巴特特別提到，他和這些人或著作，雖有深刻的互文關係卻少有註明，是因爲他忠於自己的語言遊戲之流通觀：

沒有人會成爲一種語言的主人，語言是借人用的，像疾病或貨幣，只會在你身上『通過』……。我和一般的論文寫法不同，我從不『註明論點的出處』，如果說我不願意註明我所借用論點對象的名字（比如拉崗、克莉絲蒂娃、索雷斯、德希達、德勒茲、賽爾斯，還有其他人）—— 我知道他們不會介意 —— 那是因爲在我眼中看來，一整個文本，不管是哪個部分，都是可以引用的。[85]

後期的巴特不但遠離前期結構主義而變身爲後結構主義的巨匠[86]，並與後結構主義諸大家，共同掀起批判治療西方現代性文明困境的運動。優雅多聞、敏銳善感的巴特，對古老的東方智慧傳統之善意和傾心也是非常

[83] 傅科是推薦巴特進入法蘭西學院並開設講座的知音者，所以巴特在〈法蘭西學院文學符號學講座就職演講〉特別提到傅科對他的重要意義，參見羅蘭．巴特，《寫作的零度》，頁4。

[84] 羅蘭．巴特著，劉森堯譯，〈巴岱伊，恐懼〉，《羅蘭巴特論羅蘭巴特》，頁184。

[85] 羅蘭．巴特著，劉森堯譯，《羅蘭巴特訪談錄》，頁95。

[86] 巴特曾如此自我反省：「有一陣子，他對二元對立很著迷；二元對立成為他熱愛的對象。他不眠不休一頭栽進這個概念裡頭。只要用一個差異便能說一切，讓他很高興，且持續訝異不已……。把他帶離符號學的，首先是愉悅的原則：放棄二元對立的符號學再也引不起他的興趣。」羅蘭．巴特著，劉森堯譯，《羅蘭巴特論羅蘭巴特》，〈愛上一個概念〉，頁61-62。所謂二元對立的符號學階段，就是前期巴特的結構主義立場，後期的巴特則以歡愉的閱讀和書寫，取代二元結構的符號學式的科學分析。

突顯的。巴特在其自傳、訪問稿、著作中，處處信手拈來，舉凡道家、
《易經》[87]、佛教、禪宗、日本、中國等著作思想，甚至親身經歷，都不
著痕跡地融入他片段式的書寫遊戲之中。尤其在對懶惰哲學的提煉上更遙
契於東方的生活美學，甚至可以說，他毫不避諱地以東方悠然靜觀美學之
哲學與意境，一來作爲他批判西方現代性生活的資糧，二來用於救拔身陷
名利自戀的巴黎巴特以良方。

　　最後筆者以屠友祥在翻譯巴特名著《文之悅》（或譯《文本的歡
愉》）的一段註解，以作爲本章的印證和結論：

　　寫此書前後，巴特閱讀了《道德經》、瓦茨的《禪宗的精
神》、鈴木大拙的禪學著作。行文之間，漸次浸染上了東方的色
澤，然而又是這般渾融無痕……。《戀人絮語》「眞實」段引禪
宗公案：問，萬法歸一，一歸何處？師（趙州）云，我在青州作
一領布衫，重七斤。這自然是「顧左右而言他」。巴特寫道，眞
實，即不在點子上。他所謂的眞實也就是活生生的物本身，是超
越了肯定與否定的絕對肯定。如何達臻這般境界？唯有一途：偏
離。1974年45月間，巴特身臨中國，參觀了北京、上海、南京、
西安諸地，凡三週。返家作〈中國怎麼回事？〉刊於《世界報》
1974年5月24日上……其中寫道：「關於中國……我力圖寫出……
非肯定非否定非中和的話語來。」譬如文中説中國是fadeur的
……幾乎可以斷定，此詞是「淡兮其無味也」的對譯。老子原指
「道之出言也」的完樸情狀，這時無法離析出此味彼味來，無味
之味乃至上之味。此處，巴特也似就「無味」之樸的不定不決而
言，他對中國的超越的態度，漂移、偏離、不定於一端的態度，

---

[87] 巴特：「一天，不想工作，我偶然翻閱《易經》來看看此一計畫之前途。出了第廿九卦『坎』，意思是危險的處境：危險！深淵！滅亡！（工作爲魔術所苦：危險）」羅蘭‧巴特著，劉森堯譯，《羅蘭巴特論羅蘭巴特》，〈吻合〉，頁69。

自是可以揣測到的。一路看去，批林批孔的中國，散逸著道家氣息：會客室，寧靜，明暗參半；接待者，恬淡，平和，人人作著筆記，一如平常事，毫無厭煩之色，純是隨物宛轉、負陰守柔的氣象。意指過程隱蔽、散落，乃至於似有若無，此際，清淡、微眇之域，或者說，淡而無味之域，洞然而開。中國是單調的，田疇平闊……，小國寡民的自在之境，宛然在目。綠茶是淡然寡味的，時而啜一口，談話便靜默，間斷了，其乃藹然有禮之物，如此，距離隱隱而現。使人目盲的五色消去了，無時裝，無脂粉，服飾千篇一律，舉止隨意。中國是散文化的，政治芒刺而外，人們無做作，無騷動，無歇斯底里。這裡，巴特實踐著他的零度寫作的觀念。[88]

——發表於《臺大文史哲學報》第69期，2008年11月

[88] 羅蘭‧巴特著，屠友祥譯，《文之悅‧譯注》（上海：上海人民出版社，2004），頁4-5。

第四章
道家的自然體驗與冥契主義——
神祕・悖論・自然・倫理

一、道家境界的詮釋差異：美學的藝術經驗？還是宗教的冥契體驗？

　　民國以來，兩岸三地已有若干學者嘗試從冥契主義（Mysticism或譯為神祕主義、密契主義[1]）的角度詮釋儒、釋、道三教的宗教體驗性[2]。就筆者目前觀察，用冥契主義詮釋東方體驗以理學為對象者居多，道家次之（以莊子居多）[3]，佛教又次之（以大乘和禪宗居多）。就筆者個人判斷，假使儒家、佛教可以從冥契角度來詮釋，我們更有理由將道家放入冥

---

[1] Mysticism較早譯為「神祕主義」，如【日】鈴木大拙著，徐進夫譯，《耶教與佛教的神祕教》（臺北：志文出版社，1989）；後來又被譯為密契主義，如【比利時】杜普瑞（Louis K. Dupré）著，傅佩榮譯，《人的宗教向度》（臺北：幼獅文化事業公司，1986）、【美】威廉・詹姆斯（William James）著，蔡怡佳、劉宏信譯，《宗教經驗之種種》（臺北：立緒文化事業有限公司，2001）；近來又被譯為「冥契主義」，如【美】史泰司（Walter Terence Stace）著，楊儒賓譯，《冥契主義與哲學》（臺北：正中書局，1998）。三者各有考量，本文暫時採用「冥契主義」。這些不同譯名的優缺考量，可參考楊儒賓，〈譯序〉，《冥契主義與哲學》，頁9-11。本文採用楊先生所建議：「冥」者，玄而合一之義；「契」者，參同契合之義。所以「冥契」之界定乃與冥契主義第一義的「內外契合，世界為一」相符合。

[2] 馮友蘭認為孟子具有神祕主義傾向，《中國哲學史》（香港：開明書店，1963），頁164-165；楊儒賓，〈新儒家與冥契主義〉，《當代新儒學的關懷與超越》（臺北：文津出版社，1997）；陳來，《有無之境》（北京：人民出版社，1991）；王欽賢，〈禪境之觀照——冥契主義的觀點〉，《鵝湖學誌》第26期（2001年6月），頁107-125；鈴木大拙曾用來詮釋佛教，《耶教與佛教的神祕教》；關永中則用來詮釋《莊子》，〈上與造物者遊——與莊子對談神祕主義〉，《臺大哲學評論》第22期（1999年3月），頁137-171。

[3] 用冥契主義詮釋《老子》道論文獻者較少見。筆者認為採取冥契進路詮釋《老子》形上道論的做法，可以化解一種學術定見：認為《老子》的形上表述傾向客觀面，而《莊子》才將之轉向人生哲理的心靈面（如徐復觀主張）。這種見解可能使《老子》形上思想退回素樸的本體、宇宙論困境，而且也使道家形上學難以和工夫論密接起來，而採取冥契詮釋進路則可保留《老子》道之宗教體驗性。

契脈絡來研究，因為相較而言，道家的自然主義要比儒家的人文主義基調更有利於冥契詮釋，而道家的形上體驗顯然也比佛教反形上學立場更契近於冥契主義的洞見[4]。另外，道家體驗所具有的濃厚美學藝術精神，也可以在冥契體驗中的自然類型、藝術類型，找到對話。

　　牟宗三之後，儘管許多學者未必完全贊同他所詮釋的道家系統性觀點，甚至在後牟宗三時代有關老、莊之「道」的詮釋，已開啟多音複調的多重視域，企圖超越牟氏而跨向嶄新道路[5]。但牟先生詮釋系統中的一個貢獻，大抵被繼承下來，那便是：道不適合再用西方的形上學思考來理解，對比於西方思辨、實有形上學，他強調道家歸屬東方實踐、境界形上學。暫且不管牟氏對境界形上學的細節主張可能的限制，其突顯工夫實踐、境界體驗，

　　倒是東方傳統（強調生命學問）、現代學者（反形上學傾向）所樂見。換言之，後牟宗三時代有關道家哲學的嚴格立論，一則要正視道家和西方metaphysics（形上學）的距離和差異，再則若要繼續使用「形而上謂之道」這一原始詞彙，必須將東方「體道」、「法道」的體驗與價值考慮進去；另外，也必須考量形上和形下、道和物之間的辯證相即關係。如此，才可能在充斥西方語境的當代學術氛圍，自覺得通過洋格義而善解危境。

　　牟先生對實踐、境界形上學的詞語正名或重設，大抵完成第一波的攔惑工作，然迷霧散去後進一步的顯示課題，才是來者更該繼續探求的驪珠所在。例如：由實踐所來的體道境界到底是何內容？有何意義？它到底是美學經驗？還是宗教體驗？用《莊子》兩重認識論說（「知」與「真

---

[4] 從詹姆斯的立場看，冥契主義含著「形上學涵義的洞見」，詹姆斯著，蔡怡佳、劉宏信譯，《宗教經驗之種種》，頁466。

[5] 「後牟宗三時代」比較有突破性的道家詮釋進路，約可歸納為四種並可能加以統合，參見拙文，〈當代學者對《老子》形上學詮釋的評論與重塑──朝向存有論、美學、神話學、冥契主義的四重道路〉，《清華學報》新第38卷第1期（2008年3月）。

知」），西方思辨形上學屬於理性的推求之「知」，企圖透過終極實體來解決人類有限之知的無窮後退困境，但第一因實體終究只是理念設定，就算共同約定充足理由的必要而暫時不質疑這一設定思維，但推求而來的設定物仍因不具經驗性格，而無法對人產生親切的價值召喚感；而《莊子》並不因批判邏輯推論、概念思辨的限制而墜入不可知論或虛無主義，在為人類概念認知立下限制後，乃轉向「真知」這一體驗之路。「成心之知」對比於「真人真知」，形式上可呼應於牟氏「思辨實有形上學」和「實踐境界形上學」區分，前者是主客對立而有待的知識論模式，後者是主客玄冥無待的體道論模式[6]。

　　我們不只滿足於：真人真知、實踐形上學就是「主客玄冥無待逍遙的體道境界」這類素描，而要嚴格認真地追問：超越主客、能所玄泯的無待經驗，到底對人屬何意義？它是偏於美學藝術精神？還是宗教神祕體驗？這個接續而來的問題，才是本章所要探究的起點。道可體之、法之，而體道、法道者便謂之真人而有真知，然道家的體驗內涵、價值依歸到底契於藝術還是宗教？目前學界也呈現「以是其所非而非其所是」的兩行難解情狀，本章撰寫目標之一，也為了溝通兩造使其復歸「道通為一」。底下先描述這兩造並行的學術景觀。

　　牟宗三對境界形上學的體道真知之描述，當然也觸及到無主無客、玄冥絕對、虛明朗然之境，例如他曾強調：

　　此沖虛玄德之為宗主實非「存有型」，而乃「境界型」者。蓋必本於主觀修證，（致虛守靜之修證），所證之沖虛之境界，即由此沖虛境界，而起沖虛之觀照。……以自己主體之虛明而虛明一切。一虛明，一切虛明。而主體虛明之圓證中，實亦無主亦

---

[6] 有關《莊子》對思辨形上學思考的批判可能性，參見拙文，《莊子靈光的當代詮釋》（新竹：清華大學出版社，2008），頁1-22。

無客，而爲一玄冥之絕對。然卻必以主體親證爲主座而至朗然玄冥之絕對……我窒塞，則一切皆窒塞，而「生而不有」之玄德之爲宗主亦泯滅而不見矣。[7]

　　無疑地，牟宗三所理解的超主客玄冥朗然境界，配合其「不生之生」的沖虛玄德立場，其所成就的乃近於美學藝術的虛鏡式觀照境界：

　　道家重觀照玄覽，這是靜態的，很帶有藝術性的味道，由此開中國的藝術境界。藝術境界是靜態的、觀照的境界……，在靜的工夫之下才能「觀復」。由虛一靜的工夫使得生命虛而靈、純一無雜、不浮動，這時主觀的心境就呈現無限心的作用，無限心呈現可以「觀復」，即所謂「夫物芸芸，各復歸其根，歸根曰靜，是謂復命」。這些都是靜態的話頭，主觀的心境一靜下來，天地萬物都靜下來了。[8]

　　無主無客、純一無雜、虛靈靜觀、無限心、玄冥絕對，這些看似飄渺虛玄的話頭，對牟宗三言，都可統攝爲靜態、觀照的藝術境界來理解[9]。而同爲當代新儒家開宗人物，徐復觀和牟宗三的美學詮釋進路頗契近，若說牟氏判斷主要根據《老子》沖虛玄德、歸根觀復而來；徐復觀則透過心齋、忘遊來詮釋《莊子》的藝術精神，由此爲中國藝術精神溯源、拓根：

---

[7] 牟宗三，《才性與玄理》（臺北：臺灣學生書局，1985），頁141。

[8] 牟宗三，《中國哲學十九講》（臺北：臺灣學生書局，1983），頁122。

[9] 細部推敲，牟宗三所理解的道家藝境並不充分，原因有二：一是遺忘了存有面向，使其偏向主體心境之觀照，而不能使存有與美學統貫爲一；二是流於靜態觀照側面，忽略觀照本身亦參與氣化流行之活力生機，而不能充盡道家的存有美學之活力。參見拙文，〈牟宗三對道家形上學詮釋的反省與轉向——通向「存有論」與「美學」的整合道路〉，《臺大中文學報》第25期（2006年12月）；〈論先秦道家的自然觀：重建老莊爲一門具體、活力、差異的物化美學〉，《文與哲》第16期（2010年6月）。

　　老、莊思想當下所成就的人生，實際是藝術地人生；而中國
的純藝術精神，實際係由此一思想系統所導出。中國歷史上偉大
的畫家及畫論家，常常在若有意若無意之中，在不同的程度上，
契會到這一點……，最高概念是「道」；他們的目的，是要在精
神上與道為一體，亦即是所謂「體道」，因而形成「道的人生
觀」……。他們所說的道，若通過思辨去加以展開，以建立由
宇宙落向人生的系統，它固然是理論地，形上學的意義；此在老
子，即偏重在這一方面。但若通過工夫在現實人生中加以體認，
則將發現他們之所謂道，實際是一種最高藝術精神；這一直要到
莊子而始為顯著。[10]

　　對徐先生言，道家之道絕非思辨所能窮盡，真正核心在於體道，由工
夫實踐而來的體道經驗，可將形上表述落實為藝術人生。雖然詳略不一，
兩位當代大儒的道家見解都認為思辨形上學非道家本色，牟先生所謂境界
形上學的經驗內涵，更被徐先生結晶在以《莊子》為典範的藝術人生而為
最高的藝術精神。徐先生透過《莊子》體道境界而來的道之人生觀，並由
此企圖為中國藝術精神的主體內容給予徹底建立，可謂心宏識遠，成為由
藝解莊的代表作，代表道家美學詮釋進路的里程碑。

　　後來若干採取美學藝術進路理解道家體驗的學者，儘管未必完全認
同徐復觀的主張，但幾乎都在他所建立的高度上，繼續吸收消化並嘗試求
精；例如顏崑陽[11]、龔卓軍[12]、何乏筆[13]等，其他採取美學詮釋進路的學

---

[10] 徐復觀，《中國藝術精神》（臺北：臺灣學生書局，1988），頁47-48。

[11] 顏崑陽，《莊子藝術精神析論》（臺北：華正書局，2005）。

[12] 龔卓軍曾分析徐復觀所理解的莊子美學帶有濃厚的觀念論／現象學式的主體論，缺陷在於身體向度
的不介入，〈庖丁手藝與生命政治：評介葛浩南《莊子的哲學虛構》〉，《中國文哲研究通訊》第
18卷第4期（2008年12月）。

[13] 何乏筆（Fabian Heubel），〈（不）可能的平淡：試論徐復觀《中國藝術精神》的當代性〉，「徐
復觀學術思想中的傳統與當代」國際學術研討會。臺北市：國立臺灣大學人文社會高等研究院，

者還有葉維廉[14]、陳榮灼[15]等人。筆者亦曾有多篇論文涉及道家的美學藝術內涵[16]，而本章重點將轉向宗教面向的冥契體驗，並試圖由冥契體驗溝通美學經驗。

　　對比美學藝術進路，對宗教經驗敏感的學者，通常會注意到牟、徐所描繪的體道內涵，隱含了某種意味的宗教體驗性質，例如往冥契主義詮釋的可能性。所謂無主無客、純一無雜、虛靈靜觀、無限心、玄冥絕對，這些看似飄渺玄虛的描述，如果轉從冥契主義的經驗來看，可能落實爲更具體的細節呈現。採取這條宗教進路解道者亦不乏其人，如馮友蘭[17]、關永中[18]、楊儒賓[19]、張榮明[20]等人，都曾採取這樣的觀看視域（筆者亦曾從冥契角度詮釋道家的體道境界[21]）。對比於美學藝術型的主流詮釋，冥契主義式的道家詮釋對漢語學者來說相對邊緣，耐人尋味的是，海外漢學

2009年12月5-6日。

[14] 葉維廉主要是將道家的美學詮釋和中國的山水詩畫傳統結合起來，另外也透過和海德格的對話企圖將道家的美學和存有連結起來。參見《道家美學與西方文化》（北京：北京大學出版社，2002）；〈語言與真實世界〉，《比較詩學》（臺北：東大圖書股份有限公司，1988）；〈言無言：道家知識論〉，《歷史、傳釋與美學》（臺北：東大圖書股份有限公司，2002）；〈道家美學・山水詩・海德格〉，《現象學與文學批評》（臺北：東大圖書股份有限公司，1991）。

[15] 陳榮灼也是將晚期海德格的詩歌存有美學和道家對話，*Heidegger and Chinese Philosophy*（臺北：雙葉出版社，1986）。

[16] 〈牟宗三對道家形上學詮釋的反省與轉向──通向「存有論」與「美學」的整合道路〉；〈論先秦道家的自然觀──重建老莊為一門具體、活力、差異的物化美學〉；〈當代學者對《老子》形上學詮釋的評論與重塑──朝向存有論、美學、神話學、冥契主義的四重道路〉；〈論道家的逍遙美學──與羅蘭・巴特的「懶惰哲學」之對話〉，《臺大文史哲學報》第69期（2008年11月）。

[17] 馮友蘭，〈莊子及道家中之莊學〉，《中國哲學史》，頁298-306。馮氏雖亦提及莊子和詹姆斯的純粹經驗、西方的神祕主義相近，但只是點到為止，不及深入。

[18] 關永中，〈上與造物者遊──與莊子對談神祕主義〉，頁137-171。

[19] 楊儒賓，〈有沒有「道的語言」──莊子論「卮言」〉，載於林明德編，《中國文學新境界──反思與觀照》（臺北：立緒文化事業有限公司，2005），頁301-340。不過楊先生的冥契主義詮釋反而集中在儒家而不是道家。

[20] 張榮明，《從老莊哲學至晚清方術──中國神祕主義研究》（上海：華東師範大學出版社，2006），頁1-85。

[21] 〈《莊子》的冥契真理觀與語言觀〉，收入《莊子靈光的當代詮釋》；〈當代學者對《老子》形上學詮釋的評論與重塑──朝向存有論、美學、神話學、冥契主義的四重道路〉。

家卻頗注意道家的冥契特質，如史華茲[22]、帕林德爾[23]、Livia Kohn[24]，
Harold D. Roth[25]等等。

會強調體道境界的宗教或冥契特質，其實不難理解，單看老、莊文獻
不斷出現求道者故事、工夫歷程次第與體道聖境等描述和鋪陳[26]，學者很
容易將它和宗教實踐的熱情聯想在一起；可以說，從求道、體道、說道等
寓言故事的描述氛圍，其莊嚴不亞於在宗教修煉中所看到的求道意志之決
斷[27]。更重要的是，從冥契主義看待體道境界者，多少都會感到這是頗為
明顯的事實，因為研究冥契經驗所歸納出的核心特質，幾乎都可在老莊文
獻找到有力呼應。試看底下這類描述：

　　密契狀態是對於推論的理智所無法探測之深刻真理的洞悟。
它們是洞見、啟示，雖然無法言傳，但充滿意義與重要性，通常
對於未來還帶著一種奇特的權威感。當我獨自走在海邊時，這些
解放與調和的思潮向我蜂擁而來；現在，又一次，就像很久以前
在道菲納的阿爾卑斯山，我有一股跪下的衝動，這一次則是跪在
無邊無際的海洋、無限的象徵之前。我以前所未有的方式祈禱，
現在我才知道真正的祈禱是什麼：就是從獨我的孤寂回歸到與萬

---

[22] 【美】本杰【明】史華茲（Benjamin Schwartz）著，程鋼譯，《古代中國的思想世界》（南京：江
蘇人民出版社，2004），頁186-261。

[23] 【英】杰弗里・帕林德爾（Geoffrey Parrinder）著，舒曉煒、徐鈞堯譯，《世界宗教中的神祕主
義》（北京：今日中國出版社，1992），此書也將道家視為（自然）神祕主義。頁73-79。

[24] Livia Kohn, *Taoist Mystical Philosophy*. State of University of New York Press, 1991. Livia Kohn, *Early
Chinese Mysticism: Philosophy and Soteriology in the Taoist Tradition*. Princeton University Press, 1992.

[25] Harold D. Roth, *Original Tao: Inward Training*. N.Y.: Columbia University Press, 1999.

[26] 參見拙文，〈從《老子》的道體隱喻到《莊子》的體道敘事——由本雅明的說書人詮釋莊周的寓言
哲學〉，《清華學報》新第40卷第1期（2010年3月）。

[27] 例如〈應帝王〉壹子四示這一有名公案故事，記載其弟子列子終因領悟師道的深奧難測，乃決心：
「自以為未始學而歸，三年不出。為其妻爨，食豕如食人，於事無與親，雕琢復朴，塊然獨以其形
立。紛而封戎，一以是終。」這樣的描述，從宗教追尋的終極關懷來索解，更得其要。【清】郭慶
藩輯，《莊子集釋》（臺北：華正書局，1985），頁306。

有合一的意識，跪下時猶如死者，起身時已如不朽之人。陸地、天空與海洋共鳴，彷彿圍繞世界的大協奏曲。這就像所有以往的偉人在我周圍合唱。[28]

　　讓我們試著如是設想：假使讀者先前不知這段文獻來自詹姆斯《宗教經驗之種種》開宗明義所引用的德國觀念論者瑪畢達‧莫森布（Malwida von Meysenbug）在自傳中的一段冥契經驗談；又假設作者先將這段話中的「密契狀態」、「祈禱」等特定用詞，以及經驗發生的時空背景暫時隱去；那麼這時如果有人告訴我們說，這段話是以現代話語來重描老莊體道的經驗，筆者推想許多對道家哲學不陌生的讀者應可接受[29]。熟悉道家工夫與境界的讀者，確實可找到相當對應的觀點，比如：道作為老莊的真理，體道而來的真人真知，正是要破除「成心」之「知」（推論的理智），而在「解心釋神」的狀態下，才可照見聆聽於道；換言之，體道真人之意識狀態正是超越理智推論分別，只有在「神」的直觀（以道觀道或以物觀物）與聆聽狀態（聽之以氣或聆聽天籟），方能得之。而深處這般「神」遊乎天地之一氣的體道狀態，老莊不斷提到它超越名相、不可言說，比如「道可道，非常道」、「知者不言」、「既與為一矣，且得有言乎！」雖然體道神遊狀態不可言說，然一旦有過體道經驗而成為真人者，都有了神聖莊嚴感，此聖嚴既對真人自身充滿無盡祥和、幸福、甚至永恆感；對於盲昧於俗情糾纏的常人言，他們則又具有大宗師般引領生命方向的智者權威感，正如〈逍遙遊〉代表智慧老者的連叔，以極其威儀的口吻

---

[28] 詹姆斯著，蔡怡佳、劉宏信譯，《宗教經驗之種種》，頁456。另外，頁469-470，詹姆斯曾更完整引用過第二段文字，故為求完整，乃將全文附上。

[29] 本文暫時取兩者的共相來說，亦即就冥契主義的基本共同特點來對話，至於莫森布的冥契經驗具有濃厚的浪漫主義色彩，在歐洲十八、十九世紀的文學藝術和神祕經驗書寫中經常出現，諸如崇山峻嶺或無邊海洋與孤獨旅人的對比，孤寂與不朽的對比，這些浪漫主義經驗和道家的冥契體驗在背景上並不一樣；而本文重點本不在強調它們之間的一致性，只在強調冥契經驗的描述有諸多元素是容易找到共通點的。

對肩吾說：「聾者无以與乎文章之觀，聾者无以與乎鐘鼓之聲。豈唯形骸有聾盲哉？夫知亦有之。」[30]

顯然，真人的智慧真知對比於常人的小知成見，有振聾發聵的神聖權威性。而所謂「獨我的孤寂」「與萬有的合一」，不正合拍於《莊子》的「見獨」（〈大宗師〉）、「天地與我並生，萬物與我為一」（〈齊物論〉）嗎？「獨」從外相看似孤寂卓絕，實乃神人「無待」而躍入「一」境之身影；「一」境者乃「通天下一氣耳」、「遊乎天地之一氣」，所以活在萬物共融又共榮的整體存有之境，實不曾孤寂與疏離。工夫時，必得大死一番（喪我），故有南郭子綦「隱几」「槁木死灰」（有如活死人）之寂滅氣象，實為能活出永恆無盡的意義幸福感（故謂不朽），如老莊一再讚嘆真人「歸根曰靜，是謂復命，復命曰常」、「入於不死不生」，這便宣告了真人具有「不朽之人」的意味。而南郭子綦「喪我」後的「齊物」「天籟」，也呈現出萬物共融共榮、相即相入的音樂交響，這幾乎完全呼應了莫森布的冥契體驗和冥契隱喻——陸地、天空與海洋共鳴，彷彿圍繞世界的大協奏合唱曲——這一音樂性的隱喻意象。

換言之，瑪畢達·莫森布這一段作為冥契意識經驗的典型述例，幾乎可和老莊的體道經驗同拍共振，也難怪讀過冥契主義研究和道家文獻的學者，容易認出兩者間的家族類似性。這也解釋了許多西方漢學家傾向將道家視為東方型的神祕主義（其他受過西方學術啟蒙或接觸過冥契主義的東方學者，也容易將道家視為冥契家族的一分子，例如錢鍾書[31]、陳榮捷[32]、張隆溪[33]等）。

---

[30] 【清】郭慶藩輯，《莊子集釋》，頁30。

[31] 錢鍾書在《管錐編》〈老子王弼註章〉中早就注意到老子和神祕主義可能的關係。《錢鍾書作品集6-2：管錐編》（臺北：書林出版，1980）。

[32] 陳榮捷在《中國哲學文獻選編》介紹《莊子》那一部分，便是以「莊子的神祕之道」名之，而以「詩意的神祕主義」稱呼《莊子》。楊儒賓、吳有能、朱榮貴、萬先法譯，《中國哲學文獻選編》（臺北：巨流圖書股份有限公司，1995），頁257。

[33] 張隆溪著，馮川譯，〈哲學家·神祕主義者·詩人〉，《道與邏各斯》（南京：江蘇教育出版社，

　　爲進一步論證老莊體道經驗可以嚴肅視爲某類型的冥契主義,並具體呈現道家冥契體驗之細部內容,必得進入老莊文本來細部考察一番。然在進行老莊文本的冥契分析與詮釋前,有必要對:何謂冥契主義?它有何基本特質?冥契主義類型如何區分?這一類基礎性問題加以澄清。對此,本章將以研究冥契主義極富盛名的二本經典名著的綜合觀點爲座標(《宗教經驗之種種》和《冥契主義及其哲學》),依據它們所歸納的冥契主義特質,一一重新來檢視道家的冥契體驗。底下先分析並檢討詹姆斯和史泰司的研究成果。

二、冥契體驗的共同特徵與內外兩型爭辯:以詹姆斯和史泰司的研究判準爲檢討對象

　　冥契意識和一般意識如何區分?詹姆斯曾歸納出四個特性來作爲冥契經驗的核心特質,某經驗具備這四項特質,就可將其歸爲冥契經驗:一、不可言說(Ineffability)。二、知悟性(Noetic quality)。三、頃現性(Transiency)。四、被動性(Passivity)[34]。只要合乎這些特徵,都可被歸爲冥契意識狀態的家族群。詹姆斯的界定較爲寬鬆,其優點在於,它可將我們對冥契經驗的考察範圍擴大,尤其跳出狹義的宗教範疇之外。詹姆斯這種開放態度或許與身爲心理學家的立場有關,他感興趣的是人類這種重要而跨域的超越經驗有何特點?功能如何?有無普遍性?筆者認爲他和馬斯洛(Abraham Maslow)從心理學角度所發現的高峰經驗(peak-experiences)有相當程度的重疊,而馬斯洛和詹姆斯一樣強調它對人類心靈有重要的意義功能:

　　我注意到這些人常常說自己有過近乎神祕的體驗。這種體驗可能是瞬間產生的、壓倒一切的敬畏情緒,也可能是轉眼即逝的

2006),頁49-99。
[34] 詹姆斯著,蔡怡佳、劉宏信譯,《宗教經驗之種種》,頁458。

極度強烈的幸福感，或甚至是欣喜若狂、如醉如痴、歡樂至極的感覺（因爲「幸福感」這一字眼已經不足以表達這種體驗）。在這些短暫的時刻裡，他們沉浸在一片純淨而完善的幸福之中，擺脫了一切懷疑、恐懼、壓抑、緊張和怯懦。他們的自我意識也悄然消逝。他們不再感到自己與世界之間存在著任何距離而相互隔絕，相反，他們覺得自己已經與世界緊緊相連融爲一體。他們感到自己是眞正屬於這一世界，而不是站在世界之外的旁觀者……。更重要的一點也許是，他們都聲稱在這類體驗中感到自己窺見了終極的眞理、事物的本質和生活的奧祕，彷彿遮掩知識的帷幕一下子給拉開了。[35]

　　進一步分析，詹姆斯對冥契四特性的描述：Ineffability在於指出冥契主義者幾乎都共同宣稱經驗的不可言說性，首先是指體驗狀態的當下乃處於沉默無言之境，其次就算離開此情狀，仍會感到語言描述的否定性限制，因爲語言既無能描繪它，若要勉強描繪也只能出以否定的方式。Noetic quality是指，這樣的經驗雖可算是一種神聖情狀或超然感覺，但它同時具有清明的智悟性格，甚至讓人產生洞悟眞理的穿透性；換言之，冥契不是情肆而熾的出神狂迷，而是神聖情感與超然智悟的合一狀態。Transiency是指這種情感與智悟合一的冥契狀態、高峰經驗不可能永久長保，通常只發生在瞬間頃刻或片段時光中，而靈光乍現也終要消退，人終究會回歸眼前見山又是山、見水又是水的日常生活世界；也可說，這種經驗所以成爲終身難忘的深度經驗，也因爲它與日常凡俗經驗的強烈對比，才顯出它的神聖性來，不過當人身處特殊非常狀態時，並不會興起語言意念對它稱呼神聖，神聖命名反而是回到日常生活世界時，在兩層存有對比

---

35 【美】馬斯洛等著，林方主編，《人的潛能和價值》（北京：華夏出版社，1987），頁366-367。馬斯洛屬於十九世紀以降心靈進化論觀點，強調人道精神、意義感、價值感、不朽感等；而本文並不涉及這些細節觀點和道家思想的差異比較。

下所產生出來的回憶和指稱。Passivity的精神則在於主體敞開而來的被穿透感，所謂被動是指當冥契經驗真正臨現時，當下純是無意志狀態，自我主體性的意志控制會頓然鬆開，這種釋然的無我感會任隨浩瀚的力量帶動而漂浮，如此便是詹姆斯所謂意志中止的被動性。除了上述四個核心特質外，他在描繪過程中一再提到：有過此超越言說經驗的人，對人生一則充滿意義感，再則對未來有著非比尋常的權威自信感。

可見，冥契意識是體驗狀態，不是思辨概念所能及，它合乎道家生命學問的實踐性格；它雖是一種體驗，卻不是一般經驗性感知，雖超越理智狀態，卻具有睿智性；它讓時空的嚴明界線模糊化，卻又能清明覺照而洞悟真實，這也契合於道家由工夫超入境界的特質；而冥契經驗不能維持很久，代表人們無法長期身處空靈純一的超離狀態，自然要走入生活世界的紛然之境，此時一多相即的情態，也和道家回歸道在屎溺、天人一如的當下圓境相通。而被動性是自我消融後之敞開，在喪我的非意志狀態，讓整體穿透部分，又帶動部分入整體，彷彿大海中的浪花，渾身是海地任其浮游漂送，正如聆聽於天籟物化的無為情態。

詹姆斯的四個描述，兩個補充（意義感和權威感），除了和馬斯洛的高峰經驗呼應外，也可將馬斯洛的描述給予聚焦地條理化起來；然而筆者將兩者併觀合論，有底下考慮：馬斯洛幾乎把詹姆斯跨宗教性的冥契意識現象群，帶向最大的視域光譜下考察。對馬斯洛言，這種體驗瞬間不必然與宗教相關，它可來自男女情愛、異性結合、審美感受、自然經驗，甚至體育活動。因此人人都可能在各式情境中遭逢高峰，諸如在音樂的聆聽中，對孩子的慈愛柔抱裡，忘我舞蹈的當下，深海幽潛於近乎寂靜裡，在高山、在海洋、在森林等等自然浩瀚氛圍的一切處，頓然沐浴在悠悠的時光中。因此，馬斯洛為突顯其跨宗教性（甚至非宗教），所以不願再稱呼它為神祕體驗而改以高峰體驗名之；雖此經驗不必被宗教獨佔，馬斯洛卻又強調，從高峰體驗具有的普遍性和它帶來美善而深刻的人道意義，此體驗又可被視為深具的宗教體驗性。另外，馬斯洛也和詹姆斯一樣，注意到

此經驗不可久住之頃刻性，甚至馬斯洛更強調這種狀態的轉瞬即逝性[36]。

　　另外，從詹姆斯例舉的宗教與非宗教的各式冥契案例，描述所用的重要關鍵詞，亦可看出冥契體驗其他相關的特質。這些描述或形容包括了：忘我狀態（大部分稱無我、有時稱大我），如夢狀態（強調無法思考、超越小大、時空消逝），知覺擴張（有時提到超脫形骸而排除知覺，有時則說直接知覺[37]），剎那永恆（包括：不朽感、狂喜感、純淨感、幸福感、光輝感等等），融合為一（諸如：與實在為一、與真理為一、與萬物為一），道德揚升（如：愛、包容、自由等超然價值感）等等。

　　除了上述核心特質與關鍵詞彙，筆者認為詹姆斯還有三個重要洞察，對理解冥契主義頗為重要。第一，他將冥契意識提升為一種哲學，並將冥契狀態的忘我、非意志的超主體性稱為「宇宙意識」（cosmic consciousness繼承自冥契者R. M. Bucke）；又將這種超越物我分別、小大分別的非二元論狀態，稱為「一元性的洞悟」（monistic insight）；然不管是宇宙意識還是一元性洞悟，對詹姆斯言，這種超個人、超分別的「與物合一」、「與實在合一」、「與真理合一」，都具有了「形上學含義的洞見」[38]（可以確定，這種宇宙意識的一元體驗與形上洞見的內涵，必定不會來自西方思辨形上學的理性傳統，反而契近東方實踐境界形上學的體

---

[36] 馬斯洛等著，林方主編，《人的潛能和價值》，頁368-374。可以注意的是，馬斯洛甚至因此將高峰經驗這種片刻性和冥契主義對比起來，尤其強調它和渴望永存此境的東方冥契主義之對照性。顯然馬斯洛對渴望永住此境的冥契主義類型有所保留；不過，東方型的冥契主義是否都強調或主張在現世當中永保此境，馬斯洛對這部分的理解恐怕太過化約，至少老莊不會認為人可以或應該一直住守此境，但道教內丹類型的冥契主義則傾向如此。

[37] 排除知覺與直接知覺，只是語言描述所產生的表面矛盾，其實並不真矛盾，詹姆斯著，蔡怡佳、劉宏信譯，《宗教經驗之種種》，頁498。這也是為什麼日本哲學之父西田幾多郎將詹姆斯的「直接知覺」改以「純粹經驗」說之，並認為「純粹經驗」可以觸及真、善、美、神之境，有理趣的是，西田一樣將道家的美學經驗視為冥契經驗。參見拙文，〈西田幾多郎《善的研究》之存有論詮釋──認識之真、倫理之善、藝術之美、宗教之神的一體觀〉，刊在《中正大學中文學術年刊》新第1期（2006年12月）。

[38] 詹姆斯著，蔡怡佳、劉宏信譯，《宗教經驗之種種》，頁466-473。

驗傳統）。

　　第二個洞察是，詹姆斯還注意到一項重要現象，即體驗過冥契經驗的人會出現兩種對比的人生態度：一類體驗者會產生出世立場，成為抽象而超離的生活態度；另一類正好相反，他擁抱現實生活而成為最熱愛生命者。對於前者詹姆斯持批判性，稱他們為性格被動、智力薄弱者；後者顯然為詹姆斯所大肯定，屬於胸懷與性格俱為堅強渾厚者[39]。呼應於馬斯洛立場，顯然詹姆斯一則不認為人真可永保冥契意識於不退，二則認為此體驗真要有大價值必須將其中的意義感帶回人間實踐，為具體生活世界帶入剛健動能。順此，詹姆斯注意到冥契意識與道德意識的相容性甚至一體性，即在冥契狀態中會產生出一體之愛、包容之德[40]。這種特殊意味的愛之德，不只包括人類同時含納萬有，因建立在萬有合一的神聖家族感上，當冥契者超脫小大、人我、物我等一切二元分別後，非分別性的融合會噴湧出知覺極度擴張的一體含納、感同身受等情意，由此昇華出詹姆斯所謂「最初的愛」、「唯一的善」（這種意義的道德之善，不是善惡二元對立下的一端之善，而是超越善惡對立的玄德之善、渾沌之容，而這種上善若水般的柔軟之愛只能從主客合一中升起[41]）。

　　第三，詹姆斯還提到冥契體驗若迫不得已而非得表達，在面對詭辭悖論現象的困境下，最好的表達方式乃是透過超概念性的音樂（隱喻）來作為媒介[42]。他注意到音樂可以傳遞本體的消息，並將音樂所傳達的本體狀態，透過大海和浪花的關係來加以隱喻，並據此而將音樂視為「原初的暗

---

[39] 詹姆斯著，蔡怡佳、劉宏信譯，《宗教經驗之種種》，頁488。

[40] 詹姆斯著，蔡怡佳、劉宏信譯，《宗教經驗之種種》，頁492-493。

[41] 西田幾多郎在詮釋美學藝境的冥契經驗時，也有近似的倫理主張。【日】西田幾多郎著，何倩譯，《善的研究》（北京：商務印書館，1981），頁116-117。這些說法可以幫助我們思考道家的冥契主義與原始倫理的關係，下文分解。

[42] 詹姆斯著，蔡怡佳、劉宏信譯，《宗教經驗之種種》：「在密契主義文學中，我們會一直遇見這種自相矛盾的詞語，例如『炫目的無明』、『無聲的低語』、『擁擠的沙漠』。這證明了道出密契的真理最好的媒介不是概念的語言，而是音樂。」頁495。

語」（the password primeval）[43]（從這個隱喻中，也大約可看出詹姆斯對泛神論「一多相即」的認同，這裡我們自然會想到《莊子》天籟的隱喻，詳情見後）。

詹姆斯一開始所歸納出的冥契經驗四特質說，較為籠統且或有遺珠，但經由筆者上述關鍵詞彙的捕捉以及重要三洞見的再顯豁，幾乎可說，他已將冥契主義的核心特徵都把握到了，順此，四特質其實可擴張為七要點。例如另一研究冥契主義重要有成的大家史泰司，他底下所歸納出的特徵就更為周延，可和詹姆斯的歸納併觀合看。底下，一樣先列出史泰司之歸納，然後再分析檢討他更具體的主張。首先他將冥契經驗區分為外向和內向兩類，並分別對二者的核心特色歸納如下[44]：

外向型冥契經驗的共同特徵	內向型冥契經驗的共同特徵
1. 所見一統，萬物為一	1. 意識一體；為空；為一；純粹意識
2. 太一具體活潑，遍布萬物，有種內在的主體性	2. 無時，無空
3. 客觀、真實之感	3. 客觀、真實之感
4. 安寧、法樂等	4. 安寧、法樂等
5. 神聖尊崇之感	5. 神聖尊崇之感
6. 悖論	6. 悖論
7. 冥契者宣稱不可言說	7. 冥契者宣稱不可言說

史泰司透過不同時代、地點、文化、宗教的冥契案例，歸納出的七點和詹姆斯例舉的內容，幾乎重疊，彼此間也可互補。如兩者一樣強調「不可言說」的普遍性；一樣發現一旦進入言說層次則發生「悖論現象」（詹姆斯發現音樂隱喻正是悖論現象的原始語言）；一樣指出冥契經驗帶來安

---

[43] 詹姆斯著，蔡怡佳、劉宏信譯，《宗教經驗之種種》，頁495-497。
[44] 【美】史泰司著，楊儒賓譯，《冥契主義與哲學》，頁160。

寧法樂、幸福純淨的情感（史泰司強調這情感不同於狂肆而熾的入迷出神，此情乃肅穆寧靜）；不僅在情感面，兩者都一樣看重智性方面：體驗者宣稱洞悟了眞理實在、客觀眞實（亦即有形上洞見，此客觀乃超越主客而有的絕對客觀性）；至於史泰司的神聖尊崇感和詹姆斯的不朽權威感相近，也和上述所謂客觀眞實、安寧法樂這兩項有連續性的共質在。因此這三項（第3、第4、第5）特徵，可視爲三位一體；至於第1和第2點，大抵涉及合一感和超時空性，這也是向來研究冥契主義者都必然會提到的核心特徵，他們兩位也一樣將其列爲共同特徵。

　　史泰司所以區分冥契經驗爲內、外兩型，主要根據在於第1和第2點的差異比較上。從史泰司的角度看，詹姆斯雖然注意到冥契意識的超主體性、非個我性（所以時空的個體化限定原則不重要或消弭了），以及同時出現的一體融合感（人我爲一、物我爲一），但他並沒有注意到其間仍隱含細微而重要的差異，而史泰司重視此差異並據此做出內、外兩型的分判。可以這樣說，心理學家詹姆斯對冥契經驗所曾給出的哲學斷語：「形上學洞見」、「一元性洞悟」，對史泰司這位典型的哲學家言，此中所謂形上學、一元性的眞意，應該還有重要的細微差異有待言辨。此中有眞意，有待言以辨，史泰司就是從這裡辨別出他重要的內、外兩型區分。

　　史泰司認爲內向冥契體驗的融合爲一，進入了純粹意識之境，感官、時空、意象等雜多殊相，全部抖落，唯剩純白空靈；至於外向冥契所體驗的融合爲一，則與萬物爲一，因此不離感官、時空，且在雜多物象中體一。換言之，外向之一乃是雜多融合爲一。這樣的辨別有何意義或重要性？

　　史泰司不但區分了內、外兩型，更對這兩型判別了境界高低，或者成熟與不成熟的優次。就史泰司個人的判教立場，內向型才是高級而成熟的冥契境界，外向型只能算是未成熟、低一級的體驗，且只有從外向昇華

爲內向，冥契體驗才完美終成[45]。也因爲史泰司以意識的絕對空無爲究竟這一判教準則，所以他同時認定：智思型冥契者（如Meister Eckhart、佛陀）的成熟度要高於情意型（如St. Teresa of Avila、Henry Suso）[46]，純粹意識內向型高於萬物一體外向型，順此而下，許多保有更多感官意象的美感藝術型或自然情境型的案例，便成爲了更不成熟的次級品，甚至因此不能被歸爲冥契行列，只能說是和冥契意識具有家族類似性而已[47]。可見史泰司判教的核心精神，關鍵便在於感性和意象的多寡上面，若感性、意象少到全然消除便是最高級的內向冥契境界，兩者多到一定程度便逐漸遠離冥契意識，而中介狀態便是外向型的冥契。

　　史泰司的判教雖不免個人立場，但並非無理路可循。他雖強調「起因無關法則」，但發現冥契體驗大致可分兩種起因情境：一是偶然性的臨現，一旦臨現後便難得復見，唯留永恆記憶給思念；二是透過身心技藝而通達，雖然技藝容許多元差異，但體驗者大都強調可重返回聖境。史泰司發現，大部分外向型的例子多屬偶遇臨現情境，此情此景降臨時，通常在眼前具體場域中頓然發生，因此感官、時空、意象等雜多仍然俱在，只是在恍兮惚兮、日夢玄想中感到界限模糊而互滲融一，但此契合之「一」實不離森羅萬象之共在。對比而言，史泰司認爲內向型冥契經驗通常屬於宗教或準宗教類型，循此脈絡，雖然經驗發生時一樣有被動性狀態的任隨漂

---

[45] 史泰司著，楊儒賓譯，《冥契主義與哲學》，頁161-162。

[46] 史泰司著，楊儒賓譯，《冥契主義與哲學》：「籠統說來，所有文化中的冥契者都可以分成兩種類型，情意型的是一類——芝諾瓦的聖凱薩林、聖德蕊莎及蘇索可視爲此類的代表；另一類是理智的或是冥思的，這類人物通常會努力抑制自己的情念——艾克哈特與佛陀可作爲此類型人物的代表。」頁57。不過，情意型的冥契者不必然一定只有外向型的冥契體驗，事實上，史泰司也注意到：「德蕊莎像艾克哈特一樣，都是橫跨兩種冥契類型（筆者註：即內向和外向）」，頁76。

[47] 史泰司認爲有些經驗雖和冥契體驗具有家族類似性，但並未具備足夠的核心共同特徵，因此還是不能列爲冥契主義；可見如何界定冥契主義的範圍，史泰司最嚴窄，馬斯洛最寬泛，詹姆斯居中。關於家族類似性和核心共同特徵兩概念的差異，參見史泰司著，楊儒賓譯，《冥契主義與哲學》，頁45-47。

浮感，但它卻不可歸爲純粹偶然，反而是經長期特殊的身心技藝鍛鍊後，百尺竿頭更進一步地付託虛空；而它留住此境的時間也較爲長久，事後也可能再透過工夫技藝重返聖境，甚至因此渴望長住此境，所以生活的重點便在儀式性地渴望重演冥契事件。而在文字層次通常會有一套宗教教義或哲理，來引導他如何理解與詮釋此經驗。

　　不自覺地偶遇聖境和自覺地尋訪聖境，兩者對照來看，後者的成熟度和穩定度高於前者，原本很可理解。問題是史泰司的判教立場，在筆者看來，隱含著極端化的危機，這個危機潛伏在如是主張的背後：從內向型的冥契者看來，眼前這個差別世界是虛妄不眞、不值一顧的，也只有徹底斷除身體感官、離棄紛然意象，人才有可能永住眞善美境；隨此「緣理斷九」般的孤高心境，那麼純粹內向冥契主義者所宣稱的客觀眞理、安寧法樂、神聖尊崇之感之境，便只能存在於純意識，一切眞理與意義都要投射到「不著人煙」之彼處才有著落。

　　從某個角度說，詹姆斯雖也提及了宗教型（有系統的修煉，如印度教、佛教、伊斯蘭教、基督教等，但他並未提及道家、道教、儒家的案例）和非宗教型（如美學藝術和大自然光景，甚至服藥經驗）的區分；但他並非爲了對兩者做本質性的冥契境界之判分，只是就來源所做的暫時權分。然而史泰司主張起因無關緊要，重要的是冥契經驗在「一體感」的狀態中，到底是取消還是肯定了感官與雜多，它涉及境界高下的判別關鍵。這裡顯然涉及一與多的關係，所以詹姆斯的一元論洞見，便可再細分爲史泰司內向型的「純一」和外向型的「一多相即」這兩個模型。史泰司這個區分相當重要，它具有哲學上的價值與意義，但筆者對他的判定有贊成也有疑慮。贊成部分在於，這區分合乎冥契意識案例的一個重要現象：通常傾向內向型的純一冥契者，也傾向隔離的生活方式，且渴望永住於超絕境界；而通常傾向外向型的一多相即之冥契者，則傾向對眼前生活世界敞開，認爲當下的具體分殊世界便是樂地。換言之，史泰司這個區分，除了可將詹姆斯「一元論洞見」推向更細緻的類型外，也同時解答了冥契類型

和實踐抉擇的關係；亦即兩類型正開顯出兩種面對生活世界的方式，也正好呼應了詹姆斯注意到的一個重要現象，冥契體驗者常產生兩種對比的生活態度，一是出世傾向（渴望永住冥契之境），二則積極參贊世間（認定世間萬法盈滿意義）。套句詩意隱喻，內向冥契者因體驗過意識空無的絕對純一之境，產生了「曾經滄海難爲水，除卻巫山不是雲」的超離嚮往，因此對當下花紅柳綠的感官意象產生了「不可承受之重」的雜染感，故強調越雜染而任純一。

　　然而筆者對史泰司判教的疑慮在於，其可能導致極端化和狹隘化。就狹隘化言，否定感官與雜多的傾向若過分被強調，將導致冥契意識的光譜限縮，使得詹姆斯和馬斯洛所提到的若干重要經驗全被排除在外；雖然就這一點言，它還不是史泰司判教立場眞正危機所在，因爲冥契體驗的界義到底採嚴或採鬆，本來就容許爭論並留有彈性。然而，如果感官意象一律極端地被視爲否定物，那麼終將導致唯有內向型才是眞正唯一的冥契，而肯定雜多的外向型也終要昇華而被揚棄，順此不返，冥契主義的討論將導向極端狹隘化的一端走[48]。

　　更重要的是，若將外向、內向視爲從低級到高級的單線（唯一）發展徹向，而一旦到達便只有停住此純粹意識方爲究竟圓滿；這種單行道式的發展圖式，會不會將冥契類型的種類過於簡單二分？也將內向和外向間的可能辯證關係看得過於簡化？筆者的意思是，可不可能有一種類型是可以統合內向與外向——既從外向昇華爲內向、又從內向再度融貫回外向[49]；

---

[48] 史泰司主張：「外向型冥契主義雖然是個明確的異類，但它很可能是比內向型低一級的次型，換言之，它代表的經驗是不完整的，其圓滿狀態要升到內向型的體驗時才告完成。外向型的趨勢是趨向一統，但未盡其全，內向型則充分盡之。在內向型的情況中，雜多已徹底泯除，所以必然會導致無時無空，因爲時空正是雜多的原則。然而在外向型的例子中，雜多似乎只是半消融於一統當中，萬有仍在那兒。……但就此點而言，外向型似乎又是內向型的一種未完成類型。意識或心靈是比生命高級的範疇，是生命級之頂。外向型只看待世界是生生之流；內向型則了解此是宇宙意識或宇宙精神。」史泰司著，楊儒賓譯，《冥契主義與哲學》，頁161-162。

[49] 史泰司雖然亦注意到許多冥契經驗者同時擁有兩種經驗，而使內向和外向重合不分：「話說回來，冥契者自己是不會分別內向型之『一』或外向型之『一』的。艾克哈特無疑地就沒有想過，他很明

亦即，可不可能存在這種類型：它雖肯定了感官和雜多卻不能簡單地被視
爲純粹外向型冥契體驗，因爲它同時也對內向型所謂的純一體味甚深，只
是它並不停住佔有此境，甚至要將此境融入眼前一切處；對於這種體驗過
內向型的狀態後，再回歸並肯定生活世界，結果統一了「無分別」與「分
別」的內、外交融一貫型，我們並未看到史泰司曾關注此種圓境的可能，
而它卻可能是東方冥契主義案例的普遍圓教模式[50]。

　　史泰司眞正崇仰的還是在於無時無空的純粹意識，然而這個絕對眞實
之境的內容，在黑格爾看來卻難逃「無世界論」的抽象病徵[51]。換言之，
這個最眞實可愛之境，遺忘了眼前變化流行的存有世界，而可能成爲了最
崇高的虛無。體驗過此絕對空靈的純境是一回事，有沒可能長保此境，或
要不要極端地追逐此境，則又是另一回事。如果照詹姆斯強調的頃現性，
馬斯洛主張的瞬間即逝性，就算內向冥契者可以較久地暫留此境，也可能
透過技藝重返此境，問題還是存在：如何高超的冥契者恐怕都無法永保此
境、久住此地，人終究要回歸眼橫鼻直的感官肉身，面對花紅柳綠的意象
世界。眼前這一周蝶有分、歷歷在目的當下現前，如何可能全然抹去。換

顯的擁有這兩種經驗，但他不會論及其異同之問題……。內向型與外向型的統體常常重合不分，
許多冥契者的著作中都可看到這項獨特而顯著的色彩。」史泰司著，楊儒賓譯，《冥契主義與哲
學》，頁74。但嚴格講，史泰司只是就冥契文獻而指出這個現象，甚至由此批評冥契者自己不會也
無能對它們之間的異同做出區分。而作為研究冥契主義的學者，在這一點卻可能比冥契者本身更
具哲學考察能力（這也是為何史泰司強調：「哲學家或學者對冥契主義之研究是可以有貢獻的。」
《冥契主義與哲學》，頁8）。換言之，在筆者看來，史泰司自己正是要從這些冥契現象中做出哲
學考察並給予價值區分，而他的判教立場便是以內向型為終極形態。筆者對道家冥契哲學的詮釋立
場，也是要從道家這種內外兼備的現象出發，指出其中有可能比史泰司所謂由外向型向內向型這一
單線發展更複雜的辯證可能。

[50] 例如天台宗批判華嚴宗「緣理斷九」而主張「即九法界而成佛」，禪宗主張從「見山不是山」回歸
「見山又是山」；儒家主張理一分殊、物物太極；道家主張「道無逃乎物」等等。本文這裡先不討
論佛教是否適合用冥契主義來看待，鈴木大拙和史泰司顯然認為（尤其大乘佛教）是可以的。其實
楊儒賓先生在翻譯《冥契主義與哲學》一書的〈譯序〉中，就已經注意到東方圓教模式並不適合用
史泰司的內向型來判教，頁3-17。

[51] 參見【德】黑格爾（Hegel, Georg Wilhelm Friedrich）著，賀麟、王太慶譯，《哲學史講演錄》第4
卷（北京：商務印書館，1995），頁99、114、129。

言之，如果冥契者不想在聖、俗二元間往來奔波，那麼如何從偏執永恆回歸於純粹空靈（可稱為「懷鄉型」），轉成打通內外、聖俗不分地肯定現前一切差別，又在一切差別的萬法殊相中不礙空靈，便呈現出另類的辯證圓融高峰（此即為「圓教型」）。

三、道家冥契體驗的核心特徵之分析：一體、超越、悖論、不可言說

要判斷道家的體道經驗是否可歸為冥契意識，基本上，需要考察體道境界的描述，是否能大部分滿足冥契共同核心特徵；另外更進一步的問題是，若道家確實可視為冥契體驗，那麼道家的冥契體驗到底屬於內向或外向型？還是超出史泰司的內外二分架構而自成特殊類型？這樣特殊意味的類型到底偏向美學藝境還是宗教冥契？還是統合二者為一？這些都是本章接下來要討論的課題。

底下先以史泰司和詹姆斯所列舉的冥契意識核心特點為依據，回到老莊體道文獻舉證，分析體道經驗和冥契經驗的契近性，以證成道家式冥契主義這一判斷。首先，筆者認為史泰司所列的七項特質中，最重要的是第1、第2、第6、第7這四點，這些特點說明清楚了，第3、第4、第5這三點也就連帶地呈現出來。

假使先不管史泰司所謂內、外型的分判立場，那麼第1和第2點其實都和詹姆斯「形上學洞見」、「一元論洞悟」有關，甚至第3點所謂的「客觀真實感」，也是因為來自於形上真理的洞見，方才有直接知覺實在而來的客觀真實感受。史泰司所謂的客觀，嚴格講是超越主客二元的融合為一感，因為它超越了日常認知主體的對象化活動，使得主客間的觀看距離消弭，遂產生直見性命的明晰朗照，而興發存在更真實的洞悟感。換言之，一切總源皆因融合無間的一體感，其中超越二元分別的無待之「一」，便是關鍵處。

㈠《老子》主要冥契核心特徵之考察詮釋

　　眾所皆知，老莊體道者的人格典型之名便是「真人」，「真」對比於「俗」、「常」、「眾」言，特別顯出真實、非常與超凡的人格境界。真人之所以比一般眾人能有更客觀、真實感受，當然來自於「體道」經驗，而「體道」內涵為何？老與莊都一再提及體驗核心在於融合無間感，亦即「抱一」、「通一」。換言之，老莊的實踐、境界形上學確實都指向了「一元性的洞悟」；例如《老子》喊出「聖人抱一為天下式」（二十二章）、〈齊物論〉強調「唯達者知通而為一」，顯然「一」已成為道家形上洞見的專有代名詞。「道」並非形上實體之抽象物，而是落實在真人達者身心一如、物我為一的體驗中。

　　「聖人抱一為天下式」，在《老子》中有更具體的指示，「抱一」完整的話語脈絡如：「載營魄抱一，能無離乎？專氣致柔，能嬰兒乎？滌除玄覽，能無疵乎？」（十章）；而「抱一」能「為天下式」更全面的說法則是：「昔之得一者，天得一以清，地得一以寧，神得一以靈，谷得一以盈，萬物得一以生，侯王得一以為天下貞，其致之一。」（三十九章）大致可說，「抱一」傾向於工夫講，當工夫通向冥契境界時則可稱為「得一」。從抱一工夫到得一境界的模式，也可以看出道家的冥契經驗並非偶然臨現，而是有其身心技藝鍛鍊在，例如該如何將心（營）和身（魄）抱合無間，如何讓自己的身體能柔化貫通如嬰兒般氣化流暢，如何使意識的雜籽淘汰澄清如鏡鑑無瑕；而當人透過「致虛守靜」、「為道日損」的工夫以臻冥契境地時，便可謂之「得一」，而當有人（侯王）能融入天地萬有（包括天、地、神、谷、萬物等）合一之境時，一切存在才能得到清明祥寧（清與寧）與生機活力（靈與盈），亦即「得一」的冥契境界將帶來存在意義的無盡灌溉（如此則天下生命方能貞定），這一切都是「致一」的冥契功效。

　　由「抱一」工夫所來的「得一」境界，《老子》除了指出其可為天

下宗本與稽式外，更重要的還在於「致一」的冥契境界內核到底爲何？對此，《老子》亦有更進一步的描述：

視之不見名曰夷。聽之不聞名曰希。搏之不得名曰微。此三者不可致詰，故混而爲一。其上不皦，其下不昧，繩繩兮不可名，復歸於無物，是謂無狀之狀，無物之象，是謂惚恍。迎之不見其首，隨之不見其後，執古之道，以御今之有，能知古始，是謂道紀。（十四章）

「視不見」、「聽不聞」、「搏不得」，正如詹姆斯所謂超脫形骸、知覺否定的狀態（因爲五色目盲、五音耳聾、五味口爽、田獵心狂，感官心知的有爲競逐正是《老子》指斥人遠離道的關鍵障礙），然而槁木死灰般的知覺懸擱，並非要走入死寂虛無之境，而是爲昇華頓入「夷希微」這一「不可思議」（致詰）的混融一體之境。「混而爲一」便是指冥契意識頓入非分別、無對立的一體性。用「混」之意象來表示冥契「抱一」「得一」「致一」之境，是老、莊一向喜愛的隱喻手法，它涉及渾沌與水域的神話隱喻，都是用來隱喻融合、包容、互滲的氣化連續之難以名狀[52]。處於這樣的混一冥契之境，《老子》又將其描述爲：超越了上／下、明／暗、先／後，等等時空限隔與對立區分，這也是典型的冥契共同特徵；而這一超時空的玄玄深奧（繩繩兮）、不可言說（不可名）之境，幾乎可說是復歸於「無物」的純意識狀態，其中幾乎不存在任何時空範圍下的個體對象物。但《老子》所謂「無物」之境絕非虛空貧乏，反而是極爲真實的「無狀之狀，無物之象」的「惚恍」。其實「無物」只是對比於可視、可聽、可搏的日常對象物而來的遮撥說法，遮撥後所要證顯的乃是「無狀之

---

[52] 用「混」來談冥契之「一」及關於老、莊的渾沌意象和神話哲學意蘊，參見拙文，〈神話、《老子》、《莊子》之同異研究——朝向「當代新道家」的可能性〉，《莊子靈光的當代詮釋》，頁227-270。

狀，無物之象」；對於這個超越時空、思考、語言的混融一體，《老子》使用了一個如夢如幻的「恍惚」意象來隱喻。「恍惚」一詞極為特殊，在筆者看來，它既可以用在情景交融的美學脈絡，亦可用來指稱物我合一的冥契狀態。若放在《老子》冥契脈絡來解讀，它大概是指時空變形、瓦解後，身／心、人／我、物／我等等邊界劃分「／」的取消，結果產生了身心一如、人我遇合、物我感通的流動擴大感（既朦朧又清晰）。換言之，「恍惚」是《老子》用來描述體道境界的特殊用語，它不但非是負面概念，反而近乎神聖體驗的隱喻：

　　孔德之容，惟道是從。道之爲物，惟恍惟惚。惚兮恍兮，其中有象，恍兮惚兮，其中有物。窈兮冥兮，其中有精。其精甚眞，其中有信。（二十一章）

　　「孔德」（玄德、上德）都是用來指稱體道者的內涵尊稱，而體道得一的眞人所以能有盛德氣象之容止，是因爲他能惟道是從、抱一爲式。而對於抱一、唯道的冥契意識狀態，《老子》再度使用「恍惚」意象群來隱喻：惟恍惟惚、惚兮恍兮、窈兮冥兮[53]。恍惚情狀超越了上下、先後的時空框限，其冥契一如的融合流通狀態，對比於日常意識的僵固，便猶如詹姆斯所謂的恍然如夢，但這種恍惚窈冥之境不但不是虛無不眞（「其中有象」、「其中有物」，就表示它不是虛無空洞之境），反而具有知覺擴大、直接知覺的明晰朗照感（故謂「其中有精」、「其中有信」），所以

---

[53] 隱喻也是冥契主義者在不可言說的情況下，所轉化出的另類語言巧妙，正如史泰司指出的：「隱喻手法不僅在艾克哈特及羅斯布魯克身上才可見到，它幾乎遍布所有的耶教冥契者。這些語言如『黑暗』、『空』、『無』、『沉默』、『赤裸』、『空白』等等皆是。這些語言指涉的東西如果說白一點，其實就是渾然合一之統體。」史泰司著，楊儒賓譯，《冥契主義與哲學》，頁117。何止耶教冥契者善用隱喻，道家亦然，關於《老子》對不可言說的「道體」之「隱喻」，請參見拙文，〈從《老子》的道體隱喻到《莊子》的體道敘事——由本雅明的說書人詮釋莊周的寓言哲學〉，《清華學報》新第40卷第1期（2010年3月）。

才再次強調此中勝境乃「（其精）甚眞」。用史泰司的話說，這一恍惚窈冥的甚眞境界，其意識狀態才是最眞實客觀的存在。

抱一、得一的體道恍惚之境，正是典型冥契核心特徵的一元狀態，而身處此境時則又「不可名」，這一點也符應了史泰司所謂「冥契者宣稱不可言說」。對名言的批判與超越是道家哲學的重要特點，隨處可見。《老子》開篇便言：「道可道，非常道；名可名，非常名。」可見，「常道」自身是無法被言說出來的，而「常名」自身也只能是「大音希聲」的沉默當體，它們都不可透過一般語言名相來接近。因此《老子》總強調「道隱無名」（第四十一章），而體道致一的聖人必也要「處無爲之事，行不言之教」（第二章），因爲「多言數窮，不如守中」（第五章）；一旦落入言說，必將退轉於窮境，不能保守冥契中心之地，所以《老子》一再主張「希言自然」（第二十三章），也只有「希言」默然者，才能回歸自然無爲的素樸未鑿之恍惚境界。對於冥契（意識）與語言（邏輯）的背反關係，他甚至提出「知者不言，言者不知」（第五十六章）這一弔詭命題：即眞正冥契於道者，必默會無言；而名言不休者，正代表未處妙境之症狀。而《老子》再三強調的無名、希言、不言，對於體道境界不可言說性的再三強調，可爲「冥契者宣稱不可言說」這一項核心特徵，增加強而有力的東方例證。

更可貴的是，《老子》對不可言說性，不但有從冥契經驗出發的第一手描述，更在後設反思的層面，試圖提出哲思性的分析[54]。其關鍵在於冥契意識屬於非分別的一元論洞悟狀態，而語言本質則在二元性的分割結構。《老子》認爲：常道不可被名言道說，因概念語言的本性是二元對立

---

[54] 就筆者觀察，冥契體驗者能對冥契經驗進行哲學性反思者極少，而《老子》和《莊子》都具有體驗與反思的雙重性格；另外艾克哈特也有這種綜合特質的傾向，例如他底下說法就具有哲思特質：「人的精神登上了天堂，發現精神推動了諸天的運作，百尺竿頭，……它更將精神推進精神發源地的漩渦之中。在那裡精神用不著數字，因為數字只是用來計算時間，它是在這個不完美的世界才用的。任何人若不摒棄數字的概念，他即無法將他的根源打進永恆。」轉引自史泰司著，楊儒賓譯，《冥契主義與哲學》，頁116。

的符號切割，二元切割必使前語言的渾沌、恍惚一元之道，被符號指義爲千差萬別的對象物，落入「樸散而爲器」的道裂處境。而人類透過語言而有的文化建制（「始制有名」），卻正好建立在「道術將爲天下裂」的「樸散」之上，無止盡地一再進行二元結構的符碼象徵演繹與交換（因此《老子》對文明破碎的語言治療主張「知止不殆」）。語言分割建立在符號「差異」的區分上，而差異的基礎便來自語言的二元對比結構，即《老子》所洞悉的「肯定」（中心）與「否定」（邊緣）的共生邏輯：「天下皆知美之爲美，斯惡已。皆知善之爲善，斯不善已。故有無相生，難易相成，長短相較，高下相傾，音聲相和，前後相隨。」（第二章）

　　人類利用語言符號區分、指義世界萬物，從此也讓人活在符碼化的意義擺盪之爭奪中：「禍兮福之所倚，福兮禍所伏，孰知其極。其無正。正復爲奇，善復爲妖，人之迷，其日固久。」（五十八章）掉入語言二元結構的繁華，同時便宣告輪迴於福禍相倚、正奇相待、善妖相生的迷宮中。這種處境的悲哀，〈齊物論〉的評斥最爲一針見血：「道隱於是非，言隱於榮華。」原來安詳寧靜的無言大道的一體之境，從此便墜入語言拼貼、心靈皺折，（二元）語言榮華取代了（一元）淡泊寧靜。對道家言，語言繁華的意義世界只是約定俗成的建構物，並非最客觀眞實的體道冥契境界。由此可知爲何老莊不斷強調：無爲、自然、希言、無名，因爲有爲與名言糾纏，必開顯出符碼化的意義世界；無爲和不言共在，可頓入冥契意識的眞理實在。

　　值得一提的是，最早注意到《老子》第二章具有雙重目標：一方面在指斥語言「即肯定即否定」的結構本質，另一方面是爲超越二元揀擇以回歸一元渾樸大道——這種冥契與語言關係者，大概就屬錢鍾書了。《管錐編》曾透過對王弼注老的再評點，博雅而敏銳地認出《老子》具有冥契體驗（他稱爲「神祕宗」）：

知美之為美，別之於惡也；知善之為善，別之於不善也。言
美則言外含有惡，言善則言外含有不善；偏舉者相對待。斯賓諾
莎曰：「言是此即言非彼」；「有無」、「難易」等王弼所謂
「六門」，皆不外其理。此無可非議者也。顧神祕宗以為大道絕
對待而泯區別。故老子亦不僅謂知美則別有惡在，知善則別有不
善在；且謂知美「斯」即是惡，知善「斯」即非善，欲息棄美善
之知，大而化之。

　　知美之為美、善之為善，由分別法，生揀擇見，復以揀擇
見，助長分別法，愛憎進而致貪嗔。老子明道德之旨，俾道裂樸
散復歸寧一。[55]

　　分別、揀擇都是語言伎倆，而透過語言二元結構步步形塑羅織人的
愛憎貪嗔，從此人便迷茫在語言符號鏈網中；要回歸冥契大道、復歸寧
一，便須棄絕對待、消泯區別，而關鍵便在破除王弼的有言六門對立，回
返《老子》的無言寧一之旨。耐人思量的是，錢鍾書雖將《老子》放在冥
契主義行列（與斯賓諾莎並觀尤具洞見，他也是冥契體驗者中少有的哲學
家[56]），但對於《老子》是否能完全守住一元無別、不可言說立場，卻頗
有懷疑：

　　蓋老子於昭昭察察與悶悶昏昏，固有拈有捨，未嘗漫無甄
選，一視同仁。是亦分別法，揀擇見歟！曰無分別，自異於有分

---

[55] 錢鍾書，〈老子王弼註章〉，《管錐編》，頁411、412。錢鍾書認為老子這裡的洞察和聖‧馬丁所
　　謂的「神祕宗」觀點是同流同語，不過他並非完全認同冥契主義立場，反而站在文學角度批評神祕
　　宗傾向走入完全否定語言的弊病：「神祕宗深知『六門』之交得而不可偏舉，欲消除而融通之，乃
　　一躍以超異同，一筆以公勾正反，如急吞囫圇之棗，爛煮糊塗之麵，所謂頓門捷徑者是。」《管錐
　　編》，頁415-416。
[56] 錢鍾書，關於【荷蘭】斯賓諾莎（Baruch de Spinoza）的冥契體驗及其哲學反思，參見拙文，〈斯
　　賓諾莎泛神觀的同一與差異〉，《文明探索》1999年第17期，頁90-105。

別耳，曰不揀擇，無取於有揀擇耳；又「有無相生」之理焉。
一二章云：「聖人爲腹不爲目，故去彼取此」；三八章云：「大
丈夫處其厚不居其薄，處其實不居其華，故去彼取此。」豈非
「知美」、「知善」，去取毅然？[57]

　　錢氏的批判在於，既然《老子》宣稱入於體道無言冥契之境，那麼
他又如何可以分辨而又說出：昭昭察察／悶悶昏昏、爲腹／爲目、去彼／
取此、處厚／居薄、處實／居華等等二元區分的命題語句。換言之，錢鍾
書認爲《老子》所宣稱的超越揀擇分別的無言絕待立場，和上述這些明顯
具有揀擇痕跡的語言現象，呈現出矛盾的背反困境，至少是有待釐清的難
題。而他自己則提出如下說明：

　　蓋身求存而知欲言，眞情實事也；無身無言，玄理高論也。
情事眞實，逃之不得，除之不能，而未肯拋其玄理，未屑卑其高
論；無已，以高者玄者與眞者實者委蛇而爲緣飾焉。[58]

　　錢鍾書的重點在於，問題意識必須焦點化在「眞情實事」和「玄理高
論」到底是絕對背反？還是不得不有所統合？「玄理高論」當是就冥契無
言的一元絕待境界說，而「眞情實事」則是指常人有知有言的狀態；然而
問題就在冥契者一方面體驗過永恆眞理的絕言高致，另一方面卻又不能全
然逃於眞情實事的有言屑卑，因此在中介狀態的尷尬處境下，不得不產生
他所謂「以高者玄者與眞者實者委蛇而爲緣飾焉」。然而此說有何眞意？
錢氏評點雖似有直觀洞見在，但不免語焉未詳。對此，筆者認爲解答就在
冥契主義的另一共通特性：悖論現象。

---

[57] 錢鍾書，〈老子王弼註章〉，《管錐編》，頁413。
[58] 錢鍾書，〈老子王弼註章〉，《管錐編》，頁413。

　　確實，入於冥契狀態者無須言說亦無法言說。但正如詹姆斯指出「頃現性」的必然現象，冥契者終不可能久住此境，他仍要退回生活世界，面對於這種「既入又出」的中介狀態：即一方面曾體驗過絕對沉默純一之境，另一方面又現處感官意象雜多處境，此時此地、此情此景，他該如何面對「表達」困境？簡言之，除非冥契者再循技藝管道重返無言冥契之境，儘最大可能逃離人群與語言的尷尬遭遇，一旦他選擇傳播宣揚、溝通交流的立場，那麼：非語言／語言、一元／二元之間的矛盾衝突困境，便同時襲捲而來並挑戰表達溝通的可能性。結果便產生了冥契經驗核心特徵中，看似二律背反卻又同時存在的奇異現象：即冥契者雖宣稱不可言說，但同時卻一再出現充滿悖論的表達現象[59]。對於史泰司，悖論和邏輯的矛盾不是同一層次，邏輯存在的法則只適用在雜多的現象世界。因此A物具有自我同一性，便可和B物的自我同一性區分開來，「A是A」與「A不是B」是同時成立的。換言之，邏輯法則適用在表象思維的對象物世界。然而冥契的真理世界是非分別的一體交融之境，任何個體對象物（A、B、C、D等）的自我同一性概念，在這樣的冥契境界中已被超越，因此邏輯法則就不再適用此境，而表達冥契境界所產生的悖論現象，也就不適合用邏輯法則來評斷或否定[60]。簡言之，史泰司為悖論和邏輯劃分不同層次的做法，既為邏輯的適用範圍劃下了界限，同時也為悖論現象在冥契經驗中爭取到表達空間。

　　對於《老子》的悖論或詭辭現象，任誰都不可能輕忽（因為它正是閱讀的障礙所在），卻少有學者從冥契主義的角度來觀察它。假使讀者試從上述的冥契脈絡來看，那麼《老子》一書為何充斥悖論、妙用詭辭，便可得到親切而可理解的理路。原來，體道於一元的冥契者，要不就留住在

---

[59] 「悖論」簡單說就是：表面看似自相矛盾（肯定與否定共在）的詞語，或者詞語統合了看似矛盾的正面與遮面的兩方，例如「無聲的低語」、「炫麗之幽玄」等，參見史泰司著，楊儒賓譯，《冥契主義與哲學》，頁341-378。

[60] 史泰司著，楊儒賓譯，《冥契主義與哲學》，頁372-373。

不言守中的沉默之境，一旦進入不得不說的語言世界時，那麼鬆動邏輯語言的二元對立性，並將對立給再度統合於絕對域這一表達空間時，便自然產生了悖論詭辭的跨域現象。換言之，它是一種將語言二元區分給再度融解，以調升回一元互滲的世界，所進行的語言創造策略（可見詭辭的特質不在表象的矛盾，而在內裡的跨域融合）。底下，筆者列出一些《老子》的詭辭現象，以呼應冥契主義的悖論表達這一共同特徵：

　　　　（第一章，無與有）「此兩者同出而異名，同謂之玄，玄之又玄，眾妙之門」（第二章，無有同出）；「為無為，則無不治」（第三章，無為與治共成）；「道沖而用之或不盈」（第四章，虛盈並立）；「三十輻共一轂，當其無，有車之用」（第十一章，無形與有相共成）；「無狀之狀，無物之象，是謂惚恍」（第十四章，無狀無物與有狀有象同在）；「曲則全，枉則直，窪則盈，敝則新，少則得，多則惑，是以聖人抱一為天下式。」（第二十二章，曲／全、枉／直、窪／盈、敝／新等二元對立現象，之所以能交融過渡，主要是從抱一的冥契視域觀之，而不是從人間的權謀詐術視之）；「善行，無轍跡」（第二十七章，行動與無跡並立）；「死而不亡者壽」（第三十三章，死與不亡一貫）；「道常無為而無不為」（第三十七章，無為與無不為相生）；「上德不德，是以有德」（第三十八章，德與不德相即）；「明道若昧，進道若退，夷道若纇……，大白若辱……，大方無隅……，大音希聲，大象無形，道隱無名。」（第四十一章，這一系列看似矛盾卻又共融是最為典型的悖論，而它們所以成立並如此被表達，可能也是建立在道隱無名這一冥契經驗上）。以上筆者大概隨手拈來《老子》文獻以為例證，就有如此多的悖論現象，而它們同時是閱讀《老子》的障礙和美妙的關鍵處。而本章一方面將《老子》這些豐富的悖論現象，作為補充冥契表達的悖論特徵之東方例證；另一方面也反過來提醒學者從冥契經驗角度來解讀，《老子》為何充斥悖論這一看似語言亂象，便得到了庖丁解牛般的順暢。

㈡《莊子》主要冥契核心特徵之考察詮釋

　　底下轉向《莊子》，看看是否和《老子》一樣，充滿抱一、得一、不言、無名，甚至悖論詭辭現象。眾所皆知，〈齊物論〉是《莊子》的理論核心，文章的義理和文字皆深奧艱難，但擇其精華說，〈齊物論〉有兩大主題：一在呈現萬物的一體性（平齊萬物），二在對二元語言結構的超越（平齊物論），而這兩項主題正好就符應冥契哲學最重要的共同核心特徵。冥契哲學精神在於（形上）一元論的洞見與（語言）二元性的超越，所以從冥契主義看〈齊物論〉，正好也可將其視為冥契經驗的紀錄和冥契哲學的反思。〈齊物論〉起手於公案故事，透過一場大師與門徒的對話，既點出身心技藝的隱几工夫，更揭露天籟的體道境界。南郭子綦的形槁木、心死灰的隱几，透露出道家的身心技藝之鍛鍊，而超凡入聖的關鍵就在「喪我」。由「喪」對「我」的虛損致極，方能聆聞「天籟」。槁木死灰正呼應於詹姆斯的知覺否定，喪我則對應他所謂主體意志的中止，這兩者的否定或懸擱，都為了導向一條絕對道路的開啟──對此，《莊子》以天籟隱喻將其展開，再次印證了詹姆斯的發現：冥契表達與音樂隱喻的共生關係。

　　不管《老子》或《莊子》，體道經驗都建立在自覺的工夫實踐上，體道經驗並非偶然臨現，而是身心技藝的開花結果。何謂天籟境界？《莊子》透過「吹萬不同，而使其自己也，咸其自取，怒者其誰邪」[61]！這一音樂譬喻來宣示。當千差萬別的萬物能無待（沒有怒者）地活出自己時，這就像各自從內在深處吹奏出生命樂章，而各色音符彼此間又混融共振為一交響曲，便是天籟。由喪我以通天籟的這一音樂交響境界，要完整把握它的豐富意蘊，最好再深入〈齊物論〉文旨。

　　天籟之後，《莊子》轉向深描人心成見的蟄伏牢固，但終究無靠、悲哀；它既具理論深度又具存在感受地讓我們看到：就是因為成心成見和語

---

[61] 關於隱几、喪我、天籟等對話情境和文脈，參見【清】郭慶藩輯，《莊子集釋》，頁43-50。

言二元結構的共謀關係，人才落入「朝三暮四」猴戲般的計較白忙，不但不得平靜，更在人事物的相刃相靡、得失輪迴中，駛入「近死之心，莫使復陽」的悲哀茫昧、油盡燈枯的大虛無之境[62]！

　　幾乎無人可跳出輪迴魔咒，因爲沒有人不以成心爲師（「夫隨其成心而師之，誰獨且無師乎？」），而指導成見的成心內核，又建立在這樣的語言結構上：「方生方死，方死方生；方可方不可，方不可方可；因是因非，因非因是……，是亦彼也，彼亦是也。彼亦一是非，此亦一是非。」[63]這個說法和《老子》第二章如出一轍，只是更具哲學分析性罷了。《莊子》和《老子》一樣，清楚看到語言二元符號的意義世界之構成，其實犧牲了一個原始的眞理世界（渾沌隱喻），而這一原始眞理本是以「大音希聲」的音樂天籟唱出自身。莊周於是喟嘆：

　　道惡乎隱而有眞僞？言惡乎隱而有是非？道惡乎往而不存？言惡乎存而不可？道隱於小成，言隱於榮華。故有儒墨之是非，以是其所非而非其所是。[64]

　　原本是絕對肯定的眞理世界，無處不聞天籟的吟唱交響，但爲何眞理隱沒、天籟消逝？支離渾沌的劊子手便是分辨「成／毀」、「是／非」的語言結構，順此對立結構演繹下去，一個看似榮華熱鬧實爲支離破碎的成見世界，便展開它桎梏人心的天羅地網。《莊子》看出這樣的交換危機，所以要再度疏通一元大道：「凡物无成與毀，復通爲一。唯達者知通爲一，爲是不用而寓諸庸。庸也者，用也；用也者，通也。」[65]

---

[62] 〈齊物論〉這段充滿存在主義情調，可謂將人的荒謬、虛無深描的驚心動魄、蝕人肺腑（而成玄英的佛教式注解，亦有可觀），《莊子集釋》，頁51-56。

[63] 【清】郭慶藩輯，《莊子集釋》，頁66。

[64] 【清】郭慶藩輯，《莊子集釋》，頁63。

[65] 【清】郭慶藩輯，《莊子集釋》，頁70。

　　「復通爲一」便是疏通無言的一元冥契境界，「達者」便是冥契體驗者，而冥契者所以能通達交融互滲的一元境界，關鍵便在破除「成／毀」背後的成心成見和語言結構。如此一來，原本被語言符號命名所強分的「中心／邊緣」對立，才又回到了一元論的洞悟與齊平：「故爲是舉莛與楹，厲與西施，恢恑憰怪，道通爲一。」[66]可見，道家的「道」將使二元對立所演繹出來的奇形異狀、千差萬別之符號物，再度在眞實界的流動中交融會聚爲一。

　　〈齊物論〉一直在進行「超二」「返一」這兩軌並行的論述策略[67]。一切所謂「莫若以明」、「照之於天」、「得其環中」、「休乎天鈞」等等觀照、超然態度，都是爲破除成心透過成見所帶來的無窮是非之競逐與耗弱，而超越語言成見所導致的以「朝三暮四」鬥爭「朝四暮三」之分裂景觀，當然是爲了上達「天地一指也，萬物一馬也」的美麗境界（將這美麗的詩性隱喻轉成莊嚴的哲學命題，便成爲「整體(一)不離於部分（多），部分（多）不離於整體(一)」）[68]。而能夠重返這美麗的一元冥契世界，正也因爲超越了語言二元的分裂。擁有哲思性格的莊周，也由此強調並反思了冥契境界的不可言說性：

---

[66] 【清】郭慶藩輯，《莊子集釋》，頁69-70。

[67] 所謂「超二」是對語言二元結構「此亦一是非，彼亦一是非」的超越，「返一」則是「得其環中以應無窮」的「中心」觀照，而這種「莫若以明」「照之以天」的觀照，產生了包容「兩行」是非物論的尊重多元差異的能力；在筆者看來，《莊子》對物論多元的包容並不能只以一般尊重多元言論的立場看待而已，其背後有其形上體驗、冥契體驗作爲超越根據，即體驗到「厲與西施，恢恑憰怪，道通爲一」、「天地與我並生，而萬物與我爲一」，才由此對彼是兩行的二元分別有了批判性包容。若不如此理解，我們將很難解釋爲什麼〈齊物論〉會統合「道通爲一」與「物論兩行」而一併說之。對此亦請參見拙文，〈《莊子》工夫實踐的歷程與存有論的證悟──以〈齊物論〉爲核心而展開〉，《莊子靈光的當代詮釋》，頁23-48。

[68] 【清】郭慶藩輯，《莊子集釋》，頁66。這裡所謂的「美麗境界」，乃是就〈齊物論〉的「物化」之美而說，因爲天地萬物中任何渺小的部分存在，從「氣化」角度說，都必然融入共同的存有大流之中而交響成天籟，這種部分（一指一馬）與整體（天地萬物）的相即，便是物化美學，也是本文所謂即差異即同一的自然冥契美學。參見拙文〈論先秦道家的自然觀：重建一門具體、活力、差異的物化美學〉。

天地與我並生，而萬物與我爲一。既已爲一矣，且得有言乎？既已謂之一矣？且得无言乎？一與言爲二，二與一爲三。自此以往，巧曆不能得，而況其凡乎！[69]

　　不只單純強調了冥契境界的不可言說性，他更複雜地反思了冥契經驗、冥契命題和語言的關係。就眞正入於天地萬物合而爲一的冥契境界時，首先是完全超越言語活動的絕對沉默之狀，換言之，眞正在冥合爲一的狀態時，是不會有任何語言能所的活動；其次，當眞人體驗過冥合爲一，並在回憶狀態進一步表達出：曾有一「天地與我並生，而萬物與我爲一」的美麗境界存在時，此時被表達出來的「天地並生，萬物爲一」之說法，其實已不是冥契經驗本身，而是有關冥契經驗的命題表達，此時此刻，必然已進入語言狀態，所以莊周以其後設反省而提醒我們：「既已謂之一矣？且得無言乎？」換言之，要覺察和正視「無言爲一」和「有言謂一」的差異。

　　〈齊物論〉自覺並清楚區分了冥契經驗（合一）和冥契表達（說一）的差異，所以強調了「一（冥契無言合一的體驗）與言（對冥契合一的語言表達）爲二（以上兩個意識狀態和境地，有基本差異）。」[70] 一旦無法洞識上述的差異，那麼人們便可能落入以「說一」取代「合一」的危險，亦即將語言的唯名方便視爲語言的唯實論，並且將冥契表達的隱喻性給實體化的執定過程中，掉入由語言命題延伸語言命題的是非循環中[71]。這

---

[69] 【清】郭慶藩輯，《莊子集釋》，頁79。

[70] 《莊子》「合一」與「說一」的區分，可以和史泰司所謂（冥契）「經驗」與（冥契表達）「詮釋」的區分相發明，其中突顯出反思性格、哲思態度，參見史泰司著，楊儒賓譯，《冥契主義與哲學》，頁26-33。

[71] 最有名的公案，便是〈知北遊〉中「知」這一人物所代表的層次，從「知」和「无爲謂」、「狂屈」、「黃帝」的對話層次看，「无爲謂」正是處於「無言體一」之狀，而「狂屈」則處於「無言體一」和「有言謂一」之間，至於「黃帝」則是處於「有言謂一」（但還能了解「無言體一」和「有言謂一」的差別），至於「知」則掉入將「說道」直接等同「體道」的語言唯實論危險中。【清】郭慶藩輯，《莊子集釋》，頁729-731；另參見拙文〈《莊子》的冥契眞理觀與語言觀〉對此

種困窘正是上述所謂「二與一爲三，自此以往，巧歷不能得，而況其凡乎！」至於〈齊物論〉所謂的「三」以及「三」以後的境地，大抵就是語言成見所導致「朝三暮四」與「朝四暮三」互爲心鬥的支離破碎！

　　再試看以下同樣結構的〈齊物論〉文獻：「古之人，其知有所至矣。惡乎至？有以爲未始有物者，至矣，盡矣，不可以加矣。其次以爲有物矣，而未始有封也。其次以爲有封焉，而未始有是非也。是非之彰也，道之所以虧也。」[72]

　　所謂古之人，實爲對生命境界典範的嚮往美稱，其生命理境之究極歸依處便在於：「未始有物」；這是活在純道的一體之境，其中超越了語言命名的「成／虧」、「是／非」之對立、符號物，徹底於無言的冥契境界。其次，當冥契者離開「道通爲一」的「無言」之境，回到眼前千差萬別的生活世界時，他雖見山又是山、見水又是水（「以爲有物矣」），但由於有過冥契合一的經驗，因此使他深知深信眼前山水意象絕非分別封限的客體物（「未始有封」）。然而假使常人沒有這樣的冥契體驗，又無法對原本無物、無封的世界敞開，那麼他便只能執守在名以定形的符號層次。這時從對物的命名分別（一開始雖「未始有是非」），再到對物的是非美醜判斷（隨即進入「是非之彰」），其間的骨牌效應恐怕難逃。換言之，「物有封」到「是非彰」，便是所謂「三」以後的語言權力邏輯[73]。

　　《莊子》有關「天地一指，萬物一馬」的美麗冥契境界之描述，絕不止於〈齊物論〉，實乃處處可見。只要查索「一」這個關鍵字，便可搜羅爲數可觀的「得一」境界，如〈德充符〉：「自其異者視之，肝膽楚越也；自其同者視之，萬物皆一也。……遊心乎德之和，物視其所一而不

　一冥契公案的分析，《莊子靈光的當代詮釋》，頁49-84。

[72] 【清】郭慶藩輯，《莊子集釋》，頁74。

[73] 「三」一般是「多」的象徵，但放在道家文脈看，大概不離支離破碎的窘境，例如《老子》四十二章：「道生一，一生二，二生三，三生萬物。」在價值的光譜上，「三」乃是每況愈下的處境並與對象物連結一起，若以冥契意識看，它應該不離語言與對象物的交纏處境。

見其所喪。」「胡不直使彼以死生爲一條，以可不可爲一貫者，解其桎
梏。」[74]〈大宗師〉：「故其好之也一，其弗好之也一。其一也一，其不
一也一。其一與天爲徒，其不一與人爲徒。」「彼方且與造物者爲人，而
遊乎天地之一氣。」「造適不及笑，獻笑不及排，安排而去化，乃入於寥
天一。」[75]〈知北遊〉：「故萬物爲一也……臭腐復化爲神奇，神奇復化
爲臭腐。故曰『通天下一氣耳。』聖人故貴一。」[76]（其他相應於「一」
之境界者，如「通」、「同」、「達」等關鍵字，亦有助於理解《莊子》
的體一冥契內涵[77]。）更重要的是，如同《老子》第三十九章所指出，萬
物在「得一」的融合互滲的冥契狀態下，生命才得到意義的源頭和豐盈，
否則將乾竭困乏；秉持一樣主張，《莊子》亦強調「得道」（亦即「得
一」）將帶給生命以活力生機與安寧貞定[78]。

　　最後，爲再度呼應《老子》冥契境界的「恍惚」特徵，可以回到《莊
子》的渾沌寓言來。渾沌心地便是非分別的冥契意識，〈應帝王〉訴說了
有關它失落的故事：「南海之帝爲儵，北海之帝爲忽，中央之帝爲渾沌。
儵與忽時相遇於渾沌之地，渾沌待之甚善，儵與忽謀報渾沌之德，曰：
『人皆有七竅以視聽食息，此獨无有，嘗試鑿之。』日鑿一竅，七日而渾

---

[74] 【清】郭慶藩輯，〈德充符〉《莊子集釋》，頁190-191、205。

[75] 【清】郭慶藩輯，〈大宗師〉《莊子集釋》，頁234、268、275。

[76] 【清】郭慶藩輯，〈知北遊〉《莊子集釋》，頁733。

[77] 如〈齊物論〉：「道通爲一……凡物无成與毀，復通爲一。唯達者知通爲一……。」【清】郭慶
藩輯，《莊子集釋》，頁70；如〈人間世〉：「夫徇耳目內通而外於心知，鬼神將來舍，而況人
乎！」《莊子集釋》，頁150；〈大宗師〉：「喜怒通四時，與物有宜而莫知其極。」「假於異
物，託於同體。」「同則无好，化則无常。」頁230-231、268、285。

[78] 〈大宗師〉底下這段話可視爲《老子》「得一」的神話式、人格化表達。總之，它們都強調冥契合
一之境，對生命的滋潤和貞定感：「夫道，有情有信，无爲无形；可傳而不可受，可得而不可見
……狶韋氏得之，以挈天地；伏戲氏得之，以襲氣母；維斗得之，終古不忒；日月得之，終古不
息；堪坏得之，以襲崑崙；馮夷得之，以遊大川；肩吾得之，以處大山；黃帝得之，以登雲天；
顓頊得之，以處玄宮；禺強得之，立乎北極；西王母得之，坐乎少廣，莫知其始，莫知其終；彭祖
得之，上及有虞，下及五伯；傅說得之，以相武丁，奄有天下，乘東維，騎箕尾，而比於列星。」
【清】郭慶藩輯，《莊子集釋》，頁246-247。

沌死。」[79]

故事結構在於「渾沌未鑿」與「渾沌鑿破」的戲劇化對比。從前者到後者，充斥著死亡況味的「失去」之寓。得、失之間如何估量？首先，要注意「儵／忽」兩者的眼光和莊周眼光的差異：從「儵／忽」的角度看，他們出發點未必不善，而其有機之心的謀報之善在於分別之善，在於透過視聽食息的七竅活動而來的感官意象之展開。可見，儵忽之善實不離名言二分下的一偏之善（即善惡對立下的善端），就他們看來，渾沌雖待其「甚善」，但他們實不能了解「渾沌之善」單純在於素樸未分的包容。就像〈大宗師〉所謂：「與其譽堯而非桀也，不如兩忘而化其道。」[80]或如《老子》第四十九章：「聖人無常心，以百姓心為心。善者吾善之，不善者吾亦善之，德善。信者吾信之，不信者吾亦信之，德信。聖人在天下，歙歙為天下渾其心，百姓皆注其耳目，聖人皆孩之。」

渾沌之善在於不以定名去強分善／惡來給人強加標籤，它讓人心從肯定（譽堯）與否定（非桀）的競逐中超然兩忘，返回單純的道心；單純的道心便展開了一種渾沌之德、兩忘之善，用《老子》話說便是德善、德信的玄德包容，就在這無名而兩忘的包容下，儵／忽原本的成心計慮、耳聰目明的競逐，便得到歙然凝斂、收視返聽，終至渾然無機。可見，儵／忽在「中央之地」得到的快樂，是因為近乎「童真」（「孩之」）的返樸歸真，只因心地回歸渾沌恍惚之境，而中央正是超越二元的「冥契在其自己」之隱喻。

然而儵／忽在待過一段恍惚如夢的美好時光後，終究還要回到日常意識的六根七竅思維，而他們回報渾沌的方式，正好謀殺了渾沌樂園。這裡可見到儵／忽與渾沌的對比：前者象徵語言的二元分別（成心成見之知），後者象徵超越對立的一元無分（真人真知或無知之知）；這裡同樣

[79] 【清】郭慶藩輯，《莊子集釋》，頁309。
[80] 【清】郭慶藩輯，《莊子集釋》，頁242。

再度看到二元支解一元的戲碼，故〈天下〉篇感嘆從此「道術將爲天下裂」，爾後便是語言權力競逐的戰國風雲來臨。從冥契經驗角度看，這便是冥契意識的無言之境代換爲一般意識的名言之境；而關鍵情節便在於：儵／忽的七竅思維上演了一齣殘酷劇場，他們既謀殺了童眞也遺失了喜樂。

《莊子》七竅未鑿前的渾沌和《老子》體道者的「孔德之容」，其實同一面目，也就是「無面目的面目」這一隱喻，它因無器官分殊化的限定作用，而成爲一「純粹的意識」（同時也是「純粹的身體」，故能有「直接知覺」）。未鑿七竅的渾沌之喻，既是未被語言轄域化的冥契意識，也是一種知覺擴大的身體感；這一沒有七竅的渾沌容貌，讓人聯想起法哲德勒茲（Gilles Deleuze）所謂的「無器官身體」，而他所謂的「感覺的邏輯」也具有「知覺擴大」的力動感：

這一大背景，這一感覺的節奏統一，只有在超越了有機組織之後才能發現。現象學的假設可能是不夠的，因爲它只涉及有體驗的身體，而有體驗的身體相對於一個更爲深層的、幾乎不可體驗的力量而言，是遠遠不夠的。事實上，節奏的統一體，我們只有到節奏本身投入渾沌、投入黑夜之處去尋找，在那裡，各個不同的層次被永恆地、帶著狂野的力量席捲在一起。在有機組織之外，但同時也作爲體驗的身體的界限，有著被阿爾托發現並命名的東西：沒有器官的身體。「身體是身體／它是獨一的／而且不需要器官／身體永遠也不是一個有機組織／有機組織是身體的敵人。」……感覺是一種震顫。我們知道，蛋卵最能夠代表身體在有機再現「之前」的狀態……「沒有嘴巴，沒有舌頭，沒有牙齒，沒有喉，沒有食道，沒有胃，沒有肚子，沒有肛門。」[81]

---

[81] 德勒茲著，董強譯，《感覺的邏輯》（桂林：廣西師範大學出版社，2007），頁54-55。關於德勒茲

　　渾沌（此隱喻本源自宇宙蛋神話）沒有視聽食息等七竅有爲，其實可以看成是《老子》「恍惚」（二十一章）、「混一」（十四章）的形象化之故事新編而已。總之，《莊子》渾沌寓言不折不扣地訴說著「失樂」故事：一個冥契意識的消退過程，一個渾圓世界的裂解過程，一個語言暴力的謀殺故事，一個全身性直接知覺被分殊化器官編組的過程，一個來自力量深淵的震顫感覺被捕捉攔淺的乾涸故事。

　　雖然冥契之境、渾沌樂地超越言說，但人終不能永住冥契體驗，爲了宣講溝通的需要，乃有冥契表達的課題，如此又回到悖論的詭辭課題。《老子》如此，《莊子》亦然。例如〈齊物論〉：「大道不稱，大辯不言，大仁不仁，大廉不嗛，大勇不忮……故知止其所不知，至矣。孰知不言之辯，不道之道。」「无謂有謂，有謂无謂。」〈人間世〉：「以无翼飛者也……以无知知者也。」「所以爲不祥也。此乃神人之所以爲大祥也。」「人皆知有用之用，而莫知无用之用也。」〈德充符〉：「立不教，坐不議……固有不言之教。」「以死生爲一條，以可不可爲一貫者……。」〈大宗師〉：「善妖善老，善始善終。」「殺生者不死，生生者不生……攖寧也者，攖而後成者也。」「澤及萬世而不爲仁，長於上古而不爲老，覆載天地刻彫眾形而不爲巧。」[82]以上略就內七篇文獻信手捻來，便有諸多詭辭現象，將這些悖論放入冥契的經驗與表達之辯證角度看，應有助澄清表面的邏輯亂象。

㈢《老子》、《莊子》其他冥契特徵與修煉技藝

　　上述依老、莊文獻，從冥契主義的核心特徵詮釋之，大抵應可證成道家體道經驗是一種冥契意識。至於史泰司和詹姆斯所舉出的其他共同特

　　諸觀念（如：差異與重複、域外、遊牧、解轄域化、無器官身體、感覺邏輯等等），可和《莊子》做深層對話者應該不少。
[82] 以上文獻參見【清】郭慶藩輯，《莊子集釋》，〈齊物論〉頁83、97；〈人間世〉，頁150、177、186；〈德充符〉，頁187、205；〈大宗師〉，頁244、252-253、281。

徵：客觀眞實感、安寧法樂感、神聖尊崇感、權威感等，筆者認爲這些可視爲較次要的共同特色，也依然可在道家文獻找到呼應。

如《老子》強調體道者的心靈意識乃如：玄覽明鏡般「無疵」、「明白四達」（第十章），「靜之徐淸」（第十五章），「歸根曰靜」、「知常曰明」（第十六章），「見素抱樸」（十九章），「泊兮其未兆」、「澹兮其若海」（第二十章），「夫唯不爭，故天下莫能與之爭」（第二十二章），「雖有榮觀，燕然超處」（二十六章），「含德之厚，比於赤子」（第五十五章），「知和曰常，知常曰明，益生曰祥」（第五十五章），「聖人不積，既以爲人己愈有，既以與人己愈多」（第八十一章）。從這些描述中，可以大略讀出《老子》的體道者心境，確實處於清明、寧靜、朗照、簡靜、單純、浩瀚、包容、安詳、無我等感受中；這些感受更包括了對死亡超越而來的永恆（常）感，例如強調：「沒身不殆」（第十六章）、「死而不亡者壽」（第三十三章）、「以其無死地」（第五十章）等等。且因爲洞悟眞理之道而來的客觀實在感，及由之而興發一連串安寧法樂、神聖尊崇等感受，《老子》才將這樣的體道者（人中之王）視爲宇宙中高貴的權威存在，而贊曰：「道大，天大，地大，王亦大。域中有四大，而王居其一焉。」（第二十五章）當然這樣的神聖權威感並非源於主體的膨脹獨大，正好相反，反而因爲能「致虛守靜」、「無我無爲」地以道爲依，才能在法地、法天、法道、法自然的託付下，成爲了道的守護者而得以尊貴。人因道而王，在此神聖狀態下並非主宰者，而是無爲（被動）地敞開讓出者。

至於《莊子》的描述一樣豐富。例如〈逍遙遊〉開頭的鵬飛氣象便是浩瀚崇高（九萬里）的精神大美[83]，他活入無限視野的光明境界（南方天

---

[83]　「鵬飛天池」正是隱喻真人神遊無待的精神自由，這種逍遙必建立在層層超越的工夫修養之上，而非郭象適性之逍遙；關於《莊子》善用魚鳥變形的神話意象，以及鳥之原型意象所帶出的心靈超越之象徵，參見拙文〈道家的神話哲學之系統詮釋——意識的起源、發展與回歸、圓融〉，《莊子靈光的當代詮釋》，頁167-228。

池），自由自在地盤旋任遊（摶扶搖而上者），這樣無待的自由感，同時參贊著天地變化的無窮莊嚴：「若夫乘天地之正，而御六氣之辯，以遊無窮者，彼且惡乎待哉」；而所以能證入莊嚴天地、活潑生機的無窮變化之境，則因爲冥契者進入了「至人无己，神人无功，聖人无名。」[84]的超越性。自我中心、功利競逐、名言是非，三者正是妨礙眞人證入神聖界的罣礙物。

　　《莊子》也確實賦予逍遙眞人神聖權威感。例如，透過藐姑射神人的寓言，強調此人此境如何冰清玉潔、不染纖塵，而如此冥契神境當然只爲神人敞開，且因超乎常人凡識，更顯智慧眞理的權威性：「瞽者无以與乎文章之觀，聾者无以與乎鐘鼓之聲。豈唯形骸有聾盲哉？夫知亦有之。」[85]原來不只感官有其殘缺界線在，智慧與境界更是如此。換言之，體道者和體道之境，確實有其超然的權威性在[86]。有時這種超然神聖的權威境界，還不好以經驗世界的物理法則來衡量（如「物莫之傷，大浸稽天而不溺，大旱金石流土山焦而不熱」一類描述[87]）；當然這種超物理的神聖境地，終可落實爲心境的安詳寧靜幸福感，所以〈逍遙遊〉最終將我們帶向無何有之鄉、廣漠之野，在那裡，冥契者只是淡泊寧靜地「彷徨乎無爲其側，逍遙乎寢臥其下」[88]。神聖權威之境，終又落實在當下的安寧法樂之福中。

　　〈逍遙遊〉開場，〈齊物論〉接續，好故事綿延不盡中，我們看到

---

[84] 【清】郭慶藩輯，《莊子集釋》，頁17。

[85] 【清】郭慶藩輯，《莊子集釋》，頁30。

[86] 另一種弔詭是，這種超越性權威也可能因不理解而被視為荒謬或虛無，此如〈逍遙遊〉肩吾之疑：「吾聞言於接輿，大而无當，往而不返。吾驚怖其言，猶河漢而无極也；大有逕庭，不近人情焉。」【清】郭慶藩輯，《莊子集釋》，頁26-27。這個例子頗像《金剛經》所強調的：「若復有人得聞是經，不驚、不怖、不畏，當知是人甚為希有。」

[87] 這一類超乎物理法則的描述，《莊子》時有提及（如〈齊物論〉、〈大宗師〉、〈達生〉），《老子》亦不缺乏（如五十章、五十五章）。至於這類文獻到底要視為經驗實寫，或只是超然無礙之修辭譬喻，仍是有待開放的爭議課題。

[88] 【清】郭慶藩輯，《莊子集釋》，頁40。

《莊子》對「遊乎塵垢之外」的一元聖境，給予諸多美好的描述，如：
「旁日月，挾宇宙……聖人愚芚，參萬歲而一成純」；「大覺而後知此其
大夢」；「忘年忘義，振於无竟」。〈養生主〉所謂：「安時而處順，哀
樂不能入。」〈人間世〉所謂：「瞻彼闋者，虛室生白，吉祥止止。」
〈德充符〉所謂：「雖天地覆墜，亦將不與之遺。審乎无假而不與物遷，
命物之化而守其宗也。」「人莫鑑於流水而鑑於止水，唯止能止眾止。」
「官天地，府萬物。」還有〈大宗師〉所謂：「登天遊霧，撓挑無極；相
忘以生，无所終窮。」「彷徨乎塵垢之外，逍遙乎无爲之業。」（至於
〈大宗師〉一開始對眞人的長幅描述，亦充滿了極可貴而豐富的身心氣象
之擬狀，亦可提供所謂冥契意識的身心考察以參酌）〈應帝王〉所謂：
「遊心於淡，合氣於漠，順物自然而無容私焉。」「體盡无窮，而遊无朕
……至人用心若鏡，不將不迎，應而不藏……。」等[89]。以上筆者約略從
內七篇所羅列的文獻，應該可以滿足史泰司和詹姆斯所提到：安寧法樂、
神聖尊崇等冥契感受，甚至還可深化之。至於永恆感受這一特點，最明顯
的莫過於對死生超然的大量記載，《莊子》對於「不死不生」的永恆感這
一主題，有太多資料可以佐證，在此不必贅言。

　　最後筆者再透過《莊子》底下文獻，一方面爲呈現道家的冥契境界和
特殊的身心技藝有關，而非驚鴻一瞥的天啓偶遇；另一方面在這些工夫文
獻中所呈現的體道境界，其描述也再度印證了冥契經驗的共同特色：

　　〈大宗師〉有一段文獻，它描述了聖者女偊傳授南伯子葵的修道次
第與境界：「以聖人之道告聖人之才，亦易矣。吾猶守而告之，參日而後
能外天下；已外天下矣，吾又守之，七日而後能外物；已外物矣，吾又守
之，九日而後能外生；已外生矣，而後能朝徹；朝徹，而後能見獨；見

---

[89] 以上文獻參見【清】郭慶藩輯，《莊子集釋》，〈齊物論〉，頁100、104、108；〈養生主〉，頁
128；〈人間世〉，頁150；〈德充符〉，頁189、193、193；〈大宗師〉，頁264、268；〈應帝
王〉，頁294、307。

獨，而後能无古今；无古今，而後能入於不死不生。」[90]

　　要了解這一段修煉門道，最好將它和〈人間世〉「心齋」，〈大宗師〉「坐忘」，合併觀之。基本上，它們都在描述：透過特殊的身心技藝，求道者身心狀態一步步證入體道冥契境界的過程。「心齋」的工夫在破除「聽之以耳」和「聽之以心」這兩關，才有辦法進入「聽之以氣」這一冥契（天籟）境界；若用「坐忘」的脈絡說，「無聽之以耳」是爲了「墮肢體」，「無聽之以心」則是「黜聰明」。據〈大宗師〉描述，當求道者通過這兩層關卡時，那些仁義禮樂的外在符號執著（成見成心），以及這些外在價值內化而成的主體自我（原本自師其心的顏回），乃漸漸淡然解離，一路從「回忘仁義」、「回忘禮樂」到達「回坐忘」，終於連自我主體的同一性都釋然而「忘」；〈大宗師〉的「忘」境，實就是〈人間世〉所達到「未始有回」的「虛」[91]，也就是〈齊物論〉槁木死灰後的「喪我」之境。

　　對比於〈齊物論〉「喪我」後的天籟境界之音樂隱喻，〈大宗師〉對「忘」境的描述，進一步強調了一體融通性，所謂「離形去知，同於大通，此謂坐忘。……同則无好也，化則无常也」[92]。換言之，自我主體性消逝後，由於沒有個我主宰欲的偏私好惡與固常偏執，因此能全身心地融入一體大通的冥合之境。再看〈人間世〉對「虛」的境界描述，則又更具體：「氣也者，虛而待物者也。……以无翼飛者也。……以无知知者也。瞻彼闋者，虛室生白，吉祥止止，……夫徇耳目內通而外於心知，鬼神將來舍，而況人乎！」[93]除了同樣涉及遊乎一氣這一冥合大通的世界外，也提到心靈意識的純粹無染，因此可以靜觀，有其安詳，甚至和整個不可思議的存在界（鬼神）感通互滲。而這樣的冥契境界在使用語言表達時，一

---

[90]【清】郭慶藩輯，《莊子集釋》，頁252-253。

[91]〈人間世〉的心齋和〈大宗師〉的坐忘，參見【清】郭慶藩輯，《莊子集釋》，頁147、283-284。

[92]【清】郭慶藩輯，《莊子集釋》，頁284-285。

[93]【清】郭慶藩輯，《莊子集釋》，頁147-150。

樣出現了「以無翼飛」、「以無知知」的悖論現象。總之，冥契境界的自由是一種無需羽翼的精神翱翔，是一種非語言認知的洞悟直覺之知。

　　配合「心齋」「坐忘」的工夫與妙境來看，終於理解了女偶帶領我們層層深入技藝次第與冥契妙境：從外天下→外物→外生，一層層剝除了語言表象所構築的外累世界（包括仁義、禮樂、主體等），漸漸地進入到一個明達洞然的境界（朝徹），這個境界乃是「天地並生，萬物爲一」的一元聖界（獨），在這冥合爲一的獨境中，超越了時間的限制（無古今），更進入永恆境地（不死不生）。

四、道家屬於統合內外的圓教型自然主義冥契類型

　　另一個重要課題有待討論，即以史泰司內、外向型的判教看，老、莊到底要歸爲何種類型？問題的解答就在道家的形上學洞見中的所謂「一元」，到底是完全取消萬物分殊、否定時空意象而走入絕對純粹之意識；還是並未否定萬有殊相，只是在殊相雜多中見證一體連續。前者可謂將雜多完全消融爲純粹之一，唯剩純粹意識之無限心；後者則在無窮差異中體證萬物合一，不離時空意象而證悟一體永恆。

　　史泰司認爲大部分經特殊身心技藝的宗教冥契者會屬於內向型，偶發的冥契意識之臨現則多屬外向型；外向型是低一級或不成熟的類型，內向冥契才是終極境界。假使從具有技藝鍛鍊角度看，不管是《老子》或《莊子》的冥契經驗，都是工夫實踐所自覺達致的，它們都不是一般偶發型、一次型的純外向冥契經驗，這一點是可以肯定的；但這是否等於說，老、莊是史泰司所謂純內向型的冥契經驗？

　　首先，老、莊在某些冥契體驗的描述上，多少具有超越時空、超越物象的特徵，例如《老子》第十四章就是典型案例，它描述這種狀態：完全沒有視／聽／搏等感官知覺，也超越上／下、先／後的時空限定，完全達到一種絕對不可言說的純粹意識之境，所謂「繩繩不可名，復歸於無物」。此時的物象幾乎完全被擱置，唯剩沒有雜多之純一，正所謂：

「（夷、希、微）此三者，不可致詰，故混而爲一」；《莊子》也曾提及：「古之人，其知所有至矣，惡乎至？有以爲未始有物者，至矣，盡矣，不可以加矣。」「六合之外，聖人存而不論……。」（〈齊物論〉）「唯道集虛，……瞻彼闋者，虛室生白，吉祥止止。」（〈人間世〉）「自本自根，未有天地，自古以固存；神鬼神帝，生天生地；在太極之先而不爲高，在六極之下而不爲深，先天地生而不爲久，長於上古而不爲老。」「外天下／外物／外生／朝徹／見獨／无古今／不死不生。」（〈大宗師〉）「道不可聞，聞而非也；道不可見，見而非也；道不可言，言而非也。」（〈知北遊〉）等等[94]。上述文獻，多少也暗示著心靈處於超越時間、空間、物象的純粹永恆、超然之境，那兒似乎唯剩虛靈安詳之神識，任何雜多物象、語言名分幾乎都被脫落擺落了。用老、莊的話說，這裡幾乎入於「復歸無物」、「未始有物」的純一之境。

　　從這一類的描述看來，大概可以說老、莊都曾體驗過內向型的純一、空靈之冥契境界。問題在於，是否因此便可將老、莊歸爲純粹內向型的冥契者？或者他們是以內向型爲最高最究極的生命歸依？筆者認爲答案不是這麼簡單。一則我們看到道家（尤其《莊子》）除了純一「無物」的體驗描述外，仍然保留爲數可觀的「一多相即」之冥契描述；其次，道家（尤其《莊子》的圓教模式）並未因爲體驗過深度的純粹意識之冥契境界，從此便走向出世態度而過著抽離的生活。在筆者看來，《老子》復歸渾沌無物的味道雖重於《莊子》，但就《老子》「道法自然」的終極立場說，它依然要回歸「萬物並作」、「夫物芸芸」、「萬物自賓自化」的「觀復」美學境地，換言之，「由道返物」才促使《老子》將冥契境界落實爲「小國寡民」的自然田園生活；而道家「由道返物」的圓融徹向，在《莊子》身上體現得尤爲透徹，這種由內向純一之超越，再度返回擁抱自然萬物

---

94 【清】郭慶藩輯，《莊子集釋》，〈齊物論〉，頁74、83；〈人間世〉，頁147-150；〈大宗師〉，頁246-247、252-253；〈知北遊〉，頁757。

的圓教模式，正是〈天下〉篇的莊周風範：「獨與天地精神往來而不敖倪於萬物，不譴是非，以與世俗處。」[95] 亦即，眼前這一花紅柳綠的自然萬象，甚至君臣父子的人間世，最後都沒有被拋棄消除，反而成爲了道的實現場所。對於這樣一種冥契圓教，到底要如何歸類？

　　根據詹姆斯的頃現性現象，應該沒有任何冥契者可以長保永住冥契狀態（不但外向型不可能，內向型也不可能，況且任何可久住的事物，都將違反道家變化觀的真理原則），就算是內向型冥契者也終要回歸眼前變化世界來。用〈齊物論〉的話講，曾經身處「六合之外，存而不論」的冥契者，終要再度回到「六合之內」的時空世界來，而這便是眼前物象繽紛的變化差異世界。同理同構，體驗過九萬里高空的天池境界，終究要將逍遙帶回人間世來。當然，也由於冥契者體驗過絕對一元的冥契境界，一旦回歸物象世界時，他和一般僅擱淺在現象時空世界的常人意識相當不同，常人見山是山、水是水，山與水俱不離語言符號的命名限隔，而莊周雖然也是來到眼前山水世界，但經歷一番見山非山水非水的「無物」冥契體驗後，此時再見山水的差異意象，已呈現「一多相即」的景觀。此正如〈齊物論〉所言：「以爲有物矣，而未始有封也。」「有物」（多）卻「未封」㈠便是「天地一指也，萬物一馬也」美麗境界——即部分即全體之風光。這可被想像成道之光輝芬芳，點點閃耀溢化爲自然萬象的顏色：

　　東郭子問於莊子曰：所謂道，惡乎在？莊子曰：无所不在。
　　東郭子曰：期而後可。莊子曰：在螻蟻。
　　曰：何其下邪？
　　曰：在稊稗。
　　曰：何其愈下邪？曰：在瓦甓。

---

[95] 【清】郭慶藩輯，《莊子集釋》，頁1098-1099。關於《老子》和《莊子》「由道返物」的自然美學內涵，以及《老子》觀復美學的文獻之細部詮釋，參見拙文，〈論先秦道家的自然觀：重建老莊為一門具體、活力、差異的物化美學〉。

曰：何其愈甚邪？曰：在屎溺。

東郭子不應。莊子曰：⋯⋯无乎逃物。至道若是，大言亦然。周遍咸三者，異名同實，其指一也。[96]

　　換言之，當內向冥契者返回生活世界時，假使他並未立即再次前往絕對一元之境，假使他選擇安立在眼前這一時空物象的自然世界時，他將統合「非分別」與「分別」於一身，他將在差異的雜多中實現「具體一元論」。這樣的具體一元論乃是在：即時空、即萬物、即差異的多元狀態下體現多元之一。此種境界非但沒有取消萬物之多，反而認爲一元之道就具現在萬物雜多中。用〈知北遊〉的話說便是「道」「无乎逃物」，眼見所及的螻蟻、稊稗、瓦甓、屎溺，無一不是至道綿延，因爲「周悉普遍，咸皆有道」[97]。如此看來，所謂「天地與我並生，而萬物與我爲一」，並不是指將天地萬物消除爲抽象的純一，反而是指天地萬物共融共榮爲差異豐盈的具體之一；若運用《老子》第一章的話說，「妙無」要落實在「徼有」之中，成爲有無相即、道物不二：「常無欲以觀其妙，常有欲以觀其徼，此兩者同出而異名，同謂之玄，玄之又玄，眾妙之門。」

　　如此一來，才比較好理解《莊子》的「物化」境界。因爲〈齊物論〉雖強調萬物可融合爲齊一平等境界，但「齊物」終究落實爲「天籟」，而天籟之境則呈現爲：「吹萬不同，而使其自己也，咸其自取，怒者其誰邪！」[98]可見吹萬的雜多並沒有被消融拋棄，反而道具體化在吹萬之中。而對於「一多相即」的冥契境界，〈齊物論〉正是以音樂來隱喻，隨後又稱其爲「物化」之境。何謂「物化」？透過莊周夢蝶的「合一無別」（不知周也，不知蝶也）與「差異有別」（周與蝶，必有分矣）的統合，「物

---

[96]【清】郭慶藩輯，《莊子集釋》，〈知北遊〉，頁749-750。

[97] 成玄英此疏解清晰明白：「此重明至道不逃於物」，【清】郭慶藩輯，《莊子集釋》，頁751。

[98]【清】郭慶藩輯，《莊子集釋》，頁50。

化」呈現出「一」與「多」的共融與共榮[99]。這也便是「遊乎一氣」、「通天下一氣」的「氣化」境界，只是這裡的「一氣」具體化爲「吹萬」「自化」、「互化」的一體交融遊戲，因此「一氣」實又彰顯爲「夫物芸芸」的「大、逝、遠、反」之「觀復」運動。筆者認爲「夫物芸芸」的「物化」境界才是老、莊最後選擇歸依的冥契立場，而它並不能簡單地歸爲外向型或內向型，而是近於內外的融合圓境。這種一多相即、分別與無分別統合的冥契狀態，筆者認爲就是道家將美學經驗和冥契體驗統合融貫的特殊性。它不但沒有取消自然萬物，反而是在自然萬有的豐盈中見出一體莊嚴之美。總之，老、莊的冥契境界終是要從道回歸物[100]、從無回歸有，也就是「回歸自然」[101]。如此一來，或可暫時將道家的冥契類型劃分爲自然美學的冥契主義類型：

　　自然密契主義的描述……其特色在於：心靈有能力突破它的常態限制，變成一個更大的整體的部分。自我融入環境中，與周遭事物溝通，或者更正確地說，它參與了一個新的、共通的自我性。萬物活躍如有生命、前所未見的統合化除了一切對立，大概是這種經驗最顯著的特色。這些特色使自然密契主義與審美經驗密切相關。在審美態度中，自我與它所冥想的對象達到一種類似的、但強度稍弱的合一。心靈抵達一種與世界和諧的狀態，在這

---

[99] 「莊周夢蝶」的周蝶一體性描繪，其中的「夢」近於老子的「恍惚」；而這一冥契之美，讓人聯想到詹姆斯所提到的「如夢狀態」（主客模糊）和「知覺擴張」（邊界消融）。【清】郭慶藩輯，《莊子集釋》，〈齊物論〉，頁112。

[100] 《莊子》有「道無逃乎物」、「道在屎溺」說，《老子》則有「（道）衣養萬物而不爲主」、「萬物將自賓」、「萬物將自化」等說。

[101] 筆者所謂道家的自然主義，和Stace第一章「自然主義原則」是不同的，本文在論述道家的自然體驗之冥契的自然主義，當然不同於西方科學以因果律來解釋一切時空界事物和經驗的自然主義。關於老莊的「道法自然」所蘊含的深刻的、肯定差異的物化美學，以及它和西方科學意義的自然之重要差別。請參見拙文〈論先秦道家的自然觀：一門具體、差異、活力的物化美學之重建〉。

種狀態中它能夠在充滿主體性的對象中辨認自身。[102]

　　要注意的是，筆者雖將道家歸爲自然冥契主義（將美學藝術與宗教冥契溝通起來），但也強調它和一般詩人所偶遇臨現、一次型的自然美學冥契經驗，有著重要的本質差別；不可否認自然萬象的浩瀚之美可能將人帶入外向型的冥契體驗[103]，但這種純外向的自然美感之冥契，一則缺乏內向體驗的洗禮，再則不具可重複性的工夫規模，而這兩者都是道家所具備和強調的。總之道家是統合內外的圓教型自然冥契主義，而不是純外向型的自然冥契。

　　也就是在物化境界的回歸中，一切差異多元的吹萬意象被重新肯定了，它們雖然歷歷在目而各各有別，但彼此間卻又共同穿上了一件朦朧美麗的薄紗，使得萬物又共融在大美的榮光中，合奏著「天地一指，萬物一馬」的天籟交響。也就在重新肯定自然萬物的氣化流行中，我們看到老、莊重新積極肯定隱喻的語言。因爲語言的隱喻力量打破了主／客、心／物二元的藩籬，它不斷在眼前這一「目擊道存」、「道在屎溺」的物象世界中，跨界地融攝並映射出道的豐盈意義。原本大音希聲、沉默無言的大道，此時此刻，具體化爲吹萬不同的氣化流行的力量遊戲、音樂隱喻。就在這裡，我們既看到流變之道的運動活力，也看到了莊周繽紛歡怡的語言活力。原本「知者不言，言者不知」的沉默冥契，圓融地轉化爲「言無言，終日言而盡道」的卮言遊戲，這一「不盡之盡」的「言無言」之新境界，便可以呈現出老、莊「活的隱喻」之「語言豐年祭」[104]。對此，錢鍾書的高弟張隆溪說的傳神善巧：

---

[102] 杜普瑞著，《人的宗教向度》，頁476。

[103] 關於這種大自然光景所帶來的冥契經驗，參見詹姆斯著，蔡怡佳、劉宏信譯，《宗教經驗之種種》，頁468-475。

[104] 【法】里克爾（Paul Ricoeur）著，林宏濤譯，《詮釋的衝突》（臺北：桂冠圖書股份有限公司，1998），頁103。

　　顯然，對沉默的渴望會從一種反諷模式中得到宣泄，因爲一個人越是渴望沉默，就越是不得不拼命地去說去寫。理查德‧羅蒂認爲，在一定程度上，正是對這種反諷式的體認，才把解構主義從傳統哲學中分化出來。他這樣總結說：「對於海德格爾，也如對於康德主義者一樣，哲學寫作的目的確實是爲了結束寫作。而對於德里達，寫作卻總是引向更多更多、越來越多的寫作。」也許我們可以說：通過把語言用做「無言」或「非言」，莊子也體認到這一反諷模式，並爲哲學家提供了一個恢復寫作的藉口，一個更多地——一直至永無止境地寫作的執照，因爲莊子對「無言」的使用可以理解成基本上是一種挽救語言、承認所有哲學話語都具有不可避免的隱喻性的步驟。

　　由此看來，神祕主義的沉默——無論是宗教上的還是語言學的——確實引發了強烈的、被壓抑的言說欲望，而這一欲望的實現則必須遵循我們描述過的反諷模式，因爲神祕主義者總是既需要沉默的富足，又需要人類的交流。正像馬丁‧布伯評論的那樣，「甚至最爲內在的體驗也不能安全地避開表達的衝動」。神祕的狂喜者「必須去『說』，因爲他心中燃燒著『道』」，因爲「他要爲那去不留痕的欣悅造一座紀念碑，把那永恆的感覺拖入時間的港灣；他要使那沒有『多』的『一』成爲『一』與『多』的統一」。[105]

　　由此看到了老莊由於不住「內向冥契」絕對同一之純粹，走向了統合內、外冥契而歸於「一多相即」的絕對豐盈差異，自然也從絕對沉默的偏執走向了厄言漫衍的遊戲。若不如此觀看，如何解釋《老子》五千言和《莊子》十萬語，自我違背「絕對不可言說」這一至高無上的律令，也唯

---

[105] 張隆溪著，《道與邏各斯》，頁56-57、66。

有透過這個解釋，這一看似冥契主義的禁咒被創造性地轉爲隱喻大開的福音。而自然意象的豐饒，語言意象的繽紛，都重新在這一圓教式的自然冥契境界中得到挽救與宣泄。

五、結論：道家的冥契體驗可開出倫理關懷

　　從冥契主義考察詮釋道家的體道經驗，還有一項極具價值的效果：它可以幫助我們重新思考道家的倫理關懷與拯救。一般言，學者多注意儒家的倫理學，少注意甚至不認爲道家具有倫理學的積極思維。如以牟宗三的說法爲據，道家概念幾乎都是透過批評儒家而建立的：儒家有仁、義、聖、智等道德倫理的積極建立，隨後才有道家絕聖去智、絕仁去義一類的晚出批評；雖然牟宗三不認爲道家是道德的徹底否定論，而是以所謂「作用的保存」曲折地肯定了仁義禮智一類的倫理價值[106]。問題是，這樣看待道家的倫理學內涵還是不離儒家視域，未必貼切地回歸道家自身的倫理關懷；筆者認爲道家有自身的倫理關懷，而透過冥契主義來考察可發現其中的深刻堂奧。

　　對於這一問題，史泰司有一非常重要的觀察，他指出：冥契者認爲倫理價值的終極根源只能來自冥契主義本身，因爲眞正的道德情感是從冥契經驗中流出的。相對而言，其他的倫理學派立場（如功利主義、快樂主義、義務論、直覺主義等），都只擁有相對或部分眞理；而冥契者所引發的道德情感是經驗性的，因此冥契倫理學不是預設也非關邏輯，而是屬於情意經驗之召喚，這樣的情意經驗可以來自自覺或不自覺的冥契者身上，或強或弱的冥契感之上[107]。他反對康德的道德行動來自義務原則的理性說，主張道德行動只能根基於道德情感，而能興發諸如慈愛、感應、同情

---

[106] 牟先生這種做法實不離王弼式的儒道調和模式，參見《中國哲學十九講》（臺北：臺灣學生書局，2002），頁127-155。

[107] 史泰司著，楊儒賓譯，《冥契主義與哲學》，頁444-445。換言之，史泰司認爲冥契經驗並非少數人專利，它既可能發生在每個人身上，甚至一般人就算沒有明顯的冥契體驗，但弱意的冥契感或潛伏的冥契感，還是會影響人的道德情感，不管它是較深的「慈愛」或較淺的「親密」。

之感受，唯一的源泉只能是冥契意識。所以史泰司堅決主張：「倫理價值源自冥契經驗，這種經驗的根源位於宇宙根本的一。」[108]

可見，問題的核心還是有關「一元論」的精神。而這裡的「一」落實在冥契者的意識狀態便是：主體的消融、主客界限的模糊、知覺的擴大、一體融合的互滲；也因為這些體驗和感受，進一步帶給冥契者超主客的真實感、安寧法樂感、神聖尊崇感。史泰司從冥契者的紀錄中，進一步看出其中實興發了愛、感應、同情等道德情感，而這種感同身受、一體如親的包納情感，一方面正源自一元論的形上學洞見，另一方面也成就了真正倫理關係的價值基礎。簡單地說，真實的「愛」源自於分而無分的「一體感」。

從這樣的角度來看老、莊的道德論，便會有一種新的倫理學視域，對此史泰司將它名為「冥契倫理學」[109]。如上所述，筆者大抵證成了老莊屬於圓教式的自然主義類型的冥契經驗，如果筆者的考察大抵可備為一說，那麼由此來重看道家的道德、倫理主張，景觀會是如何？

《老子》批評儒家的仁義禮智，把它們視為「下德」的範疇，是因為真正的「上德」倫理學只能建基在體道冥契者的「玄德」之上。離開了

---

[108] 史泰司著，楊儒賓譯，《冥契主義與哲學》，頁447。

[109] Stace在第八章第二節「冥契主義與良好生活的實踐」反對將冥契者視為自了漢，他強調冥契者大都以充滿利他精神的倫理關懷而生活。就此而言，是否與本文批評內向型冥契者容易走向超世間傾向這一點相矛盾，我的解釋如下：本文對Stace的批評是站在一個基點，亦即如果我們同意Stace以內向型為最高級而成熟的終極冥契經驗之完成，那麼它便有可能走向一種境地，亦即以完全否定時空、完全否定意象的純粹空靈意識為究竟樂地。如此一來，純粹的內向型便有可能走入去歷史、捨人間的傾向，而這種對時空萬法的差異相之全然否定，又如何可能從中生起慈悲和愛等倫理實踐呢？筆者雖同意不應忽略Stace也強調冥契者通常出現積極、充滿愛心的生活；但本文正也因為注意到Stace既然發現到大部分冥契者終將強調愛人利他的行動實踐，那麼如此強調並實踐愛之倫理的冥契者就不大可能停留在純粹的內向冥契中，而必須回到充滿差異的生活世界來，而這種從內向再回歸生活世界的內、外統合狀態，才能在歷史時空的人間界進行倫理關懷。換言之，史泰司既然強調冥契者基本傾向是向著道德、社會而進行利人的生活行動，那麼他似乎也就不必以內向型為究竟類型，而應該慎重考慮以內、外向的統合為更圓滿的類型，而這也是本文將道家視為統合內、外之圓教型，並由此思考道家型的倫理關懷之企圖。

冥契者的一元之道、一體玄德，便落入二元性的相對價值之裁判與傾軋。
暫且不管道家所批評的儒家道德倫理觀恰不恰當，但可以確信的是，「下
德」的否定是為了建立一個絕對肯定（上德）的道德基礎、倫理價值。這
樣的道家式倫理學，從消極面看來呈現出：無為、不爭、處下、處卑、功
成身退；它的積極面則是：慈、柔、容等絕對尊重與包納的愛。這種來自
於「得一」的體道冥契經驗，如照史泰司的觀點說，必能產生甚深的同
情感通之愛；這樣的愛超越了語言二元區分的「偏愛」（偏愛常挾帶暴
力），也就是說冥契之情而來的愛不會挾帶愛的暴力，不會有分別計慮的
對象取捨。對於這種全體包容、體諒接納的慈柔之愛，《老子》稱之為
「無棄」的倫理學立場：

　　聖人無常心，以百姓心為心。善者吾善之，不善者吾亦善
之，德善。信者吾信之，不信者吾亦信之，德信。（四十九章）
　　是以聖人常善救人，故無棄人；常善救物，故無棄物。
（二十七章）

　　由於體道冥契者淡泊了個人主體的偏愛和成見，油然興發出一體之
情、感通之心，因此能「無常心，以百姓心為心」。如此，所有生命都將
以自身的本來面目被接納包容，這種沒有任何偏私裁剪的道德，才是所謂
玄德之善、上德之信，而原本被名言歸類為善／不善的兩造，回到中央之
地、得到渾沌大海的滋潤而相忘，故《莊子》言：「與其譽堯而非桀，不
如兩忘而化其道」（學者一般只注意其中的逍遙，卻遺忘了逍遙美學同
時是一種冥契體驗並隱含倫理關懷）。如此才能真正建立一個根源的倫理
學，因為其中沒有任何一人一物遭受遺棄，全部都能以本來身相得見真人
而蒙受滋潤納容。這種「無棄人」、「無棄物」如大海般的胸懷容納，便

是道家所渴望的冥契倫理學、原始倫理學[110]。

　　用意象來說，便是「水」與「海」的隱喻：「上善若水，水善利萬物而不爭」（八章）。道家這一套倫理學超越了善／惡對立的二元倫理觀，純淨的原水洗滌了名言強分的裁判，沖刷了二元僵化的邊牆，它柔軟、謙下、不爭、容納、遍潤，並在這樣的上德之愛、玄德之情中，讓一切生命在共同體的柔懷中有了親密的連結（「通天下一氣耳」）。換言之，它將帶給人間「一體」「無分」的高峰經驗，創造出親密的氣氛。看來，這種道家式的冥契倫理學，一種無爲式的包容倫理學（少了激情，多了恬淡），生命在被接納的普遍潤澤之氣氛中回歸了自身：「大道氾兮，其可左右。萬物恃之而生而不辭，功成不名有。衣養萬物而不爲主。」（三十四章）這種大海倫理學，最後也體現在河伯見到北海若時的震撼和驚嘆，〈秋水〉篇以大海來隱喻這樣的浩瀚倫理學，它超越了「以物觀之」、「以俗觀之」、「以差觀之」、「以功觀之」、「以趣觀之」的任何自我中心、名利中心的偏愛，回到了道的眼光和胸懷，本章便結束在《莊子》這一大海倫理學——「其无私德」、「其无私福」、「其无畛域」、「兼懷萬物」——的景觀上[111]。而這一海納萬有、江河匯歸的倫理學向度之開啓，同樣再度呼應了筆者上述的主張：道家式的冥契不會停留在純粹內向型的超絕冥契，它必然要走向對雜多差異的欣納和愛懷。對於道家的上德、玄德一類的大海倫理學（它一方面可對二元道德教條進行批判治療，一方面具有宇宙性的倫理關懷），目前還少人問津，有待關懷當代新道家的詮釋者，再三深思其意蘊、發微其珠光，如此一來，道家對

---

[110] 道家這一倫理學立場可能帶來的拯救治療意義，參見拙文，〈以自然淨化罪惡：沒有他者的無名世界——論道家的原始倫理學如何治療罪惡與卑污〉，收入中研院《沉淪、懺悔與救度：中國文化的懺悔書寫研討會》，2008年12月。

[111] 〈秋水〉篇，北海若曰：「以道觀之，何貴何賤，是謂反衍；无拘而志，與道大蹇。何少何多，是謂謝施；无一而行，與道參差。嚴乎若國之有君，其无私德；繇繇乎若祭之有社，其无私福；泛泛乎其若四方之无窮，其无所畛域。兼懷萬物，其孰承翼？是謂无方。」【清】郭慶藩輯，《莊子集釋》，頁584。

公共領域的世間關懷才得以不落虛空[112]。

——發表於《臺大文史哲學報》第74期，2011年5月

---

[112] 《莊子》文獻確實同時存在內、外兩型的文獻，而如何看待這個現象，深具哲學意味和價值。本文不同意只將其視為一般冥契者那種無能分辨內、外的雜錯重合現象，因為筆者認為《莊子》對冥契體驗和語言表達之間的關係非常自覺。換言之，它們既是冥契紀錄也同時是對冥契經驗的反省和哲學立場的表達。本文認為將《莊子》的冥契文獻詮釋為內外統合的圓教型，將可以說明它為何積極強調物化差異、回歸人間世等重要哲學立場，如〈天下〉篇所說：「獨與天地精神往來而不敖倪於萬物，不譴是非，以與世俗處。」便是統合「獨與天地精神往來」與「不敖倪於萬物」這兩面，或者說「獨與天地精神往來」終究要回歸「與世俗處」的生活世界中來，就樣的場所才可能實踐道家的倫理關懷和文化批判，否則當代新道家的公共關懷便要失根。

第五章
老莊的肉身之道與隱喻之道──
神話・變形・冥契・隱喻

一、道家是語言否定論者？──從語言的否定論到道言的遊戲論

　　大部分人都有這樣的印象：道家對語言有強烈的懷疑和焦慮，認為名（語言）和道（體道）處於背反的尷尬關係，語言存在正標示著道的缺席。如此一來，不管是《老子》或《莊子》，大抵都難脫否定語言的傾向，甚至有時被認為是語言的絕對否定論者。這樣的觀察或主張，很可能會走向王弼的立場或質疑──體無者不說，說無者不體──因此，《老子》五千言的說無現象，不折不扣洩漏了作者未能「體無」的口頭禪姿態，而孔子雖幾乎從未說無，卻在庸言庸行的「用有」之中，徹徹底底地證明了體無的默會境界[1]。王弼在魏晉玄學時代的儒道調和焦慮下，所產生的名教／自然調合論、孔老會通說，未必禁得起批判；但它的體無／說無背反的論證方式，卻直逼道家的痛處。這個痛處可說是道家的陳年罩門，幾乎是困擾道家讀者的第一難題：道可不可言？若不可言，那麼《老子》、《莊子》這兩部經典的意義價值如何看待？

　　上述難題，學者可能形成如下的解法，即根據《老子》第一章開宗所示：「道可道，非常道；名可名，非常名。」學者大抵都相信道家主張道不可言，名言表達所及的已不是道之自身。那麼名言所及到底為何？根據

---

[1] 王弼的說法是：「聖人體無，無又不可以訓，故不說也；老子是有者也，故恆言無所不足。」語出〈何劭王弼傳〉，樓宇烈校釋，《王弼集校釋》（臺北：華正書局，1992），頁639。其中聖人，當是繼承漢代的孔聖傳統。

《莊子》輪扁斲輪寓言：「君之所讀者，古人之糟魄已夫！」[2]原來我們所閱讀的這兩部道家書典不過道之糟粕，而「道之自身」從來「不可以言傳也」[3]。然而這一看似言有而據的宣告，不只告訴我們有關體道真知的實踐智慧是不可能透過單純的經典語文閱讀而可得其證悟；更重要的是，它也為經典語文的價值做了致命而本質性的限縮，甚至否定，「糟魄」一詞近乎宣判經典語文的無能甚至死亡。因為，道從來不曾現身於經典語文中。

　　假使上述主張是老、莊對經典語文的正解或唯一觀點，那麼該用什麼態度來面對《道德經》、《南華真經》，去之可以嗎？若有人堅持實修實證的學徒立場，那麼訪師求道不正是唯一道路？糟魄如何可依？同樣的道理和困惑使我們不禁質疑：當年老聃和莊周為何留下糟魄，何不直接滿足於原汁原味開班授徒、祕密傳承即可？為何還留下糟魄讓人徒耗精神於迷宮？難道王弼真是洞燭機先：這兩部文本確實非聖人所留，因為體無者不能亦不可說無。

　　語言否定論傾向，常常出現在宗教傳統中。但是本章懷疑這是道家的終極主張。對此，《莊子》另一寓言透露出另類的消息和可能：「荃者所以在魚，得魚而忘荃；蹄者所以在兔，得兔而忘蹄；言者所以在意，得意而忘言。吾安得夫忘言之人而與之言哉！」[4]善解此寓，莊周的重點反而不在完全否定語言，因為語言彷彿荃、蹄一般，是可以帶領人們得魚得兔的，語言的麻煩不在於語言自身，而在於使用者個人不能「忘」，而將語言實體化了。這一執而不化的固著心態，讓人離開渾化之道，且污染了語言荃蹄。假如使用者能忘而化呢？這種「得意忘言」的態度看來並非語言的完全否定論，因為他能在語言的使用中渾化之、遊戲之。換言之，這是一種與語言遊戲、合作的自由狀態，而非與語言對立、焦慮的恐語症。

2　【清】郭慶藩輯，《莊子集釋》，〈天道〉（臺北：華正書局，1985），頁490-491。

3　【清】郭慶藩輯，《莊子集釋》，〈天道〉，頁488-489。

4　【清】郭慶藩輯，《莊子集釋》，〈外物〉，頁944。

如果上述的閱讀方式也是一種可能，那麼筆者認為《莊子》這句話──「吾安得夫忘言之人而與之言哉！」可能是在期待或邀請一種讀者，不必恐懼語言，而是參贊語言，並且在「忘言」的心境與形式中，一起遊戲語言並創造遊戲形式。如此一來，或許才有可能理解底下詭辭：「言而足，則終日言而盡道」[5]、「言無言，終身言，未嘗言」[6]。這裡，《莊子》不再視語言為糟魄，而有了所謂「道言」的可能，它是道的遊戲示現，也是真人「乘天地之正，御六氣之辯」的一種方式。這種從語言的否定論到道言的遊戲論之絕地反攻，從此展開了筆者將它稱之為「隱喻大開」的語言遊戲觀。這便是本章企圖論述的第一重點。

上述的說明，並非要取消道家對語言的批判性，事實上在筆者看來，道家依然是中國哲學傳統中對語言所挾帶的意識形態、權力暴力等幽暗本質，最為敏感且炮火猛烈的語言懷疑論者。然而對語言的質疑和批判並不等於主張取消語言的極端立場，它可以成為另類的語言治療而走上重新和語言建立自覺的自由關係。換言之，從對語言的批判治療到語言的活化妙用之間，存在著一條道家的文化治療之路，同時這也可能是一條語言魔力的復活與創造之路。當我們說道家對語言採取批判否定的立場時，此時主要是指概念語言（成心成見而來的二元結構下的單義確定）；而當我們說道家重新和語言和解並運用高度有活力的語言時，此時主要是指隱喻語言（真人真知而來的卮言遊戲）。從概念的批判治療解放為隱喻大開的語言融合遊戲，既呼應於遊乎一氣的物化流行，亦可能展開道家式的文化解放之活力生機。這裡乃可以看到：道家對文化的批判、治療到再活化、再創造，正可透過隱喻大開這一角度來觀察[7]。

---

[5]　【清】郭慶藩輯，《莊子集釋》，〈則陽〉，頁917。

[6]　【清】郭慶藩輯，《莊子集釋》，〈寓言〉，頁949。此句原文是：「言無言，終身言，未嘗『不』言；終身不言，未嘗不言。」其中第三句的「不」字應該去掉，如此，才能使義理通暢，而據王叔岷考證，許多版本皆沒有這個「不」字，參見氏著，《莊子校詮》（北京：中華書局，2007），頁1092。

[7]　從卡西勒的角度看，文化的本質即在於語言符號的象徵形式之多元差異的創造，因此重點不是語言

二、「一多相即」的冥契狀態：物化流變的世界觀

　　道家可歸爲統合美學經驗和宗教體驗於一鑪的特殊類型之冥契主義（Mysticism）。而冥契主義共同特徵的其中兩個核心特質便是：冥契者擁有一體之感，並宣稱此合一境界不可言說[8]。一體之感與不可言說正也是老、莊描述體道狀態時一再出現的基本經驗，例如《老子》強調：「載營魄抱一，能無離乎！」（十章）「聖人抱一以爲天下式。」（二十二章）「昔之得一者，天得一以清，地得一以寧，神得一以靈，谷得一以盈，萬物得一以生，侯王得一以爲天下貞，其致之一也。」（三十九章）「視之不見，名曰夷。聽之不聞，名曰希。搏之不得，名曰微。此三者不可致詰，故混而爲一。」（十四章）

　　《莊子》也強調：「故爲是舉莛與楹，厲與西施，恢恑憰怪，道通爲一。其分也，成也；其成也，毀也。凡物無成與毀，復通爲一。唯達者知通爲一。」[9]「天地與我並生，而萬物與我爲一。既已爲一矣，且得有言乎？既已謂之一矣？且得无言乎？」[10]「自其異者視之，肝膽楚越也；自其同者視之，萬物皆一也。……遊心乎德之和，物視其所一而不見其所喪。」「胡不直使彼以死生爲一條，以可不可爲一貫者，解其桎梏。」[11]「故其好之也一，其弗好之也一。其一也一，其不一也一。其一與天爲徒，其不一與人爲徒。」「彼方且與造物者爲人，而遊乎天地之一氣。」

去符應外在的實在，而是語言形式本身的創造就是實在和意義的衡量座標。【德】卡西勒（Ernst Cassirer）著，于曉等譯，《語言與神話》（臺北：桂冠圖書股份有限公司，1994），頁8-11。然而從道家的角度看，語言既是人類心靈的豐富表現形式，同時人也可能限於片面的語言符號形式的操作，而使心靈和文化僵化。一言蔽之，文化的再創造離不開語言的不斷活化，所以道家從對語言的批判而走向隱喻大開之路，就可能隱含著一種道家式的文化觀，即在不斷的批判治療中走向文化的活化與再造。

[8]　【美】史泰司（Walter Terence Stace）著，楊儒賓譯，《冥契主義與哲學》（臺北：正中書局，1998），頁160。

[9]　【清】郭慶藩輯，《莊子集釋》，〈齊物論〉，頁69-70。

[10]　【清】郭慶藩輯，《莊子集釋》，〈齊物論〉，頁79。

[11]　【清】郭慶藩輯，《莊子集釋》，〈德充符〉，頁190-191、205。

「造適不及笑，獻笑不及排，安排而去化，乃入於寥天一。」[12]「故萬物為一也……臭腐復化為神奇，神奇復化為臭腐。故曰『通天下一氣耳』。聖人故貴一。」[13]

由冥契主義的體驗角度看，「一」作為老莊道論的關鍵概念，正是有關冥契意識的一體之感之經驗描繪，體道者即為體一者，而老莊不斷出現的：抱一、得一、致一、為一、視一、遊一、入一、通一、貴一、一條、一貫等等，皆不外是指：當人的自我主體意識、二元語言認知結構被轉化甚至消釋時，進入了那種超主客、超二元、跨界域的合一融通狀態。這種萬物平齊、共融共榮的同體感受，同時會產生諸多神聖感：如時空疆界的模糊與跨越，如生死隔絕的打通與連續，如身心的生機活力感與意義充盈感，甚至對存在意義重新有了價值確信和安寧喜樂。換言之，體一同時帶來了永恆的莊嚴和意義的無盡[14]。

有關冥契意識的一體之感，詹姆斯發現其中隱含哲學深義：一元論洞見、形上學洞悟[15]，而它又進一步被史泰司區分為兩種類型：一是純粹內向型的一體之感：「在此感當中，所有的感性、智性以及經驗內容之雜多，全部消散無蹤，唯存空白的統一體。」[16]二是純粹外向型的一體之感：「外向型冥契經驗中見到的一，乃是憑藉感官，並在雜多的物象中見出。」[17]兩者區分的關鍵在於：前者是在完全取消感官知覺與雜多意象後，才得入意識空無的虛靈統一，後者在感官知覺與雜多意象中跨域融合為一。前者是取消雜多的純一（去多為一），後者是一多相即（多融為

---

[12]【清】郭慶藩輯，《莊子集釋》，〈大宗師〉，頁234、268、275。

[13]【清】郭慶藩輯，《莊子集釋》，〈知北遊〉，頁733。

[14] 筆者將道家歸為統合史泰司所謂內、外向的圓教型自然主義冥契類型，它統合了美學經驗和宗教體驗於一鑪，參見拙文，〈道家的自然體驗與冥契主義——神祕・悖論・自然・倫理〉，刊於《臺大文史哲學報》第74期（2011年5月），收入本書第四章。

[15] 從【美】詹姆斯的立場看，冥契主義實含著形上學含義的洞見，參見氏著，蔡怡佳、劉宏信譯，《宗教經驗之種種》（臺北：立緒文化事業有限公司，2001），頁466。

[16] 史泰司著，楊儒賓譯，《冥契主義與哲學》，頁131。

[17] 史泰司著，楊儒賓譯，《冥契主義與哲學》，頁90。

一）。就意識狀態和生活態度而言，前者傾向意識空無的超拔，故渴望出離世間而住於純一之境；後者傾向在眼前時空萬象中活出意義，故融入世間而安於萬物紛然之境。前者可謂以同一取消差異，後者則在差異中見同一。又前者傾向於宗教類型的超離境界之攀升，後者近於美學類型的物物相即之當下現成。

就史泰司個人的立場言，他主張內向型才是成熟的冥契意識，而外向型屬於未成熟而有待昇華的冥契狀態。然而筆者不完全同意史泰司由外而內的單線型判別立場，筆者認為老莊的冥契類型應該是經由身心修煉技藝而達至內向型冥契之境後，又自覺意識到純一冥契之境亦不可住，終要回歸氣化流行的運動世界，即道在具體化為氣化流行的運動歷程時，必然要呈現為物化萬象的差異世界；而當冥契者離開內向型的意識空無純白的虛靈狀態（此時周蝶不分，甚至不知有周、不知有蝶），回歸眼前周蝶有分、鯤鵬互化的萬象世界時，此時雖呈現出萬物「咸其自取，使其自己」的紛然雜多意象，但道家的冥契體道者和一般沒有冥契體驗的符號使用者不同，他不會落入「名以定形」的封閉有隔之對象物世界中，他仍會在雜多萬物中感受到「天地與我並生，而萬物與我為一」的美麗境界。此時，天地並生為一的感受不但並未取消森然萬象之崢嶸，反而一體之感是通過眼前每一具體生命的躍動來呈現，如所謂「天地一指也，萬物一馬也」的美麗繽紛；其中充盈著差異的個別分殊之存在，不論是一指、一馬，都將是天地之道的肉身化朗現，各各都盡情榮耀著整體存有的活力運動。

道家的冥契體一境界，不是停住在純一空無的抽象之境，而是迴向差異之多的氣化流行之境。這樣的一元論並非純粹意識的無限心一元論，而是心物相即、主客互滲的境識交融世界，因此眼前物象之境並沒有被取消，而心靈活動既沒有離開景物而孤明虛懸，也沒有將景物名以定形為對象物，而是在情景交融的互滲世界中，參贊萬物的大美和豐饒。這種一多相即的冥契之境，《莊子》又以公案式的情境將其描繪為：道在螻蟻、稊稗、瓦甓、屎溺等一切處現身的肉身化世界，這才是道「无所不在」、

「无逃乎物」的「周遍咸」世界[18]。本章認爲只有在道肉身化爲萬物時，道家一體之感的冥契境界才能和變化流行的氣化世界融貫爲一，那種抽離物化流動之純粹意識的空無純一（即停住於史泰司所謂的內向純一之境），將造成它和道家的氣化、變化、物化的運動世界觀相矛盾衝突。

　　「一化爲多」便是道「肉身化」爲萬物的具體差異世界，而看似千差萬別的分殊存在之雜多，實乃各各敞開彼此而自化、互化爲氣化流行的感通世界，正所謂「通天下一氣耳」，也是「聽之以氣」的天籟境界。在這種統合內外、一多相即的圓教型冥契狀態下，道家便能在眼前這個美麗的自然世界中看到每一生命存在的榮光與莊嚴，因爲部分（一指一馬）實不能離開整體（天地萬物），它參與了整體又回饋於整體；道家所嚮往的一體感並非沒有物質內容的意識空靈、抽象整體，而是將身心融入那由萬物所共融而成的一個重複差異的「物化」運動[19]。

三、差異重複的物化流行便是「基本隱喻」的神話世界

　　道家這個天地並生、萬物爲一的物化體驗，其所開顯出來的一多相即、部分與整體詮釋循環的世界觀，如果從原始語言的角度看，其實可以被看成是詩性隱喻的世界。這一差異重複的物化流行狀態，雖不能透過概念語言來表達，卻可以經由詩性隱喻這一種原始語言來朗現。帶有跨域、融合甚至悖論特質的詩性隱喻，正可以反映物化流變、氣化互滲的一多相即之力量運動實相。因爲雜多物化便是道的肉身化隱喻，而萬物之間在氣化流轉過程中並沒有此疆彼界，故能跨域地感通交流，而人活在這樣一個力量激盪的物化交流世界中，身心自然不斷被鼓發情思、興發領悟而知覺擴張。這個道肉身化爲萬物的氣化流行歷程，便是一個交流互換的隱喻世

---

[18] 【清】郭慶藩輯，《莊子集釋》，〈知北遊〉，頁749-750。

[19] 關於道家的「物化」美學之世界觀，參見拙文，〈論先秦道家的自然觀：重建一門具體、活力、差異的物化美學〉，《文與哲》第16期（2010年6月）。

界〔可見隱喻涉及的是存有（Being）流變的互滲開顯，絕非僅止於符號的修辭〕。也就因爲道肉身化爲萬物，而物物之間又自化、互化而共成大化流行的「遊乎一氣」運動，使得萬物（部分）成爲了道（整體）的具體性隱喻，而萬物之間（部分與部分之間）也因爲不斷進行著跨類的互滲交換，由此構成了卡西勒（Ernst Cassirer）稱之爲比一般修辭隱喻更爲原初的「基本隱喻」（radical metaphor）現象。

　　基本隱喻所以超越修辭而根源得多，是因爲它直指原始語言來自存有活動本身，所以這種原始語言的詩性隱喻（具有語詞魔力[20]）才能彰顯存有力量的開顯。對於基本隱喻與存有開顯的契近性，卡西勒最早是從神話的世界觀和語言觀的探討中發現的。他將修辭隱喻溯源回神話的情感思維：

　　有必要先就隱喻的基本概念做一番嚴格的考察並予以界說。人們可以取其狹義；所謂狹義，即指這一概念只包括有意識地以彼思想內容的名稱指代此思想內容，只要彼思想內容在某個方面相似於此思想內容，或多少與之類似。在這種情況下，隱喻即是真正的「移譯」或「翻譯」；它介於其間的那兩個概念是固定且互不依賴的意義；在作爲給定的始端和終端的這兩個意義之間發生了概念過程，導致從一端向另一端的轉化，從而使一端得以在語義上替代另一端。任何嘗試探求這種概念和名詞替代過程的發生原因，任何嘗試說明這類隱喻（即有意識地將公認不同的物體劃爲同一）的使用何以如此廣泛而多樣，特別是在就思維和說話的原始形式而作這番努力時，都會把人引回到神話思維和情感的一種基本態度上去。

　　這裡（筆者注：即指「基本隱喻」）所牽涉的就不只是位移

---

[20] 關於「語詞魔力」，參見卡西勒著，于曉等譯，《語言與神話》，頁41-54。

了，而是一種眞正的「進入到另一個起源之中」；實際上，這不只是向另一個範疇的轉化，而是這個範疇本身的創造。[21]

　　據卡西勒，一般修辭層次的隱喻和神話思維的隱喻，具有層次差異在。前者是在主客二元思維下，萬物在名以定形的概念下具有固定、特有的範疇意義，然後人們才在兩個看似不同範疇的物類名相中，暫時找到某種類似性，並自覺透過語言概念的位移疊合而產生範疇和意義的轉化。然而對卡西勒而言，如果能夠深入看似純語言修辭的隱喻內核，企圖理解爲何物類名相之間可以產生意義的轉化替代甚至創造增生，那麼透過神話式的情感思維正可以得到根源的說明。卡西勒認爲必須從修辭層次對隱喻的理解，深入到神話思維以及神話世界觀的角度來重探隱喻。卡西勒直扣精髓地指出，由神話情感思維而來的基本隱喻，其特質不僅是概念名相間的範疇位移而已，更是物類名言間的融合互滲、相即相入，結果產生出差異的新生創造。卡西勒這個說法深刻而重要，有必要進一步分析。

　　一般從修辭層次所理解的隱喻，由於預設了主客二元的世界觀，因此表象思維透過概念語言來表達客體對象世界時，通常會認爲名言所涉的對象物有其固定本質，而物類名相所以被分類在不同範疇，就代表著彼此間是有隔限的，而物類名相和固定本質間有其符應關係不能輕易混漫。所以從嚴格的認識與客觀的知識建構立場來看，修辭隱喻在物類名相間所造成的替代轉化只能看成是語言遊戲，不具有嚴格的認知意義[22]，因爲它破壞了概念單義的嚴格精確性。然而這樣理解隱喻不僅突顯了它在認知上的

----

[21] 卡西勒著，于曉等譯，《語言與神話》，頁75、76。

[22] 當然從【美】雷可夫（George Lakoff）和【美】強生（Mark Johnson）對隱喻的研究，反對將隱喻理解爲不具認知效果，強調隱喻具有認知意義，甚至看似客觀的科學表述實處處隱藏著隱喻認知。雷可夫、強生著，周世箴譯注，《我們賴以生存的譬喻》（臺北：聯經出版公司，2006），頁9-13。另外，鄧育仁進一步指出，隱喻不只反映在認知者的認知架構中，更在日常生活處境或隱或顯地調節、引導甚至管控我們的行動實踐，換言之，日常生活空間情境中到處可見隱喻網絡的布局。參見氏著，〈生活處境中的隱喻〉，《歐美研究》第35卷第1期（2005年3月），頁97-140。

缺陷（因為它鬆動了「名以定形」的嚴格性），而且也遠離隱喻更根源的意義：「很明顯，隱喻的這樣一種用法必先假定，觀念與相應的語言都已作為確定的量而給定了；只有當這些要素本身如此這般地被語言固定住、界定了的時候，它們才能彼此交換。這種以前此已知的語彙為質料的位移與替代，必須與真正的『基本隱喻』清楚的區別開，因為真正的『基本隱喻』是神話的以及語言的概念本身得以表達的條件。」[23]

　　修辭隱喻和基本隱喻的重要區別在於背後的不同世界觀預設：前者因為站在主體表象與客體對象的心物二元世界觀來看待隱喻，因此隱喻的替代轉移現象只能被看成是修辭的語言遊戲，不具有真正的知識效力，甚至因為破壞能所關係、跨越範疇分類的混融特質，而被貶抑出客觀的書寫殿堂之外。卡西勒所提出的基本隱喻乃是為了找回真正造成隱喻起源的根源世界觀[24]，這個世界便是所謂神話的魔法世界和情感思維：

　　　　兩個邏輯概念如果被歸在較高一級的大屬範疇中，雖則有著這樣一重關係，卻依然保持著它們各自的區別特徵。而在神話一語言思維中，恰恰相反的傾向卻佔著上風。我們發現一種實際上可以稱作消除個別差異的規律在這裡運行著。整體的每一部分就是整體本身；每一個樣本即等於整個的種。部分並不只是表象整體，樣本也不只是表象它的類；它們與所歸屬的整體是同一的；它們並不單純是反思思維的媒介輔助物，而是實際上包含了整體的力量、意義和功效的真正的「在場」。這裡人們一定會想起可以稱作語言和神話「隱喻」之基本原則的「部分代替整體」原則。[25]

---

[23] 卡西勒著，于曉等譯，《語言與神話》，頁75。
[24] 「這種特殊的隱喻，即以一種觀念迂迴表述另一觀念的方法，是那些由魔法世界觀導致的相當確定的動機所決定的。」卡西勒著，于曉等譯，《語言與神話》，頁75。
[25] 卡西勒著，于曉等譯，《語言與神話》，頁78-79。

　　如果說古代修辭術把部分代替整體或整體代替部分這種手法
列爲一種主要的隱喻類型，那麼，這種隱喻直接從神話心智的基
本態度中發展而來就實在是顯而易見，無須多說了。同樣清楚的
是，對於神話思維來說，隱喻不僅只是一個乾巴巴的「替代」，
一種單純的修辭格；在我們後人的反思看來不過是一種「改寫」
的東西，對於神話思維來說卻是一種眞正的直接認同。[26]

　　用《莊子》的語彙說，基本隱喻的世界觀是站在：「道未始有封，言
未始有常」、「以爲有物矣，而未始有封也」[27]的流行敞開之原始氣化交
換世界；而修辭隱喻的世界觀則已進入：「以爲有封焉」、「爲是而有畛
也，請言其畛：有左，有右，有倫，有義，有分，有辯，有競，有爭，此
之謂八德」[28]。此時萬物在語言二元結構的命名分類下產生了自我界定和
彼此區分，結果物類名相間的畛域被固著下來而不能任意逾越。然而神話
世界觀是超越主客二元、心物二元的存有連續性世界觀，神話思維則是前
邏輯的互滲思維[29]、情感思維。因此，人和物之間、物和物之間根本還未
被符號的命名分類強分疆界，加上從神話的泛靈世界觀來看，萬物都分享
了瑪納（Mana）的神祕靈力而敞開共融[30]，因此萬物之間本來就不斷在

[26] 卡西勒著，于曉等譯，《語言與神話》，頁80-81。

[27] 【清】郭慶藩輯，《莊子集釋》，〈齊物論〉，頁83、74。

[28] 【清】郭慶藩輯，《莊子集釋》，〈齊物論〉，頁74、83。

[29] 「原始人的意識在存在物和客體的關係中發覺的神祕關係所依據的一般定律、共同基礎。這裡，有
一個因素是在這些關係中永遠存在的。這些關係全都以不同形式和不同程度包含著那個作為集體表
象之一部分的人和物之間的『互滲』。所以，由於沒有更好的術語，我把這個為『原始』思維所特
有的支配這些表象的關聯和前關聯的原則叫做『互滲律』……我要說，在原始人的思維的集體表
象中，客體、存在物、現象能夠以我們不可思議的方式同時是它們自身，又是其他什麼東西。它們
也以差不多同樣不可思議的方式發出和接受那些在它們之外被感覺的、繼續留在它們裡面的神祕的
力量、能力、性質、作用。」【法】列維・布留爾（Lucién Lénvy-Brühl）著，丁由譯，《原始思
維》（北京：商務印書館，1994），頁69-70。

[30] 「考德林頓表明，整個美拉尼西亞宗教的根基是一種『超自然強力』的概念；這個超自然的強力滲
透在萬物萬事之中，它可以時而在物體中露面，時而在人身上顯現，但從不排他地固著在任何單個

進行著或顯或微的力量交換，結果構成了變形神話的一體化法則。這種生命一體化的感受和信念，促使神話思維不斷在物類的差異中進行著同一化的直接認同運動：

　　神話和原始宗教絕不是完全無條理性的，它們並不是沒有道理或沒有原因的。但是它們的條理性更多地依賴於情感的統一性而不是依賴於邏輯的法則。這種情感的統一性是原始思維最強烈最深刻的推動力之一。當科學思維想要描述和說明實在時，它一定要使用它的一般方法——分類和系統化的方法。生命被劃分爲各個獨立的領域，它們彼此是清楚地相區別的。在植物、動物、人的領域之間的界限，在種、科、屬之間的區別，都是十分重要不能消除的。但是原始人卻對這一切都置之不顧。他們的生命觀是綜合的，不是分析的。生命沒有被劃分爲類和亞類；它被看成是一個不中斷的連續整體，容不得任何涇渭分明的區別。各不同領域間的界限並不是不可逾越的柵欄，而是流動不定的。在不同的生命領域之間絕沒有特別的差異。沒有什麼東西具有一種限定不變的靜止形態：由於一種突如其來的變形，一切事物都可以轉化爲一切事物。如果神話世界有什麼典型特點和突出特性的話，如果它有什麼支配它的法則的話，那就是這種變形的法則。[31]

　　的個別的主體或客體之中，據之爲其居所，相反，它可以從一處傳導至另一處，從一物傳導至另一物，從一人傳導至另一人。由此看來，整個事物的存在和人類的活動似乎可以說都被圈在一個神話的『力場』之內，都被裹在一個潛力的氛圍之中；這個『力』滲透萬物，可以凝集的形式在某些脫離了日常事物範圍的超常物體中，或在具有特殊天賦的人，例如出眾的武士、祭司或巫師身上顯露出來。然而，這個世界觀的核心，亦即考德林頓在美拉尼西亞人中發現的『瑪納』（超自然強力）的核心，並不是此類具有特殊具體形相的觀念，而是忽而以這種形式出現、忽而以那種形式露面，時而進入這個體，時而又進入另一個物體的某種一般性『強力』的概念。」卡西勒著，于曉等譯，《語言與神話》，頁55-57；另外關於神話思維的瑪納一體世界觀，參見卡西勒著，甘陽譯，《人論》（臺北：桂冠圖書股份有限公司，1994），頁140-142。

[31] 卡西勒著，甘陽譯，《人論》，頁120-121。

　　卡西勒將修辭隱喻帶回基本隱喻，正因爲基本隱喻就是神話世界觀的存有朗現方式，名言物類間所以能夠不斷跨域交換，並非單純是語言符號的替代所能片面完成，事實上隱喻動能源自存有遊戲的流動本身；而物與物之間由於敞開流動而共成一存有的連續整體，所以物與物本來就相即相入地碰撞融合，而這個力量運動的歷程便展現爲基本隱喻的認同現象。部分和部分之間可以變形結合，因爲部分從來不曾與整體相隔，所以並非部分代替了整體，而是部分直接參與並認同於整體[32]。可見，神話這個物類不斷變形而共同成就生命一體性、存有連續性，其實正是隱喻的跨域融合得以發生的基礎，因此卡西勒才將它重新命名爲基本隱喻。如此一來，隱喻的交換融合並不是停留在存有物的表象相似來進行範疇位移，而是進入存有物的存有根源之交感互滲中，所產生的一即一切、一切即一的生生創造。

　　研究道家思想史起源的學者，已經證明道家的物化、氣化世界觀來自神話，而卡西勒所歸納出的神話法則，大都可以在道家身上看到[33]。這裡更看到了神話思維所開展的基本隱喻，可以作爲理解道家如何從沉默無言走向隱喻大開的關鍵。也因爲道家這種本之於氣化流行的世界觀所導出的隱喻大開之語言活力，造就了《莊子》的高度想像力和文學空間，《莊子》可視爲哲學空間和文學空間統合爲一的產物，這種文哲融合的跨域特質，正是根源思考、語言魔力的神祕所在。對此，我們就以海德格重要女弟子漢娜·鄂蘭（Hannah Arendt）對隱喻的觀察爲證，作爲這一節的總結和印證：

---

[32] 卡西勒：「它現在是或一直是一個部分，一直與整體聯繫著，僅這一點就足夠了，就足以使它沾染上那個較大的統一體的全部意蘊和力量了……，被稱作『類比魔法』的觀念也主要起源於同一種基本態度。這種魔法的性質表明，這個概念不是一個單純的類比，而是一種真正的認同。」卡西勒著，于曉等譯，《語言與神話》，頁79-80。

[33] 張亨，〈莊子哲學與神話思想——道家思想溯源〉，收入氏著，《思文之際論集——儒道思想的現代詮釋》（臺北：允晨文化實業公司，1997），頁101-149。

在靈魂與俗世的對立中，必然可以找到某種一統的原則，以使兩者的對應成爲可能。萊茲勒引用歌德，認爲某種「未知的律法」其實同時出現在感官的世界與靈魂的國度裡。同樣的一統原則也能連接對立的事物——白天與黑夜，光明與黑暗，冷與暖——這兩極之物分開看時，那一統幾乎是不能想像的，只有透過對立者之間神祕的結合，否則此一統無法被想及。萊茲勒認爲這隱藏的一統，就是哲學家的題目，赫拉克利特斯的「共有基地」，巴曼尼德斯的「眾即爲一」，哲學家對這一統的知覺，使他的眞理有別於常人的意見……海德格稱詩與思考爲近鄰的説法是極爲正確的。[34]

我們的心智能夠發掘出類比的這個簡單事實，亦可被認作是一項「證據」，證明著心智與身體，思考與感官經驗，有形與無形，其實都共屬一處，是爲彼此而存在。換言之，如果海中的岩石「歷經著狂嘯的風吹，與巨浪的沖擊」可成爲持久於戰場上的隱喻，那麼「說岩石被擬人化是不正確的……除非我們能説我們對岩石的了解是人性化的，同理，我們亦可用岩石的眼光來觀察自己」。……隱喻的言語使我們得以思考，也就是得以和非感官的事物交通，因爲它應允著一感官經驗的轉換。我們其實並沒有一個二分的世界，因爲隱喻已將它們連接起來。[35]

漢娜・鄂蘭對隱喻的深刻認識，正源自存有這一深度視域而來。隱喻大開所造就的思想和語言之高度移動和增生，必根源自高度流變並襲捲一切的存有活力，就在這一體交換的統一力量之滲透下，一切二元性的對立再度被連結而融合，心與物、抽象與具體、感官與靈魂、有形與無形、物

---

[34]【德】漢娜・鄂蘭著，蘇友貞譯，《心智生命》（臺北：立緒文化事業有限公司，2007），頁155。

[35] 漢娜・鄂蘭著，蘇友貞譯，《心智生命》，頁156-157。

與物之間，任何暫時的二元性表象都被混沌氣化給沖刷而再度融攝出新事物新意義，正如《莊子》所言：「舉莛與楹，厲與西施，恢恑憰怪，道通為一。」正是「道通為一」給予人們高度的興發想像力，並展開隱喻活力對二元疆界的溝通和融攝。

四、從不可說到終日言而盡道：語言遊戲的悖論與隱喻

　　詹姆斯和史泰司都一致指出，冥契主義的共同核心特徵的兩大關鍵在於：「一體之感」與「不可言說」。上述大抵說明老莊的體道入一之冥契意識及類型，這裡則就「不可言說」這一特徵再加分析（而本章所以討論這兩個議題，都是為了導向隱喻大開）。首先，老莊確實也充滿了不可言說的沉默描述和主張，而這些都必須放在體道者的一體冥契狀態來加以理解，當人能消融主體自我的膨脹而以道為歸依時，融入無名無言的氣化流行之存有連續的互滲共振中，由此人乃從符號對存有物的命名返回指義前的存有敞開，就是這種「指義前」的敞開與歸依，使人解放了語言的對象化活動，從而轉成聆聽的虛懷情狀。簡言之，體道、入一、聆聽、虛懷、沉默，放在冥契意識的一體感和不可言說的脈絡來考察，都可得到貼切的理解。所以《老子》開宗便言：「道可道，非常道；名可名，非常名。」可見「常道」的體驗是無法被言說出來的，而「常名」也只能是「大音希聲」的沉默當體，它們都不可透過一般語言名相來接近，反而只有釋放了概念語言的饒舌，才有辦法聽聞常道常名的大音。因此《老子》總強調「道隱無名」（第四十一章），而體道致一的聖人必也要「處無為之事，行不言之教」（第二章），因為「多言數窮，不如守中」（第五章）；一旦落入言說，必將退轉於非常道、非常名的窮境，不能保有冥契中心之地，所以《老子》一再主張「希言自然」（第二十三章），也只有希言默然者，才能回歸自然無為的素樸未鑿、一體恍惚之境。對於冥契（意識）與語言（邏輯）的弔詭關係，他甚至提出：「知者不言，言者不知」（第

五十六章）。

　　《莊子》也常有相同的體驗和描繪，如「六合之外，聖人存而不論」[36]，〈齊物論〉強調當聖人超越時空意象（六合之外）而證入冥契之境時（存），他處於身心泯然而沉默無言之狀（不論）。換言之，真正「體一」必是無言，而「說一」則是離開冥契情狀後的語言再描述，兩者已非同一種意識狀態，而有本質區別：「天地與我並生，而萬物與我為一。既已為一矣，且得有言乎？既已謂之一矣，且得无言乎？一與言為二……」《莊子》時常指出這種一體之感與不可言說同時成立的現象：「不言則齊，齊與言不齊，言與齊不齊也，故曰无言。」[37]「夫知者不言，言者不知，故聖人行不言之教。」「彼至則不論，論則不至。明見无值，辯不若默，道不可聞，聞不若塞，此之謂大得。」[38]老莊這些體道紀錄，一方面可以證明它們具有濃厚的冥契體驗特徵，另一方面也再度印證了冥契意識現象，一體之感與不可言說這兩大特徵的普遍性。

　　然而本章焦點在於：道家是否因此走向語言的徹底否定論者？是否將走向不斷懸擱語言、抹除萬象，只求儀式般地重返純一空無的沉默之境？筆者曾在文獻的基礎上提出一種轉向的可能，那就是：從「知者不言，言者不知」、「不言則齊，齊者不言」，轉向「言而足，則終日言而盡道；言而不足，則終日言而盡物」、「言無言，終身言，未嘗言」，這種語言轉向的可能，代表《莊子》肯定一種圓通境界的存在，如果人們能夠巧妙地活用語言，以一種「言而足」、「言無言」的方式來言說，那麼這種特殊的言說方式不僅在消極上不違背「未嘗言」的立場（雖然他一直處在「終日言」、「終身言」的語言活絡狀態），積極上甚至可以「盡道」。顯然，這種統合：言／無言、終身言／未嘗言的悖論現象，值得注意又有待善解謎團。道家是否能重新肯定語言之轉向？語言的開啟是否只能落入

---

[36]【清】郭慶藩輯，《莊子集釋》，〈齊物論〉，頁83。

[37]【清】郭慶藩輯，《莊子集釋》，〈寓言〉，頁949。

[38]【清】郭慶藩輯，《莊子集釋》，〈知北遊〉，頁731、746-747。

對象化活動（「盡物」）而走向「離道」的宿命？是否有一種可以「盡
道」的語言活動或形式的可能？以下試從隱喻大開的角度詮釋之。

正如前文所述，道家的體一不是離物的抽象純一，所謂「一」實乃萬
化交融互滲所共成的氣化流行之存有整體之運動。體道者宣稱不可言說，
是因爲冥契者正融入物化的天籟交響中（音樂隱喻），此時此刻：道不斷
地在物化的差異共融中唱出自己，而眞人正處在「喪我（未始有回）」的
「聞天籟（聽之以氣）」狀態，因此眞人雖然無言但聆聽於「道行」的大
音合唱（〈齊物論〉曰：「道行之而成」，正顯示道必然落實爲氣化的運
動），只是道行的天籟合唱並非以人爲的符號來呈現，因此出現《老子》
「大音希聲」的詭辭說法。希聲是就人的概念語言之符號遮撥而言，大音
則是就道本身的氣化流行之活力來說。可見，當《老子》說「道隱無名」
時，那是指大道超越了人的二元語言結構的切割指義；但絕不意謂道是虛
無空洞的缺如或抽象實體，事實上道無時無刻不在進行著「大──逝──
遠──反」的氣化循環運動，由此看，道之氣化實爲最莊嚴美麗的「大音
（天籟）」。據此，道實乃無時無刻不在唱出自身、說出自己，它本身
正在不斷進行著「終日言而盡道」的說出活動，在此，「道」便成爲了
最原初的語言自身。道家這種看法在晚期海德格身上，被充分地體現出
來：「語言是『寂靜之音』，是無聲的『大音』，這種語言乃是『大道』
（Er-eignis）的運行和展開，其實不可叫『語言』（Sprache），後來海氏
用『道說』（Sage）一詞命名之。」[39]

「大音希聲」的「常道」本身正時時刻刻進行著「終日言而盡道」的
原始語言活動，而它不斷唱出、說出的過程，又是如何情狀？這便涉及筆
者上述所論的一、多課題。原來，道的說出吟唱之天籟交響，呈現爲氣化

---

[39]【德】海德格著，孫周興譯，《走向語言之途》（臺北：時報文化出版企業公司，1993），頁20。
海德格這樣的看法，帶有很濃厚的道家味道，甚至就是來自道家的啓發。參見拙文，〈當代學者對
《老子》形上學詮釋的評論與重塑──朝向存有論、美學、神話學、冥契主義的四重道路〉，《清
華學報》新第38卷第1期（2008年3月）。

流行的物化運動，亦即道的說出、唱出便是物化的朗現，「物化」這一道的肉身化過程便是道的原始話語活動，道不斷地說唱自身而氣化爲萬物的芸芸差異，而萬物既自使自取又相互敞開爲大化流行的天籟共響。道的原始語言便是氣化流行，然而眞人何處聽聞大音希聲的道言梵唱呢？無它，就在眼前一指一馬、山水崢嶸、春意花鬧中。可見，道在肉身化爲萬物意象的氣化歷程，便就是道說、道言。如此一來，乃可將萬物意象視爲道的肉身化隱喻，如果懂得「以道觀物」，那麼便可體會道行從來不曾死寂，它實爲生生大流，它看似無名實爲饒舌，它正在喋喋不休中吐納萬物。而所有看似差異的分殊萬象，實乃在氣化流行的交融中感通爲一，因此萬物的差異之多（部分）便又成爲道通爲一（整體）的具體隱喻。從這個道肉身化爲萬物的運動歷程，我們看到了一個即物即道、即部分即整體的原始隱喻、宏大隱喻之展開。

　　上述主要是就道的氣化流行面向來談：道的原始運動即爲氣化，並在具體化的物化活動中，呈現道家最原始的語言意義，而道的肉身化這一元隱喻中，彰顯即物即道的世界。從這裡看，實可以說：「道」等於「道的說唱」等於「道以肉身隱喻的方式說出自身」等於「基本隱喻」。道的運動即隱喻地說出自身於萬物中，所以得道者必能在千差萬別的意象中映射融合出道的生生意義[40]。道肉身化爲萬物，萬物又在氣化流行中交換融合，這一物類跨越、名言轉換的變形、隱喻現象，可以從〈至樂〉篇這一近乎破壞分類、語言亂流的特殊表達中，得到有趣的印證：

　　種有幾？得水則爲䌛，得水土之際則爲蛙蠙之衣，生於陵屯

---

[40] 這就是為什麼巴舍拉（Gaston Bachelard）要將海德格的存有論落實為「直接存有論」，因為根本沒有離開當下具體的存有物之外的存有，我們僅能在接觸存有物的當下直接體證存有。這印證了道家目擊道存、道無逃乎物、道在屎溺的觀點，也呼應了筆者上述所謂道的肉身化隱喻。巴舍拉善從具體物質見存有靈光的迷人，參見【法】加斯東・巴舍拉，龔卓軍、王靜慧譯，《空間詩學》（臺北：張老師文化事業公司，2003）；巴舍拉著，劉自強譯，《夢想的詩學》（北京：三聯書店，1997）。

則爲陵舃，陵舃得鬱棲則爲烏足之根爲蠐螬，其葉爲胡蝶。胡蝶，胥也化而爲蟲，生於竈下，其狀若脫，其名曰鴝掇，鴝掇千日爲鳥，其名爲乾餘骨。乾餘骨之沫爲斯彌，斯彌爲食醯。頤輅生乎食醯，黃軦生乎九猷，瞀芮生乎腐蠸，羊奚比乎不筍，久竹生青寧，青寧生程，程生馬，馬生人，人又反入於機。萬物皆出於機，皆入於機。[41]

　　萬物種類實爲無窮無盡，而且物類之間實因變化交融而演化無限，這便是道的肉身化運動之實相。它看來似乎荒謬無章法，實乃因爲變形疊合而連續融貫所致，所以才會同時看到物類和名言的不斷跨域和增生滋長，這便是氣化流行（物類繁衍）和隱喻大開（名相連類）的生機。

　　除了上述道肉身化爲物的根源隱喻外，眞人在不得不使用人類性語言符號的狀況下，又如何具有「終日言而盡道」的可能？人如何可能「言而足」、「言無言」？這種妙言方式和隱喻有何關係？

　　道是流變的自我說唱，因此道的說出便是流變的遊戲，而眞人眞知的眞言或道言，必得模仿或契合於流變，因此若有所謂道言，它必得呈現出流變的精神，或者說它的表現形式必忠於流變。道言的形式必具有自我遊牧、解構的特質，因爲人的語言符號具有切割性、權力性、疆域化、定形化等特質[42]，因此眞人就必須自覺進行語言批判、解放的治療活化運動，如此方能產生語言遊戲、遊戲語言的生機與新義。總言之，世界流變（氣化）所以思想（神遊）和語言（卮言）不得不隨之流變，只有在語言流變

---

[41] 【清】郭慶藩輯，《莊子集釋》，〈至樂〉，頁624-625。

[42] 關於語言「名以定形」的二元性結構所帶出的：切割性、權力性、疆域化、定形化、單義化等指義特質，參見葉維廉，〈語言與真實世界〉，收入氏著，《比較詩學》（臺北：東大圖書股份有限公司，1988）；〈言無言：道家知識論〉，收入氏著，《歷史、傳釋與美學》（臺北：東大圖書股份有限公司，2002）；〈道家美學・山水詩・海德格〉，收入鄭樹森編，《現象學與文學批評》（臺北：東大圖書股份有限公司，1991）。

的活動形式中，才具有道言的可能[43]。而這種流變式的道言正是基本隱喻的跨域融合之遊戲本質。

　　可以再從一個現象談起：雖然冥契體驗者都宣稱一體之感本身不可言說，但事實上，我們所看到的有關冥契體驗的文獻紀錄，卻又都是冥契體驗言說下的產物。根據史泰司的研究分析顯示，冥契體驗的描繪都是「回想的冥契體驗」，也就是離開冥契體驗「之後」被「回想」起來的[44]。史泰司這個觀察，早被〈齊物論〉指出：「天地與我並生，而萬物與我為一。既已為一矣，且得有言乎？既已謂之一矣，且得无言乎？一與言為二……。」《莊子》不但提醒我們這個基本區分的必要性，它更進一步指出區分關鍵在於兩者和語言的關係，真正冥契為一的體驗自身是無言的，而當人們說出「天地與我並生，而萬物與我為一」這一冥契描述時，其實已經離開無言之冥契，而是「之後」的「回想」所給予的語言描繪，它已屬有言狀態。

　　史泰司甚至更細微地分析出，不止一體感之描繪是語言產物，甚至當冥契者宣稱體驗本身不可言說，這一宣稱或主張也仍然還是語言的產物。換言之，如果我們完全否定語言，其結果終將導致冥契經驗的不可被理解性：「假如冥契意識完全不可言說，那麼，我們連此不可言說都不可說，因為我們無法意識到此經驗，換言之，我們永遠不可能有此經驗。」[45]史泰司這個說法其實是為了重新肯定冥契體驗和語言間的必要關係。因為冥契者根本無法長期處在純粹一如的內向冥契狀態，他終要回歸日常生活的分化意識和概念認知，因此語言的世界還是會將冥契者再次包圍起來。所以史泰司試著幫冥契體驗者澄清：其實冥契體驗者宣稱「不可言說」時，

---

[43] 有關卮言流變不居的內涵，參見楊儒賓先生的精采分析，〈有沒有「道的語言」——莊子論「卮言」〉，收入林明德策畫，《中國文學新境界：反思與觀照》（臺北：立緒文化事業有限公司，2005），頁299-340。本文不再重複分析卮言的特質，而是將它和基本隱喻連結起來。

[44] 史泰司著，楊儒賓譯，《冥契主義與哲學》，頁409-411。

[45] 史泰司著，楊儒賓譯，《冥契主義與哲學》，頁402。

一則表示他們必然已身處在語言情境中，二則所謂的不可言說非但不是一無所說，反而大量出現悖論這一特殊語言現象。而悖論的產生，照史泰司的分析，是因為冥契者擁有雙重意識經驗：一者是無分別的超時空經驗，另一是分別的時空經驗，入於前者狀態時本來無言，只有回到後者層次並回憶而再度表述出來時，才會出現有關任何冥契體驗的紀錄。可見，冥契者的表達困境就在於他的存在處境，是位於超語言與語言之間、無分別與分別之間的中介狀態，也因此他的語言表述自然會出現悖論現象，這並非刻意有為的語言亂象，冥契表達的這種語言悖論並非修辭，而是忠實反映出冥契者現今的悖論處境[46]。

　　悖論處境是指體驗者一方面曾體驗過超越時空、雜多物象的絕對無言之純一冥契，另一方面又回歸眼前有時空、有物象的雜多紛陳之現象界，而當這兩種意識狀態同時層疊一起的處境便是。悖論語境則是指，當體驗者身處一多相即的無分別與分別層疊共在的意識處境，又不得不透過語言來描繪體驗時，自然會出現的悖論語句，如「一多相即」、「無分別的分別」、「分別的無分別」這一類。然而對史泰司，理解悖論語句的要點不在於它是否違背了邏輯，反而可以促使我們認識邏輯的限制。因為邏輯法則只能存在於雜多分別的對象物之時空世界，一旦進入無分別的一體冥契時，邏輯便不再適用。所以史泰司清楚地指出，當冥契者宣稱一體感不可言說時，這裡的「言說」完全是指概念語言，因為概念語言只能適用在物物截然有別的現象世界：「世上只要有物物可分、個體性原則存在的地方，雜多也就會跟著存在。我們所知道普通的個體性原則是時間與空間，所以邏輯必然要用在時空世界，或康德所謂的現象世界裡面。」[47]

　　然而冥契者終要回到見山水又是山水的時空雜然、萬物繽紛的世界，但他和一般單純身處物物可分、井然有別的常人語言認知、邏輯心態不

---

[46] 史泰司著，楊儒賓譯，《冥契主義與哲學》，頁419。

[47] 史泰司著，楊儒賓譯，《冥契主義與哲學》，頁375。

同，他同時在意識中層疊著無分別的一體感和有分別的雜多感，這種一多相即的悖論處境，正是冥契者悖論語言的來源。若以《莊子》的話說，眼前看似各各有別的螻蟻、稊稗、瓦甓、屎溺等千差萬別的存有物，其實都共融互滲為大化流行的存有連續整體。因此每一個體既是自己又不只是自己：說它們是自己是就它是一個具體存有物之樣相而言，說它們又不是自己是就它們敞開而融入大寫的存有活動整體而言。正是這種在其自己又不在其自己，既分別又無分，既差異又同一的存在處境，造成了悖論的語言現象。我們時常在道家的體道描述中看到（天地一指也，萬物一馬也）這一類悖論語式，這便是即部分即整體，即整體即部分，兩者同時存在於一身的悖論處境所自然反映出的悖論語境。為何如此？〈德充符〉講得很明白：「自其異者視之，肝膽楚越也；自其同者視之，萬物皆一也。」因為從冥契者現今的悖論處境放眼看去，萬物皆有兩種共存的身分：一是在其自己的殊異性，另一是融入彼此而渾然為一的同體性，當二者並存的現象出現在冥契者現今的意識處境時，就必然會出現：差異與同一共在的「即差異即同一」的悖論表達。

　　這一類悖論語式，《老子》和《莊子》頗多，筆者已大略做過考察[48]。本章進一步指出的是，悖論現象和老莊詩意隱喻的重疊現象，可能是同質共構原理所產生的同類語言現象。或者說，隱喻可看成是一種廣義的悖論，或者弱意的悖論現象。因為悖論主要是將看似對立相反的兩造融為一鑪，而隱喻則是在物類名相之間跨域融合，而隱喻所以能不斷發現事物間的相似性而融攝出新意，就是因為它能夠運用非分別的心靈活動來滲透分別的物象，結果使得二元語言結構所劃分的疆界受到沖刷而融通，使得心物二分、身心二分、物物區分的轄域化事物，能夠走出自己而重新在變形的空間中進行交融連結，這是部分與部分在整體流動這一原始空間所進行的交換遊戲。這一原始空間既可能使看似矛盾的事物在悖論處境和語

---

[48] 參見拙文，〈道家的自然體驗與冥契主義——神祕‧悖論‧自然‧倫理〉，收入本書第四章。

境中結合在一起，也可能使看似風馬牛不相及的事物在隱喻語境中融合出新鮮意蘊。

　　總之，悖論和隱喻一方面可視爲道家冥契表達的語言特徵，另一方面也造就了道家語言觀的十字打開，從此，道家從絕對沉默的語言恐懼症走出，堂堂邁向隱喻大開的詩性想像、文學空間。而這一文學空間，不但解構了制式化語言的權威暴力，帶領人們不斷進行語言遊戲的自由冒險創造，據葉維廉的研究顯示，道家這種遊牧式的視角解放、語言融合同時造就了中國後來的古典詩歌和山水畫境的美學空間[49]。

五、從渾沌神話的身體隱喻到道成肉身的語言豐年祭

　　目前學界已經證明道家的世界觀、思維方式和原始巫教、神話有親密的連續性，如《老子》和大母神、《莊子》和薩滿教等神話意象有密切關係，它們確實都承繼了卡西勒所謂瑪納世界觀和一體交感的神話思維。學界已指出道物關係這一形上學課題，實源自渾沌創世神話，道家形上學的一多課題（如《老子》〈第一章〉：道生一，一生二，二生三，三生萬物），實來自遠古的渾沌開闢神話。道生萬物的神話原型便是渾沌的鑿破與流出而形成眼前萬化的世界，然而渾沌流出的神話隱喻有著什麼值得詮釋的訊息？

---

[49] 「道家無形中提供了另一種語言的操作，來解除語言暴虐的框限；道家通過語言操作的『顛覆』權力宰制下刻印在我們心中的框架並將之爆破，還給我們一種若即若離、若虛若實活潑潑的契道空間。……這也是為什麼中國山水畫都讓觀者自由無礙地同時浮游在鳥瞰、騰空平視、地面平視、仰視等等角度，不鎖定在單一的透視。中國山水畫裡的所謂透視，是不定向的、不定位的透視，有時稱散點透視或回游透視，前山後山、前村後村、前灣後灣都能同時看見。」「為求道家精神投向裡的『未割』，中國古典詩在重置的物像、事件和（語言有時不得不圈出來的）意義單元之間留出一個空隙，一種空，一個意義浮動的空間，或者也可說是顛覆性的空間，使讀者在其間來來回回，接受多層經驗面與感受面的交參競躍而觸發語言框限之外，指義之外更大的整體自然生命的活動，在這個詭論的空隙裡，讀者以不斷的增刪、潤色初觸經驗面的方式進入多重空間和時間的延展，同時，只要我們感到有可能被鎖死在義的當兒立刻可以解框而做重新的投射。」葉維廉，《道家美學與西方文化》（北京：北京大學出版社，2002），頁1-3、9。

　　渾沌在道家哲學中佔據極核心的義理地位[50]，它其實就是道和一的原型意象，意指無分別的交融渾一狀態，相通於《老子》水之意象，又轉化成《莊子》氣之概念。渾沌又可說是道家樂園的基本象徵，渾沌鑿破便意謂樂園的失去，從此急轉直下，從原本「未始有物」、「物未有封」，掉入了物物有別有封、紛然淆亂、是非無窮的語言鬥爭中。而回歸渾沌意味著樂園失而復得。從冥契主義的角度說，處於渾沌狀態便是處於一體之感而不可言說的冥契意識。然而道家所謂回歸渾沌，並非意指有一不變動的渾沌實體可歸依，或是住守永不變動的渾沌境界，事實上，渾沌之為渾沌就因為它是一永恆不住的流變歷程，正如《老子》二十五章：「吾不知其名，字之曰道，強為之名曰大，大曰逝，逝曰遠，遠曰反。」可見，渾沌之道的隱喻不可被實體化為一渾沌對象物，它徹徹底底就是不斷在進行著「大－逝－遠－反」的「周行不殆」歷程，所以渾沌實為渾沌之流，而《老子》透過「水」之流動、交融、潤澤、充盈、包容等特質來隱喻是很豐富的，其中最為基礎的喻根應是水的流動不息，透過具體之水的流動不息來隱喻渾沌之道的生化不已[51]。

　　生命既來於渾沌，也歸於渾沌，甚至無一刻不在渾沌之水的充潤中表現出分殊的活潑樣相。這也是《莊子》「通天下一氣耳」的意象來源，生命來自於氣、終歸於氣，生死都不過是氣化的運動樣相，而氣化流行的整體本身從來不增不減地進行著交換遊戲。由此，筆者強調首先要恢復渾沌的動態本性，而所謂道實可透過渾沌流出、還歸渾沌的神話隱喻而得其正解，並且就在渾沌流出流入的歷程中，天地萬物乃交融互滲為存有連續性的整體：「天地與我並生，萬物與我為一。」這個氣化流行、交融一體的渾沌之境，從史泰司的內向、外向冥契類型的區分看，它到底傾向取消

---

[50] 老莊的渾沌意象和哲學深意，參見拙文，〈道家的神話哲學之系統詮釋〉、〈神話、老子、莊子之同異研究〉，收入《莊子靈光的當代詮釋》（新竹：清華大學出版社，2008）。

[51] 關於《老子》對道的種種隱喻，參見拙文，〈從《老子》的道體隱喻到《莊子》的體道敘事——由本雅明的說書人詮釋莊周的寓言藝術〉，參見本書第六章。

時空雜多意象的「純粹之一」？還是傾向在時空的雜多意象中感受一體的「一多相即」？筆者曾論證過道家的立場傾向於統合內外的圓教型冥契主義，這裡可再透過渾沌意象來闡述。

渾沌的流出和流入，其實就是對存有力量不斷循環反覆運動的隱喻，對不停在進行著交換遊戲、融為一體的力量律動之隱喻。據此，渾沌乃是差異多元所交融共成的整體，而非同質單一的純粹之一。再運用流出／流入的意象說，流出象徵著渾沌必然要鑿破而分化為萬物，而原本由渾沌流出的萬物並非語言所命名定形的符號對象物，此時的萬物處於「有物而未封」的敞開狀態，因此萬物間仍然不斷進行著交換的氣化遊戲，而這個萬物有別卻不斷相即相入的互滲，其實可以看成再度流入渾沌的整體化運動。如此一來，渾沌即流出即流入的氣化流行，必呈現一多相即、無分別中有分別、分別中無分別的狀態。

由此，我們理解了道家渾沌哲學的整體樣貌：首先它強調一體感之可貴，所以批判渾沌破裂導致擱淺在語言碎片裡的危險，並主張回歸渾沌的素樸大美；但渾沌大美並非純粹同一、否定差異的渾沌，因為這樣的渾沌背離了流動不住的變化本性。其次，道家批判渾沌鑿竅而死、道術裂而天下亂，其深意根本不是在反對渾沌流出（一則不可能，二則將使渾沌成為死寂之物），而是在批判人類語言的權力暴力所帶來的封閉與僵化，所以《莊子》在〈天地〉篇批評「識其一，不知其二」的假修渾沌術者。換言之，若只看到渾沌的同一性卻忽略了萬化的差異性，將造成渾沌的靜態化、死寂化。筆者認為必須從圓教模型的渾沌全體哲學來看（亦即：一多相即，無分別與分別統合），道家的渾沌之流即落實為眼前夫物芸芸的物化世界，而千差萬別的物化又交響共鳴為天籟之流。據此，便可再度呼應「道的肉身化」這一隱喻，原來從渾沌哲學的角度看，眼前山高水長、眼橫鼻直看似分封有別，實乃山水絪縕一片、七竅通氣為一。眼前的具體萬物都是渾沌之流的肉身蔓延，每一分殊物象（部分）實為天籟交響（整體）的具體詠唱。

　　道家道生萬物的肉身化隱喻，具體化的意象來源實爲渾沌的肉身化隱喻；而渾沌肉化萬有的隱喻實源自遠古的渾沌破裂和分化神話：「天地渾沌如雞子，盤古生其中。萬八千歲，天地開闢，陽清爲天，陰濁爲地。盤古在其中，一日九變，神於天，聖於地，天日高一丈，地日厚一丈，盤古日長一丈，如此萬八千歲，天數極高，地數極高，盤古極長，後乃有三皇。」[52]

　　這一段有關盤古開天闢地神話，首先借用了母腹、嬰兒、蛋卵等意象來隱喻孕育，由此展開了創世的首齣故事情節。一開始，創世之前，未有天地、時空、萬物、人類、歷史，曾經存在一種本體狀態，而神話情節首先透過雞子（宇宙蛋）這一原型意象來隱喻本體整全之道，雞子之喻結合了圓和水等融合無分意象，故謂「渾沌如雞子」（傳達了原始未分的渾一狀態）；其次透過母腹（圓腹與胎水）、胎兒（嬰兒原人）及胎產（成長與分離）過程，來隱喻生命創生的流出歷程。用神話的第一個主題說，「盤古出生」的過程便是「開天闢地」的創世紀過程，撐開母腹、支解渾沌、離開產道這些胎產意象，構成了渾沌流出的劇碼。在神話的隱喻思維下，創世神話透過活生生的具體意象和情節而呈現──盤古從嬰兒成長爲巨人，爾後巨人的身體突破渾沌、撐開天地，乃使天（盤古頭頂天）、地（盤古腳立地）中間的世界空間、萬物空間得以架構開來，故有「天去地九萬里」。

　　這一段極爲傳神的胎產戲碼，代表著渾沌空間的流出而轉化爲萬物空間；原本胎兒與母腹的完全合一，現已漸漸走向分離，而原本的渾圓爲一也已經有了上天、下地的空間區分。這樣的情節，不得不讓人想起〈應帝王〉渾沌鑿七竅的情節[53]，顯然《莊子》只是將古神話給予故事新編而已；故事雖經新編，但是從合一到分裂、從一元到二元的敘事結構依然存

---

[52] 《藝文類聚》卷1引徐整，《三五曆紀》。引自袁珂，《古神話選釋》（臺北：長安出版社，1986），頁1。

[53] 可參【清】郭慶藩輯，《莊子集釋》，〈應帝王〉，頁309。

在。如果把〈應帝王〉的中央帝加上《老子》「復歸嬰兒」的主張，那麼身處渾沌的中央帝，其原型自然便來自原始神話那個盤古嬰兒，而中央帝給予儵／忽的善與樂，其實便是童真無慮無別的初心。《莊子》故事結在「渾沌死」，原因就是儵／忽（南／北）所隱喻的二元分別之介入，一樣模擬了古神話的破裂結構。總之，盤古是一位身兼創造與謀殺雙重身分的創世英雄，開天闢地是這位原始英雄的典範作為，祂成長自己的同時也支離了母腹，然後打破與渾沌母腹的渾然合一，從此十字打開一個天地空間（為將來的萬物空間準備），結果使得渾沌之水不得不四方流出，湧現出差異的肉身演化。神話思維是儀式思維、具體思維，當這個創世神話在儀式情節上演時，它完全透過具體可感的身體意象來隱喻。換言之，神話思維本身即是隱喻思維，而它具有里克爾（Paul Ricoeur）所謂「象徵功能」[54]。

　　創世紀可類比為每一個體生命的誕生與展開，或說宇宙蛋類型的創世劇碼，實模擬自母腹與嬰兒的胎產意象。秦漢許多形上哲學命題，大抵順著這個具體意象和情節來加以概念化，但實未完全脫離許多具體意象的隱喻痕跡。然而渾沌創世的神話其實還未結束，另有一段神話故事正好接續盤古長大支離天地之後的戲劇，它徹底展現出渾沌肉身化的身體隱喻景觀：

　　首生盤古，垂死化身。氣成風雲，聲為雷霆，左眼為日，右眼為月，四肢五體為四極五嶽，血液為江河，筋脈為地里，肌肉為田土，髮髭為星辰，皮毛為草木，齒骨為金石，精髓為珠玉，汗流為雨澤，身之諸蟲，因風所感，化為黎甿。[55]

---

[54] 關於「神話的象徵功能」，與渾沌分裂這一普遍性的神話情節意義，參見【法】里克爾的精彩分析，〈創世戲劇和「儀式」的世界觀〉，翁紹軍譯，《惡的象徵》（臺北：桂冠圖書股份有限公司，1993），頁181-195。

[55] 《繹史》卷1引《五運歷年記》。引自袁珂，《古神話選釋》，頁8。

　　母腹中的胎兒長大成巨人，巨人用祂的身體撐開並承擔起天地空間，然而這一從渾沌空間到天地空間的創造工作，顯然耗盡神人氣力，祂用巨大的身體承擔頂天立地的偉業，並使得天地空間得以架構並穩立下來，然而神人終於氣盡力竭、崩倒在祂所創設的天地空間之中。接下來，依然可看到身體隱喻的細節，只是這次是從先前身體由小到大的茁壯隱喻，轉爲身體的死亡與腐化隱喻。我們看到了驚心動魄的宏偉畫面：盤古巨人那原本統合爲一的大身體，一部分接著一部分地腐化而蘊生萬物的生命現象，正如〈知北遊〉的腐臭化神奇一般，巨人的屍身竟物化爲天地間所有的美麗生命，從此生命現象盈滿於天地間：有了風雲雷霆、日月星辰、大山大河，地理的紋理，田土的豐潤，草木綠意盎然，金石珠玉藏嬌，而且在這雲行雨施、品物流形的雜然萬象中，出現了絕不特別高貴的人類。

　　可見盤古開天闢地這一神聖的創世典範行爲，同時也是犧牲、獻祭、甚至暴力的原初作爲。盤古英雄的宏大作爲，一則殺死渾沌迫使渾沌不得不流出，另一方面犧牲自己而肉身化爲萬物的身體。也可以這樣說，盤古吸收了渾沌羊水的養分而茁壯，使得渾沌水流滿布全身，而當盤古死而化身爲萬有時，又將渾沌之水流到萬有之中，成爲了物化的差異之流。

　　這是一個死亡與再生的連環劇：渾沌死、天地生，盤古死、萬物生，環環相扣，演出一場渾沌的流出大戲，其情節完全透過肉身這個隱喻元素來彰顯。然而值得分析的是，創世巨人犧牲的同時，又以其肉身分化爲萬物生命，這一身體隱喻事件至少映射出底下幾個重要意義：

　　一、萬物身體原本來自神靈的身體，可見萬物以分殊化的豐富繼續了神聖的顯現，萬物自身便有了神聖血源；二、萬物因同樣來自創造大神這一身體共同體，因此看似分化爲差異的萬物，彼此間仍保持存有的連續性在，甚至具有神聖的一體性；三、盤古的身體圖式具體化爲宇宙秩序，所以宇宙秩序和身體圖式之間，可以有神聖的感通和符應，天地世界再也不是完全渾沌無序，而是雜多差異中有其連續統一和自然秩序，而統一秩序

的原型就是以身體的形像和結構來隱喻[56]；四、人只是萬有中之一，不但不如金石珠玉高貴（它們由巨人的齒骨、精髓所化，反映出卡西勒神話類比思維的認同特質），甚至只是巨人身上諸蟲所化，如此對人類的低調敘事，證明神話思維是解構人類中心主義的萬物平等觀。

　　從渾沌神話的身體隱喻，亦可得出卡西勒「部分即整體」的神話認同思維方式。它並非單純的類比修辭而已，而是因為來自原初的共同體世界觀，生命共同來自渾沌雞子、共同來自盤古肉身，萬物原來都是神的肉身化，每一部分存在都是神人的顯現（聖顯，hierophany），而且依然盈滿渾沌之流的生命力道（力顯，kratophany）[57]，而部分與部分之間依然被渾沌之水包容、潤澤、互滲著，它們之間實無空隙，完全交感為存有連續性的整體。正是這樣一多相即、即部分即整體的世界觀和思維方式，造就了神話的基本隱喻世界，我們可以不斷在萬物之間找到交換的可能，生命之間可以不斷跨界而將各類存在的身體形式摶聚於一身（如《山海經》的怪身體）[58]，也可以從一種物類形式變形轉化為另一種物類（如帝女化為精衛鳥、鯤化鵬徙的變形神話）[59]。這種變形神話的跨界演出，身體不斷在交換拼貼、意象不斷在聚合重組，而這些身體意象都是透過名言的不斷連類疊合來呈現，可見變形背後的一體世界觀便是基本隱喻的活力源頭，

---

[56] 宗教與神話思維中常出現身體、房子、宇宙的對應性，參見【羅馬尼亞】伊利亞德（Mircea Eliade）著，楊素娥譯，《聖與俗——宗教的本質》（臺北：桂冠圖書股份有限公司，2001），頁213-214。

[57] 關於聖顯和力顯兩觀念，請參見伊利亞德著，楊素娥譯，《聖與俗——宗教的本質》，還有晏可佳、姚蓓琴譯，《神聖的存在：比較宗教的範型》（桂林：廣西師範大學出版社，2008）。

[58] 最明顯的莫過於《山海經》裡的身體形像，其中各類生命樣相（神、人、動物）幾乎普遍帶有多重跨類身體形相重組的特質，而這種物類名相的身體拼貼特質，是神話奇幻想像背後的一體世界觀所導致的認同現象。參見袁珂注，《山海經校注》（臺北：里仁書局，1982）。另參見王仁鴻，《山海經的神話思維——以空間、身體、食物、樂園為探討核心》（嘉義：中正大學中文研究所碩士論文，2009），頁69-140。

[59] 關於圖騰和變形神話的神話思維方式，參見樂蘅軍，〈中國原始變形神話試探〉，收入古添洪、陳慧樺編，《從比較神話到文學》（臺北：東大圖書股份有限公司，1993），頁150-185。

而基本隱喻主要不在修辭，而是有關存在的眞實知覺。

　　初看，〈應帝王〉對渾沌之死似乎帶有感慨哀緬的情調，但這並不代表《莊子》只渴望停留在意識的胎產期，對渾沌懷抱戀母情節式的鄉愁。事實上，《莊子》反對「只知其一，不知其二」的假修渾沌術者：一則因爲它反對將意識的單調弱化和意識的豐富整全混爲一談，「知其一而不知二」便是意識的單調弱化；而「知其一又知其二」才是意識的豐富又整全。換言之，道家所熱愛的單純其實包含了豐富，道家渴望的不是單調的無分別之純一，而是豐富的一多相即；二則渾沌是變化之流而非死寂之水，所以必然要流出豐盈的差異來。道家擔憂和提醒的重點在於：順著這個渾沌必然流出的分化過程，人的意識和語言的切割計慮活動要能自覺並自制（《老子》三十二章：「名亦既有，夫亦將知止，知止所以不殆。」），否則將導致渾沌之水的乾枯與擱淺，結果落入游魚擱淺岸上而相濡以沫這一隱喻：「泉涸，魚相與處於陸，相呴以濕，相濡以沫，不如相忘於江湖。與其譽堯而非桀也，不如兩忘而化其道。」[60]

　　從渾沌空間的流出到天地空間的敞開，從此便是充塞物化豐盈的萬物空間；這也是渾沌之道肉身化的神顯、力顯、大美、莊嚴的世界。渾沌的不得不流出打破了渾沌在其自己的那種無形式、無內容之純粹意識，此時不僅芸芸萬物現身意識之前，而且也活力洋溢地共融爲一自然理序而可連類譬喻的世界。這裡的理序和連類其實是道的肉身化聖顯之紋理和軌跡，它雖然沒有離開人的語言之參與，但它既非名以定名的概念建構，也非單純只是修辭的類比排列，而是在「天地並生，萬物爲一」的神聖顯現、力量互滲的知覺和交感下，一方面呈現爲神聖的類比秩序（故已有人類語言的參與），另一方面又不斷地變化秩序（此時的語言又必須不斷跨域融合、類比互滲而產生新機）。

　　正如卡西勒指出的：「這個過程——即從實存隱約的充分性中脫穎而

---

[60]【清】郭慶藩輯，《莊子集釋》，〈大宗師〉，頁242。

出，變成一個由清晰的、可由言語確定的諸形式所構成的世界的過程——在神話思維中，以其特有的意象方式被表象為『渾沌』與『創世』間的對立。這裡，同樣還是言語促成了這種由無特徵的存在母體向其形式和組織的轉變。於是，巴比倫－亞述的創世神話就把『渾沌』描繪成這樣一種世界狀況：那時，天界『尚未命名』，地上也沒有任何事有名稱。」[61]可見，從渾沌空間到創世空間，若從人類的心靈意識活動的角度說，便涉及了語言的開啓與介入；因為人的語言參與才使得沒有特徵和秩序的渾然流變，暫時有了千差萬別的樣相之穩定。這裡涉及了語言的創造和危險：人類心靈意識的語言參贊孕育了一個在穩定與流變之間的類比世界，但這個類比世界也可能進一步固化封閉為對象物的符號世界（表象世界、圖像世界）。簡言之，基本隱喻的連類跨域語言仍然保有參贊渾沌之流的變化精神，而概念邏輯的二元分類語言則走向固定秩序的單義定位[62]。

　　道家不能也不會反對渾沌流出，更要迎接變化之流的物化豐盈，然後在面對語言的創造性介入的同時，戒慎恐懼地妙用語言、治療語言，因為語言的魔力既微妙又危險，它能讓萬物在渾沌之流中站出姿態，但也可能因此讓萬物擱淺在語言之網而失去活力，正如〈齊物論〉所言：「道惡乎隱而有眞偽？言惡乎隱而有是非？道惡乎往而不存？言惡乎存而不可？道隱於小成，言隱於榮華。」「道未始有封，言未始有常，爲是而有畛也，請言其畛：有左，有右，有倫，有義，有分，有辯，有競，有爭，此之謂八德。」[63]

---

[61] 卡西勒著，于曉等譯，《語言與神話》，頁70。

[62] 蘇以文，〈語言與分類〉：「孩童在學習認識這個世界的同時，就是在學習建立一套自己的分類系統，將新的事物與新的感受，依據當下的直覺以及以往的經驗，歸類到認知系統中的某一處，這就牽涉到了將其『納入』某個類別，而『排除』在其他類別之外的過程。因此，人類最直觀的分類方式，是『二分法』，將事物分為『好』『壞』、『美』『醜』等等截然劃分的兩個類別。……雖然『二分法』常常是分類過程中的必要之惡，卻不是我們真正體證這個世界的方式。」收入蘇以文、畢永峨主編，《語言與認知》（臺北：臺大出版中心，2009），頁27-28。

[63] 【清】郭慶藩輯，《莊子集釋》，〈齊物論〉，頁63、83。

原來，渾沌之道是無往不存的，眼前一切物化皆是它的肉身化現身；原來，語言魔力也隨處皆可妙用，只要它和肉身化的萬物能有著敞開而自由的關係。因為儘管渾沌之流肉身化為萬物之差異，但萬物之間總在流通互滲而從未限隔（未封）；同樣地，儘管語言的介入使得肉身化的萬物得以站出而突顯，但它一開始仍保有基本隱喻的跨域流通性質（言未始有常），而並未進入強制的轄域分類系統（常）；一旦進入名以定形的語言二元結構（真偽、是非的二元榮華），那麼原本基本隱喻的語言妙用便朝向概念的分類定用（結果造成對立而僵化的八德處境）；如此一來，渾沌之流肉身化的萬物便擱淺在語言符號網絡，而成為具有固定本質的對象物（小成）。從此道隱、言隱的結果便是：榮華導致隱喻破碎、小成而失去大美，一個個封閉僵化的畛域被劃分出來，而有種種意識形態之競逐。

然而道家的拯救之道並非退回渾沌之一而取消物化之多，也不是退回不知無言而取消語言妙用，道家真正擁抱的是一多相即的物化世界、不斷流動交換的語言狀態。這種不斷流動交換的語言妙用狀態便是基本隱喻。基本隱喻的語言魔力雖使萬物得以站出，但物物之間並未因語言的呼喚站出而限隔封閉，隱喻這種模糊多義的敞開式語言，一方面使物類之間得以保留跨域交融的空隙，另一方面也讓萬物在穩定與流變之間保持雙向溝通狀態。此正相應於里克爾對詩歌隱喻的核心洞見：「詩歌中達到的東西並不是指稱功能的壓抑，而是模糊性的遊戲對它的深刻改變：詩意功能對指稱功能的優先性並不抹去指稱而是使它變得模糊。」[64] 可見，「言」不必然永絕於道，只是這裡的道已肉身化為萬物之流，因此萬物一方面保有流動性，另一方面也保有肉身的穩定性；這裡的言是指帶有遊戲特質的詩性隱喻，因此語言一方面保有跨界的遊戲興發特質，另一方面也使萬物站出而得以暫時穩立身影。

道肉身化為萬物的聖顯世界，使得萬物成為道之具體隱喻，即萬物之

---

[64] 保羅‧里克爾著，汪堂家譯，《活的隱喻》（上海：上海譯文出版社，2004），頁307-308。

豐盈成為道肉身化的隱喻而大開世界。從這裡，便從道不可說轉化為（終日言而盡道）的隱喻之說，這種透過萬物的具體化隱喻促使道能處處現身，同時隱喻的詩性語言便成為了開顯道行的絕妙好辭。

　　由此才比較好理解，《莊子》為何這般喋喋不休，因為它始終秉持著：「言無言，終日言未嘗言」、「言而足，終日言而盡道」，這種基本隱喻精神，所以能信手拈來，在雜然賦流形的萬物面前，呈現出「卮言日出，和以天倪，因以曼衍，所以窮年」[65]。這早已非昔日內向冥契狀態那種恐懼語言、逃離語言的啞然狀態，反而終其一生沒完沒了地進行著隱喻大開的語言遊戲；原因無它，只因道行不息、氣化不止、渾沌常流，所以真人也必然要走向卮言日出、漫衍窮年的存有天命。由此一來，體道者走向喋喋不休的語言遊戲，所以可看到《莊子》為何秉持卮言精神而進行者「寓言十九，重言十七」的遊戲，一個個好故事不斷搬演上臺，幾乎只要莊周放眼所及的萬事萬物，無一不可成為說道的好材料。為何可以如此？原來它們本來皆是道的肉身化隱喻，所以放眼所及，莫非妙道！從這裡看去，《莊子》一書正不折不扣上演語言的嘉年華狂歡會[66]！這種卮言日出的語言同時是死亡與再生的活動[67]，它剎那促使萬物浮出樣貌姿態，又剎那促使萬物隱沒回流動底層，如此能在穩定（結構）與不穩定（流變）之間來回運動，上演出里克爾所謂的語言豐年祭：

---

[65] 【清】郭慶藩輯，《莊子集釋》，〈寓言〉，頁949。

[66] 對於巴赫金而言，狂歡節嘉年華式的廣場語言正是最具顛覆性而有活力的語言，而這種不斷位移、嘲諷的語言風格，實源自狂歡節背後的交融世界觀；巴赫金這些想法和道家可以產生深刻而多元的對話。參見【俄】巴赫金（Mikhail Mikhailovich Bakhtin）著，李兆林、夏忠憲等譯，《拉伯雷研究》（石家莊：河北教育出版社，1998）。

[67] 里克爾：「語言是我們透過它、藉著它而表達自我、表達事物的東西。說話是說話者藉以克服記號宇宙的封閉性、意圖對某人言以指物的活動；說話是語言超越自身記號的角色、朝向它所指涉的和面對的事物前進的活動。語言要求消失；在它成為客體的時候，它要求死亡。」氏著，林宏濤譯，《詮釋的衝突》（臺北：桂冠圖書股份有限公司，1998），頁93。

　　語言正在慶祝豐年祭。這豐盈的確是被指定配置在一結構裡，但是嚴格地說，語句結構並不創造任何東西。它與我們文字的多樣性合作，產生我們所說的象徵性交談的意義效果，而我們文字的多樣性本身，是得自隱喻歷程與語意領域的限制行動協力完成的結果。因此，結構與事件之間、系統與行動之間的互換，會不停地糾纏、不斷地更新。[68]

六、結論：萬物（來源域）的交融互滲映射出道（目標域）的無盡藏意義

　　如前所述，道家的物化美學、具體存有論、道在屎溺、即物即道等重要觀點，承繼自神話的聖顯、力顯、變形世界、瑪納泛靈觀等等。道家這種世界觀將促使人們在存有物（beings）的差異多元中，見到存有（Being）開顯的活力、莊嚴與大美。千差萬別的存有物之交融共振（物化）的整體連續性（道通為一），便是所謂存有的開顯（氣化流行），並沒有離開存有物的物化交融之上、之外有任何獨立的存有自身。所謂無形無相的道，終究要從「無」性具體落實在「有」性中，而這個「有」並非封閉的定有（未始有封），而是同時呈現出具體（有性）與敞開（無性）的特徵，可稱之為有、無共成的玄妙世界，用《老子》首章的話說即是：「常無欲以觀其妙，常有欲以觀其徼。此兩者，同出而異名，同謂之玄。玄之又玄，眾妙之門。」

　　有、無相即的玄妙世界，其實一點都不神祕玄遠，因為它就朗現在眼前具體當下的千姿百態之風格物中。也因為如此，原本無形無相的道，便只能在眼前肉身化的萬物中得到最直接、親切的揭露。對於這種「妙有」（有無相即的敞開物），道家不斷透過詩性隱喻的意象來呈現它；老莊就眼前一切事物來朗現道之當下現成性，因為所有事物都不離開氣化流行的

---

[68] 里克爾著，林宏濤譯，《詮釋的衝突》，頁103。

開顯，所以萬物莫不是道之唱出、說出而天籟交響，也因如此，我們看到老莊不斷透過眼前活潑的自然萬象來禮讚看似玄遠的高道。

　　如果藉用雷可夫和強生透過二領域模式（two-domain-model）所發現的隱喻本質，藉由某類事物（通常是具體事物）以明另類事物（如抽象道理）這一原則來看[69]，「道」幾乎是老莊所欲參究發明的唯一、終極目標域（target domain）。這一看似無形無相、渺不可及的玄遠抽象之理（對老莊言，自然之道又是人間一切價值的活水源和歸依處，所謂「人法地，地法天，天法道，道法自然」）如何得到意義的彰顯？從「無有相即」、「道肉身化為物」而言，所有具體萬象幾乎都可以作為映射（mapping）道之意蘊的來源域（source domain）[70]（圖一）。用個譬喻來說，每一物就像活力四射的敞開之鏡，而萬物又因為敞開而交光互映地照射彼此，人們便可從眼前萬物的無限映射的靈光中，發掘出道的無盡藏光輝和意蘊。可以這樣說，每一物的風格姿態即是道之當下遊戲的驚鴻一瞥，本身已具體化地映射出道的光暈，然而隨著萬物千姿百態且彼此相互映射出天籟交響，將使得道的氣化遊戲呈現無限豐盈的差異演化，如此一來，萬物的姿態風格亦將瞬息萬變、新新不已地共振綿延下去。從道家的角度看，萬物

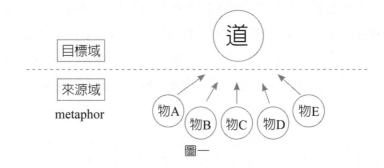

圖一

---

[69] 雷可夫、強生著，周世箴譯注，《我們賴以生存的譬喻》，頁12、65。

[70] 這類似雷可夫和強生所提及的「實體性隱喻」，即藉由實體物質的具體經驗來體會抽象的指涉，雷可夫、強生著，周世箴譯注，《我們賴以生存的譬喻》，頁47-58；蘇以文，《隱喻與認知》（臺北：臺大出版中心，2006），頁17-22。要注意的是，道家認為眼前具體事物是開放性而非封閉的實體，所以物物間是可以交換融合的。

這一不斷交光互映、生成變化的具體來源域，將使得目標域（道）也同時
呈現出無盡藏的意蘊融合之可能（圖二）。

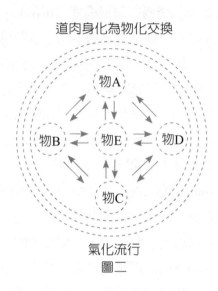

道肉身化為物化交換

氣化流行
圖二

　　物類名相之間的跨域融合而產生新意，是隱喻的一項基本核心特質。
不管是概念隱喻（conceptual metaphor）在物類名相之間突顯類似性（當
然也隱藏了其他面向）而融合[71]，或卡西勒所謂基本隱喻因真正的認同所
產生的融合，或里克爾詩歌隱喻所具有的無窮盡融攝並重新釋放意蘊[72]，
它們得以隨機隨緣、因人而異並且（原則上）可以無限地進行融合的這些
特徵，都表明了超越主客二元的融合空間（blend space）是更為基礎性的

[71] 雷可夫、強生著，周世箴譯注，《我們賴以生存的譬喻》，頁21；蘇以文，《隱喻與認知》，頁50-
51。另外，鄧育仁又將這種有所取捨的跨領域認知現象稱為「隱喻取景」，以稍別異於「隱喻表
述」的語文再現，但兩者都可統括在「隱喻」一泛稱底下，參見氏著，〈生活處境中的隱喻〉，頁
98-99。

[72] 卡西勒的「基本隱喻」和里克爾的「詩歌隱喻」，在筆者看來較為契近，它們和「概念隱喻」的差
異在於，它們具有一種敞開存有的根源特質，亦即語言隱喻和存有開顯具有同質性。另外關於里克
爾對「普通隱喻」和「詩歌隱喻」的重要區分，在於後者的意蘊詮釋是沒有終結、無窮無盡、可以
不斷重新開始。參見里克爾著，汪堂家譯，《活的隱喻》，頁257-262。

存在。這一融合空間對道家而言，並不只是心理空間（mental space）的融合（blending）現象[73]，更反映出物化流行（天地並生，萬物為一）這一世界本身。世界之所以為世界，對道家言並非先有一純粹空間然後再容納具體萬物，從而構成世界與萬物的空間容納關係；而是萬物自化又互化而共融共榮的力量遊戲本身形成了一個有深度、有力量，且不斷在運動變化的活性空間，這一活性空間呈現出萬物彼此不斷交換、跨域之浩瀚活力的互滲融合。如此看來，道家的物化世界觀便是一個隱喻大開、交換、融合的世界觀；所以物類名相之間的跨域融合所以能高度運行，當不只是語言的遊戲現象而已，而是這些語言交換反映出人類心靈的流動融合本性，而心靈的跨域流動又呈現為語言的交換遊戲，融合出新義。

　　總之，人類心靈的流動融合所呈現的心理空間、語言交換，並不只是頭腦的語言遊戲所呈現的心理現象，也是反映出人的在世存有之基本狀態。人作為宇宙萬物中的一物，它的世界處境、社會處境都不是封閉的獨體狀態，而是共在共振的「通」「達」狀態，所以人的身心必然在遭遇人事物的同時，自然無所逃於相即相入的激盪興發。也就是說，氣化流動的世界必然帶動人們與萬事萬物進行肉身化的遭遇，這一具體的肉身遭遇便是力量的撞擊與融合，由此不得不進入了彼此間的交光互映、天籟共響的歷程，而這一力量交換的歷程在思維和語言的形式上，便是一種隱喻的歷程（如果以文本的閱讀詮釋角度看，便是視域融合的文類拼貼和互文性過程；以文字的書寫風格看，便是詩性隱喻的模糊多義之敞開）[74]。

---

[73] 根據Fauconnier & Turner的心理空間理論，空間融合是一種想法整合，也可說是心理空間的整體運作，它能表現出多維空間相關成分的映射，揭示各心理空間的相互聯繫與新思維；所以融合空間是指不同空間彼此之間語意互動後所產生語意結構，此新語意是融合了輸入空間的部分語意並衍生出全新的語意。耐人尋味的是，融合空間雖然包含了類屬空間從輸入空間（至少兩個）所獲得的共同特徵，卻也溢出了共同特徵而包含了輸入空間所沒有的新特徵。關於Fauconnier & Turner的心理空間理論之扼要介紹，參見張榮興、黃惠華，〈心理空間理論與「梁祝十八相送」之隱喻研究〉，刊於 *Language and Linguistics* 6.4 (2005)：681-705。

[74] 正如里克爾所言：「我們還可以把這種模糊性視為語義變化的條件。在被納入一種模糊的句子時，語詞獲得了新的意義。因此，話語的模糊性為語詞的模糊性開闢了道路，而語詞的模糊性可以導致

　　道家卮言遊戲（詩性隱喻）所反映出的活性空間觀、氣化流行觀、物化世界觀，和晚期海德格所謂的「世界之世界化」體會非常契近。晚期海德格特別從物的角度來談存有的具體化朗現，他以隱喻的方式強調：每一物都因敞開而讓天地人神共同棲留並具現其上，亦即天地人神的莊嚴同時具現在眼前看似平凡的一物（有如「天地一指也，萬物一馬也」的莊嚴美麗），而這一四方神聖具現一物所醞釀的相即相入、交光互映的世界觀，海德格乃以動態的方式將其描述為「世界之世界化」歷程，並透過圓形舞蹈來隱喻這一美妙：

　　　　四化作為世界之世界化而成其本質。世界的映射遊戲乃是居有之圓舞（der Reigen des Ereignens）。因此，這種圓舞也並不只是像一個環那樣包括著四方。這種圓舞乃是環繞著的圓環，因此它作為映射而遊戲。它在居有之際照亮四方，並使四方進入它們的純一性的光芒中。這個圓環在閃爍之際使四方處處敞開而歸本於它們的本質之謎。世界的如此這般環繞著的映射遊戲的被聚集起來的本質乃是環化。在映射著遊戲著的圓環的環化中，四方依偎在一起，而進入它們統一的、但又向來屬己的本質之中。如此柔和地，它們順從地世界化而嵌合世界。[75]

　　世界化的世界的映射遊戲，作為圓環之環化，迫使統一的四方進入本己的順從之中，進入它們的本質的圓環之中。從圓環之環化的映射遊戲而來，物之物化得以發生。物居留四重整體。物化世界。每一個物都居留四重整體，使之入於世界之純一性的某個向來逗留之物中。如果我們讓物化中的物從世界化的世界而來成其本質，那麼，我們便思及物之為物了。如此這般思念之際，

　　既有意義的改變，意義的變化則增加多義性。」里克爾著，汪堂家譯，《活的隱喻》，頁169。

[75] 海德格著，孫周興選編，〈物〉，《海德格爾選集》（上海：三聯書店，1996），頁1181。

我們一任自身爲物的世界化本質所關涉了。如此思來，我們就爲物之爲物所召喚了。[76]

　　海德格所沉思默會的物，當然不是封閉的客體對象物，而是完全敞開並通達於世界，它既邀請十方萬有逗留其身，也不斷流向十方萬物，這一個十方來、十方去的循環共振之連續整體的力量遊戲，海德格乃以圓、環、舞等意象來隱喻；物物之間彼此交融爲圓、循環不已、舞動不息，結果形成一個不可思議的世界之世界化的存有整體，而這一存有連續性的運動整體實又表現在每一物物有別的風格物姿態上，因此世界之整體同一乃具體化爲世界化的差異遊戲。海德格這個世界之世界化，和道家所謂的物化天籟、氣化流行的自然世界觀是同一精神[77]，而且《老子》和《莊子》也一再運用圓形意象來隱喻，例如所謂道的運行方式「大、逝、遠、反」便形成一個圓形的循環意象，《莊子》也不斷用陶均、環中來形容天道的整體、循環與均衡[78]。

　　抽象之道必須透過具體之物來映射出意義與活力，可證明老莊之道並非一抽象思辨的形上實體，而是具體可親的體驗，故可對人的身心興發力量的充沛、意義的豐盈。然而並不適合說：先有一抽象之道，然後再透過具體萬物之映射才產生出道的具體豐盈意蘊；而是說：萬物自化、互化而交融共榮的這整個氣化流行的力量演變歷程即是道，所謂道從來就是指當下現成的活力、差異的具體運動歷程。然而眼前自然意象的千姿百態雖可不斷映射出道的意蘊，但卻無法窮究之，因爲每一自然物象只能是當下

---

[76] 海德格著，孫周興選編，《海德格爾選集》，頁1181-1182。

[77] 關於海德格的世界之世界化，和《莊子》的物化天籟、氣化流行的對話詮釋，參見拙文，〈當代學者對《老子》形上學詮釋的評論與重塑——朝向存有論、美學、神話學、冥契主義的四重道路〉，《清華學報》新第38卷第1期（2008年3月），頁63-67；另外關於道家的自然物化之美學世界觀，參見拙文，〈論先秦道家的自然觀：重建一門具體活力、差異的物化美學〉，《文與哲》第16期（2010年6月）。

[78] 《莊子》諸如：陶甄、天鈞、道樞、環中、車輪、渾沌等意象，皆有或強或弱的圓形意味。

殊異的風姿之一，雖然它本身即是道之力顯，但卻不能取代其他萬物的力顯，而且萬物之間的無止盡運動，亦將註定道的力顯意蘊永不枯竭亦不能窮盡。雖然如此，道家還是以體道之眼、眞人之知、詩人之心，捕捉了某些自然意象來作爲特別具有映射道之運動本質的象徵。換言之，道家和自然萬物的遭遇中，對若干意象感受特別強烈，這些意象可以稱之爲道的原型意象，從中我們將看到道在肉身化的歷程中最具象徵的顯現。簡言之，老莊對於道之肉身化隱喻所採用的意象，其所取的自然意象大都較能彰顯道的流動性、敞開性、包含性、循環性、生化性等特性[79]。

—— 發表於《臺大中文學報》第33期，2010年12月

---

[79] 筆者曾分析《老子》各式各樣對道的具體意象之「容」與「喻」，例如：水、雌、柔、弱、自然、空間之無、圓形之環、海之大、水之柔、谷之深、母性之生殖、母腹之容納等等。這些容喻意象，大抵可分為五種隱喻類型：一生化、二盈滿充潤、三循環反覆、四包容含納、五一體未分。參見拙文，〈從《老子》的道體隱喻到《莊子》的體道敘事——由本雅明的說書人詮釋莊周的寓言藝術〉，收入本書第六章。

第六章

從《老子》的道體隱喻到《莊子》的體道事——由本雅明的說書人詮釋莊周的寓言藝術

一、前言：道家對語言的多重互用——沉默、隱喻、事、詭辭

先秦道家的老莊，類似儒家的孔孟，前後都有承繼和續創的關係。《莊子》對道家哲學有繼承與光大，是《老子》詩歌哲理的十字打開。然所謂道家哲學的「哲學」意義為何？「十字打開」有何意義？表面看似是常識而不必爭論，但如果進一步追問和深思，恐怕都還有懸而未決的隱晦。

簡言之，哲學涉及語言命題式的對象化說明，而深受西方學術範疇的影響，大抵上哲學、科學與文學、藝術有其對比性：前者以概念、系統的精確性說明為目標，後者則以隱喻、敘事的存在性召喚為核心；前者說理論證性強，後者情意性味濃。依此，《莊子》對《老子》的十字打開是否也就意味著：《莊子》散文哲學是對《老子》詩性智慧，加以概念式的系統性說明和展示呢？此類觀點，大抵反映在一般對《老》、《莊》文風的籠統歸類，所謂《老子》的語言風格是詩歌，《莊子》則是散文；從詩歌到散文的語言轉進，指向於理論性話語的發展。從詩歌到散文說老、莊的語言演變，雖不是沒有意義，卻簡單而危險，且多所化約。

整體看來，《莊子》同時包含多重向度的語言運用，其中至少有四個層面：㈠超越語言的絕對沉默之強調，㈡詩性隱喻的象徵語言之妙用，

㈢敘事性的情境語言之講述，㈣正言若反的詭辭語言之辯證[1]。所謂散文特質之哲學性，最多只觸及第三或第四層面之表層。《莊子》對語言的本質、妙用和限制，非常自覺而敏感，常在「不能說的」（只能沉默無言以證入）、「說不清楚的」（但可用詩性隱喻和敘事情境公案來啓悟）、「可以盡量說清楚的」（盡可能透過詭辭辯證來解構或釐清概念語言所產生的迷障）的多層次間穿梭無礙。如果只以散文式的語言特質概括《莊子》語言風格，並將散文風格純粹理解爲概念式的語言命題之演繹，那麼這顯然錯失《莊子》對語言的洞澈、批判、治療，所進行的多重語言遊戲之自由豐富性。

《莊子》所以對語言多向度的領略活用，和《老子》有親密的承傳性，並與道家的核心主題有絕對關係。即形上存有之道作爲道家思想的第一原理，必然會觸及道和語言關係，如《老子》立言便提出：「道可道，非常道；名可名，非常名」這一「道與名（言）」的難題。儘管《老子》時時強調道的不知、無言之絕對冥契離言的性格，但《老子》並未停留在絕對冥契狀態的不可說之中，它並不全然否定語言，仍然主張可以「強字曰道」、「強爲之名」。此「強」非「心使氣曰強」，《老子》深知名言的本質和限制，不可能將語言唯實化而擴張其宰控性；這裡的「強」，帶有重新與語言建立自由關係的奮鬥，如使用各種「活的語言」來「隱喻」道之創造。換言之，《老子》的「道（體）」之一字，與其說是定於一義、有精確指涉意義的「概念」，不如強調它的多義豐盈之「隱喻」性；也就是說，當《老子》將不可言說者勉強「字之曰道」後，它更需要一番「強爲之容」，而「容」的語言工夫，便富含多義性的隱喻妙用在其中。

《老子》對道和語言的關係除了表現在：逼顯語言的窮盡限制處彰顯道的不可言說性，以及盡力運用活的詩性隱喻來彰顯道的豐富存在性，

---

[1] 《莊子》的多重語言觀之討論，參見拙著，《莊子靈光的當代詮釋》（新竹：清華大學出版社，2008），頁49-84。

其實它亦深明語言的二元結構本質，並嘗試運用辯證性的詭辭展開對概念的辯證與顛覆，並由此轉入屬於價值層面的探討（用「正言若反」顛覆語言所建立的價值意識形態）。然《莊子》對道與言的討論，除了承續《老子》三種語言向度的運用外，還進一步表現出「從詩歌隱喻到散文敘事」的「講說故事」之創新發明（當然，還有從隱喻的豐盈到詭辭的辯證之「哲學論證」的發揚光大，此以〈齊物論〉為最）。除了不可說的終極之「道」的冥契沉默外，《莊子》對道的語言表述是豐富而精采的，其中包含有詩歌隱喻、故事敘述、還有詭辭辯證。換言之，《莊子》大部分繼承並光大了《老子》的語言風格，唯一可以說《莊子》獨創於《老子》之外的語言形式，便在於「敘事」這一維新。

　　本章並非要全體討論老、莊的語言風格之同異，而是聚焦在「道（體）」與「（體）道」這核心課題上，兩者的表述策略之比較，尤其鎖定莊對老的再創造。據此，筆者乃突出「詩性隱喻」為《老子》對「道體」的主要語言風格，而《莊子》最為重要而另創表道之語言風格者在「故事敘述」。雖然《老子》「正言若反」的詭辭極為突出，而《莊子》則「三言（寓言、重言、卮言）」並列，但《老子》「正言若反」的語風，主要不在表述「道體」，而是就道體運用於人世的智慧而為言，它主要為瓦解二元價值的僵化與對立；至於《老子》四十一章「建言有之」一語，或可廣義地視為近似莊周「重言」，但其文脈主要講體道者的人格狀態，非純就「道體」為言；另外，《莊子》的三言並重，甚至是以卮言的圓化流變為主導原則[2]，但總體來講，三言同樣都可視為表道之道，其精神實都具有隱喻的特質[3]；然本章要強調突顯的是，《莊子》除了承繼沉

---

[2] 卮言內涵，楊儒賓先生此文幾已窮究之，見氏著，〈有沒有「道的語言」——莊子論「卮言」〉，收入林明德策畫，《中國文學新境界：反思與觀照》（臺北：立緒文化事業有限公司，2005），頁299-340。

[3] 刁生虎強調三言俱有隱喻精神，〈莊子的語言哲學及表意方式〉，《東吳哲學學報》2005年第12期，頁1-62；林順夫則強調莊周寓言的隱喻特質，〈解構生死——試論《莊子·內篇》對於主題之變奏的表達方式〉，收於氏著，《理想國的追尋》（臺中：東海大學通識中心，2003）。

默、隱喻、詭辭外，仍然在道言的表達「形式」上另有創發，關鍵便在寓言，至於重言由於常含攝於寓言中，暫可以寓言統括之；而寓言的大量拼貼之流行不已，又可看成是「卮言日出」的具體示現。

二、《老子》對道體的多重隱喻

　　道的第一義實不可言說，所謂「道隱無名」（《老子》第四十一章），故《老子》首章言：「道可道，非常道；名可名，非常名。」即「常道」自身是不可道說的，而「常名」自身則只能是「大音希聲」的沉默之當體。因此《老子》總強調真正體道的聖人必「處無為之事，行不言之教」（第二章）、「多言數窮，不如守中」（第五章）、「希言自然」（第二十三章）、「知者不言，言者不知」（第五十六章）。

　　常道不可以名言道說，主要因人類的名言特性在於二元符號的切割，切割必使前語言的渾樸之道，被定名為形下器物的符號指涉，所謂「樸散而為器」、「始制有名」。而人類的文化建制便建立在「道術將為天下裂」的「樸散」上，進行一連串極複雜的符碼象徵運動。語言的分割特質建立在符號「差異」的區分上，而差異的基礎單位便來自語言的二元對比結構，即《老子》所洞悉的相生相成、相形相傾、相和相隨：「天下皆知美之為美，斯惡已。皆知善之為善，斯不善已。故有無相生，難易相成，長短相較，高下相傾，音聲相和，前後相隨。」（第二章）

　　人類利用語言符號區分、指義世界萬物，語言的使用讓人活在一個符號化的意義世界中，但意義符碼卻隱含著文化相對性、權力性、宰控性等特質。即由於文化的建構必透過語言，而不同的語言系統有其不同的地方性，因此分類世界的方式必然不會是唯一、先天、本質的，而具時空相對性。從這個角度看道家對文化的觀點，不管是道德、藝術、常識等各種文化現象，皆不離地方色彩的文化體系，非來自先天而具有普遍的本質[4]。

---

[4] 道家對文化的觀點可和當代詮釋文化人類學家紀爾茲的主張相呼應。【美】克利弗德‧紀爾茲（Clifford Geertz）著，楊德睿譯，《地方知識：詮釋人類學論文集》（臺北：麥田出版公司，

而人的語言是一種分類的欲望，在符號化的秩序建構過程中，人展現對萬物命名指義的權力[5]。然對道家言，世界萬物並不爲人類而存在，人只有解放人類主體中心主義，才有可能讓前語言的道之自身朗現；而解放人類中心主義的關鍵便在解構人類的語言宰控欲。由此可知《老子》爲何不斷強調：無爲、不言、守中。因爲只有做到無爲、不言、守中才可能聞道體道，或說體道者必然處於無爲、不言、守中的冥契（mystical）之境[6]。換言之，道的不可言說性，主要是因爲道是前語言、超語言的「物化」之自身，而人若能與道冥合、遊於物初[7]，必然要將人類語言的權力欲望之有爲給超克，故道家的有爲必與名言糾纏，無爲則和不言共在。

　　其次，常道之絕對自身雖不可說，但眞人不可能永處絕對的冥契之境，他仍然要回歸生活世界，面對如何與人溝通一課題，對此便不得不勉強有所說。道家並不走入極端冥契主義的語言絕對否定論，它仍然對人要有所說；只是關於「道體」較好的訴說的方式，不以「能指──所指」符應的知識論命題來呈現，而是採用詩性的隱喻給出啓發（即「體道」之後要如何「說道」），故有「強爲之容」一類的隱喻妙用。換言之，《老子》在「道體」既不可說、又要勉強有所說的兩難情境下，採取了「活的隱喻」之詩性語言[8]。活的隱喻對比於抽象的概念。然而爲何《老子》對

2002）。

[5] 道家對語言的指義性、權力性、宰控性之批判，參見葉維廉，〈語言與真實的世界〉，收於《比較詩學》（臺北：東大圖書股份有限公司，1988），頁28-134。

[6] 冥契者都強調冥契之境的「不可言說性」。參見【美】史泰司（Walter Terence Stace）著，楊儒賓譯，《冥契主義與哲學》（臺北：正中書局，1998），頁160；【美】威廉・詹姆斯（William James）著，蔡怡佳、劉宏信譯，《宗教經驗之種種》（臺北：立緒文化事業有限公司，2001），頁458。

[7] 關於道即物化，與道冥合即遊於物初的詮釋，涉及對道與物的「同一與差異」之討論，參見拙文，〈牟宗三對道家形上學詮釋的反省與轉向──通向「存有論」與「美學」的整合道路〉，《臺大中文學報》2006年第25期，頁283-332。

[8] 活的隱喻、隱喻與意義變化、隱喻與形上學的關係之討論，參見【法】里克爾（Paul Ricoeur）著，汪堂家譯，《活的隱喻》（上海：上海譯文出版社，2004）。

道體的描繪，常常採取模糊、多義的意象隱喻？而不是精確單義的概念指涉？這便有啓人疑竇之處！既然要對人有所說又爲何不精確指點迷津，反而採取模糊游移的隱喻風格？隱喻的模糊多義性對比概念的精確本質性，豈不是缺陷？若以西方哲學的精確性要求來衡量，對道體的隱喻是否流於詩性囈語、缺少嚴格的知識意義？活的隱喻之「活」路究竟何在？

　　《老子》不是沒有抽象概念層次的語言命題，本章只是強調對道體這一主題的描繪，它大都採詩性隱喻的方式。事實上《老子》對周文和儒家的相對性道德之批判，便運用高度的概念區分，甚至進行「正言若反」的詭辭辯證，如：「上德不德，是以有德。下德不失德，是以無德。上德無爲而無以爲，下德爲之，而有以爲。……故失道而後有德，失德而後仁，失仁而後義，失義而後禮。夫禮者，忠信之薄，而亂之首也。」（第三十八章）《老子》對概念語言有強烈的質疑，試圖批判並超越其二元結構性、權力宰控性，以進入不知無言的體道之境；不過在運用活的詩性隱喻之餘，有時也須藉概念語言來澄清事物，這時便可能出現「正言若反」一類的詭辭現象，這幾乎也是《老子》的另一語言風格。總之，絕對沉默、詩性隱喻、概念辯證是《老子》對語言的三種基本態度。只是本章強調，對於道體這一核心課題，它自覺選用詩性隱喻來作爲開顯道體的語言手段[9]。

　　由於道體自身超越語言，它是前語言、無法被規定的源源不絕力量之開顯，因此任何企圖用語言命題想精確將之定於一義的努力，都必然落入「言語道斷」的困境。然面對源源不絕的生命力之本體，除了在冥契狀態中體驗外，到底有無可能運用語言揭露？顯然是極大挑戰。《老子》明白

---

[9] 成中英強調，《老子》借助象徵、感應性質，收集和敘述了一大串深刻而具體的道的意象，使我們對道的經驗變得更清晰。氏著，〈懷德海之象徵指涉論與《易經》及《道德經》的中心思想〉，收於《從中西互釋中挺立》（北京：中國人民大學出版社，2005），頁117-123；伍至學也注意《老子》經常運用「如、若、比、猶、譬」等連結譬喻的辭項以喻道，並認爲這反映出《老子》的文學性和神話的關係。氏著，《老子反名言論》（臺北：唐山出版社，2002），頁56-68。

此中難處，故強調：

> 視之不見，名曰夷。聽之不聞，名曰希。搏之不得，名曰微。此三者不可致詰，故混而爲一。其上不皦，其下不昧，繩繩兮不可名，復歸於無物，是謂無狀之狀，無物之象，是謂惚恍。迎之不見其首，隨之不見其後。（第十四章）

> 有物混成，先天地生。寂兮寥兮，獨立不改，周行而不殆，可以爲天下母。吾不知其名，強字之曰道，強爲之名曰大。大曰逝，逝曰遠，遠曰反。（第二十五章）。

> 孔德之容，唯道是從。道之爲物，惟恍惟惚。惚兮恍兮，其中有象，恍兮惚兮，其中有物。窈兮冥兮，其中有精。其精甚眞，其中有信。（第二十一章）

　　首先，「道之自身」乃「繩繩兮不可名」；以「道」名之，只是在「不知其名」的限制下，暫時方便給予「強字之曰道」，「道」之名字實無法眞正傳達「道之自身」。爲找活路，《老子》透過「容」的方式，對道進行一連串的詩性隱喻。上述語句與其當成思辨的知識命題看待，不如將其視爲隱喻詩句。它們並沒有指涉出道的客觀本質，而是對不可言說卻又飽含開顯力量的本體，給予一連串渾然而多義的隱喻。例如，由於形上之道不是佔有特定時空的器物，而是使具體萬物得以生生不息的開顯力，因此透過人的感官知覺（視聽觸覺）和意識分別（語言命名）的表象對象化活動，無法眞正體知融會其間，反而只會將它限定而遮蔽。換言之，若形下具體萬物是「有」，那麼形上之道就具有「無」的隱喻性。所謂無的隱喻性之「無」，不是空無一物的實謂指涉，它雖無法視之、聽之、搏之，卻是「其中有象」、「其中有物」、「其中有信」、「其精甚眞」的力量自身。對於無法將之時空化、限定化（因超越上下、前後）的無形卻充盈的力量，《老子》認爲只能以「說而無說」的方式將其隱喻爲：無狀

之狀、無物之象的「恍惚」。而人們或能從隱喻中，若無實有地感受恍惚之道是真實而盈滿的力量，它灌注萬有使其生生（所謂「母」），溶解萬有使之連續（所謂「一」），且此宏大而滲透一切的偉力，正不斷進行著無所不入、無所不至、循環反覆的運動歷程（所謂「大逝遠反」）。

由上述文獻可得出：道原不可說，若在「字之曰道」的基礎上強爲之容，則有：無、恍惚、窈冥、寂寥、周行、夷希微、無狀之狀、無物之象、渾而爲一、大逝遠反等狀詞。這些狀詞看似模糊不清、故弄玄虛，其實這就是活的隱喻。這些狀語須放在「容」這一詩性隱喻的脈絡下理解，它們雖不具知識論的精確意義，無法指涉道的確定本質；然若能了解道本不是思辨形上學下的一個概念實體，而是源源不斷的力量綿延之運動自身，一直在進行差異的變化遊戲之純粹力量的豐盈，它本身不可能具有任何固定的本質性，那麼就可以同情理解《老子》對道的詩性隱喻是自然的做法，甚至可說是另一種意味的精確。因爲既然道是宇宙力量的開顯，就不可能被本質化而定於人類語言之一義；道既是不斷變形的力量歷程，就必然具有無盡藏的可能性。對此不斷正在進行「差異」與「重複」的力量運動，人們如何可能將其名以定形[10]。

若期待透過概念的抽象性將道定義化、精確化，這種知性的思辨舉動正反映對道的錯置，甚至落入「名以定形」的語言習性和欲望，障蔽了人對變化之道、差異之道的感應和敞開。可見，除非住守絕對不可言說的冥契之境，否則若要有所說，詩性隱喻便成了說道的妙有方式。因爲面對變化的差異之道，就只能以流動的語言來召喚人們的感受力，以此才能將語言化爲橋樑，令聞道者契悟於道體的差異流變。對於這一點，和道家一樣

---

[10] 差異的重複、重複的差異是德勒茲（Gilles Deleuze）用來詮釋【德】尼采（Wilhelm Friedrich Nietzsche）永恆回歸之力量運動的概念，或可用來和道之運行對話，即道是一不斷循環而整體連續的重複運動，其重複是物化活潑的差異重複，不是完全同一性的重複，否則不可能生生不息地變化下去。參見【法】吉爾・德勒茲著，〈重複與差異〉，陳永國編譯，《游牧思想：吉爾・德勒茲、菲力克斯・瓜塔里讀本》（長春：吉林人民出版社，2004），頁27-64。

採取變化世界觀的尼采，同樣主張隱喻在揭露變化力量的生成性、差異性時，確實比概念有更基礎的優位性：

　　尼采認爲隱喻是比概念更爲本質性的思考工具，並説：「沒有隱喻就沒有眞正的表達和眞正的認識，……隱喻是比概念更爲本質性的思考工具，其原因便在於隱喻思考比概念思考更能納受偶然性與差異性，因爲它引領我們更爲貼近在生成中被概念之網所篩選掉的異質物，或者説在流動性較高的語言表現中，生成的邅流力量在既精準又含混的意象語言中被體現出來。唯有透過詩意的語言，即以遺忘爲基地的意象語言，才能在印象碎片中精準地重組了經驗。看似不相干的記憶碎片其本質上的聯繫在藝術創作活動中被誘發出來，它以不尋常的方式書寫。有著瘋狂性格的書寫穿透了表象與實在的智識界定，實現了本來經由智識的界定而來的眞與假的矛盾在本質上的一致性。換言之，在如假似眞的迷狂狀態中，生成的流動性透過意象語言臨現，而它必然蒙上謎樣的面紗阻絕智識的規定性，個體於是亦能藉由隱喻思考契入自我轉化。[11]

　　而德希達（Jacques Derrida）對海德格存有學和語言隱喻關係的二合一之反省，也深刻而值得重視：

　　德希達對隱喻的思考類似海德格對存有本身的思考，如果回到海德格對西方形上學的看法中，可以知道存有是不可被定義的，一旦被概念化，存有的意義被確定了，卻狹隘化了存有的探

---

[11] 劉滄龍，〈永恆回歸與修身〉，「差異性──當代歐陸哲學會議」論文（嘉義：南華大學哲學系，2007年10月12-13日），頁8。

討，試圖脫離存有探討單一的規定性，正是海德格在形上學沉思所要喚醒的。概念與隱喻之間的關係，就如同「對存有的限定」與「存有本身」的關係。不過，存有這種「未定」亦解釋了隱喻本身的不定與豐富。存有本身就是隱喻性的，存有只能用隱喻的方式去思考。德希達在思考隱喻的抹去時，也察覺到隱喻是否是一種類似海德格存有自我隱退。[12]

　　道是力量變化的歷程，不是一個形式概念，因此道只能被體會，不能被認知。《老子》深體道之三昧，所以在不得不運用語言的情況下，採取非定形、非單義、非抽象的語言妙用，並期待語言的活用將人對道的敞開性、感受性給啓發出來。妙用給予語言活路，活路便在具象性的詩意隱喻。順此，上述一系列：無、恍惚、窈冥、寂寥、周行、夷希微、無狀之狀、無物之象、渾而爲一、大逝遠反等狀詞，會轉入更具體的隱喻。對此，《老子》採用若干自然界的原型意象，希望經由具體物象的開顯來觸動、召喚人們對於無形之道的感受力。所以《老子》對無形之道的描繪，終究又回到具體之「物」意象，並且由特殊物意象，重新點燃人們對道體的具體感受力，如此物之意象便成了存有之道的詩性隱喻，所謂「即物而道」是也。相應於道家的晚期海德格，其以詩歌表達存有也是「即物而道」的揭露，他早期透過「無」談論存有的眞理，晚期則透過「物」來談存有眞理的具體化開顯，強調詩性語言和存有揭露的親密關係，而物可讓天地人神共同棲居其上[13]。

---

[12] 沈清楷，〈從Aufhebung（棄存揚升）到Différance（延異）〉，《哲學與文化》第33卷第5期（2006年），頁77-78。

[13] 【德】海德格（Martin Heidegger）著，孫周興編選，〈形而上學是什麼？〉、〈物〉、〈語言的本質〉，收入《海德格爾選集》（上海：三聯書店，1996），頁135-153、1165-1187、1061-1120。關於海德格的存有學和道家的相契可對話性，是陸港臺三地近十多年來的一個重要研究趨勢，參見拙文，〈當代學者對《老子》形上學詮釋的評論與重塑——朝向存有論、美學、神話學、冥契主義的四重道路〉，《清華學報》新第38卷第1期（2008年），頁35-83。

　　可見，意象象徵、詩性隱喻、具體存有、形上眞理之間，乃可以「言而足，則終日言而盡道」地貫通起來[14]。「言而足」之「足」便涉及詩性意象和隱喻，「終日言而盡道」的道便是即物的具體之道。對於「即物而道」的詩性意象和隱喻之殊勝性，法國想像現象學家巴舍拉（Gaston Bachelard），曾透過物之詩性意象的感受、想像力，來召喚人們對存有眞理的直接感受，認爲存有本體必須透過存有物的具體意象來開顯，所以海德格的存有學可落實他所謂「直接的存有學」，此時由詩心所顯之物便有了深刻與飛躍的意義：

　　物質在兩種意義上使自己有價值：在深化的意義上和在飛躍的意義上。從深化的意義上講，物質似是不可測的，似是一種奧祕。從飛躍的意義上講，它似是一種取之不竭的力量，一種奇觀。在這兩種情況中，對某種物質的思考培育著一種敞開的想像。[15]

　　他必須處於當下，回到意象出現瞬間的當下：如果有所謂詩意哲學，這門哲學的誕生與再生，必然得透過一寓意勝出的詩句，並緊緊依附著一個戛然獨造的意象，說得更確切些，即心醉神馳於此意象的清新感之中。……依其清新感與活動力來看，詩意象具有其自身的存有、自身的動力。它標舉出一門直接的存有學，這門存有學，正是我們的研究目標。[16]

　　對巴舍拉言，詩性隱喻、日夢玄思、想像感發，皆透過具體意象而有

---

[14] 「言而足，則終日言而盡道」出自《莊子》〈則陽〉篇，它反映出《莊子》對語言妙用可能揭露道的積極主張。

[15] 【法】加斯東・巴什拉著，顧嘉琛譯，《水與夢——論物質的想像》（長沙：岳麓書社，2005），頁3。

[16] 加斯東・巴舍拉著，龔卓軍、王靜慧譯，《空間詩學》（臺北：張老師文化事業公司，2005），頁35。

心醉神馳之清新感。它不取消身體感官、森然意象，此時身體是一敞開的
感應空間，而詩性意象則是自然物化的興發所瞥見的存有開顯之自身，因
此意象清新的同時充滿動能活力。此帶有冥契美感的詩性意象，同時是萬
物自身存有的開顯，「直接的存有學」完全建立在詩性意象的心醉神馳、
清新感之「瞬間」、「當下」的經驗上。此經驗一則是體道心靈的冥契美
感之境，再則萬物以充滿活力而清新的方式開顯自身，這才成就了直接的
存有論、具體的形上學。其中的直接和具體便是：道之力量就表現在物化
這一當下的天籟意象中，而隱喻便是直指詩心的原型意象，讓意象直接對
人傾訴道之吟唱，當人能聆聽這些意象時，便有可能捲入其中的力量氛
圍。

　　因為道是一無盡藏的變形活力，《老子》才運用各種具體意象召喚
人們的感受和想像，以便對其敞開而融入[17]。用王弼話說，這顯然是在
「言不盡意」的前提下，進行「盡意莫若象」、「立象以盡意」[18]的語言
妙用。其中的「象」，便是物化之意象象徵，而人們最好具有詩心的敞開
性，以能聆聽存有化境的開顯，然後再將體道的冥契經驗，以詩性隱喻的
語言表現出來。由此，象徵和隱喻便成了揭露無形之道的具體法門。

　　上述討論可幫助理解：《老子》為何充滿各式各樣對道的具體意象之
「容」與「喻」。例如：水、雌、柔、弱、自然、空間之無、圓形之環、
海之大、水之柔、谷之深、母性之生殖、母腹之容納等等。這些容喻意

---

[17] 這便可以解釋隱喻、意象、詩性的關係。【義】維科（Giambattista Vico）〈新科學〉有所謂「詩的
　　智慧」、「詩的形而上學」之洞見，收於伍蠡甫等編，《西方文論選》（上海：上海譯文出版社，
　　1979），頁538。

[18] 【魏】王弼，〈明象〉，《周易略例》，收於樓宇烈校釋，《王弼集校釋》（臺北：華正書局，
　　1992），頁609。牟宗三認為《老子》對道的描述，如：「大也，小也，微也，遠也，玄也，深
　　也，皆『未盡其極者也』。故此等稱謂之詞，皆非定名，而乃暗示之詞，不可執著以有繫。故皆可
　　遮遣之，以會通道之極旨也。故此等亦王弼『得意忘象』之意也。」氏著，《才性與玄理》（臺
　　北：臺灣學生書局，1985），頁151。牟先生對王弼的「稱謂涉求」、「字以稱可」的言不盡意、
　　立象以盡意、得意忘象之理解，相通於本文所討論的詩性隱喻，以對比於「名以定形」的概念指
　　涉。

象，大抵可分爲幾種類型：一是生化的隱喻、二是盈滿充潤的隱喻、三是循環反覆的隱喻、四是包容含納的隱喻、五是一體未分的隱喻（有些意象同時跨越不同範疇，如第四和第五難以區別）。

第一種「生化」的隱喻。主要透過母性、雌性的特質來隱喻道和萬物的關係，如母腹、玄牝、食母等意象。《老子》言：「谷神不死，是謂玄牝。玄牝之門，是謂天地根。緜緜若存，用之不勤」（六章）、「有物混成，先天地生。寂兮寥兮，獨立不改，周行而不殆，可以爲天下母。吾不知其名，強字之曰道」（二十五章），這些喻根源頭可能是出自原始宗教中的大母神（The Great Mother）神話意象[19]。由於《老子》母性意象，只是母性生育神話的隱喻活用，並未眞正將隱喻給實體化爲實謂的指涉；因此在理解《老子》道、物之間所謂母、子生化關係時，並不適合用實謂的創生來理解。即道不是時間上先存在於物的一個有位格的母性實體，然後再生育萬物；（從下述第二個隱喻看）道生物的關係，實更接近大海和波浪的關係。眾波浪是由大海變化莫測的力量所醞釀，但大海卻並不獨立於波浪之前、之外，它和波浪具有不一、不二的相即關係，因此可以補充並調整母性隱喻的則是更爲普遍的水系列隱喻。

第二種「盈滿」、「充潤」的隱喻。主要透過水、海這一具有家族類似性的隱喻，因爲它們同時具有「盈滿」、「充潤」的喻意，尤其都具有存有論的深義，都在隱喻道和萬有之間的關係。故《老子》言：「道沖，而用之或不盈。淵兮，似萬物之宗；湛兮，似或存。」（四章）「大道氾兮，其可左右。萬物恃之以生而不辭，功成而不有。」（三十四章）「上善若水。水善利萬物而不爭，處眾人之所惡，故幾於道。」（八章）「譬道之在天下，猶川谷之與江海。」（三十二章）「江海所以能爲百谷王，以其善下之，故能爲百谷王。」（六十六章）可見上述道和天下萬物間的母、子關係，實可轉化爲江海百谷和支流眾浪的隱喻。水是不斷充潤盈滿

---

[19] 楊儒賓，〈道與玄牝〉，《臺灣哲學研究》1999年第2期，頁163-195。

萬物的變化力量，它不斷進行著差異化的力量流動歷程，流入的當下便使
具體之物活力開顯，流出的當下便使具體之物枯槁隱沒。道便是一不斷流
入、流出的力量之流，而物化則是水流力量的變形遊戲。若將水的隱喻轉
化為概念便有所謂氣：「萬物負陰而抱陽，沖氣以為和。」（四十二章）
如此，道之流便成為了氣化流行，故〈知北遊〉言：「人之生，氣之聚
也；聚則為生，散則為死。若死生為徒，吾又何患！故萬物一也，是其所
美者為神奇，其所惡者為臭腐；臭腐復化為神奇，神奇復化為臭腐。故曰
通天下一氣耳。」最後，《老子》一系列關於「水之德」的倫理價值（如
柔、弱、下、不爭），亦是從「水之道」的本體隱喻所啟發出來的應世之
用[20]。

　　第三種「反復」、「循環」、「均衡」的隱喻。主要透過第二種隱
喻效果所延伸出來的系列意象。如張弓、圓環、落葉歸根等等。道體乃即
存有即活動的力量遊戲，猶如汩汩水流般溢滿萬物，萬物也終如江流萬殊
必將匯歸大海深谷。萬物由渾沌大海所充潤、亦將回歸大海渾沌。對於渾
沌道海的運動，《老子》將之體會為生生不息的反復運動，所謂「反者，
道之動」（四十章），這個「反」可有兩義：一是陰陽沖氣的「相反相
成」，二是即流入即流出的循環反復。對此陰陽辯證、循環反復的道之流
行，《老子》運用「圓形」意象來隱喻，如：「有物混成，先天地生。寂
兮寥兮，獨立不改，周行而不殆，可以為天下母。吾不知其名，強字之曰
道，強為之名曰大。大曰逝，逝曰遠，遠曰反。」（二十五章）「周行」
便是指渾沌道海的圓形運動，而圓形的運動歷程就具體表現在「大逝遠
反」這一循環反復的形式上。即道之偉力不管如何宏大、無所不達、無遠
弗屆，終將周行回轉，就像圓形的隱喻一樣，循環無端地來去反復。循環
反復運動，《老子》又同時運用了兩個隱喻：一是植物的落葉歸根意象，

---

[20] 【美】艾蘭（Sarah Allan）著，張海晏譯，《水之道與德之端──中國早期哲學思想的本喻》（上
海：上海人民出版社，2002）。

二是張弓的損益均衡意象。所謂：「夫物芸芸，各復歸其根。歸根曰靜，是謂復命。」（十六章）「天之道，其猶張弓與！高者抑之，下者舉之；有餘者損之，不足者補之。」（七十七章）正如植物的生命來自大地水土的支撐與滋潤，死亡則落葉根歸般地回歸大地，此歷程正完成了生命循環反復的莊嚴與遊戲；同樣地，萬物如植物一般自道海流出，終將流入於道海，一出一入、一呼一吸間，正完成了存有之道的周行天命。至於張弓的意象，主要是爲突顯「均衡」的隱喻，不管是圓形循環或歸根反復，都同時帶有均匀平衡的意味，而《老子》用張弓這個具體意象，來隱喻道的循環反復運動同時一直保持著均衡性，這就像張弓的藝術般，有餘與不足間必然要達到損益平衡，道之運行同時也成了力量均衡的藝術之美。對於道之均衡、和諧的力與美，《老子》似又運用「陶均」的意象，如「埏埴以爲器，當其無，有器之用」（十一章），即道之流行乃在於有、無之間的出入均衡。不過，利用陶均意象來隱喻道之周行，《莊子》顯然比《老子》還更爲熱中[21]。

　　第四種「包容」、「含納」的隱喻。上述幾個意象的隱喻，其實都相通於「包容」、「含納」等意義，而道體的這些意義，《老子》是透過虛室、橐籥、百谷深海等意象來隱喻。首先透過空間的隱喻，來呈現道和萬物的關係是包容、涵育的關係，如：「天地之間，其猶橐籥乎！虛而不屈，動而愈出。」（五章）「鑿戶牖以爲室，當其無，有室之用。故有之以爲利，無之以爲用。」（十一章）道之流行雖無形無象，卻能蘊化千差萬別，《老子》運用了「虛無的空間」（橐籥之虛、戶牖之空），卻能產生容納實有的意象，來隱喻道對萬物的包容作用。可以看到，虛無空間對實有物的包容接納，也相通於子在母腹、海納萬川等意象。

　　第五種「渾樸」、「一體」的隱喻。由道包容萬物的空間隱喻，又

---

[21] 《莊子》天均、天倪、道樞、環中等意象哲理，都和陶均的現象或原理有關，參見楊儒賓，〈有沒有「道的語言」──莊子論「巵言」〉，頁316-317。

可得出萬物分而未分、含容一體的意義，對此《老子》利用「渾（融合之水）」、「樸（未鑿之木）」、「嬰兒赤子（機心未起）」等意象。如：「視之不見名曰夷，聽之不聞名曰希，搏之不得名曰微。此三者不可致詰，故混而爲一。」（十四章）「道常無名，樸雖小，天下莫能臣也。」（三十二章）「道常無爲而無不爲，侯王若能守之，萬物將自化。化而欲作，吾將鎮之以無名之樸。」（三十七章）「樸散則爲器，聖人用之則爲官長，故大制不割。」（二十八章）「專氣致柔，能嬰兒乎？」（十章）「我獨泊兮其未兆，如嬰兒之未孩。」（二十章）「常德不離，復歸於嬰兒。」（二十八章）「含德之厚，比於赤子。」（五十五章）不管是混融之水、未鑿之木、未兆之嬰，皆是指道、萬物、人我的分而未分之一體性隱喻；萬有雖然在形貌上千差萬別，但由於它們不是封閉的實體，而是暫時被道海流行之力所盈滿的敞開物化，因此萬物皆來自於也包容於道海流行，並且相即相入地成爲氣化流行的整體之運動。對於渾樸一體的存有連續性之力量歷程，《老子》更以「一」來隱喻，故曰：「昔之得一者，天得一以清，地得一以寧，神得一以靈，谷得一以盈，萬物得一以生，侯王得一以爲天下貞，其致之一也。」（三十九章）「一」者乃二分、破裂之前，「道通爲一」的相含相攝之整體性的隱喻。

　　敏銳的讀者會注意到，本章是以「詩性隱喻」重講「喻詞」，但這並非只是話語的替換，因爲換用新詞來重解老、莊的「道言」特色，是有其新語境的，並且也期待在新語境脈絡下，重新以更現代的話語方式揭露「道言」內涵。所謂新語境則和西方當代話語之交涉有關，一言蔽之，「詩性隱喻」和海德格的「存有－詩性思維」有關。目前討論《老子》語言風格者大都集中於「詭辭」方面（如牟宗三），並不是有那麼多學者注意《老子》對道的「隱喻」特點，或許因爲民國以來的道家研究傾向哲學式的概念分析，因此重點放在詭辭和邏輯間的同異討論；這種研究或忽略《老子》對道的「喻詞」，或者低視喻詞（認爲喻詞模糊不定，對道的清晰性傳達是缺陷）；更重要的是，雖然有些學者已注意《老子》喻詞特

色，卻因爲將其視爲修辭手法，結果未入堂奧，無法真正在道和隱喻之間，建立深刻而本質的關係。就筆者觀察，近來漸漸有學者注意道家的隱喻現象（如海外成中英、吳光明、林順夫、大陸刁生虎、臺灣伍至學等；另外鄧育仁則順著雷可夫（George Lakoff）而將隱喻提升至修辭之上，是一遍及生活世界的思維方式，甚至影響並決定人們的邏輯推理[22]），並由此思考哲學與文學間的融貫問題；但對於隱喻的存有與道的深刻關係，仍然還有再深入探討的必要。

　　這也是筆者爲何以詩性隱喻重講《老子》喻詞的原因，因爲對筆者言，這絕不僅是修辭問題，而是關涉隱喻的存有論基礎；而筆者認爲海德格對「存有開顯」與「詩歌隱喻」的重新揭露，比較能夠讓《老子》這個古老課題得到既現代、又深刻的重新理解。晚期海德格深刻理解「不斷開顯的存有（Being）」不可能透過概念的單義得到表述，因爲概念的表象（representative）、對象化（objective）活動正好遮蔽存有的大化流行（Ereignis）；同樣地，《老子》「大道氾兮，其可左右」之道，如水般不斷變形的渾沌大流，它是前概念的力量泛溢，不可能「名以定形」，因此唯有轉用非概念的容、狀之詞來給予詩意興發[23]，這種帶有恍惚特質的「容狀」之詞便是本章「詩性隱喻」的來源。詩性隱喻之所以必要，絕不是修辭美化之附加，而是體道真人面對變化不已的大道流行，自然不得不採取的「活語」；而喻詞的模糊不定正好參合道體本身的流行不定，換言之，隱喻對比於概念的不精確性，在面對道體的體驗和表述一課題上，正好反轉缺點爲優點。假使上述的解釋有其理路可被理解的話，那麼本章運用海德格的「存有－詩歌」觀點，便不是單純的借重西方話語，這是因

<hr>

[22] 鄧育仁，〈隱喻與情理——孟學論辯放到當代西方哲學時〉，《清華學報》新第38卷第3期（2008年），頁485-504；另參見其相關的系列著作，如〈隱喻與意向性〉發表於「身體、認知與意義研討會」論文（臺北：中央研究院歐美研究所，2006年12月9日）、〈由童話到隱喻裡的哲學〉，收於蘇以文、畢永峨主編，《語言與認知》（臺北：臺大出版中心，2009），頁35-81。
[23] 可見「興」的美學現象與存有開顯相關，參見蔣年豐，〈從「興」的觀點論孟子的詩教思想〉，收於《文本與實踐》（臺北：桂冠圖書股份有限公司，2000），頁177-202。

爲海德格面對的課題和《老子》頗爲相似（事實上，海德格曾譯過《老子》，深受老莊影響，這方面文獻和研究頗多[24]），即海德格的「存有」和道家之道一樣，都涉及超越「本質」的「變化之流」，是故語言的二元結構、單義靜態等特質，反而皆是有待超克的對象，而且有必要發展流動性的語言以參應流動性的道體大用[25]。換言之，力之流變與具體隱喻間，若能有活的心靈以創發連結之，將可在「言不盡意」的限制下，「立象以盡意」（當然「得意可以忘象」，象徵和隱喻亦不可實體化，否則「活語」便成了「死句」）；此具體意象之活語便是隱喻之堂奧。

三、「敘事」的經驗意義 ── 本雅明對說書人和講故事的詮釋

本章先把重點放在《老子》如何對不可言說之道體給予詩性隱喻；其次，則探討《莊子》如何透過「故事敘述」的情境語言，來呈現從道體到體道的豐盈，亦即企圖說明《莊子》如何透過故事寓言的魅力，讓人們從另一種語言風格的創發中，得到存在性的鼓舞啓發而嚮往於道的世界。然在具體討論之前，由於德國思想家本雅明（Walter Benjamin）對說書和敘

---

[24] 參見拙文，〈當代學者對《老子》形上學詮釋的評論與重塑 ── 朝向存有論、美學、神話學、冥契主義的四重道路〉，《清華學報》新第38卷第1期（2008年），頁35-83。

[25] 海德格對詩性隱喻的強調並非第一人，尼采才是更自覺的前行者，而且也影響了海氏。尼采對於變化之流的徹底堅持和體會（承繼古希臘哲人Heraclitus），使他自覺遠離理性主體、概念表達，改從歸依於身體，並選擇詩歌、隱喻、格言等文學藝術形式來表達（永恆輪迴的力之運動決定尼采的隱喻話語）；而法哲德勒茲也是因為深受尼采力量變化哲學之啓發，才會走向遊牧式的話語實踐。筆者在某些行文或註腳上提及海德格、尼采、德勒茲的某些觀點以為呼應，都建立在頗核心的論題上來連結（即「變化」與「語言」這一相通性的課題），因尼采後的西方當代學者對此課題確實有相當深刻的洞見，他山之石或可攻錯，期待這樣的對話會有一些效果出現。筆者並不是認為直接以老解老、以莊解莊（或以老解莊、以莊解老，或廣推為以注疏傳統解老莊），就不能將此課題說到一定程度的清楚（其實老莊本身對此課題已有屬於它自身話語的清晰表述），但問題是以老莊話語解老莊和以注疏傳統解老莊，和以現代新話語解老莊，各有不同效果的開顯與遮蔽，各有各的「洞見與不見」，但話語冒險總是學術的新契機。「洞見與不見」一語，乃廖炳惠反省後現代解莊現象的用語，氏著，〈洞見與不見 ── 晚近文評對莊子的新讀法〉，《解構批評論集》（臺北：東大圖書股份有限公司，1995），頁53-135。

事的經典分析，已成爲寓言故事之精義的典範之作，所以筆者嘗試再藉由
話語互文的方式，由本雅明對說書人的敘事活動之精采洞見出發，闡發故
事敘述的殊勝性，由此迂迴再轉回詮解莊周的「說書人性格」和「以敘事
見道」的寓言風格[26]。最後，本章選擇求道者的故事和無言沉默的寓言公
案，作爲彰顯《莊子》敘事特質之實例，從這一觀察角度來看，《老子》
道體便落實爲一個個聞道、求道、體道、再說道的追尋之旅的故事敘述。

　　《莊子》愛說故事誰都知道，〈寓言〉篇自謂「寓言十九」是也。愛
說故事者，必要有故事可說、有人愛聽，要同時滿足有典可說、又令人愛
聽這雙重條件，通常需要有奇幻、非常的故事可說，說話者又須深具語言
魔力，能夠攝人魂魄、重歷情境。某意義上說，成功的說書藝術就是招魂
術，帶有幾分類似巫師透過身體、語言去創造神聖時空的意味，就在儀式
氣氛所轉化的身心狀態，參與者似乎過渡到另一異界時空[27]。

　　本雅明在〈講故事的人〉一文（另一譯名爲〈說書人〉，由於精簡
傳神，本章採用之），開頭就強調活生生、其聲可聞、其容可睹的說書
者，在這個時代幾已消聲匿跡、蹤影難覓了。他感慨看似一種職業的消逝
現象，實乃交流經驗的能力貶值之深層危機象徵[28]。說書人的消逝、講故

---

[26] 選擇本雅明作爲《莊子》寓言故事之詮釋資糧，除了他對寓言、故事的揭露有難得一見的深度洞察
外，也考量到他具有冥契主義性格和本體語言觀，其藝術核心概念「光暈（靈光）」的自然美學特
質，及其「世俗的啓迪」一觀念對宗教性和世俗性的統合，當然還有他對說書人及卡夫卡（Franz
Kafka）的哲理寓言之詮釋等，都可能進一步和《莊子》產生互文多義的對話，所以在論述的開展
性和策略上，本文以其作爲詮釋的資糧，具有提醒兩者的可比較性。參見魯道夫·蓋伯，〈土星
視角與差異問題：對瓦爾特·本雅明的語言論的思考〉、戴維·羅伯特，〈光暈以及自然的生態
美學〉、赫爾曼·施韋彭霍伊澤，〈世俗啓迪的基本原理〉，皆收入郭軍、曹雷雨編譯，《論瓦爾
特·本雅明：現代性、寓言和語言的種子》（長春：吉林人民出版社，2004），頁3-26、131-163。

[27] 關於巫師、語言魔力、神聖時空、過渡儀式等觀念和關係，參見【德】卡西勒（Ernst Cassirer）
著，于曉等譯，《語言與神話》（臺北：桂冠圖書股份有限公司，1994）；【美】約翰·內哈特
（John Neihardt）記錄，賓靜蓀譯，《黑麋鹿如是說》（臺北：立緒文化事業有限公司，2003）；
【羅馬尼亞】伊利亞德（Mircea Eliade）著，楊素娥譯，《聖與俗——宗教的本質》（臺北：桂冠
圖書股份有限公司，2001）。

[28] 【德】瓦爾特·本雅明（Walter Benjamin），〈講故事的人〉，收入陳永國、馬海良編，《本雅明

事活動的沒落，對本雅明事關重大，因爲它象徵「經驗貶值」這一大事。換言之，「故事」的敘事與「經驗」的交流，實密不可分。然而原本人們生命中最自然而親密的資產，如今卻不知不覺地流失了。爲何如此？因爲對他而言，說書人之死同時也就暗示了經驗的承傳和流通走向了無底的枯竭。轉個角度說，本雅明的洞見指出講故事的關鍵，主要不在於「故事」，而在於「講」，即說故事的核心，實繫屬說故事的「人」。進一步說，此活動所以可能活化並流傳經驗，乃決定在說書人的語言（其聲）和身體（其容）的表演活動上。因爲好的說書人可透過聲音和容止的醞釀，創造特殊的情境氣氛，好讓聆聽者透過感通力、想像力，被召喚而捲入活生生的力量空間[29]，由此幾近感同身受地「體知」[30] 說書人所欲傳遞的經驗。

　　本雅明曾引用並分析瓦萊里（P. Valéry）的一段精采觀點，正可反映講故事的身體經驗和情境氣氛，是一種心（靈魂）、眼、手的協調創造，其實踐超越主客而抵達一近乎神祕的深度[31]。說書人就像同時利用「即身體即語言」的魔力，創造一突破凡俗空間以頓入非常空間的儀式，好讓說者、事件、聽者同時性地共在，一體無分地融入經驗再現的整體氣氛中，從此經驗被體知、流傳了。在此，說故事幾乎相契魔法巫術般的儀式或戲劇，它是充滿力量的創造性活動[32]。看似簡單不過的說故事這一敘事活

文選》（北京：中國社會科學出版社，1999），頁291。

[29] 情境氣氛、力量空間等用法，主要採取德國美學家伯梅的「氣氛美學」一觀點，參見【德】伯梅（Gernot Böhme）著，谷心鵬、翟江月、何乏筆譯，〈氣氛作爲新美學的基本概念〉，《當代》2003年第188期，頁10-34。

[30] 「體知」一詞由杜維明提出，用來說明許多前概念的身心體驗。氏著，〈身體與體知〉，《當代》1989年第35期，頁52。

[31] 【德】瓦爾特・本雅明，〈講故事的人〉，頁314-315。

[32] 極好的例子便是阿鐸（Antonin Artaud）和他的殘酷劇場實踐，阿鐸曾經在演講關於瘟疫時，深深地進入所謂瘟疫的身心經驗狀態中，而使聆聽者同步感到恐怖而難以承受。參見【法】翁托南・阿鐸著，〈劇場與瘟疫〉，收於劉俐譯注，《劇場及其複象──阿鐸戲劇文集》（臺北：聯經出版公司，2003），頁11-30。

動，實涉及語言－身體－經驗－氣氛－戲劇化－情境性等諸多藝術體驗的實踐和轉化。也就是上述這種意義的體驗，才真正帶領經驗傳承以可能。因此本雅明一再強調故事的經驗特質，他說：「講故事的人所講述的取自經驗——親身經驗或別人轉述的經驗，他又使之成為聽他的故事的人的經驗。」[33]

故事的講述具有遊戲性質甚至娛樂功能，卻不只是純粹的遊戲和娛樂。此活動本身、表演過程，也可同時隱含著「薰陶」的教化作用在。這種體知式的薰陶教化功能，可以說是經驗交流的「實用關懷」（如倫理觀念、實用建議、智慧警語）；更重要的是，這些關懷之所以有用，並不在於對象化之說理，而是寄之於說聽故事之具體經驗，因此要給予忠告便需先學會講故事[34]。但他卻極有洞察力地指出，說故事能力持續消退的現象，絕不只是西方現代性文明才有的險象。事實上其來久矣，可以說人類在離開神聖進入歷史的世俗化生產過程中（在此文，本雅明似暗示歷史和世俗化是連結在一起的[35]），就已經開始失去了某些語言能力，其中之一就表現在敘事能力的消退上。本雅明一向關懷機械複製、發達資本主義的現代性情境下，藝術靈光的消逝危機。而現代性危機，雖然是一種世俗化的極致表徵，但西方現代性文明顯然只是一連串的歷史世俗化運動之結果[36]。

敘述故事時的經驗交流，當會涉及諸多人生體悟、倫理關係、生活技藝等暗示或傳遞，但說書人卻不採取論述說理、概念分析的抽象模式，而是採取戲劇表演、情境氣氛式的「即事顯理」。說書人故事中隱含的忠

---

[33]【德】瓦爾特・本雅明，〈講故事的人〉，頁295。

[34]【德】瓦爾特・本雅明，〈講故事的人〉，頁294。

[35]【德】瓦爾特・本雅明，〈講故事的人〉，頁294。

[36] 從道家的角度說，歷史發達的技術性進程，也可以看成是一種朝向心靈支離破碎化的苦悶歷程，所謂道術將為天下裂。後現代思想家也傳神地將西方現代性危機稱之為「支離破碎」，參見【英】戴維・弗里斯比（David Frisby）著，周憲、許鈞編，盧暉臨、周怡、李林艷譯，《現代性的碎片：齊美爾、克拉考爾和本雅明作品中的現代性理論》（北京：商務印書館，2003）。

告與智慧，由於是活生生的經驗而不是抽象理念，為了忠於經驗實存力量的感受和傳達，就只能採用藝術性的實存方式而非哲學性的知識客體方式，只能通過非分別說的情境氣氛而非通過分別說的概念分析。兩者的區分是必要的，因為「理」是否被分析而說明清楚並不是最重要的，只有當「理」本身被體驗而成為生活的態度時才是重要的；然而理到底能否被超主客地體知、抑或只是被對象化的訴說，關鍵正在於能否「即事顯理」的「（故）事」上。若「事」能以創造性的藝術方式來呈現，那麼「理」便自然而然能以經驗性質被開顯體驗。

　　「（故）事」並非一套任何客觀普遍有效的語法形式、敘述結構、話語腳本，反而類似禪宗情境式的公案，說書人本身必須是有體驗的案主，聆聽者本身也必須努力參入公案，然後在非主客、情景交融於故事情境的同時，活生生的力量被體驗或領悟到了。可見說書人的大魅力在於經驗和存在力量的彰顯，而非故事形式結構的重複。如此一來，聆聽者才能刻骨銘心地領受敘事之理，將忠告和智慧實踐於生活中。因此說故事的理，重點反而不在任何語言的形式結構，而是使得「說」和「聽」得以一同被捲入的「語言魔力」。正如德希達在批判結構主義時，一針見血指出：

　　　　人們以後會把結構主義解釋成一種對力量之關注的一種鬆弛，此一鬆弛乃是力本身的一種緊張。當人們不再有能力從力的內部去了解力，即去創造時，就開始著迷於已經被創造出來的形式。因此，所有時代的文學批評本質上注定都是結構主義的。過去它對此並不自覺，現在它明白了。所以它在自己的概念、系統和方法中思考自身。它從此意識到了自己與力的分離，……這也正是為什麼人們有時能從那些伴隨「結構」分析技巧與精妙數理邏輯的喧囂後面，感受到一種深沉的調子，一種憂鬱的情緒。紀德式憂鬱，結構分析只有在某種力量敗北之後，在高燒回降

的過程當中才變得可能。這因而使得結構主義意識不過是一種思想對於過去的意識而已。它是一種對已成的、已構築的、已創立的東西的反省。它因而注定具有歷史的、末世的和迫近黃昏的性質。[37]

　　心同理同，說故事的靈魂在於「力量」不在「結構」，只有當說書人的靈光消逝、力量不在時，才會落入敘述結構的形式重複和因果分析中。對德希達言，形式結構取代存在力量的同時，也就是末世黃昏的死亡消息，如本雅明所謂「說書人的死亡」之輓歌。本雅明筆下說書人的「即事顯理」，其意絕非指：故事腳本是「能指」、實用之理是「所指」，然後說書人才在一對一的能所符應中，將故事之理給明確結構出來；這樣理解，是將「我與你」的「說＝聽」故事的藝術實踐之雙向參與，誤解成「我與它」的知識分析之旁觀[38]。前者是超主客的生活世界之參與，後者則是主客二分的對象化之知解。可見講故事者是創造性的藝術實踐，聽故事者則是詮釋性的藝術參與，而經驗意義就這樣不斷豐盈地互文性、多義性地綿延下去。講故事（體驗互相交流）、寫小說（內心孤獨探索）、新聞報導（大眾資料傳播）的區分，三者在他的理解裡，除了有其時間性的先後演變差異外，更有美學評價的差異。尤其新聞報導對所謂客觀事件的旁觀性、身邊訊息之即時性的強調，使講故事所重的經驗交流之體驗性和遠方故事之權威性，受到很大的傷害和危機。重點在於講述故事超越於新聞報導的豐富性，此豐富性便在它特有的經驗印記性質。

　　好的說書人不必刻意做因果邏輯的解釋，也無須強力進行事件和人物的心理分析，只要在故事敘事的曲折過程中，精確而細膩地融入聲調氣氛

---

[37] 【法】德希達（Jacques Derrida）著，張寧譯，〈力與意〉，《書寫與差異》（臺北：麥田出版公司，2004），頁41-42。

[38] 【奧】馬丁・布伯（Martin Buber）著，陳維剛譯，《我與你》（臺北：桂冠圖書股份有限公司，1993）。

之暗示、表情動作之張力、抑揚頓挫之身容印記等，聽者便會被招魂而遠
遊於特殊空間中，然後任憑自己心靈的參與能力，去從事一番創造性的感
應詮釋之旅[39]。在此，經驗意義的傳承釋放和互文多義的詮釋豐盈便會持
續下去。說故事的人和聽故事的人，其存在狀態並非自我意識之表象活動
和對象化的認知，而是存在意義的體知參與。總之，它涉及的是在場氛圍
的身體感之實踐。對於身體感的情境氛圍，本雅明則以手工業的悠閒場所
來說明。講故事和聽故事的經驗循環之發達，需要生活世界來支撐。所謂
的生活世界，當然不是工業發達的資本主義生活，而是契近田園自然生活
背景下的手工業生活。因為近現代下的人，一方面過於膨脹人的自我主體
性，另一方面主體則漸漸被物化、異化了，而這都不利於說聽故事所要求
的融入性、心靈性[40]。

　　手工業是一個未進入極端勞動分工的時代，手工勞動的生活方式對社
會學家齊美爾（Georg Simmel）言，最重要的意義在於「生產者－產品－
消費者」之間，仍然保留了個人印記和直接關係，因此具有人情味和親密
性[41]。對本雅明言，這是最利於說書人活動的悠閒生活方式，因為悠閒而
簡易的勞動重複生活，容易使人的自我意識鬆弛，以進入忘我的體知狀
態。可見，講、聽故事須在悠閒鬆弛的身心狀態中，沒有時間焦慮下，故
事才能在綿延的敘述過程中，融入身體韻律和潛意識層面的記憶深處之骨
髓裡。此忘我的體知特性，正如陶藝者的身心活動烙印在陶胚上，說書人

---

[39] 【德】瓦爾特‧本雅明，〈講故事的人〉，頁297。

[40] 對現象學家【德】胡賽爾（Husserl Edmund）言，「生活世界」的遺忘與歐洲科學帶來的物化危機
有關。而捷克小說家米蘭‧昆德拉（Milan Kundera）極有洞察力地指出，胡賽爾和海德格所關心的
哲學課題，其實於西班牙塞萬提斯（Miguel de Cervantes）一類的小說家中，早就透過小說故事揭
露歐洲理性化所帶來的自然、神話生活世界的質變。換言之，《唐吉訶德》也在暗示理性物化下，
充滿傳奇武士風範的故事年代即將質變和沒落了。參見氏著，尉遲秀譯，〈被貶低的塞萬提斯傳
承〉，《小說的藝術》（臺北：皇冠文化出版有限公司，2004），頁8-29。

[41] 【德】齊美爾（Georg Simmel），顧仁明譯，〈貨幣與現代生活風格〉，收入《金錢、性別、現代
生活風格》（臺北：聯經出版公司，2001），頁60。

的經驗也流傳在聆聽者的身心裡[42]。本雅明亦深刻地意識到，聽講故事的
手工、勞動、身體之生活氛圍，其實還觸及一個更廣大的場所──自然世
界。將之攤展開來，則是關於「時間－永恆－死亡－自然」這一連串相關
互滲的整體場所。他強調聽講故事，本是在沒有時間驅迫下，時間緩慢流
動直到近乎凝止狀態時，才在無意間瓜熟蒂落地刻入骨髓裡。這樣的時間
並不是人爲的計量時間，而是四季循環的自然時間，其中自然時間是與田
園空間相互交織在一起的。他贊成並分析瓦萊里的洞見：

　　自然的這一不急不慢的過程，人曾經模仿過。……瓦萊里在
這段話的最後說：「幾乎可以說，永恆這一觀念的日漸沒落是和
持久的勞作的日益失寵同時發生的。」死亡從來就是永恆這一觀
念的最強大的源泉。如果說這一觀念沒落了，那麼我們有理由
說，死亡的面貌也一定發生了改變。事實表明，這種改變同時使
得經驗難以交流，從而使得講故事藝術淪落的改變是一回事。幾
個世紀以來，不難察覺，死亡在一般人的意識中已不再是那麼無
處不在，不再是那麼生動可感了。[43]

　　在死的那一刻，不僅一個人的知識和智慧，而且他的全部的
眞實生活──而這正是構成故事的材料──才首次呈現出可傳達
的形式。在一個人的生命行將結束，一系列的畫面在他内心活動
起來──展開他在沒有察覺的情況下遭遇自己時一幅幅圖景──
的時候，突然間，那難忘的一切帶著他的音容笑貌出現了，賦予
和他有關的一切以權威，而這權威是每個人在死的時候都對他周
圍的人擁有的，就連那最不幸的可憐蟲也不例外。這種權威就是

[42]【德】瓦爾特‧本雅明，〈講故事的人〉，頁298-299。本雅明這種悠然的手工業時代之身心氛圍，
讓人想起羅蘭‧巴特的懶惰哲學，參見【法】羅蘭‧巴特（Roland Barthes）著，劉森堯譯，〈我們
敢於疏懶〉，《羅蘭‧巴特訪談錄》（臺北：桂冠圖書股份有限公司，2004），頁431-440。
[43]【德】瓦爾特‧本雅明，〈講故事的人〉，頁300-301。

故事的眞正源泉。死亡賦予講故事的人所能講述的任何東西以神
聖的特性。講故事的人的權威來自死亡。換言之，他的故事所講
的是自然歷史。……把自己的敘述深深鑲嵌在自然歷史中。仔細
讀一讀，死亡是按著一定的周期出現的。[44]

　　本雅明追隨瓦萊里而指出這樣一個場所氛圍，即人的身體鑲嵌在一
個偉大的自然史環境中，而人的時間性、生死觀都被這神祕而壯闊的自然
循環給超越和治療了，因此時間走向無時間性，死亡必然走向再生。此時
人的故事絕不只屬於社會學層面的主體自我之故事，而是歸屬自然命運大
海中的一個波浪，因此人既不可能將自我過度膨脹爲孤島般的主體，人的
死亡也不是個體斷絕的虛無事件，而是命運註定且具有宇宙性意義的神祕
事件[45]。因此當每個人的一生，在朝向死亡的自然命運時，也就構成了一
個講述故事的權威者；他終將身容歷歷地回顧一生的存在，並講述存在故
事、交流存在經驗。而自然中每一存在物的命運，也都冥冥和人的命運相
互交流對話，這顯然具有神話特質的泛靈論色彩或神祕主義深度的世界場
所[46]。對於說書人生活場所的自然世界之神聖性，本雅明透過偉大的說書
人列斯科夫（Leskov）的故事內涵來加以揭露，其故事中的主調不是「人
的聲音」而是「自然的聲音」，而它既神祕又神聖：

　　列斯科夫在大千世界的階梯上越往下深入，他看待事物的方
法就越明顯地接近於神祕主義的方法。事實上，如以下所示，
有大量證據表明，這其中所顯現的是講故事的人的一個內在特

---

[44]【德】瓦爾特・本雅明，〈講故事的人〉，頁301-302。

[45]手工業的田園生活、自然循環時間、物我的命運連續性等關係，參見【俄】巴赫金（Mikhail Mikhailovich Bakhtin）著，白春仁、曉河譯，〈小說中田園詩的時空體〉，《小說理論》（石家莊：河北教育出版社，1998）。

[46]本雅明指出講故事常在童話與神話之間，與其世界觀和原型人物有密切的關係。【德】瓦爾特・本雅明，〈講故事的人〉，頁309-310。

徵。[47]

　　他們把歷史故事放在靈魂的贖救這一神聖的層面上──一個不可驗證的神祕的層面上，從一開始就把解釋的重負從肩頭卸了下來，不爲故事提供任何可驗證的解釋。取而代之的是解析；而所謂解析不是把確切事件準確地串聯起來，而是提供把事件鑲嵌到世界的神祕大進程中的一種方式。……來看看小說《變石》。這篇作品把讀者帶到「那過去的年代，那時候，大地腹中的寶石和九霄中天的星星還關係到人的命運，不像今天，無論天上還是地下，一切都變得對這些凡夫俗子的命運漠不關心了，不再有任何聲音從任何堤防傳來和他們說話，更不用說聽他們驅使了。任何一顆尚未發現的星星不再關係凶吉，大量新的寶石被開採出來，全都測了大小，稱了重量，驗了密度，但它們不再向我們昭示任何東西，也不給我們帶來任何好處。它們與人對話的時候過去了」。……列斯科夫告訴我們，人類認爲與自然和諧共存的時代已經結束了。席勒把世界歷史上的這一時代稱之爲素樸的詩歌時期。講故事的人忠實於這一時代。[48]

　　以上觀點，印證了我上述指出的：說書人和說書活動的消逝，雖然在資本主義時代特別嚴重，但其實由來已久，其中的癥結肇始於神聖世界觀的崩落。敘述故事的語言能力之所以漸漸失去，實因語言背後的世界觀在轉移消逝；反過來說，本雅明才會強調神聖神祕性是說書人的一個最內在特徵。可見說書人所以具有語言魔力，根本的動力實來自身處神聖而奧祕的世界力量整體之中，即一切萬物處於存有連續性的命運共同體的神話泛靈世界觀[49]。這樣的世界並不以人類生命爲主體，人類主體根本不曾膨脹

[47] 【德】瓦爾特・本雅明，〈講故事的人〉，頁313。

[48] 【德】瓦爾特・本雅明，〈講故事的人〉，頁303-304。

[49] 對於這樣的神話世界觀之內涵，以及在此世界觀之下所能擁有的語言魔力，可參見【德】卡西

而凌越萬有之上，人的語言只能呼應於自然的語言，人的命運則是自然宏大生命史的一個環節；由於自然生命史本身就具有超自然的神聖意義，因此人類的命運便隱含著神聖性可能，而人類命運的苦難和救贖，也就和自然世界的神祕進程息息相關了。當人類與自然和諧共存的那個詩歌時代、神聖世界消逝了，天上與人間世界的命運感應不再了，一切都世俗化為眼前平凡不過的物體系之年代，說書人便漸漸失去了神聖命運感，同時也就失去了語言的魔力了。

　　本雅明亦指出一個有趣的現象，說書人通常是由兩類型的人扮演，一是遠行而歸的水手，另一是久居當地的農人。表面看來，這兩種人物類型有一空間對比：一是遠遊的歸來者（空間移動），另一則是定居的在地者（空間定著），前者具有異鄉人的特質，後者則是在地人。但是本雅明注意到他們共有的特徵，因為水手帶來的是遠方的異聞，農人帶來的則是遠古的傳說，前者具遠方的奇異性，後者具久遠的古老性。然而，「無論是來自異國他鄉空間上的遠方，還是來自傳統時間上的遠方，都具有一種為之提供可信性的權威」[50]。換言之，故事的遠方性，要不具有空間上的奇幻性、特異性、非常性，要不便具有時間上的古老性、典範性。

四、《莊子》「寓言」與本雅明「說書」的呼應對話

　　由上可知，筆者特別運用本雅明「說書人」與「故事敘事」來詮釋《莊子》的「寓言」，是有特別考量的。《莊子》雖自言「寓言十九」，然「寓言」到底何義？看似清楚，實未必。自民國初年以來，「寓言」漸被當成對譯於西方「fable」之文類，成為能寓與所寓對應的一種固定教義或道德之寄寓文體；這樣脈絡所理解的《莊子》寓言雖不能算錯，卻極

_____

勒（Ernst Cassirer）著，甘陽譯，〈神話與宗教〉，《人論》（臺北：桂冠圖書股份有限公司，1994），頁107-159。卡西勒著，于曉等譯，《語言與神話》，頁3-84。
[50] 【德】瓦爾特・本雅明，〈講故事的人〉，頁296。

為表層，遠不及於《莊子》「寓言」深義，如何說？據目前學者研究，三言實為一體三用（或以卮言來統攝，或以寓言來概括）；簡言之，三言俱是為參合道體流變所發展出的流變之言，只是寓言和重言著重在形式的呈現，而卮言則是精神原則的強調，三者實俱是「道言」之開顯。

　　莊周式的「寓言」，其精義乃在於「體道（者）」而有的「寓道」、「傳道」之言[51]，亦即為了道之「體驗」的傳承而創說的。由於道體本身為一流變不已的狀態，因此莊書「寓言（故事）」並不適合以能寓－所寓的單義寄託來理解。就筆者的觀點看，莊周寓言乃不離卮言那詩性隱喻精神下的另一形式創新，其核心除了「故事」之「內容」外，更在於說故事者的「方法」，和聽故事者的「體驗」；因為寓言是體道者的體道之言、創設之言，故事一旦離開真人的身心開顯，很可能淪落糟粕乾屍；而體道者為傳承其體驗，不得不另創語言妙法之形式，以令聆聽者身心脫落而一心向道。然一般強調莊周寓言故事的學者，由於主要透過西方寓言文類來理解，因此將重點放在純粹的寓言故事上，並進行寄寓之理和其他文獻的對比之客觀分析，一旦寄寓之理清楚了，整個寓言故事也就窮盡。顯然這是一種理性化的寓言解釋，它將寓言給命題化，其病正如卡西勒所駁斥的，西方理性論者將神話給寓言化的困境[52]。筆者認為莊周寓言近乎禪宗「公案」（甚至可視為公案形式的最早起源），其背後充滿體道者和求道者間的心路歷程之印記，若無法設身處地進入公案故事中，體得話語情境之三昧，一旦令公案變成知解上的理性分析，那麼最多只能得到禪的某些客觀知識，這不是「禪體驗」而是「文字禪」；同理，若讀者進不了莊周寓言故事之「情境」，那麼道體驗的傳承便失效，寓言故事也不過成了糟粕記錄。也因為有了上述的理解和強調，筆者改採本雅明說書一文的核心

---

[51] 刁生虎認為傳統「藉外論之」所理解的寓言，更須加入「寓道於言」，才能深入寓言本色，他反對民國來以西方fable理解寓言的成見，其說有理、其論有據，參見刁生虎，〈莊子的語言哲學及表意方式〉，頁24-25。

[52] 卡西勒著，甘陽譯，〈神話與宗教〉，頁107-110。

精義，來詮釋莊周的寓言精神。

　　然而產於二千多年前，中國周文衰弊之社會文化情境中的《莊子》，其說故事的方式和意義，如何可能和二十世紀西方本雅明的觀點呼應對話？筆者以為，重點不在周文時代與二十世紀的文化情境如何對應之問題，主要原因是：一則本雅明這篇論文的精義本不在「故事內容」，而是放在「說書人」的身心和經驗傳承一課題，即本雅明雖然一向關懷西方現代性的危機與美學拯救，但這篇文章的入手處是從說書人（及其生活處境）溯源其身處的（泛靈自然）世界觀和（手工業）生活世界，此世界和生活才是說書活動所以活靈活現的根基。所以，本雅明的說書人和故事內涵不是指涉二十世紀的現代人，他是透過俄國說故事大師列斯科夫的作品，來分析他所謂說書人的世界觀、身心狀態、語言魔力。而列斯科夫的作品正好反映的是古老的自然世界和手工業的悠閒生活，而說書人正好是在這種氣圍下，以其巫師般的魔力用故事來傳承其自然命運、人生體味等等（列斯科夫的故事氣圍實可溯源於神話的世界，如本章之分析[53]）。就此而言，本雅明的出發點，正有「以古鑑今」的批判與救贖之烏托邦企圖，即說書一文的強調，正好在於批判「為何現代人的生活處境令說書人和說書活動消失無　」（就如他一向強調機械複製和發達資本使得「靈光」消逝），而用之來詮解莊周寓言，一則有助於寓言敘事的經驗傳承之公案特質，再則亦有助於莊周對現代性文明的批判，因為說故事就本雅明言，還涉及一悠閒的生活美學課題，而莊周的逍遙美學正好著重悠閒與存在的密切關係，即悠閒使人不被物化、異化[54]。

　　本雅明這篇文章引起筆者高度的興趣，也認為其精義值得再開發，

---

[53] 換言之，本雅明透過列斯科夫所指涉的「故事」，從普羅普（Vladimir Yakovlevich Prope）的角度看，乃是具有「神奇故事」的特質，而此類故事類型的物質生活形態，普羅普認為是前資本主義式的，即早期充滿儀式性、原始思維、神話式的農耕、漁獵時代，亦即必是與自然萬物相親的狀態。

　　【俄】普羅普，賈放譯，《神奇故事的歷史根源》（北京：中華書局，2006），頁6-21。

[54] 參見本書第三章。

尤其用來詮釋《莊子》的寓言精神，有其新可能。這樣的行文策略看似突兀，也容易遭致質疑，但對筆者而言，卻是一「迂迴」的選擇策略，企圖透過此迂迴，讓莊周的精義在一般泛泛的寓言說中突圍出來，因此要刻意先以「故事敘述」來充實「寓言」一詞，然後透過本雅明的說書人之分析，以及莊子寓言精義和其對話連接後，再進一步具體討論莊周如何透過寓言敘事來呈現「道」與「言」的情境公案。也是在此脈絡下，筆者才特別挑選「道體」與「體道」、「隱喻」與「敘事」之雙重對比，來彰顯老、莊之差異比較。

　　如何說呢？因為歷來學者幾乎都注意到《老子》對道的表述有客觀化的傾向，好像它指涉於一種純粹思辨的形上學系統（例如陳鼓應、劉笑敢先生等便據此主張道為客觀式的本體論、宇宙論之類），但從牟宗三後，學者便不得不注意這些形上文獻和工夫實存的關係，亦即《老子》道體亦必須建立在工夫體驗基礎上，但就章句的安排看，《老子》的形上學和工夫論語句畢竟分別陳列，導致形上語句有可能被獨立閱讀分析，進而與工夫語句產生斷裂的危機。另一方面，學者也注意到《莊子》在道體的描述上，有一重要的轉向而走入人生實存與主體心境以說道的傾向（如徐復觀、牟宗三俱如此主張）[55]。一言蔽之，《莊子》明確而自覺地將「道體」落實為「體道」的「經驗」，因此，每有說道便幾乎都要建立在真人的身心情境上說之，此即為何我們會一再看到《莊子》對道體的表述，幾乎都被轉化成「主人公」式（即真人神人一類）的寓言公案（如南郭子綦與顏成子游的對話），其中不再是客觀而抽象的道體表述，而是具體活現的說道者和求道者之情境對話和身心氣象。換言之，道體不再被客觀抽象地說，而是落實為經驗之體道：從求道到體道間的不斷轉化之身心故事。據此，筆者乃將莊周重新定位為說書人，並認為某個角度可以這樣重看此書，即以《莊》書為：問道、求道、體道、說道的故事連環集成。

---

[55] 關於上述相關議題與學者的觀點之評析，參見本書第一章。

　　總之，所以運用本雅明的說書人精義，來曲成莊周寓言深意，部分原因如前所述，「寓言」一詞已頗氾濫，遺失莊周滋味，甚至成爲鈍辭，因此迂迴改用本雅明用詞，另從敘事學入手，期待開發古典新義之可能，但所謂開發新義其實只是回歸莊周寓言本懷而已，而本雅明的說書人新義，也是從列斯科夫的古老精義出發，加上現代式的分析而已。換言之，本雅明說書人之現代分析，可視爲找回古老寓言故事的原味。

　　而從本雅明對說書人的相關分析，本章總結其洞見如下：聽講故事關涉經驗體驗，深具傳承交流；說書人除了具語言魔力外，還要有身體手勢的表演活動，他是在語言－身體－情境－氣氛的整體脈絡下來達致經驗交流的。說書人幾乎如神話原型中的智慧老人或巫師，帶來遠方奇聞或遠古智慧，能招人魂魄隨其遠行，以進入身歷其境的曲折故事之冒險。聽講故事，是在近乎無時間性的悠閒場所來進行，其經濟模式是手工藝的勞作生活，其世界觀則是以自然爲舞臺的泛靈神話觀。此時，人和大自然屬命運共同體，因此個人生命的敘述離不開自然宇宙的宏大敘述，人的死亡既是命定的宿命，也具有超個人的神祕。在此，人無懼於死亡，反而在朝向死亡的同時，成就一生故事的敘述莊嚴，死亡這一自然命運創造了生命的宇宙性意義。又由於聽講故事，並非說理、析理的抽象活動，而是感性而具體的體知實踐，涉及記憶的一門藝術，使人在既放鬆悠閒又全神貫注的氣氛中，讓說者、聽者、情節、人物等等，化爲超越主客的存在體驗之流，讓經驗智慧、倫理教化烙印在身體潛意識裡，薪盡火傳地透過聽者的記憶和詮釋，永續地豐盈下去。

　　上述對本雅明〈講故事的人〉的詮釋和結論，在《莊子》以敘事見道的手法中，也可以找到諸多相互發明之處。《莊子》寓言大抵是故事敘述的形式，它主要以故事風格而串連成篇，甚至可以將《莊子》看成故事集成，而莊周或莊周門派傳人正是連環故事集成的說書人。從一個故事講到另一個故事，好像語言遊戲般，莊周及其門人是一群充滿興味的說書人。爲何如此熱愛敘事表達呢？本雅明直指本心地點出其間實有經驗要交流、

傳承！而對《莊子》言，故事的講述便涉及體道的經驗傳承。

可以將莊周及其傳承門人，看成善說故事的智慧老人，由「體道者」所化身的「說道者」。當體道者暫離默識無言的冥契狀態後，除了用隱喻的詩歌方式來暗示體道經驗外，也可利用講述故事方式來彰顯體道之經驗歷程。而道體的內容和體道的經歷，正是說道者、聞道者、求道者之間，所要傳承交流的體驗。因此，道就好像一條曲折迂迴的朝聖旅途，奔赴此道、走上此路的行者，必將一路上有所體悟；而歷經眾裡尋它千百度，體道者將能對道路之風光有所說，將由求而體的心路歷程化為啟蒙之路，而成為具格的說道者。此時，說道者以「君自故鄉來，應知故鄉事」的智者姿態、口吻，承擔講述體道故事的悲欣交集，恍若巫師一般招魂遠遊；而求道者則是聆聽故事的人，他們從聆聽故事的忘我情思中，一步步感通情志、心慕嚮道，幾乎感同身受地踏入求道歷程，想像成為劇中角色和情節的化身。如此一來，《莊子》便成了體道者、說道者、求道者所共創的故事集成。

相應於本雅明，我們看到《莊子》故事的主角與情節：或是遠走他鄉巧逢「異人」[56]，或是以遠遊「異方」再度歸來的姿態出現[57]，然後帶來奇異而美妙的道跡「異事」[58]；要不就是以遠古智慧的傳承者自居，然後宣說「古人」體驗的奧祕[59]。這些都符應於本雅明強調講故事者，通常具有的空間遙遠性與時間古老性的特質。其次，「遠」也呼應於神話冒險的主角經常會出現的隔離主題，神話學家坎伯（Joseph Campbell）就將英

---

[56] 異人者，如〈應帝王〉「天根」遊於殷陽蓼水之上而遭遇「無名人」。【清】郭慶藩輯，《莊子集釋》（臺北：華正書局，1985），頁292。

[57] 異方者，如〈逍遙遊〉「藐姑射仙山」、「无何有之鄉」一類。【清】郭慶藩輯，《莊子集釋》，頁28、40。

[58] 異事者，如〈逍遙遊〉河漢而无極的神人事跡、宋人到越國遇斷髮文身之異俗，〈齊物論〉神人大澤焚而不熱、河漢冱而不寒、乘雲氣騎日月等超然事蹟。【清】郭慶藩輯，《莊子集釋》，頁26-31、96。

[59] 古人者，如〈齊物論〉：「古之人，其知有所至矣。」〈大宗師〉：「古之真人，不逆寡，不雄成，不謨士。」【清】郭慶藩輯，《莊子集釋》，頁74、226。

雄旅程的結構分爲「隔離→啓蒙→回歸」[60]；若將說道者曾經的求道歷程
視爲英雄旅程，那麼可以說：隔離是爲了求道，啓蒙則是聞道，回歸便是
爲了說道。只有離開世俗的日常世界，以異者或他者的身分進行流浪、漂
泊與追尋，爾後才可能轉無根異人爲歸鄉智老，而帶回永恆的救贖寶物之
「常道」。這種走上求道之路的孤獨與卓立，不得不令人想起《老子》所
描述的：「古之善爲士者，微妙玄通，深不可識。夫唯不可識，故強爲之
容：豫兮若冬涉川，猶兮若畏四鄰，儼兮其若客。」（十五章）「眾人熙
熙，如享太牢，如春登臺；我獨泊兮其未兆，如嬰兒之未孩。儽儽兮若無
所歸。」（二十章）「道」若說是對生命充滿神聖救贖意義的寶物，也只
有「芒鞋踏破嶺頭雲」的歸人，才能在舉手投足的故事敘述中，處處暗示
「春在枝頭已十分」的靈光消息。

　　呼應本雅明對說書人背後的：手工業悠閒生活，四時循環的時間感，
人與自然休戚與共的宏偉生命觀等洞見。《莊子》更充滿：對機械技術的
批判、對手工業素樸生活方式的強調（如〈天地〉篇提到漢陰丈人拒絕使
用機械之橰來灌溉[61]），對死亡的超然和死生一貫的泰然自若（最明顯的
莫過於〈大宗師〉中四友以死生爲遊戲的狂歡劇碼[62]），對悠閒無用的遊
戲風格和生活美學之強調（如〈逍遙遊〉無用之大用的大瓠故事、樗樹故
事、〈人間世〉安養天年的支離疏[63]），對體道者那無古無今的時間超越
感之描述（如〈大宗師〉南伯子葵提到朝徹見獨的無古今境界[64]），對物
我合一的萬物有靈的絕對價值之齊物肯定（如〈齊物論〉的物化天籟、
天地一指、萬物一馬[65]），將人的命運歸入大自然的宏偉韻律而有真人的

---

[60]【美】坎伯（Joseph Campbell）著，朱侃如譯，《千面英雄》（臺北：立緒文化事業有限公司，
　　1997），頁33-37。

[61]【清】郭慶藩輯，《莊子集釋》，頁433-438。

[62]【清】郭慶藩輯，《莊子集釋》，頁258-268。

[63]【清】郭慶藩輯，《莊子集釋》，頁36-40、180。

[64]【清】郭慶藩輯，《莊子集釋》，頁252。

[65]【清】郭慶藩輯，《莊子集釋》，頁45-50、66。

曠達（如〈大宗師〉提到其出不訢、其入不距的眞人[66]），對種種超越主客的共融和諧氣氛之強調（如〈秋水〉篇的魚樂之辯[67]），對意識自我解構後的忘我體知氣象之描述（如〈大宗師〉提到喜怒通四時的眞人[68]）等等。從中，我們不但看到本雅明的洞察得到頗多呼應，甚至可以從《莊子》的思想中來繼續擴深本雅明的觀察。由於本章的目的不在比較兩者的異同，只在發明《莊子》採用故事敘述風格的用意，故暫止於此。

五、莊周說書之例：將道體的隱喻轉化爲體道的寓言敘事

(一)心齋坐忘、鯤化鵬徙的求道歷程——求道者連環故事的狂歡演出

　　道家的體道工夫爲何？可以從《老子》得出基本原則。首先，「上士聞道，勤而行之」（四十一章），即上根法器聽聞道之後，必要起行對身心有番修養轉化的「勤行」。至於勤而行之的原則或內容爲何？是更爲重要的具體問題，《老子》有所謂：「致虛極，守靜篤。」（十六章）「爲學日益，爲道日損，損之又損，以至於無爲，無爲而無不爲。」（四十八章）「載營魄抱一，能無離乎？專氣致柔，能嬰兒乎？滌除玄覽，能無疵乎？」（十章）等指點。簡單說，工夫主要原則不在益而在損，並由「損之又損」的滌除之極致篤實，方能復歸於虛靜；然《老子》的虛靜同時是營魄抱一的身心一如狀態，譬喻說之，其身如嬰兒般的氣專且柔，其心如明鏡般無疵明照。可見，《老子》工夫原則不外針對身心造作有爲來解構還原，因爲一般人的身心狀態難免外馳隨逐，所謂：「五色令人目盲，五音令人耳聾，五味令人口爽，馳騁畋獵令人心發狂。」（十二章）因此要日損滌除的便是身體感官（目耳口等）、意識心知（心）的追逐外馳，以

---

[66] 【清】郭慶藩輯，《莊子集釋》，頁229。

[67] 【清】郭慶藩輯，《莊子集釋》，頁606-607。

[68] 【清】郭慶藩輯，《莊子集釋》，頁230-231。

便在淡泊化、減損化之後，讓感官欲望素樸、心知意識內明，甚至讓身體精氣柔軟通暢、專注積聚猶如嬰兒；心靈精神虛靜靈明、純粹不雜猶如明鏡。

這些日損的工夫原則，《莊子》繼承之。但是，這些日損原則是被放在另一種敘事脈絡下來呈現，結果便有一系列求道者的身心形像、故事情節，而使體道工夫得到具體化、人格化。如想到《莊子》的工夫論，必會立即浮現隱机、坐忘、心齋等。然而，將這些話頭若放回文本脈絡看，與其說它們是關於工夫的概念，不如說它們是在工夫情節等敘事脈絡下的情境語。如〈齊物論〉開宗出現的畫面：

> 南郭子綦隱机而坐，仰天而噓，荅焉似喪其耦。顏成子游立侍乎前，曰：「何居乎？形固可使如槁木，而心固可使如死灰乎？今之隱机者，非昔之隱机者也。」子綦曰：「偃，不亦善乎，而問之也！今者吾喪我，汝知之乎？女聞人籟而未聞地籟，女聞地籟而未聞天籟夫！」[69]

若說《老子》只是原則性點出損的重要，我們卻非常形像化地從〈齊物論〉看到日損工夫下的人物形像，它非常鮮明地呈現在南郭子綦的身心樣貌上，彷彿形槁木、心死灰的人格立在目前。《老子》日損的身心馳逐工夫課題，現在具現在南郭子綦這一求道者、體道者的容貌意象上。所以，〈齊物論〉雖然是要宣講「天地並生、萬物為一」的「天籟」齊物境界，但《莊子》顯然認為與道合一的形上體驗，並不適合於抽象論述，所以安排求道者在歷經喪我的身心轉化之後，呈現出一連串異於常人的一幅閒散、脫逸之體態畫面——隱机而坐、仰天而噓、荅焉喪耦、槁木死灰——讓一個體道者「目擊道存」地突顯出來。同時，這也使體道異人所

---

[69] 【清】郭慶藩輯，《莊子集釋》，頁43-45。

要宣講的道體福音之天籟，具有更令人信服的權威感。總之，「隱机」是一整體的身心情境語，它只有放在求道者的敘事脈絡下，才會令人神往，以召喚人們的想像力與共通感。

同樣有名的「心齋」也是如此。如果只將「心齋」工夫的核心詞句抽出來，看到的也只是類似《老子》指點的修養原則，所謂：「若一志，无聽之以耳而聽之以心，无聽之以心而聽之以氣！聽止於耳，心止於符。氣也者，虛而待物者也。唯道集虛。虛者，心齋也。」[70]就心齋的內容言，它和《老子》的日損滌除、〈齊物論〉的喪我隱机，大體一致；都是對身體感官（耳聽）、意識心知（心聽）的遮撥，以回歸身心虛靜的「聽氣」狀態。「聽之以氣」就是打開自我身心的封閉，以進入「通天下一氣」的任隨天籟、物我感通的一體冥契之狀。

討論《莊子》工夫論者，通常只引出核心文獻，卻不大注意其間的敘事文脈。而本章的重點強調心齋的工夫，一則還是透過求道者、體道者的人物形像和對話來呈現，再則它是在故事敘述的高　處才出現的警句，而非憑空出現的抽象斷語。換言之，心齋所以令人印象深刻，並不是工夫內容有何別出《老子》日損之處，而在其人物形像和情節敘事之引人入勝。具體地說，〈人間世〉的心齋之所以突出，一則同於〈齊物論〉的喪我隱机，都落實在求道者的身心形像呈現之，它們都具有道成肉身的鮮活性；其次，心齋所透過的人物情節，則有超出〈齊物論〉之處，因為「槁木死灰」的南郭子綦很明顯的是方外異人的形像，但「聽之以氣」的主角竟然是典型的方內之人，尤其是儒家的仲尼與顏回。

《莊子》不但將工夫落實在求道者的敘事情節來彰顯，它更要進行一個個偷天換日、越界顛覆的戲仿故事。如果從頭看起，就會看到心齋其實是一個頗長的故事，鏡頭一開頭，〈人間世〉就透過「顏回之衛」這一劇碼講起：一個最得孔門心法的顏回，原本自以為抱持經世濟民的儒者情

---

70 【清】郭慶藩輯，《莊子集釋》，頁147。

懷，不顧衞國險惡、衞君獨暴，而一心往救苦難；然令人驚異的是，顏回
行前辭別仲尼師尊時，非但沒有得到任何的認同鼓勵，反而遭遇一連串質
疑，甚至預告將有不祥之刑。顯然孔子形像在莊書已被說書人給偷天換日
了，人物雖是儒家宗師，但宣講的卻是道家觀點，可見，這是一個帶有
顛覆性、戲仿性的故事新編，它具有將儒家脫冕、給道家加冕的狂歡喜劇
性格[71]。也由於故事中的仲尼主張「先存諸己而後存諸人」，認爲顏回內
修存己的工夫不夠，在未達人心人氣卻一廂情願的情形下往衞，必將落入
鬥爭的焦點而成爲災人。也就是在上述故事情節下，顏回和孔子才進入了
一番存己工夫的情境對話。在《莊子》的故事新編下，顏回從儒家型的往
救人物一轉而成爲道家型的求道者，而仲尼則成了道家型的體道者、說道
者，層層教導顏回存己內養的工夫次第，最後才結穴在心齋的內容上，顏
回也終於損之又損地體驗到「未始有回」的喪我之虛靜。

　　〈大宗師〉的坐忘除了結穴在「墮肢體，黜聰明，離形去知，同於
大通，此謂坐忘」[72]這一工夫原則語之外，它同樣是透過顏回和孔子的公
案式情境對話，從「回忘禮樂」到「回忘仁義」，最後升進「回坐忘」之
境[73]。換言之，坐忘尤如心齋般，都是透過顏回這一求道者的具體經驗歷

---

[71] 《莊子》以儒家人物，如孔子、顏回、子貢、子路，甚至儒家道統如堯、舜等等古聖人物，來重新
　　宣講道家義理的這種戲仿、顛覆策略，幾乎遍及《莊子》的故事敘述。對此，可以從巴赫金的戲
　　仿、狂歡觀點來重新詮釋。參見巴赫金著，李兆林、夏忠憲等譯，《拉伯雷研究》（石家莊：河
　　北教育出版社，1998），頁1-68。筆者曾對黃帝在莊書中的「多音複調」之形像，進行戲仿式的詮
　　釋，參見拙著，〈道家的神話哲學之系統詮釋〉，《莊子靈光的當代詮釋》，頁188-223。另一種
　　頗有傳統的詮釋觀點則認為這涉及「莊子尊孔論」，本文雖暫不採此詮釋觀點，但認為值得謹慎對
　　待，相關研究參見徐聖心，〈「莊子尊孔論」系譜綜述——莊學史上的另類理解與閱讀〉，《臺大
　　中文學報》2002年第17期，頁21-66。

[72] 【清】郭慶藩輯，《莊子集釋》，頁111。

[73] 〈大宗師〉的原文雖是先「忘仁義」，再「忘禮樂」，最後才「坐忘」；但王叔岷的校詮指出《淮
　　南子·道應篇》中，「仁義」兩字與「禮樂」互易，並且《老子》三十八章亦提及：「失道而後
　　德，失德而後仁，失仁而後義，失義而後禮。」因此王氏主張：「道家以禮樂為仁義之次，文可互
　　證。禮樂，外也。仁義，內也。忘外以及內，以至於坐忘。若先言忘仁義，則乖厥旨矣。」其說有
　　據有理，故從之。參見王叔岷撰，《莊子校詮》（北京：中華書局，2007），頁266。

程，來彰顯損之又損的情節。

　　上述心齋的工夫，就是藉由顏回由儒轉道的求道者之具體形像和情節，我們才對道家的體道工夫和次第轉進，有了如在目前的親切感，同時也帶給人們由外（存人）向內（存己）的啓悟和感受。換言之，從故事中的主人公顏回，其實可以看到一般人的普遍縮影，即當人們面對人間世錯綜複雜的苦難與鬥爭時，當下會有外向型的淑世衝動，而藉由仲尼對顏回的內向修身的引導，才使得顏回重新轉向於求道，終而體道，並重新獲得另類回應人間世的能力。可見，這一則求道者的寓言敘述，一則可使聽者感同身受，再則使聽者調整內外的實踐次第，三則這種藉由儒家人物重新宣揚道家哲理的戲仿扮裝，其實帶有解構、顚覆的遊戲性格，如巴赫金所指出的打破此疆彼界的錯位、戲仿，給官方正統脫冕再加冕的手法，正可帶出一種幽默、歡笑的自由、狂歡氣氛。而這也是《莊子》故事新編的創造性效果之一。

　　求道者的故事敘述並不只限於人物形像，《莊子》甚至從遠古神話傳統承接故事，並以此來召喚人們的想像力，而對求道、體道興發油然嚮往的超越之情，例如〈逍遙遊〉一開始的鯤化鵬徙便是好例。鯤鵬變形的故事，敘述的是生命不斷蛻變轉化的昇華過程，它利用《齊諧》志怪書中的魚、鳥變形神話故事來新編重述：

　　北冥有魚，其名爲鯤。鯤之大，不知其幾千里也。化而爲鳥，其名爲鵬。鵬之背，不知其幾千里也；怒而飛，其翼若垂天之雲。是鳥也，海運將徙於南冥。南冥者，天池也。[74]

　　以論題的內容看，寓言故事承載思想史上有名的「小大之辯」，關於適性現實與超拔飛升的境界差異。展開來說，它由「知效一官」一類的自

---

[74] 【清】郭慶藩輯，《莊子集釋》，頁2。

視」→「宋榮子的定乎內外之分」→「列子的御風有待」→「遊乎無窮的無待」來層層展開人生的超然理境。它指出由方內（社會性價值）到方外（宇宙性價值）的四個層次之升進，最後煉達「至人無己，神人無功，聖人无名」的體道境界。但論題的血肉是建立在神話故事的敘述情節上，故事首先運用鯤魚深藏北冥瀚海的原型意象，帶給人們深深海底行的厚積潛藏之幽深感，所謂「水之積也不厚，則其負大舟也無力」，因此鯤魚潛行的敘事場景正以「不說爲說」的方式，暗示了工夫修養的深厚，讓聽者由衷升起一股嚮往「潛龍勿用」的收斂與莊嚴，同時，它也預告了來日「飛龍在天」的超拔。因此，故事極爲精確地運用：「魚－鳥」、「北－南」、「暗－明」、「海－天」等對比結構元素，來敘述生命從深深海底行到高高天池翔的宏大意象畫面。而其中關鍵更結晶在「化」之一字，即生命由體道工夫到境界的蛻變之機，從此，鯤不再是魚而是自由之鵬，場景也由幽暗深海轉向無邊明朗的天際。然後，我們看到自由之鳥精神奕奕地怒而飛，牠博大卻輕盈垂天雲翼，隨順海運之氣摶扶搖而攀升於九萬里高空。

〈逍遙遊〉這個神話新編的敘述，帶給聽故事者極恢宏的美麗境界和強烈感動。試想，說故事者一方面藉由語調的抑揚頓挫、情節的奇幻迷離、意象的宏偉壯美，使聆聽者在一幅幅：鯤之巨、鵬之大、北冥之深暗、南冥之朗闊、水擊三千里的怒飛、扶搖九萬里的風姿、野馬游氣的海運之息——等意象的激盪下，讓嚮道之心、想像之力跟著敘事情節進行一番精神遠遊。最後，故事安排兩隻小鳥（蜩與學鳩）的自誇，映襯出安於現實小成卻夜郎自大的荒謬場景，暗示一般人們的日常心態和存在處境，以帶給聽者自慚形穢的警醒。總之，這個魚鳥變形的神話敘事，透過極爲精采的意象和奇異情節，充分興發了人們對求道者的莊嚴嚮往和深沉動容，甚至也激發了聆聽者的想像力，興發出自由的遊戲感。

㈡不知無言的體道、說道氣象──道不可說的公案事

　　道體的超語言性是《老子》的核心原則，它一再強調道體的無名：「道可道非常道」、「繩繩兮不可名」、「道常無名」、「道隱無名」。不僅如此，道體的無名也必然會在體道者的心靈境界、人格氣象上呈現出來，所以《老子》經常指出體道者因處於前語言的冥契狀態，自然會有無為守中的淵默之狀：「處無為之事，行不言之教」、「多言數窮，不如守中」、「俗人昭昭，我獨昏昏；俗人察察，我獨悶悶」、「希言自然」、「吾將鎮之以無名之樸」、「不言之教，無為之益，天下希及之」等描繪。

　　將道體的無名落實為體道者的沉默，《莊子》也同樣信受奉持。〈齊物論〉所謂「天地與我並生，而萬物與我為一。既已為一矣，且得有言乎？既已謂之一矣，且得无言乎？一與言為二……」[75]。顯然真正與萬物冥合為一的體道狀態，由於處於超語言之狀，因此是不可能有言的（「且得有言乎？」）；而當人們將此無名無言的冥契之狀，暫且稱謂為「與道合一」時，這一表述的同時，已離開無名無言而進入有名有言之狀（「且得无言乎？」）；換言之，真正的無名之合一與有名的謂一，其實仍有本質差異（即「一與言為二」的「二」，乃差異也）。然而，關於無言沉默之狀，《莊子》更喜愛透過體道者的身心情境來示現，將之動態地彰顯在人物故事的具體情節上，結果使得「言語道斷」的觀念，成為一個個「沉默如雷」的現成公案。先從〈天道〉篇一個外圍的故事聽起：

　　桓公讀書於堂上，輪扁斲輪於堂下，釋椎鑿而上，問桓公曰：「敢問：公之所讀者何言邪？」公曰：「聖人之言也。」曰：「聖人在乎？」公曰：「已死矣。」曰：「然則君之所讀者，古人之糟魄已夫！」桓公曰：「寡人讀書，輪人安得議乎！

---

[75]【清】郭慶藩輯，《莊子集釋》，頁79。

有說則可，无說則死！」輪扁曰：「臣也以臣之事觀之。斲輪，
徐則甘而不固，疾則苦而不入，不徐不疾，得之於手而應於心，
口不能言，有數存焉於其間。臣不能以喻臣之子，臣之子亦不能
受之於臣，是以行年七十而老斲輪。古之人與其不可傳也死矣，
然則君之所讀者，古人之糟魄已夫！[76]

　　《莊子》由故事角色桓公與輪扁的對話，其實是藉由技術的實踐經
驗與口語傳授的差異，來進一步突顯道的不可言說性。故事的張力，一開
始就表現在兩位主角的身分對比上，一是廟堂之上的君王桓公，另一則是
卑賤低下的斲輪匠工；就現實而言，這兩種階級身分的人顯然很難發生對
話關係，但《莊子》本其顛覆正統、易位貴賤的遊戲策略，讓兩種人物遭
逢相會。不僅如此，我們看到其中真正的主人公和發言權，是落在輪扁而
不是桓公，亦即輪扁才是這場對話的主導者、故事的權威者。一開始，輪
扁就以不可思議的勇者姿態，主動挑起充滿火藥味的對話，看似禮貌性對
桓公的就教──「敢問：公之所讀者何言邪？」其實是為了發起一場話語
機鋒而來的刻意。如預期，桓公果然上鉤，從此故事的對話便得以發展下
去。首先，桓公以君王的身容語調答曰：「聖人之言也。」顯然這是一幅
君王（權力）讀聖書（真理）的景象，一派不容任何質疑的即權力即真理
的氣象；然而，輪扁不但沒有被震懾膽怯，反而以不可思議的智者姿態，
充滿截斷眾流之力道言：「聖人在乎？」來挑逗桓公的疑情，而當桓公想
當然爾地回答：「已死矣！」正給予輪扁破除文字迷思的縫口。而這一切
的發展似乎都在輪扁的掌控之中。聖人的存在與死亡這一對比機鋒，其實
已暗示扮演智慧老人的輪扁，所要引導桓公開悟的契機。由於桓公已入話
語謎團的計中計，因此，輪扁能敢於當頭棒喝：「君之所讀者，古人之糟
魄已夫！」

---

[76] 【清】郭慶藩輯，《莊子集釋》，頁490-491。

　　故事的發展仍然未了，桓公至此，並不像後來禪宗公案中人的大徹大悟。有趣的是，桓公非但不悟，還以君王的權力威脅姿態，發出一道生殺與奪的命令：「有說則可，无說則死。」當然，故事中的輪扁智老非但無懼於政治權威，反而以體道者的權威口吻，宣說其中的理據。輪扁以斲輪技法的「不疾不徐」之經驗爲喻，說明「得心應手」的體知經驗，是無法以口傳言授來直接給予的，就連倫理上親如父子也無法「心手一如」地傳授給他，因此，輪扁老人才感嘆行年七十仍未有傳承之憾。換言之，存在經驗是無法等同於語言文字的，同理，桓公欲由聖人之書而承續聖人經驗，恐怕也必將落空，故輪扁乃以「糟魄」來命名文字的抽象性，因爲它早已失去經驗本身的具體滋味。

　　表面看來，這是在講述具體經驗與抽象話語的本質差異，但《莊子》所要說的體知經驗不會泛指一般的經驗，而是歸旨於體道的經驗，可見，故事的對話還是爲了彰顯道的不可言說性。這並非想當然爾的推測，因爲《莊子》以這則寓言作爲〈天道〉篇的結論，而前一段文獻正是討論道與言的關係：

　　世之所貴道者書也，書不過語，語有貴也。語之所貴者意也，意有所隨。意之所隨者，不可以言傳也，而世因貴言傳書。世雖貴之，我猶不足貴也，爲其貴非其貴也。故視而可見者，形與色也；聽而可聞者，名與聲也。悲夫！世人以形色名聲爲足以得彼之情！夫形色名聲果不足以得彼之情，則知者不言，言者不知，而世豈識之哉！[77]

　　這一段話完全可作爲輪扁故事之註腳，並將核心精神結穴在「知者不言，言者不知。」其中的「知」之內容是指超越形色名聲的「道」，因

此，眞正體道的冥契經驗不可能藉由書本文字（語）、符號意義（意）而得之。然而吸引我們注意的依然是這兩段文獻的語言風格之差異，一者以抽象的方式談論「書不過語」，另一則以具體的故事呈現「書之糟魄」，前者可讓人有客觀性的理解，但後者更可興發存在性的領悟，才是《莊子》以敘事見道的巧門。

關於體道者的無言沉默故事一再出現於《莊子》，由於類似的故事頗多，無法一一介紹，底下僅以〈知北遊〉兩個極富盛名的寓言，作爲印證和總結：

泰清問乎无窮曰：「子知道乎？」无窮曰：「吾不知。」又問乎无爲，无爲曰：「吾知道。」

曰：「子之知道，亦有數乎？」曰：「有。」

曰：「其數若何？」无爲曰：「吾知道之可以貴，可以賤，可以約，可以散，此吾所以知道之數也。」。

泰清以之言也問乎无始，曰：「若是，則无窮之弗知與无爲之知，孰是而孰非乎？」无始曰：「不知深矣，知之淺矣；弗知內矣，知之外矣。」

於是泰清中而嘆曰：「弗知乃知乎，知乃不知乎！孰知不知之知？」

无始曰：「道不可聞，聞而非也；道不可見，見而非也；道不可言，言而非也！知形形之不形乎！道不當名。」

无始曰：「有問道而應之者，不知道也；雖問道者，亦未聞道。道无問，問无應。无問問之，是問窮也；无應應之，是无內也。以无內待問窮，若是者，外不觀乎宇宙，內不知乎大初。是以不過乎崑崙，不遊乎太虛。」[78]

---

[78] 【清】郭慶藩輯，《莊子集釋》，頁756-758。

　　「泰清」顯然是一個求道者，他到處尋師訪道，以為這樣的問道訪談過程中，可以得知道的祕密而契悟於道。一路上，問道的對象共有：「无窮」、「无為」、「无始」三人，於是展開了有關道與語言的公案式對話。與「泰清」遭遇的三個有道之士呈現出三種人格風貌，同時表現出面對道與語言的三種不同的態度。其中，就語言的豐富度而言，最容易讓人忽略的是「无窮」這一人物和回答，而「无為」有所回應但所言不多，至於「无始」不但回答了「泰清」，並一一為他分析「无窮」、「无為」態度背後的意義。換言之，若就語言的分析說明和客觀理解而言，「无始」無疑是最精采的，且足以作為這一故事的顯性主人翁。

　　然而，若深入此中人物對話的真精神，便可以重新確認「无窮」才是故事真正的主角，他以言而無言、不言而言的方式，真正以情境式的身心情狀示現道的不可言說性。換言之，「无窮」以「大智若愚」的近乎絕對沉默姿態來展示體道本色，因此，當「泰清」以語言思維心態來問道求道的同時，「无窮」並不以「語言對語言」的姿態來呼應「泰清」，而是以「非語言對語言」的超然來啟悟他。可見，「无窮」所謂的「吾不知！」當不是語言層次的「無知」，而是暗示冥契狀態的「不可言說性」。這一截斷眾流的回答，在當下的情境脈絡應該是要給予「泰清」以棒喝和啟悟，無奈被語言符號困住的「泰清」，並不真能聆聽這一沉默如雷的體知教誨，所以只好繼續帶著疑問尋求語言符號式的解答。

　　相較於「无窮」的「不知」，「无為」強調自己「知道」，甚至進一步對其所知有所言說了：雖然他的言說陳述並不複雜，只是約略點出道乃超越貴賤、約散的一切相對性，但他畢竟已對「泰清」有所呼應。兩者在「語言對語言」的方式下，有了符號層次的對話。

　　「无窮」和「无為」這兩個人物態度，和「泰清」相會的兩種情節，讓我們想起上述〈齊物論〉「既已為一矣，且得有言乎？既已謂之一矣，且得无言乎？一與言為二」的主張。只是〈知北遊〉這段文獻是以人物情節的對話方式，將〈齊物論〉的觀點給予戲劇化而已。最後，我們看到

〈知北遊〉又安排「无始」這一人物來和「泰清」對話，以便將其中的謎底給揭曉。從話語的符號意義言，「无始」的回答是最為完整細緻的，他不但了解「无窮」和「无為」的境界差異在於「不知深矣，知之淺矣；弗知內矣，知之外矣，更能夠分析性地指出：深入體道冥契境界之內其實超越了聞見之形，故「道不當名」。「无始」甚至更進一步指出：問道者如「泰清」，以及用語言呼應「泰清」的應道者如「无為」和「自己（无始）」，其實都未能真正地入於體道三昧，因為真正的入道境界，實乃處於：「道无問、問无應」的絕對冥契之狀。換言之，入於體道三昧者，是不會有任何語言層次的衝動和欲望的，其中唯是「大音希聲」的道之流行與沉默聆聽。所以，不管是「泰清」和「无為」，或是「泰清」和「无始」的問答內容，有其粗細簡繁的說理差別，但兩者都以「語言對語言」的方式來對話則相近，因此，他們也就都離不開「无問問之，是問窮也；无應應之，是无內也」的困境。「泰清」的問題很清楚，他不了解真正的入道必得超越語言符號的求問心態，結果將超越語言「問＝答」迷宮的道之自身，當成命題式的答案對象來求索，終究掉入一連串的語言迷宮之中；另外，「无為」和「无始」自己，由於禁不起「泰清」的語言符號之挑問，結果在語言延伸語言的問答中，一樣未能徹底安於無言的冥契內境。

　　抽象的觀念和說理，透過具體人物、情節的故事敘述和鋪陳，一則生動活潑起來，再則也容易讓人感同身受、若有所悟。如我所說，像上述沉默如金的「无窮」這種角色與情節，經常出現在《莊子》中，例如〈齊物論〉中王倪對齧缺三問，都以「吾惡乎知之」答之，亦是類似故事[79]。尤其〈知北遊〉的另一段故事，幾乎是上面故事的精采翻版[80]，由於〈知北

[79]【清】郭慶藩輯，《莊子集釋》，頁91-92。

[80]「知北遊於玄水之上，登隱弅之丘，而適遭无為謂焉。知謂无為謂曰：『予欲有問乎若：何思何慮則知道？何處何服則安道？何從何道則得道？』三問而无為謂不答也。非不答，不知答也。知不得問，反於白水之南，登狐闋之上，而睹狂屈焉。知以之言也問乎狂屈。狂屈曰：『唉！予知之，

遊〉這兩個故事的敘事風格和精神樣貌非常神似，無須進行重複的分析。但可以指出：「知」這個角色相應於「泰清」，「无爲謂」則相應「无窮」，「狂屈」又呼應於「无爲」，「黃帝」則近乎「无始」。而「无窮」的「吾不知」之沉默姿態，更被「三問而不三答」的「无爲謂」給特寫化、純粹化。尤其點出「无爲謂」不是刻意的不答，而是全然止息在沉默的當體，故「不知答也」[81]。總之，《老子》「無言守中」一類的主張，不但在觀念上被承繼了，《莊子》更透過「无窮」、「无爲謂」這一類人物和公案，將道體給具體化爲體道者的身心凝然、大音希聲的氣象。

六、結論：《莊子》是綿綿無盡、環環相扣的故事新編與集成

毫無疑問，《老子》工夫論在《莊子》故事新編的敘事文脈下，化爲一個個動人心弦的求道者寓言，甚至可說《莊子》每一篇文章都含有求道、體道的故事。其中除了道家型方外之人、遠方異人、山林水巓之隱者等，這一類典型的求道者、體道者外[82]；更將儒家型的古聖先賢、孔門弟子、社會賢達給重新扮裝戲仿，而成爲道家的另類代言人[83]；不僅如此，《莊子》更藉由百行技業的人物爲主角[84]，甚至那些被社會所賤斥的邊緣

將語若。』中欲言而忘其所欲言。知不得問，反於帝宮，見黃帝而問焉。黃帝曰：『无思无慮始知道，无處无服始安道，无從无道始得道。』知問黃帝曰：『我與若知之，彼與彼不知也，其孰是邪？』黃帝曰：『彼无爲謂真是也，狂屈似之，我與汝終不近也。夫知者不言，言者不知，故聖人行不言之教。』」【清】郭慶藩輯，《莊子集釋》，頁729-734。

[81] 「無爲謂」這一人物和氣象，幾乎完全與《維摩詰經》的維摩詰居士和不二法門呼應，並且都是在寓言、譬喻、故事的文本策略下出現的，可見本文的詮釋策略，有無可能運用到佛經的文本詮釋上，值得省思，尤其兩者都涉及超語言的實踐和工夫，因此必大有故事可說。

[82] 如許由、連叔、藐姑射神人、列子、南郭子綦、顏成子游、王倪、長梧子、楚狂接、伯昏無人、女偊、蒲衣子、無名人、壺子、漢陰丈人、北門成、關尹、列御寇、無爲謂、狂屈、被衣、老農吉、大公調、漁父等。

[83] 如黃帝、堯、舜、孔子、顏回、子貢、子路、冉求、曾子、子張、葉公子高、蘧伯玉、子產、田子方等。

[84] 如庖丁解牛、輪扁斲輪、津人操舟、呂梁游者、梓慶削木、大馬捶鉤、釣者漁父、讁雞等。

他者[85]，都一一化身爲道的代言人，頗有脫冕中心、加冕邊緣的狂歡喜劇效果。

　　《莊子》也在一連串的寓言故事裡，將神話裡的原型意象或動物加以人格化（如渾沌鑿竅、鯤化鵬徙、無用社樹、浮遊大瓠、莊周夢蝶、魚忘江湖、伯樂治馬、神龜遊泥、河伯會北海若等等），或以自創的虛擬獨特人物和情節（如神巫季咸、朝三暮四、雲將、鴻蒙、髑髏等等），呈現一幅萬物爭相說道的奇異景觀，而眞正帶出「天地爲一，萬物並生」的齊物同歡效果。總之，《莊子》爲了將求道、體道一事具體鮮明化，幾乎用盡一切想像力之才華，結果創造了目不暇給的故事情節，信手拈來都可以成爲講道的故事：駢拇枝指、亢鼻之豚、白蹄之牛、有痔之人、瓦礫屎尿等等，眼前觸目所及幾乎都可以成爲道的代言人，爲我們訴說道的神聖與平凡，啓悟人們對目擊道存的感受力。

　　《莊子》將《老子》的詩性隱喻，轉化爲敘述性的故事來上演，絕不只限於本章所討論的「從道體轉體道」這一主題，事實上，幾乎可以對照《老子》相關文獻，而一一在《莊子》找到各類敘事的源頭。例如：《老子》八十章的「小國寡民」，轉爲〈馬蹄〉的「自然樂園」之漫畫式的敘事場景；《老子》關於道的水系列隱喻，變成了〈秋水〉河伯與北海若的宏偉敘事舞臺；而《老子》關於常道的不知無名，則如上述一類的沉默公案之寓言；至於《老子》「道法自然」的主張，則變成〈齊物論〉人籟地籟天籟的音樂敘事之鋪排；而《老子》「恍兮惚兮」的素樸之道，竟又化成了〈應帝王〉渾沌鑿七竅的殘酷劇場；《老子》「歸根復命、沒身不殆」的生死觀點，則轉化爲一系列的喜劇故事，如〈養生主〉的老聃、〈大宗師〉的友人、〈至樂〉的莊妻、〈列禦寇〉的莊子本人之弔喪儀式；而《老子》「爲道日損」的工夫實踐，則變成〈知北遊〉黃帝遺珠求

---

[85] 如支離疏、介者右師、兀者王駘、兀者申徒嘉、兀者叔山無趾、惡人哀駘它、闉跂支離無脤、甕㼜大癭、狗僂承蜩者等等。

道記的顛覆故事；另外《老子》的大智若愚、樸散爲器、「有之爲利、無之爲用」等弔詭思想，則變成〈逍遙遊〉中無用之大用的大樹、大瓠等生活美學之遊戲故事；至於《老子》「禍兮福之所倚」的思想，一變就成了〈齊物論〉孋姬破啼爲笑、〈人間世〉支離疏因禍得福的荒謬故事；而《老子》「寵辱若驚」的超越語言二元思想，變成了〈齊物論〉昭氏鼓琴和朝三暮四的故事；《老子》「沖氣爲和」的觀念，則變形爲〈養生主〉庖丁解牛、〈秋水〉篇魚樂之辯的無礙故事；至於《老子》「專氣致柔」如嬰兒般的身體精氣，又化身爲〈齊物論〉綽約如處子的仙人、〈大宗師〉色若孺子的女偊等等。

　　總之，莊周及其傳人似乎說不完綿綿無盡的故事，一幕幕環環相扣的故事新編，不斷地被創造出來而層累爲《莊子》一書，所謂「寓言十九」確實良有以也。而這種以敘事見道的語言風格，一方面可視爲體道者的語言遊戲，另一方面也讓求道者的經驗得以傳承，而這正是本章透過本雅明「說書人」之精華以爲遙契的最核心者所在。

── 發表於《清華學報》第40卷第1期，2010年3月

第七章
道家式自然樂園的一種落實——
陶淵明〈桃花源記〉的神話、心理學詮釋

楔子

　　敘事不說理，但帶人深歷，所以敘事已是一種存在轉換了，這是情境語的好處，也是本雅明洞悉故事之三昧。桃源時空，遠離暴力和符號，宛若神話時空，又比神話少了奇幻和神聖，多了美。這樣的美，由於淡，只有素心人聞得，如余蓮〈淡之頌〉所詠，詩人歸依此，沒有誇大。桃源的叮嚀，一種「我與你」的呢喃語氣，是生活滋味的呼喚，這樣的詞氣，足以溫暖與交通。漁人的記號，則是「我與它」的對象化符號作用，這是漁人的辜負，也是語言甚深甚微的主宰習氣，常人在此，幾難逃幽微。太守和隱士，似是兩種對比狀態，兩種不同語言層次，但，於淵明，政治符號和宗教符號，在自然面前，皆是矯作了。政治的激情和宗教的激情，何其相似，都帶有高度的神經質，恐怕對五柳先生言，都是不親的。樂園與失樂園何在？崇高與平凡之間，哪裡尋依？真實與表象關係如何？一切在二元對立思考下，會滋長出許多辯證來。桃花樂園，只在無名節氣中流轉，其處，沒有對立統合之辯證，一切俱是眼前紫荊——花！開！花！落！

一、前言：陶淵明詩文中的老靈魂性格與神話傾向

　　陶淵明的性格，一言蔽之，是典型的「老靈魂」。老靈魂意指一種追求本真的生命階段或存在狀態，雖然這和年齡沒有絕對的必然關係，但通常會發生在人生的中晚年階段。當人步向遲暮之際，心靈底層會生發一種帶有超越性、宗教性等特質的心理狀態。此超越性宗教特質是與本真的心理渴望相呼應的，它所對比的人生階段和心理態度，則是中年階段的社

會性格。若將人的一生，視爲不斷通過的心靈歷程，從出生、童年、青少年、成年，到了中年，然後走向中晚年，終至死亡[1]；那麼，就像是靈魂鍊金術（spiritual alchemy）的淬鍊之旅，晚年正是老靈魂的成熟階段，他終將成熟地回歸本眞、統合天人，而敢於面對死亡、躍入永恆。

　　老靈魂之老，在於一個人已不能安於社會「人格面具」（persona）的扮演。因爲社會自我（social ego）的實現，其實是建構在「泛化的他人」之網絡中，在人們的集體形塑和規訓下，所內化而成的角色認同和扮演。如社會心理學家米德（George Herbert Mead）所言：「這個有組織的共同體或社會群體，使該個體的自我獲得統一，可以稱它爲『泛化的他人』。這個泛化的他人的態度是整個共同體的態度。」[2]換言之，人的自我是一個小寫的自我，它是由社會大寫的集體自我所形塑和決定的。由於人活在社會交換的人際網絡中，日常生活正如一場角色扮演的戲劇符碼遊戲，人和人總在不同的角色脈絡裡，不斷地調整自己、配合他人，如此共構一個社會交換的符號象徵體系。如法國心理學家拉崗（Jacques Lacan）研究顯示，人幾乎在幼童階段，就不斷被放在社會的語言符號象徵界所形塑的鏡像中，來看到自己，進而認同自我[3]。

　　所以高夫曼（Erving Goffman）的戲劇理論指出，社會人格是屬於「臺前」的角色扮演，而「臺後」必然同時要壓抑不見容於臺前的人格特

---

[1] 【瑞士】榮格（Carl Gustav Jung）分析心理學派認爲所有事件皆是心理事件，人必須不斷地統合心理的各個層面，以完成「個體化」（Individuation）的成熟歷程，因此他將人生視爲不斷通過的心理發展運動。參見榮格主編，龔卓軍譯，〈個體化的過程〉，《人及其象徵：榮格思想精華的總結》（臺北：立緒文化事業公司，2000），頁185-277。另外，坎伯將神話學和榮格的心理學統合起來，將神話的核心主題界定爲內在旅程的千面英雄之旅，換言之，神話的人生便成了一生不斷豐富完成的靈魂淬鍊和通過，參見【美】坎伯（Joseph Campbell）著，朱侃如譯，《千面英雄》（臺北：立緒文化事業有限公司，1997）。

[2] 【英】米德（George Herbert Mead）著，趙月瑟譯，《心靈、自我與社會》（上海：上海譯文出版社，1997），頁137。

[3] 【法】拉崗（Jacques Lacan）著，褚孝泉譯，〈助成「我」的功能形成的鏡子階段〉，《拉崗選集》（北京：三聯書店，2001），頁89-96。

質或心靈力量：

　　在日常交往中，每個人都對他人表現他的自我和活動，並運用特定的技巧維持自己的表演，同時還試圖導演與操縱他人對他所形成的印象。表演者不斷管理自己與他人的交往，他在臺前表演並表現出一個完美無缺的臺前印象；他希望自己在臺前留下的印象能對觀眾產生最大的影響，而且能獲得一個令人滿意的反應。在臺後，他隱藏了別人不可能接受的東西，同時可以使自己放鬆一下。臺後的行為往往與臺前所要促成的印象不一致，這是因為臺前有觀眾，觀眾對表演者的表演會產生各種各樣的反應，這會對表演者產生一定的壓力，而臺後卻是防止觀眾闖入的地方。[4]

　　如此一來，陰影人格、多重人格、後臺補償種種二元對立的心理衝突矛盾，將層出不窮。如榮格指出的：

　　青年僅靠追求實際來解決問題只能暫時奏效，在更深的意義上並不能持久。當然，在社會上贏得一個位置，改變自己的個性以便多少適合這種生存，總還是一個可觀的成就。……我們越接近中年，個人態度就越穩定，社會地位也越發根深柢固，也越顯得已經找到了正確的道路、正確的目標和行為準則。正因為如此，它們被看成永遠正確，固守它們被認為是美德。我們忽略了一個基本事實，達到社會目標是以限制人格為代價的。本應該經歷的人生其他許多方面被關進儲藏室，躺在落滿塵土的記憶裡。

---

[4] 社會心理學家高夫曼（Erving Goffman）乃提出日常生活中的「戲劇扮演」理論，來說明社會自我的構成過程和本質。參見【美】高夫曼著，徐江敏、李姚軍譯，〈譯者前言〉，《日常生活中的自我表演》（臺北：桂冠圖書股份有限公司，2001），頁xiv-xv。

然而，有時它們也像在餘燼下發光發熱的煤。

　　成年階段頻繁出現的神經騷亂有一個共同點：它們要把青年階段的心理帶入所謂的謹慎之年。誰都會認識幾個傷感的老年紳士，他們或者整日對學生時代津津樂道，要麼就靠對英勇的青年時代的回憶來激起生活的浪花，否則就沉入毫無生氣的市儈作風。[5]

　　這樣的心理分裂之苦，通常會在人生的中年階段，達到最為熾烈的狀態，正所謂「中年危機」的騷亂之來臨。這是因為，人在中年階段，是躍上社會前臺的最輝煌時期，人人都希望躍上「超我」（Super Ego）的舞臺，成為「大寫的他者」（The big Other）之象徵代表[6]；弔詭的是，在社會人格最巔峰的同時，也是人們對自己最壓抑、離開本我（The Self）最疏遠的狀態。因此，這種表層人格和深層人格看似和諧、實相矛盾的心理不安狀態，便是中年危機的火山結構。換言之，這是「社會非本真人格」與「自然本真人格」之間的心理能量衝突。

　　之所以暴露出這個中年危機，其中的一大因緣，通常是和「死亡意識」有關。也就是人作為「朝向死亡」這一有限性的存在事實[7]，在中年階段那不斷遭逢死亡的親臨之下，再也無所逃地被帶到面前來了。於是，在死亡幽靈的促迫下，一個孤零零的存在者，有時會從社會網絡的掛搭中被剝離下來，開始神經質地喃喃自問：我的人生還有多少時光？我一生最渴望的內心直覺喜悅到底為何？人前人後的那個人是「我」嗎？真正的「我」到底在哪？死亡終將帶來虛無嗎？在死亡的事實之前，那些還值得

---

[5] 榮格著，〈人生的各階段〉，收入林方主編，《人的潛能和價值——人本主義心理學譯文集》（北京：華夏出版社，1987），頁57、58。

[6] 關於「大寫的他者」和「自我」關係，參見張一兵，《不可能的存在之真——拉康哲學映像》（北京：商務印書館，2006），頁246-266。

[7] 對此，海德格分析的最為深刻，參見【德】海德格（Martin Heidegger）著，王慶節、陳嘉映譯，《存在與時間》（臺北：桂冠圖書有限公司，2002），頁321-360。

我汲汲追求？死亡若不純是虛無，那它與永恆的關係到底爲何？這一連串屬於「存在主義」式的疑情和叩問，都是在典型的中年危機之際，一個老靈魂常常會爲它們悠悠我心的奧祕課題。此時人成了一個「問題的存在」，但，從此靈魂也有了深度，因爲它將觸及到宗教性的有限與無限的歸屬難題[8]。

老靈魂主要是指一種人，他擁有對人生感、時間感、眞實感、死亡感特別有敏銳感受的一顆藝術魂。屬於這樣的藝術存在之魂，未必要到晚年階段才會出現；就像許多社會人，到了晚年仍然渾噩於名利，而有些人在青壯歲月，便對人生和眞我產生甚深的疑情和追尋了。基本上，陶淵明中晚年就是帶著一顆「老靈魂」，在猶豫、徘徊、追尋、回歸的生命典範。他以藝術靈魂的眞摯性格之存在追求，終於還回本眞自然的天性，完成了生命的終極關懷的歸宿。當然，陶氏歸屬的宗教性，既不是佛教蓮社，也非道教求仙，而是歸命於無名無言的自然本身；在此，是非、名利、死生等二元難題，都得到了超越與安然。老靈魂陶淵明的安身立命之契機，其宗教性乃是自然萬物以其物之自身朗現的當體。那種超越主客、超越過、現、未的悠然當下感、自然循環感，一方面可在陶氏飲酒的「現象」中，見到類似的體驗；另一方面也在陶氏的樂園敘述和玄學哲理中，看到進一步的呈現。而陶氏心中的樂園境界，就寄託在〈桃花源記〉的文學隱喻中。

讀陶氏詩文，幾乎都會強烈感受到某些意象、主題不斷在重複著，它們是淵明心中，最核心的主旋律，可以看成老靈魂在不斷喟嘆、吟唱著生命之歌。這些濃密的原型意象，例如：鳥、酒、農人、山水、草木、時

---

[8] 榮格〈人生的各階段〉：「或許有某種專爲四十歲的人開設的大學，旨在使他們對未來的生活和生活的需要做好思想準備？沒有。我們是在毫無準備的情況下步入後半生的，……我們的各種宗教在過去一直是這樣的學校，但是今天還有多少人這樣看待它們呢？我們中有幾個老人是在這樣的學校中獲得教育、培養，真正爲後半生、爲老年、爲死亡和永恆做好思想準備的呢？」林方主編，《人的潛能和價值——人本主義心理學譯文集》，頁61-62。

間感、匆匆感、死亡感、及時感、季節感、自然感、宇宙感等等。這些意象、主題，反覆湧現，未曾間歇；甚至可誇大地說，幾乎每一篇詩文都隱含這樣的思情在其中，也不為過。顯然，這是一首完整的「歸去來兮」之歌，所有的詩文都是這首整體交響歌曲的部分旋律，它們共同呼應著「歸去來兮，田園將蕪，胡不歸！」這一趟靈魂冒險的英雄回歸之旅。

如神話學家坎伯，在描述英雄內在旅程時所說的：

淡泊或退出，它是一種把強調重點由外在世界轉向內在世界……，也就是自荒原的悲戚絕望退入內在永恆領域的寧靜……。總而言之，英雄的首要工作是要從次級效用的世界場景退出，進入心靈中那些困難真正駐足的因果關係地帶，在那裡釐清、拔除自己個人的困難……，並破除蔽障，到達未經扭曲的直接經驗，以及榮格稱之為『原型意象』的同化作用。[9]

所以，陶淵明的作品中，不斷重複著許多原型般的意象和主題，可以看成是他在渴望回歸心靈真實的過程中，永恆的聲音，正不斷對著自我意識進行召喚和同化的力量。底下，筆者就約略點出陶淵明作品中，這些不斷出現的原型意象所代表的老靈魂狀態和神話意味。以便作為進入〈桃花源記〉的神話敘述之結構分析前的預備。

〈歸去來兮辭〉的名句：「雲無心以出岫，鳥倦飛而知還。」「鳥」，顯然就是陶淵明那渴望回歸自由的老靈魂所化身的象徵[10]。此象徵以原型意象的魔力，不斷地盤桓不去。「倦鳥」象徵老靈魂已不安於社會人情的虛矯酬酢[11]，產生了「心為形役」、「世與我而相違」的心形矛

---

[9] 坎伯著，朱侃如譯，《千面英雄》，頁17。

[10] 陶淵明詩文的「鳥」，除了反映了人類心理那種渴望自由的原型意象外，也有可能受到《莊子》〈逍遙遊〉中的大鵬鳥之啟發。因為它們同是屬於解放社會人格，追求心靈本真自由的象徵。

[11] 拒絕社會應酬交換的虛矯往來，通常反映在陶氏詩文中的「門（關）」、「戶（掩）」、「巷

盾、世我衝突之危機。「歸鳥」則象徵老靈魂終於「悟已往之不諫，知來者之可追。實迷途其未遠，覺今是而昨非。」[12]而來的頓悟轉向，從此歸去以找回眞實而本眞的自己。值得特別注意的是，陶氏的「歸去來兮」和「歸園田居」的決斷和頓悟，實亦歷經猶豫和反覆再三的徘徊心情，最後令他徹底截斷眾流而逆還本眞的契機，與母喪有關，亦即和死亡的親臨有關[13]。

　　自由之鳥終究是屬於自然山林的，而非被羈絆在社會人群間，所謂：「羈鳥戀舊林，池魚思故淵」、「望雲慚高鳥，臨水愧游魚」[14]。總之，陶淵明不斷運用神話原型意象的「鳥」，來作爲自己的隱喻，表達召喚眞實自己的想望。「鳥」是神話象徵的普世性原型意象，其心理意義爲：「完滿自足的狀態要經由心靈的意識與潛意識的融合才能達成，榮格所說的『心靈超越功能』才會出現，透過這種超越功能，人才可能達成他的最高目標：讓他個體本我的潛力完全實現。所以，我們所謂的『超越的象徵』，即是呈現人類努力達成上述目標的象徵……在這種情況下，鳥是最上選的超越象徵。」[15]

　　而不管是「倦鳥」或「歸鳥」，牠們總是象徵老靈魂走到一個關鍵

　　（窮）」、「徑（荒）」等意象上，例如：〈歸去來兮辭〉的「門雖設而常關」，〈歸園田居五首〉的「戶庭無塵雜，虛室有餘閒」、「白日掩荊扉，虛室絕塵想」、「野外罕人事，窮巷寡輪鞅。白日掩荊扉，虛室絕塵想」等等。

[12]【晉】陶潛著，龔斌校箋，〈歸去來兮辭〉《陶淵明集校箋》（上海：上海古籍出版社，1999），頁391。

[13] 對於「母喪」和陶氏「歸隱」的深層關係之揭露，頗有深意。請參見楊玉成，〈田園組曲：論陶淵明《歸園田居》五首〉，《國文學誌》第4期（2001年2月），頁198-200。陶氏此種心境蛻變的例子，令人想起羅蘭·巴特的母喪一關鍵事件，讓他將攝影相片的真實性探討，連結上死亡與永恆的關係。參見【法】羅蘭·巴特（Roland Barthes）著，許綺玲譯，《明室——攝影扎記》（臺北：臺灣攝影工作室，1997）。

[14] 陶詩中的「魚」雖然沒有「鳥」那樣普遍而突出，但也常和「鳥」一起出現成為對句。陶氏這種渴望回歸「水」中的「魚」，也會令我們想起《莊子》「人相忘於道術，魚相忘於江湖」、「魚樂之辯」的意象來。

[15] 榮格主編，龔卓軍譯，《人及其象徵》，頁172。

叉路，一邊是社會性格的交換扮演，另一邊則是真實自我的回歸。毫無疑問的，老靈魂遠離俗韻、塵網、樊籠的繁華之路，他走上一條人煙罕至的小徑去，那裡有著丘山、田園和自然。〈歸園田居〉第一首，不就完全將這份心跡表露無遺嗎？——「少無適俗韻，性本愛丘山。誤落塵網中，一去三十年。羈鳥戀舊林，池魚思故淵。開荒南畝際，守拙歸園田。方宅十餘畝，草屋八九間。榆柳蔭後簷，桃李羅堂前。曖曖遠人村，依依墟里煙。狗吠深巷中，雞鳴桑樹顛。戶庭無塵雜，虛室有餘閒。久在樊籠裡，復得返自然。」[16]唯一需要強調的只是，「歸去來兮」和「歸園田居」的「田」，既是指具體生活世界中的園田沃土，同時也提指心靈世界那個本真的心田，這兩者是二而一的。返回園田，心田也同時安頓了。

　　老靈魂已不安於社會人格面具的扮演。這種不安，自然會呈現出幾分淡泊、解離的性格。即，人要淡泊社會名利、解離社會價值，才有可能抉擇真實本我、安於田園之樂。那麼，這種「解離」的情調，正好在陶淵明的「嗜酒」行徑中被完全地呈現出來。好酒、愛酒、勸酒，幾乎是陶詩陶文中，最為突出的風格之一，他甚至有〈飲酒二十首〉詩組的酣唱作品[17]。首先，不可以一般酒徒的放誕、虛無之情調視之，因為它反映著陶氏解離、閒散、適性的美學性格，甚至超然、忘我的玄學哲理在其中。消極地說，酒具有不斷解構主體自我、社會歷史的效果，也就是將表層人格的僵化面具給卸妝的效果；就如〈飲酒〉第七首詩所提到的：「秋菊有佳色，浥露掇其英。『汎此忘憂物，遠我遺世情。』一觴雖獨進，杯盡壺自傾。日入群動息，歸鳥趨林鳴。嘯傲東軒下，聊復得此生。」[18]

　　積極地說，陶氏的飲酒實蘊含一種美學和玄理，誇大一點來說，它是陶氏這個老靈魂為回歸自然、適性、本真所開設的方便法門。如何說呢？

---

[16] 龔斌校箋，《陶淵明集校箋》，頁73。
[17] 從陶淵明開始，詩和酒的交融成為影響後世深遠的文學議題，參見蔡瑜，〈從飲酒到自然——以陶詩為核心的探討〉，《臺大中文學報》第22期（2005年6月），頁227-268。
[18] 龔斌校箋，《陶淵明集校箋》，頁224。

〈飲酒〉第十四首詩，如是歌頌「酒之深味」：「故人賞我趣，挈壺相與至。班荊坐松下，數斟已復醉。父老雜亂言，觴酌失行次。不覺知有我，安知物爲貴。悠悠迷所留，酒中有深味。」[19]〈連雨獨飲〉五言詩，甚至將酒與形上天道會通起來了：「故老贈余酒，乃言飲得仙。試酌百情遠，重觴忽忘天。天豈去此哉，任眞無所先。」[20]酒的深味在於破除社會性面具、語言性之分別計算，而進入情景交融之美學狂歡，它可以被看成是另一種「熾熱型」的悠然見南山。而相契於〈飲酒〉第五首詩，所提到的那種「恬淡型」的「悠然見南山」：「採菊東籬下，悠然見南山。山氣日夕佳，飛鳥相與還。此中有眞意，欲辨已忘言。」[21]其中的「悠然」、「無言」，正是一種「主客泯然」、「物我合一」的形上美學體驗。對此，底下的評論是很能切中要點的：

世人惟知有我，故不能忘物，物我之見存，則動多拘忌矣。淵明忘我更勝于〈齊物〉，其殆酒中聖者歟！[22]

魏晉人喜酒，認爲酒能引人入勝地。淵明對酒中趣更有獨到領悟，將之歸結到「忘天」。重觴之際，百情頓遠，俗慮皆消，天即是人，人即是天，物我皆忘也。言無有先於任眞者。任眞，即冥合自然……。在道家學說中，莫大於「法自然」。「任眞無所先」，正契合道家學說的核心。[23]

酒帶來了超越主客對立、融化「我與他」之對象化關係，以躍入「我與你」的超主客[24]、甚至「物我相忘」的悠然美學境地。淵明對酒的狂

[19] 龔斌校箋，《陶淵明集校箋》，頁238。
[20] 龔斌校箋，《陶淵明集校箋》，頁111。
[21] 龔斌校箋，《陶淵明集校箋》，頁219-220。
[22] 溫汝能，《陶詩彙評》卷三，轉引自龔斌校箋，《陶淵明集校箋》，頁239。
[23] 龔斌校箋，《陶淵明集校箋》，頁112-113。
[24] 「我與它」的主客關係，與「我與你」的超主客關係，參見【奧】馬丁・布伯（Martin Buber）

迷，讓我們聯想到尼采（Friedrich Wilhelm Nietzsche）所謂的戴奧尼索斯
之酒神精神，它是西方眞正的原初藝術精神，因爲它讓人超越了個體化的
時空限制，而進入到超然物外的形上一體感之中：

　　戴奧尼索斯的激奮如果不是透過原始民族在其讚美歌中所說
的麻醉劑的影響而產生，就是透過欣喜地貫穿整個自然結構中春
天大活力的來臨而產生。經過這樣的激奮以後，個人便完全忘記
了自己。……不但人與人之間的聯繫漸漸爲戴奧尼索斯祭典的魔
力再度地建立起來，而且自然本身，在經過長久的離裂和壓制以
後，現在又重新開始慶幸她和她的浪子（人）重溫舊夢……。現
在，奴隸以自由人的姿態出現，所有爲必然性或專制政治在人們
之間所建立的僵硬而對立的牆，現在都粉碎了。現在，響著那普
通和諧的福音，每個人不但與他的同類相調和，實際上簡直與他
合爲一體――好像魔耶的帳幕被撕開了，只剩下飄浮在這個神祕
「太一」（Oneness）的幻影之前的碎片。現在，人透過歌舞而把
自己表現爲一種更高境界中的成員，他已經忘記了怎樣走路，怎
樣說話，而當他舞蹈時，便處於一種飛逝欲去的邊緣。[25]

　　換言之，陶淵明的好酒，一方面是爲了「遺世情」、「遠百情」，
解離社會人格的層層網絡；另一方面則是可以令人「物我齊平」、「任眞
忘天」，回歸自然適性的本眞自身。總之，好酒、愛酒的背後，仍然有一
顆老靈魂在開顯其美學的超越性。解離，同時是一種回歸。所以我們看到
詩文中的飲酒，通常會和自然田園一連串相關的意象同時出現：例如飲酒
的對象常出現農夫等素心人，飲酒的地點通常會在田園山水之間，飲酒的

　著，陳維剛譯，《我與你》（臺北：桂冠圖書股份有限公司，1993）。
[25]【德】尼采（Wilhelm Friedrich Nietzsche）著，劉崎譯，《悲劇的誕生》（臺北：志文出版社，
　1979），頁21-23。

同時會感嘆萬物得時、人世短促等等。這種匹配，都可以看出那種解離世
情、回歸自然的心情。尤其特別重要的是，陶淵明這些飲酒田園、遊戲山
林的作品中，經常會流露出特殊的「時間意識」，據此，可以說他是對時
間性特別敏感的詩人。而這種特殊的時間意識，又是在一連串對比的張力
下來呈現的，例如：「匆匆」的時間與「悠然」的時間、「短暫」的時間
與「永恆」的時間、「人世」的時間和「自然」的時間、「人生」的時間
和「宇宙」的時間、「夢幻」的時間與「眞實」的時間、「飄零憔悴」的
時間與「欣欣向榮」的時間。總之，前者是一種「苦難的時間感」，後者
則是「歡怡的時間性」，前者「失時」、後者「得時」。換個角度說，前
者是屬於過、現、未的人文、歷史直線時間觀，後者則是循環反覆的自
然、神話圓形時間觀。底下隨手舉出一些詩文以爲證：

〈飲酒〉第十五首：「宇宙一何悠，人生少至百。歲月相催
逼，鬢邊早已白。」

〈飲酒〉第三首：「所以貴我身，豈不在一生。一生復能
幾，倐如流電驚。」

〈飲酒〉第八首：「吾生夢幻間，何事絏塵羈。」

〈停雲〉詩四言：「明月于征，安得促席，說彼平生。」

〈答龐參軍〉詩四言：「昔我云別，倉庚載鳴。今也遇之，
霰雪飄零。」

〈榮木〉詩四言：「晨耀其華，夕已喪之。人生若寄，憔悴
有時。……繁華朝起，慨暮不存。貞脆由人，禍福無門。」

〈歸去來兮辭〉：「木欣欣以向榮，泉涓涓而始流。善萬物
之得時，感吾生之行休。」[26]

---

[26] 龔斌校箋，《陶淵明集校箋》，頁239、216、226、1、29、13、391。

　　與「時間意識」幾乎形影不離的，當然就是陶淵明對「死亡意識」的敏感。可以說，由於死亡的必然臨現，才使得「現象義的時間」和「本體義的時間」之對比，眞正被彰顯出來。因爲死亡宣告了一個令人嘔吐的福音──人不可能在過、現、未的現象時間之直線流逝中，得到終極的安頓，故人的一生之百年時光，便成了短暫、無常、虛無之苦悶的象徵；如此一來，人要不走入虛無情調或放縱狂誕，便要在這個「現象時間」中「死而重生」。這死而重生的契機即是「嘔吐中的福音」，便是以「本體時間」來取代「現象時間」，如此才有可能重新面對死亡，甚至找到宇宙永恆的契機。所以，陶淵明渾身通體充斥著死亡意識，幾乎每一作品都直接或間接地在和死神搏鬥。於是，每一首詩文幾乎都出現一種對比的結構和效果。一方面是：時間感、無常感、命限感、夢幻感、死亡感；另一方面則是：即時感、當下感、行樂感、適性感、季節感、永恆感。

　　就算〈歸園田居〉主要是在書寫田園的恬淡、山林的遊戲之樂，卻仍然不免死亡意識的侵襲，而令人興起如夢如幻的感慨：「久去山澤游，浪莽林野娛。試攜子姪輩，披榛步荒墟。徘徊丘隴間，依依昔人居。井竈有遺處，桑竹殘朽株。借問採薪者，此人皆爲如？薪者向我言，死沒無復餘。一世異朝市，此語眞不虛。人生似幻化，終當歸空無。」[27]

　　更耐人尋味的是，陶淵明還曾模擬死後的滄涼處境，爲亡靈書寫輓歌。而有所謂〈挽歌三首〉之死亡書寫的創作：「有生必有死，早終非命促。昨暮同爲人，今旦在鬼錄。魂氣散何之，枯形寄空木。嬌兒索父啼，良友撫我哭。得失不復知，是非安能覺。千秋萬歲後，誰知榮與辱。但恨在世時，飲酒不得足。」「在昔無酒飲，今但湛空觴。春醪生浮蟻，何時更能嘗。殽案盈我前，親舊哭我傍。欲語口無音，欲視眼無光。昔在高堂寢，今宿荒草鄉。荒草無人眠，極視正茫茫。一朝出門去，歸來夜未央。」「荒草何茫茫，白楊亦蕭蕭。嚴霜九月中，送我出遠郊。四面無人

---

[27] 龔斌校箋，《陶淵明集校箋》，頁80。

居，高墳正嶕嶢。馬爲仰天鳴，風爲自蕭條。幽室一已閉，千年不復朝。千年不復朝，賢達無奈何。向來相送人，各自還其家。親戚或餘悲，他人亦已歌。死去何所道，託體同山阿。」[28]

　　面對這種人生的無常、短促、必死之限制與苦難，陶淵明一方面要人們更該及時把握當下。換言之，永恆絕不是過、現、未的時間之流的綿延累積，因爲個體的死亡必然會截斷直線的持續進展，人只能在這一小段時空中曾經在過。因此，唯有適性地融入每一當下，似乎從可以見到時間本體在當下的靈光一現。換言之，陶淵明從這種有限的時間意識、死亡意識中，體會到人更要忠實本眞的當下釋放，不要爲了社會的名利謀畫，不斷壓抑、延遲此時此地的本眞適性之當下呈現[29]。因此，在變動的遷流不息中，只有融入當下之永恆：

　　〈飲酒〉第一首：「寒暑有代謝，人道每如茲。達人解其會，逝將不復疑。忽與一觴酒，日夕歡相持。」

　　〈己酉歲九月九日〉：「萬化相尋繹，人生豈不勞。從古皆有沒，念之中心焦。何以稱我情，濁酒且自陶。千載非所知，聊以永今朝。」

　　〈雜詩〉第一首：「人生無根蒂，飄如陌生塵。分散逐風轉，此已非常身。落地爲兄弟，何必骨肉親。得歡當作樂，斗酒聚比鄰。盛年不重來，一日難再晨。及時當勉勵，歲月不待人。」[30]

---

[28] 龔斌校箋，《陶淵明集校箋》，頁355-360。

[29] 這種不斷謀畫的心理習性，使得人一直落入功利性、實用性的狀態，而延遲了此時此地的當下性創造，正是巴塔耶（Georges Bataille）所要揭露批判的文明起於壓抑和延遲之課題。參見【日】湯淺博雄著，趙漢英譯，《巴塔耶》（石家莊：河北教育出版社，2001），頁36-39。

[30] 龔斌校箋，《陶淵明集校箋》，頁211、202、289。

　　另一方面，陶淵明要我們不以個人的一生必然朝向死亡的直線時間為依歸，應該將「自我」解放到自然宇宙的永恆循環中來安頓自己，如此一來，便能將「主體自我」這個小點敞開為一個波浪，以便融入宇宙的時間，那麼人的腳步便可放慢下來，隨同自然四季的韻律，安住在每一個物自體的時間。此時，不但死亡意識被沖淡了，甚至更產生一種宇宙感、永恆感，這便是所謂本體時間或時間的本體：

　　在這樣的獨特的時間裡，也就是說，我們日常式地活著的時間──之持續、能夠用鐘錶計量的「量化的時間」、「以現在為中心、接連繼起的時間」──中斷並完全成為懸空狀態，惟有在作為濃密而強烈的「質」才能內在地活著的時間中，「我作為主體是確定的」這一確信才變得極度危險。……「我從時間的秩序中被解放出來了」，可以說「現在偏離開去」，已經弄不清「我是否處於現在了」。的確，我的身心極度昂奮，正經驗著某種事件。但是，因為「作為主體的我的能力」被超越了，鮮明地將某事物對象化加以劃分的界限已經被打破了，所以不能確定「我是否作為現在在那個事件中活著」。[31]

　　當一滴水融入大海時，一滴水再也不只是一滴水，而是海的本體了；同樣地，我和現象時間消失的同時，本體的永恆感和超然感便頓時滿溢出來。此正是〈形影神〉三首中的「神」的歸宿：「縱浪大化中，不喜亦不懼。」這裡，便是作為一個老靈魂陶淵明的安身立命之宗教性契機。這個宗教乃是自然萬物以其物之自身朗現的當體。這種超越主客、超越過、現、未的悠然當下感、自然永恆感，我們一方面可在陶氏飲酒的體驗中，見到類似的體驗；另一方面也在陶氏的樂園敘述和玄學哲理中，看到進一

---

[31] 湯淺博雄著，趙漢英譯，《巴塔耶》，頁68。

步的呈現。而陶氏心中的樂園境界，最好的表達就寄託在於〈桃花源記〉
的文學隱喻中；而他的玄學哲理，最重要的作品就是關於〈形影神〉三首
的詩作表達（底下將有細部的討論）。

　　最後，陶氏這樣的自然時間、四季時間、宇宙時間、甚至永恆時
間感，其實是遠於歷史時間而近於神話時間的。正如伊利亞德（Mircea
Eliade）曾經用一連串的概念來說明神話時間，諸如：神聖的時間、新的
時間、純淨時間、宇宙時間、典範時間、節慶時間、元初時間、起源時
間、秘思時間、原初時間、可更新的時間、永恆回歸的時間、本體性的時
間等等[32]。換言之，這個老靈魂，帶有解離歷史、回歸神話的自然古樸傾
向。當然，筆者並不是說陶淵明完全反對歷史人文，更不是說他要徹底回
歸原始宗教神話時代（底下亦將論述淵明樂園和神話樂園的重大差異）；
只是說，他那種遠離世情、回歸自然的結構，在精神上和神話思維有連續
性、相契性，當然其斷裂性也是不可忽略的。總之，淵明的思維性格和神
話有呼應性，應可得到證明。否則難以理解他為何喜讀《山海經》，甚至
要寫下〈讀山海經十三首〉五言詩，來歌詠神話人物和生命觀[33]。底下將
直探淵明的樂園世界，以追索其中的神話足跡。

二、〈桃花源記并詩〉的神話原型意象和述結構之 深描

㈠捕魚為業的漫遊者──潛意識的撈捕之旅

　　〈桃花源記〉始於一個自覺或不自覺的「漫遊者」之「旅程」

---

[32]【羅馬尼亞】伊利亞德（Mircea Eliade）著，楊素娥譯，〈神聖時間與秘思〉，《聖與俗──宗教
的本質》（臺北：桂冠圖書股份有限公司，2001），頁115-158。

[33] 龔斌言：「〈讀山海經〉十三首作年既難確定，命意又不顯，故歷來理解不一。多數論者因認定
這組詩作於晉宋易代之際，故以忠晉感憤說附會，尤其是第十、十一首，被作為痛斥劉裕的確證
……。與上相反者，認為〈讀山海經〉不過寫其幽居之樂，無甚深意。」龔斌校箋，《陶淵明集校
箋》，頁355。筆者認為不管〈讀山海經〉到底有無政治諷喻，或只寫幽居之樂，絕不可謂其無深
意，因為它可提供學者反思陶氏樂園意識和神話樂園的同異關係。

（departure）。這個漫遊，將穿越歷史時空來到邊界處，甚至在臨界點，遁入非歷史性的永恆自然之本體，一個神聖時空的樂園境地[34]。這是時空的斷裂之旅，一趟回歸之旅，卻是意外之旅。神話式的遊歷之啓程，有可能是旅者的自覺冒險，也可能由旅者不自覺的一個意外所展開。正如坎伯指出的：「一次大錯——絕無僅有的機會——開展出一個意料之外的世界，個人則開始和未知力量間聯絡。正如弗洛依德所示，生命中的大錯並非絕無僅有的機會，它們是欲望與衝突受到壓抑的結果。……這些泉水可能非常深，就像靈魂本身一樣的深。一時的大錯可能相當於命運的開啓。」[35]換言之，意外或錯誤有時竟像冥冥註定似的，那可能是內在欲望與衝突力量的頓然爆出所造成的。而〈桃花源記〉主人翁的漁人，雖屬於不自覺的意外之旅；然而，從心理學的角度看，此不自覺之漁人，也可能是被壓抑甚深的內在渴望所推動，只是未被意識化而已。所以故事的展開竟像出自一個意外或錯誤，但這個意外卻可能包裹著必然，錯誤更導向了更新的契機。

　　桃源之外和桃源之內，兩個不均質的時空，前者是「過、現、未」的歷史時間，一個充滿政治權力宰控和分配的場所，其名爲：晉、太元年、武陵之地。晉朝代、太元年、武陵人，三個名號就足以標出《老子》「始制有名」的政治符號世界[36]。對於漫遊者所要漫出的政治符號世界，陶淵明雖然並未工筆刻畫，但，對比以後所要頓入的桃源樂地來看，它必然會是充滿歷史苦難、政治暴力的「失樂園」。所以，失而復得的逆反之旅，

---

[34] 「歷史時空」屬於凡俗、苦難的時空，「神話時空」屬於神聖、樂園的時空。參看【羅馬尼亞】伊利亞德著，楊素娥譯，《聖與俗——宗教的本質》；伊利亞德著，楊儒賓譯，《宇宙與歷史——永恆回歸的神話》（臺北：聯經出版公司，2000）。

[35] 坎伯著，朱侃如譯，《千面英雄》，頁51。

[36] 《老子》三十二章：「始制有名，名亦既有，夫亦將知止，知止可以不殆。」王弼注曰：「始制官長，不可不立名分以定尊卑，故始制有名也。過此以往，將爭錐刀之末，故曰『名亦既有，夫亦將知止』也。遂任名以號物，則失治之母也，故『知止所以不殆』也。」【魏】王弼，《老子四種》（臺北：大安出版社，1999），頁27-28。老子認為文明建制、政治管控和語言符號的運用有絕對的關係，因此，對文明符碼和政治暴力的批判和治療，通常也和語言的批判治療有關。

也就是從「有名」（政治）到「無名」（自然）的冒險[37]。

　　說冒險，因爲這是一趟放逐之旅、迷宮之行。冒險者必然要遠遊，要成爲由熟轉生的陌生者，一個漂流到晉、太元、武陵時空之外的異鄉客，甚至成爲流浪在他方的「他者」（the other）[38]。這樣一個異鄉人，是要自覺或被迫拋棄一些名相包袱的捆束，需要成爲一個虛無的疑問性存在，方能走到有名與無名的交界來。對這邊緣存在者，陶淵明巧妙運用了神話學上普遍可見的原型意象（archetypal images）[39]來點睛——即「漁夫」這個原型人物。「捕魚爲業」四個字，或這件事，大有可說，一般讀者恐怕輕輕看過了。

　　從歷史的人物形象來溯源，陶淵明運用漁夫這個角色，可能自覺地運用了在他之前漁夫在中國哲學、文學、歷史的文本傳統中，幾已被典範化的「漁父」人物形象才是。以陶淵明的博雅，想必讀過《楚辭》、《莊子》一類的經典文本。而《楚辭》文本中的漁父形象，正和屈原對比：「屈原放逐，在江湘之閒，憂愁歎吟，儀容變易。而漁父避世隱身，釣魚江濱，欣然自樂……。」[40]《莊子》文本中的漁父形象則和孔子對比：「孔子遊乎緇帷之林，休坐乎杏壇之上。弟子讀書，孔子弦歌鼓琴，奏曲未半。有漁父者，下船而來，鬚眉交白，被髮揄袂，行原以上，距陸而止，左手據膝，右手持頤以聽……。」[41]兩組對比，不都象徵著閒散自適的「方外之人」與矜持仁義的「方內之人」，兩相對照而呈現不同的身心

---

[37] 陶淵明喜愛自然無名的本真，例如自傳性質的〈五柳先生傳〉就強調：「先生不知何許人也，亦不詳其姓字。宅邊有五柳樹，因以為號焉。」龔斌校箋，《陶淵明集校箋》，頁420。這觀點或從道家來。

[38] 典型的英雄神話旅程，會從熟悉的社會人群中「淡泊」或「隔離」（detachment）出來，然後以漫遊者的異人身分，進入迷宮之旅，而迷宮也象徵著旅人的內在幽暗，然後重新帶回光明之寶，此正是坎伯所謂「隔離－啓蒙－回歸」的結構。坎伯著，朱侃如譯，《千面英雄》，頁16-35。

[39] 原型與原型意象，參見榮格主編，龔卓軍譯，《人及其象徵》，頁65；【美】史坦（Murray Stein）著，朱侃如譯，《榮格心靈地圖》（臺北：立緒文化事業有限公司，1999），頁284。

[40] 【宋】洪興祖撰，《楚辭補注・漁父章句第七》（臺北：漢京文化事業公司，1983），頁179。

[41] 【清】郭慶藩輯，《莊子集釋》（臺北：華正書局，1985），頁1023。

氣象和價值抉擇嗎？換言之，漁人角色其來有自，是遊於方外的象徵，它最晚在戰國中晚期便已形成隱逸人物的美學和哲理典範之一。換言之，說陶氏〈桃花源記〉中的漁人，是從文學、哲學等經典「互文性」而來，應是可能的推測。因為，陶氏對這些文本顯然不陌生。而漁父形象正是隱逸的邊緣人格之象徵，一種超脫於世俗禮法、追求真實自然的自由人象徵。後來的歷史文本（如《三國演義》之開場詩），宗教文學文本（如《西遊記》第九回），都出現所謂「漁樵閒話」，那種視歷史成敗如夢如幻的超越性評點。而詩歌和繪畫中也經常出現「孤舟獨釣」的漁人身影。漁樵閒話，已然是東方一種超越性的美學公案，他們以超歷史的自然宇宙高度展開一場既淡泊又繁華的對話。如蘇東坡〈赤壁賦〉何嘗不具有這樣的韻味，人到了天地蒼茫的山水和歷史古蹟的交際處，興發一種超然物外的宇宙長鏡頭，而有對歷史是非成敗與滄桑變化的遮撥、觀照[42]。

　　〈桃花源記〉的漁夫，除了可以從歷史人物形象的互文性來溯源外，更重要的，還在於說明此原型意象的心理學意義。從神話的原型意象角度說，神話的冒險者或英雄旅程的故事主角，必然要是個異鄉人，一個長期遠遊或不斷漂流各地的浪人。所以，他的職業身分通常會有一種不斷離此去彼、或在彼此之間來回穿梭的特質。換言之，他必須不固著在慣性的時空裡，否則將會被慣性的倫理關係、名相利害等網絡所束縛；結果，一切令人驚奇的冒險和發現都勢必不可能、或被錯失了[43]。所以，神話式的浪遊人物，通常具有不馴的野性氣質，一種不安於家族人倫、社會名利、政

---

[42] 對於這種以自然宏觀長鏡頭來觀照人事成敗計執，所可能產生的心靈治療、苦難慰藉，幾乎已成為了東方一種自然山水療法，而每當東方人遭逢大時代的苦難時，便會出現這一類的案例，例如歷經文革時代的沈從文、陳凱歌亦如是。對此自然療法，參見拙文，〈以自然淨化罪惡：沒有他者的無名世界——論道家的原始倫理學如何治療罪惡與卑污〉，「沉淪、懺悔與救度：中國文化的懺悔書寫研討會」論文（臺北：中央研究院，2008年12月）。

[43] 與此相關聯的一個英雄冒險或求道的主題，便是「江流兒」這個特殊身分。這是為了塑造英雄象徵性地殺死父母（即人倫關係之束縛），以便遠遊冒險的苦難敘述安排。參見胡萬川，〈中國的江流兒故事〉，《真實與想像——神話傳說探微》（新竹：清華大學出版社，2004），頁171-202。

治權力的自然性格，一份漂泊而逸出的人格特質。此特質反映出來的職業象徵，通常就帶有邊緣人格的隱逸傾向：如漁夫、樵夫、園丁、牧羊人、擺渡人、伐木工人、船員、吟遊詩人，甚至行乞者（乞士）等等[44]。顯然，這些職業身分都具有幾個重點：如解離、邊緣、遠遊、來回穿梭、逸出社會、接近自然等等。換言之，如果英雄必然要歷經一趟死亡與重生的象徵之旅，那麼，這些人物身分所象徵的心理特徵便具有幾分幽靈的特質。他們來回在人倫社會城市和自然山林大海之間，時常徘徊在真實和不真實的「中介狀態」，不能完全確定自身存在的認同問題[45]。這份疑情，使他成為漫遊者，一個處於真與不真之間的幽靈，使得它能繼續保持流浪者的心境和狀態。而終將逾越符號世界，頓入無何有之鄉、廣漠之野的自然樂園。

　　中國式的漁夫意象，類似於西方式的牧羊人一般，都是同一種原型心理結構下、不同文化脈絡的意象運用而已，所以漁夫和牧羊人，在神話學上具有近似的意義功能。對此，德國接受美學家伊瑟爾（Wolfgang Iser）對牧羊人、田園詩歌、神話隱喻等三位一體的關係之分析，非常值得參考：

---

[44] 《聖經》中經常出現漁夫、牧羊人的人物和隱喻；佛陀在菩提樹下成道前，離開淨飯王子的身分，成為森林中的瑜伽行乞者；莊子則是園丁；【巴西】保羅‧科賀（Paulo Coelho）《牧羊少年奇幻之旅》中的主角人物正是牧羊人；【德】赫塞（Hermann Hesse）《流浪者之歌》的主角從行雲四方的行者變成了擺渡人；鹿橋《人子》中的每一主角人物，幾乎都是漂泊的旅人；【德】本雅明（Walter Benjamin）提到善於說故事的說書人職業身分之一，乃是船員，因為常遊歷在外而經歷奇聞異事；德國接受美學家伊瑟爾則提到牧羊人和田園詩的密切關係。另外，民間故事或童話故事，也常出現樵夫、伐木工人這種遊歷森林的角色。

[45] 中介狀態是人類學「通過儀式」（rite of passage）所使用的概念，指從一種狀態將過渡、卻還未真正過渡時的「非常狀態」，例如喪禮進行過程中，死者雖已死，但尚未被喪禮儀式完全送渡到陰界，仍與陽界未完全斷裂的「中陰」（bardo）狀態。關於通過儀式和中介狀態，參見【英】特納（Victor Witter Turner）著，黃劍波、柳博贇譯，《儀式過程：結構與反結構》（北京：中國人民大學出版社，2006），頁94-131。另參見【英】利奇（Edmund Leach）著，郭凡、鄒和譯，〈過渡儀式〉，《文化與交流》（上海：上海人民出版社，2000），頁80-82。

　　「牧羊人」世界不是規定的現實，而是——如同他們自己被他們的詩歌所創造那樣——一個詩歌的世界。使這個世界具有詩意，便是從其所發源的農村生活的日復一日的單調性中解脫出來。能指（牧羊人的世界）從其習慣性的所指（鄉村世界）中分離出來，以便創造詩歌想像中的新奇之物……，讓能指與所指從傳統的密切關係中分離出來，田園詩產生了無法預料的含義，最終導致了虛構行為。牧羊人僅僅是詩人的偽裝……，何以牧羊人充當詩歌自我模仿的工具？為什麼不是獵人、農夫，或者——比如在文藝復興時期哪怕間或地——是漁民？牧羊人能做到這一點，建立在對大自然的特殊關係上。假定我們的判斷不武斷的話，牧羊人是陶醉於對大自然的特殊關係之中的……，他們除了藝術之外一無所有。最終通過他們的牲畜，他們擁有了大自然的一片天地。歌唱和牧羊成了兩件同樣重要的事。[46]

　　維吉爾的詩人——牧人並不打算表現鄉間勞作的日常生活；他們具體表現了詩和歌在人類文化中的意義。甚至其田園詩貼近於描繪鄉村生活景色的忒奧克里托斯，也是把牧羊人看作隱喻，他的詩歌「並不是描寫鄉間的生活，而是以這般方式安排取自鄉間的諸個元素，以允許另一個秩序的充分生長：靈魂的生命，自由的安逸」……，牧羊人的世界慢慢地過渡到對另一個世界的隱喻的表達。愉快的地方變成了反映威脅到生活樂園和平的政治災難的一面鏡子……，作為詩人的牧羊人的世界不斷地被另一個世界所滲透，並且被水乳交融地表演出來……，牧人們再現了一個很難界定的世界……，也是通過牧歌的剩下部分裡流行的詩歌與政治的相互作用，突出其過去的聯繫，揭示了它自己只是一個神

---

[46] 【德】伊瑟爾（Wolfgang Iser）著，陳定家、汪正龍等譯，〈作為一種文學虛構範式的文藝復興時期的田園〉，《虛構與想像：文學人類學疆界》（長春：吉林人民出版社，2003），頁50-51。

話作品。因此田園詩將自己作為一個處於過去和如今的中間領域
來表現，說明已被接受的模仿概念——不論是柏拉圖意義上的還
是亞里士多德意義上的——只能導致神話。[47]

　　伊瑟爾對西方牧羊人的強調，類似東方的漁樵野夫的角色，都是指
不斷游離固著之地，深入自然奧祕的遊歷者。此身分所象徵的性格，當是
一種藝術心靈的追尋者，也就是同時探究自然本體與本我真實的詩魂[48]。
耐人尋味的是，伊瑟爾提到這種詩魂的書寫活動，經常會觸及田園、虛構
和神話的課題。為何如此？因為這種老靈魂所追尋的，並不是過、現、未
的歷史事實（fact），而是超歷史的真實（truth），一種在當下見到自然
本體與心靈本真的永恆。由於這種真實，是一種心靈深處的剎那永恆之感
受，既是原鄉，也是樂園。因此，詩人為刻畫這種心靈樂園，通常不得不
超出實證式的歷史寫實語言，躍入文學虛構和神話隱喻的天地來，而這也
是為何伊瑟爾強調虛構可能具有本體論的基礎：「作為一種越界的行為，

---

[47] 伊瑟爾著，陳定家、汪正龍等譯，《虛構與想像：文學人類學疆界》，頁54-55、48-49。
[48] 漁夫面對「黝暗渾沌之水」和牧羊人面對「綠野平疇」，有何相通之處？首先要說明的是，神話的
　　意象本來有其層累的豐富性、文化差異性，其中的意義絕不是實證式的能指與所指之單義對應關
　　係。因此，神話意象涉及「隱喻」多義的詮釋，只能盡量善解之、豐盈之，而使其共通性的「原
　　型」意義被突顯出來，再進入互文性的意義融貫之整合。例如：筆者認為西方人運用「牧羊人」的
　　意象，和東方運用「樵夫」、「漁夫」的意象，是可以合併討論的，因為他們同樣具有離開市廛來
　　到郊區、從社會解離到自然、從中心到邊緣、不斷由此去彼的「邊緣」、「遊牧」傾向；如果從社
　　會學的角度看，這樣的人物類型具有「解離性格」、「方外性情」的象徵；從心理學的角度說，他
　　們乃象徵離開表層社會人格的意識狀態，開始和自己深層的潛意識、本我之聲音互動。換言之，漁
　　夫面對的是水底的「黝暗渾沌之水」，而牧羊人面對的則是樹林「深邃不可知的幽暗」，即深水和
　　森林在神話心理學的象徵，正都是深層潛意識的不同意象之運用而已。因此，筆者對牧羊人的情境
　　之詮釋乃在於邊緣、廣漠的森林意象，據此，牧羊人的情境和漁夫的情境之心理學意義是可以並觀
　　的。而伊瑟爾主要提到牧羊人，是因為他要論證西方牧羊人和田園詩的親密關係，而榮格學派提到
　　漁夫和樵夫，是因為榮格學派廣度吸收並運用普世的原型意象到心理整合治療的脈絡來。而筆者解
　　釋〈桃花源記并詩〉的「漁人」，便是在這些原型意象的脈絡下來互文對話。而且，筆者將牧羊人
　　和漁人並觀，除了強調其「原型」心理的共通性基礎之外，亦同時指出「原型意象」的不同文化差
　　異。這裡便建立在榮格所謂「原型」和「原型意象」的細微檢別上。

虛構是一個導致了某種結果的操作模式……，不言而喻，虛構是什麼的問題可能具有本體論基礎。」[49]這是因為神話的虛構是為了逾越社會文化的框架，以追尋終極性的自然與自己的真實，此種終極真實便觸及到本體論層次的永恆性。這種例證正可在陶淵明身上看到，田園詩歌、神話隱喻、文學虛構，不就正好交織成陶淵明追求本體之真的創作世界嗎？同時，由此觀之，〈桃花源記〉應從文學虛構和神話隱喻的角度觀之，並將之和陶氏〈歸園田居〉合觀[50]。

　　若從神話心理學的角度說，漫遊者漁夫這個幽靈，代表的是（隱形的）「老靈魂」階段。雖然，陶淵明並未對漁夫的年齡有任何的具體暗示，但當我們將這趟桃源之遊界定為回歸運動時，那麼顯然在心智年齡的意義上，漁夫很可能自覺或不自覺地對社會自我的價值認同產生意義危機，因此，他才被莫名的不安或魅惑所驅使，進而一步步踏上既是死亡又是重生的冒險之旅。換言之，漁夫的活動是某種潛意識（弱意向性）活動的「歸去來兮」，他正在不知不覺中，進行一趟找回真實本我的新認同之旅。如此說來，漁夫的心理狀態或潛意識渴望，或許已來到了人生的中晚年階段。即一個人的生命狀態，從出生到兒童，到了青少年透過成年禮，過渡到成年階段，而邁入社會人格最頂峰的中年狀態時，一個早熟而善感的靈魂，必然會在社會人格或本真人格之間，感到矛盾困惑，終而痛苦徘徊。這是典型的中年危機，一種渴望找回完整本我的吶喊。危機帶來了社會人格的崩解，但也帶來重新誕生的轉機。在這個將死未死、將生未生之際，他必如一個幽靈般的存有。因此，陶淵明選擇以漁夫身分來洩漏一個

---

[49] 伊瑟爾著，陳定家、汪正龍等譯，《虛構與想像：文學人類學疆界》，頁40。

[50] 歷來有學者從「歷史實證」的角度來考察〈桃花源記〉的真實時空地點和人物，史學家陳寅恪便是典型的代表。但近來學者則從「文學虛構」的角度來詮釋〈桃花源記〉的跨時空之意義內涵，如文學者廖炳惠。筆者較認同廖炳惠的研究進路，即文學的虛構雖不是歷史事實，或時而運用歷史事實做敘述背景，但其重點並不在此，而是藉虛構來呈現更深刻的內在心靈之感受或渴望。廖炳惠，〈嚮往、放逐、匱缺——「桃花源記并詩」的美感結構〉，收入氏著，《解構批評論集》（臺北：東大圖書股份有限公司，1995），頁21-38。

老幽靈的渴望和不安。捕魚者，面對汪汪不可知，一片黝暗的渾沌之水，他時時望著深水，若有所思，甚至稍一不慎，就要墮入黑潮深影中了。對此，榮格心理學派的學者曾經將漁夫的原型意象和中老年的心靈危機連結起來，頗有靈感啓發的意義，可以作爲這一節的一個結論註腳：

打魚這一職業頻繁地出現在老人故事中，暗示人們它象徵著有關老年心理學的一些問題。讓我們首先考慮大海的象徵意義：黑色的、不可知的、充滿了神祕的生物，它常常作爲無意識的象徵，以與森林完全一樣的方式出現在夢中。由於漁夫從海中捕撈東西，它們象徵著從無意識中找回物質的過程。心理分析學家榮格和阿賽克奧利稱這種心理完整性的意象爲「內在的自我」或「高尚的自我」，用大寫的S把其與我們通常意識感覺的「自我」區分開來。後者是當我們講「我是個教師」或「我累了」時，我們所指的「自我」——意識思想中的「我」，通常被心理學家稱之爲「自我」（ego）。在傳統的宗教表達中，較高尚的自性總是與靈魂和精神密切相聯的、每個人最深處的完整核心。榮格認爲對自性（the Self）的研究是人的後半生的主要任務。

老兩口住在森林邊的海岸上。一方面，他們處於陸地與大海的交界處，另一方面，又處於荒野與文明世界之間。我們在故事〈命運伐木人〉、〈純樸的割草人〉，以及〈漁夫和神怪〉中看到了同樣的背景。這種邊緣地區象徵著意識與無意識之間的交界，反映了老人故事的中心題目：面對隱藏在無意識中的被忽視了的自性的各個方面……。正如我們所知，撿木柴，還有捕魚——出現在世界各國的老人故事中，象徵著從無意識中回到世俗中的過程。[51]

---

[51] 【美】艾倫・奇南（Allan B. Chinen）著，劉幼怡譯，《秋空爽朗——童話故事與人的後半生》

(二)水、森林、洞口的迷宮象徵與桃花林園的樂園前景──死亡與重生

「水」，不管是河流、江湖，甚至大海，在神話心理學上的意義，正象徵著潛意識的幽冥，那裡深藏久被壓抑，進而遺忘的各種欲望和夢想。水中的幽冥力量常以某種水怪的幻化姿態出現，警告漫遊者不要輕意靠近，否則將被渾沌水怪吞噬而去。但，真正的漫遊者，必然被水中的神祕深深誘惑，必要深歷其境，斬殺水怪以發現怪物守護的寶物。正如坎伯所言：「神話之旅的第一個階段──我們前面稱爲『歷險的召喚』──象徵命運已在召喚英雄，並把他的精神重心從他所在社會的藩籬，轉移到未知的領域。這種寶藏與危險並存的致命地帶，可以遙遠的地方、森林、冥府、海裡、天上、祕密島嶼、巍峨山頂或深沉夢境等多種意象呈現出來；但它總是一個充斥怪異多變物體、無法想像的折磨、超人的行爲和極樂的地方。英雄能夠憑他自己的意志完成冒險。」[52]遠方歷險，基本上可類分爲海裡、島嶼、冥府類型和森林、山頂、天上類型；前者或可視爲地臍、地底的下行深潛之旅，後者或可視爲天梯、天柱的上行攀登之旅。而兩者也可能以統合交叉的方式出現，並都可還原與心理意識和夢境的關係。這裡要再強調一次，雖然〈桃花源記〉中的捕魚人，絕對稱不上是一個自覺的英雄而走向一趟心靈淬鍊的意志之旅，但淵明筆下那不自覺的無心漁夫所經歷的過程，卻奇妙地暗含於英雄冒險旅程的敘事結構。

「捕魚爲業」，除了象徵出老靈魂的遠遊性格之外，它同時也象徵和自己的心理夢想重新遭遇的過程。有趣的是，美好夢想的前奏曲必有一段與魔鬼共舞的摔角。從神話學的角度說，美好夢想（登上樂園）終將是來到最後的高調喜劇，但喜劇的前身卻是一番苦難的悲劇（下落冥行）：

（北京：東方出版社，1998），頁76-77、82、157-158。
[52] 坎伯著，朱侃如譯，《千面英雄》，頁58-59。

　　神仙故事、神話和靈魂神聖喜劇中快樂的結局，不應被解讀成是人類普遍悲劇的矛盾，而應被解讀成是它的超越……，悲劇毀滅了形體以及我們對形體的執著，狂野而悠然自在的喜劇，則是不朽生命的無盡歡樂。因此，這兩者是同一神話主題和經驗的不同說法，這主題和經驗既包括兩者，也是它們的界限：下行與上升（kathodos and anodos）這兩條路，共同組成了生命啟示的整體。[53]

　　若說桃花源的真正到達是一段上行之旅（底下將看到它和「山」的關係），那麼它到來之前，必先會有一段下行之旅（此通常和「水」有密切的關係），所謂（先）深深海底行，（再）高高山頂立。這個下行的幽冥之旅，在重新與內心魔鬼打交道的過程中，必是力量衝突的淬鍊，這樣的辯證，在神話學的意象便呈現出迷宮的錯綜複雜。迷宮的入與出，象徵一個解毛線球的過程，生命有太多的情結鬱積在心理底層，好似毛線千萬糾結、盤纏一團，要解開生命之謎，猶如解開毛線的迷宮般，既迷離又艱難。〈桃花源記〉的主人公，必然要歷劫於迷宮，並且要窮究迷宮的邊界，找到出口。在筆者看來，「緣溪行，忘路之遠近」，代表的正是走入迷宮的隱喻。陶淵明的筆觸是速描，點到為止，但我們仍可透過想像，讓其中的隱喻豁然開朗；例如，漁夫捕魚，愈捕愈忘我，似乎著魔一般，進入山重水複的林深不知裡，無人之境的曲折再曲折，不但遠離塵世，甚至是充滿原始魔力的自然之境了。令人驚奇的是，漁人並未回頭，甚至被迷宮吸引，他愈入愈深，愈深愈迷，愈迷愈入……，如此一直緣溪行，不知不覺竟抵達迷宮的核心底蘊，遂也忘路之遠近了。這顯然是老靈魂即迷途即歸巢之旅，一種新生之前的死亡歷程，幽靈不得不深深海底行，終被渾

---

[53] 坎伯著，朱侃如譯，《千面英雄》，頁26-27。另外，神話的原型結構與文學敘述的喜劇、浪漫劇、反諷劇、悲劇之美學形式關係，參見【加】弗萊（Northrop Frye），陳慧、袁憲軍、吳偉仁譯，《批評的剖析》（天津：百花文藝出版社，1998）。

沌水怪吞噬腹中，迷茫在鯨魚肚腹的黝黑迷宮中了。這可以看成死亡之旅[54]，漁人一直在接近死亡，然而，弔詭的是，最接近死亡的臨界點，最深入迷宮的底蘊時，竟出現了一種奇幻的顛倒效果。所謂心理學上「逆轉現象」的時刻突然開啓，出現頓悟的爆破點：

　　當自我循轉線到達一個極點時，就存在著超越這一極點走向其對立面的可能性。也就是說，相互對立的雙方同時並存，或無論如何也會相互轉化。這種現象，是原型深奧難解的自相矛盾性的典型表現，成爲無數秘儀、入會儀式和玄秘教理的基礎，這種基本的心理狀態在其中得以實現，而且期待著那些經歷入會儀式的人們達到這種心理狀態。[55]

　　東方許多詩歌，都在描述類似的頓然跳躍和領悟之心境。如：「山重水複疑無路，柳暗花明又一村。」「行到水窮處，坐看雲起時。」「眾裡尋他千百度，驀然回首，那人卻在燈火闌珊處。」、「終日尋春不見春，芒鞋踏破嶺頭雲，歸來偶把梅花嗅，春在枝頭已十分。」這便是〈桃花源記〉「忽」字之巧妙。忽者，頓也，一個不連續性的跳躍。突然，臨界點的「門前」景色映入眼簾。它示現一個死後即將重生的春天意象——「樂園前景」。處處桃花流水的花園景色，淵明是這樣描述的：「忽逢桃花林，夾岸數百步，中無雜樹，芳草鮮美，落英繽紛。」這幾乎是個詩境，歷經行行復行行的迷宮曲徑，終於來到了一個寧靜的生之花園，片片桃花、緩緩隨風飄落……，美麗而祥和，令人想起《莊子》的「無何有之鄉、廣莫之野」的意境。

---

[54]【日】前野直彬著，前田一惠譯，〈冥界遊行〉，收入靜宜文理學院中國古典小說研究中心編，《中國古典小說研究專集（4）》（臺北：聯經出版公司，1982），頁1-45。

[55]【德】諾伊曼（Erich Neumann）著，李以洪譯，《大母神——原型分析》（北京：東方出版社，1998），頁74。

　　這片桃林，也是神話樂園中的一個預兆前奏。對此，可看到不管是仙山崑崙或海島蓬萊，都有植物繁茂、鸞鳥歌舞、神獸自在的山水園林景象[56]。弗萊（N. Frye）也從神話原型角度提到花園是一種樂園的基礎象徵[57]。當然，這片桃林繽紛之地，也可以從桃木神話的神聖特質來互文聯想，如《山海經》曾提及夸父追日死後，棄杖而化爲一片鄧林。袁珂引：「畢沅云：『鄧林即桃林也，鄧桃音相近；蓋即《中山經》所云，夸父之山，北有桃林矣。』其說甚是。」[58]或可這樣聯想：夸父所追之日，可以象徵著他心中的永恆樂園，所以儘管他在夕陽無限好、最美最接近的時候，倒下，但他的渴望卻在死後變形化爲一片桃花園地，何嘗不是一種樂園的實現。

　　陶淵明在〈讀山海經〉，特別評點夸父追日神話時說：「遺跡寄鄧林，功竟在身後。」這個神話雖然簡短，卻引發來者無數的想像和熱情。若不從簡單的勵志勸說來看待，這神話一貫地符應「變形神話」的基本精神，如炎帝女兒女娃死後化爲精衛之鳥、女尸死後化爲䔄草一般，不但沒有歸入虛無，反而重生爲美麗、甚至永恆了[59]。原始神話思維的變形現象，涉及死亡與重生的存有連續性世界觀，對此，樂蘅軍先生論之甚詳[60]。所以夸父以其壯美之姿態、恢宏大力和不可思議的想像力去逐日，儘管終至身影枯竭、崩死大地，但巨人之魂不死，竟化爲一片美麗的桃林。可以說，夸父的追日之旅，既是一趟死亡之旅，卻也是重生之旅。這樣的神話詮釋，相應於陶淵明對這則神話的領會，因爲「遺跡寄鄧林，功竟在身後」之評點，隱然具有「死而重新」的意味。

　　〈桃花源記〉的桃花林，同樣出現在溪水森林的迷宮冥行之後，才

[56] 袁珂注，《山海經校注·海內西經》（臺北：里仁書局，1995），頁294-303；楊伯峻，《列子集釋·湯問篇》（北京：中華書局，1997），頁151-152。

[57] 弗萊著，吳持哲譯，《神力的語言》（北京：中國社會科學出版社，2004），頁208-253。

[58] 袁珂，《古神話選釋》（臺北：長安出版社，1986），頁148。

[59] 關於精衛神話和䔄草神話，參見袁珂，《古神話選釋》，頁89-91。

[60] 樂蘅軍，《古典小說散論》（臺北：大安出版社，2004），頁1-41。

頓然出現。換言之，「緣溪行，忘路之遠近」是死亡之旅，而「忽逢桃花林」則是春天新生之端倪。學者曾把在詩歌、神話、仙鄉、上巳節儀式等文化現象中的桃林意象，結合起來，頗有啟發性[61]；而本章的重點則在指出這個春天、花園的重生意象，其實是神話學中的普遍原型意象。花園之所以是神話樂園常出現的原型意象，恐怕與神話樂園和自然泛靈的信仰密切相關，所以用五彩繽紛的花園，來呈現萬物以其物自身身分，而自生自長的天籟氣氛。

我們注意到這個桃花林園前景，美極了，但依然還不是樂園本身。即，樂園前景是一片桃花之林，而樂園本身卻是未見桃花的桃花之源，即桃花林的更加源頭。所以〈桃花源記〉，從敘述的結構看，可分為「桃花林」和「桃花林源」。這或許因為桃花林雖美，但還缺乏人間的味道吧。但兩者密切相關，則不容置疑。所以，漫遊者雖驚異之、讚嘆之，但並不僅滿足於此。他依然要「（前行）復前行」。一種「深深海底行」的心理冒險之旅，他已躍入海底，卻更要進入魚腹核心，他要徹底直抵迷宮核心。對此，陶淵明以「欲窮其林」四字，傳神地將這樣的心理內涵點出。「欲」是一種自覺或不自覺地渴望，這個甚深的渴望，必然帶領漫遊者上下求索地「窮」究迷宮，而這個迷宮正變形以「（森）林」的意象出現。森林和湖水一類，在神話學、民俗故事的象徵中，都是典型的潛意識象徵，因為它們和迷宮一樣，都具有曲折幽暗、錯綜複雜、危險未知等令人恐懼的本質：

男主人或女主人公也總是一定會落入樹林，故事主人公不論是王子、被逐的繼女，還是逃兵，無一例外地都要落入樹林裡，主人公的歷險正是從這裡開始。這片樹林從未被詳細描寫過，它

---

[61] 楊玉成，〈世紀末的省思：〈桃花源記并詩〉的文化與社會〉，《中國文哲研究通訊》第8卷第4期（1998年12月），頁79-100。

茂密、陰暗、神祕，帶有幾分假定性，不太真實。此處在研究者的眼前展開了一片與樹林及其居所者概念相關的材料的汪洋大海。

　　從一方面看，故事中的樹林反映了樹林作為曾經舉行過儀式的地方的記憶；從另一方面看，則是作為通往死人國的入口，這兩個概念彼此密切相關。[62]

　　也由於森林、湖水、迷宮之幽深處，同時也是旅人心靈的幽暗地，所以，旅人通常也可能在此情景交會之處，由於甚深的恐懼，而功虧一簣地折返。然而，旅人若能正視恐懼、穿過幽暗，那麼，便會有另一個奇蹟發生。原來，迷宮的最核心，不再是迷宮，而是通道，或說一把解開迷宮的鎖鑰[63]。試看陶淵明如何描述這樣的轉折奇景，森林幽冥的盡處，會來到一個生命之泉般的活水源頭，所謂「林盡水源」（水源應該具有樂園那種青春之泉、不老泉、長生之水的暗喻）。或弔詭地說，死亡之水（「緣溪行」之水）的盡頭，竟汩汩噴出生命之泉來（「林盡水源」的源頭活水）。換言之，水可能具有雙重的意義，一方面具有吞噬的死亡意義，另一方面則具有洗滌的新生意義。正如伊利亞德所言：「水域的象徵同時指向死亡，也指向再生。與水有關聯的，總是會引致一種重生的記號，一方面是因為死亡乃伴隨新生而來，另一方面是因為洗禮充實、並孕育了生命的潛能。……以宇宙論及人類學的雙重層面來看，沒入水中的浸禮，並不等於進入最終的毀滅，而只是暫時地進入朦朧模糊中，隨後則是新創造、

---

[62] 關於森林在神話、民俗故事的敘述結構中的豐富現象，請參見【俄】普羅普（Vladimir Yakovlevich Prope）著，賈放譯，〈神祕的樹林〉，《神奇故事的歷史根源》（北京：中華書局，2006），頁55、57。

[63] 「為什麼在全世界，在所有舉行這一儀式的地方，儀式總是要在樹林裡或灌木叢中舉行呢？……樹林環繞著另一個王國，一條通往另一個世界的道路從樹林中穿過。」【俄】普羅普著，賈放譯，〈神祕的樹林〉，《神奇故事的歷史根源》，頁56。

新生命或新人。」[64]或許可以據上述脈絡做這樣的區分，和森林連結的水，大抵屬於地底幽冥的死亡之水；而和高山連結的水，大抵屬於青春活力的生命之泉[65]。

　　從〈桃花源記〉可見到清新的源泉滾滾，正是來自一座大山，而大山的依稀恍惚之處，居然透出點點靈光在閃耀，那靈光的背後卻是一個隙縫之口。陶氏短短四句十七個字：「林盡水源，便得一山。山有小口，髣髴若有光。」從神話學的角度看，豐富地運用諸多原型意象在其中。除了上述提到的：森林死亡迷宮和生命之泉的辯證意象外，它至少還包括了：宇宙山（宇宙中軸）、門檻等意象。千辛萬苦來到了死亡與重生的交接處，也就是迷宮的心臟地帶，卻見到了高聳入天的大山、座立在迷宮的中心，然後有靈光和活水交相輝映。顯然，這座山非同小可，它位於森林迷宮的「地中核心（中心點）」，它呼應了神話樂園經常出現的「中央山脈」，而中央山脈正源源不絕地流淌著滋潤生命的活水。中央山脈因處於宇宙大地之中而得名，又由於它對應著神聖空間的天界，具有連接神聖樂園的通道功能，一般又稱之為宇宙軸或天柱、天梯（例如崑崙山處地中、蓬萊山島亦處海中）。對此，伊利亞德曾歸納出四個重點：

1. 神聖空間在空間的同質性中，構成了一個突破點。
2. 這個突破點是由一個「開口」的象徵所表明出來，透過這個開口，才使得一宇宙區域通往另一區域成為可能。
3. 與天的共融交往，可由各種圖像表達出來，而所有的圖像都提及「宇宙軸」，如柱子、梯子、高山、樹木、藤蔓等。
4. 我們的世界圍繞著這宇宙軸向外伸開，因而此軸位於「正中

---

[64]【羅馬尼亞】伊利亞德著，楊素娥譯，《聖與俗——宗教的本質》，頁173-174。
[65]森林連結的水、高山連結的水之差異，筆者是從伊利亞德對「中」、「地底」、「高山」、「水」等相關討論中引申出來的詮釋。參見【羅馬尼亞】伊利亞德著，楊素娥譯，《聖與俗——宗教的本質》，頁71-114、172-194。

央」，在「地的肚臍眼上」，它是世界的中心。[66]

　　顯然地，「林盡水源」方才能得這一「山」，不是一般的山，而是迷宮核心的聖山，一個可以瞰看迷宮、超越迷宮、通向樂園的上行高度之聖山[67]。也由於中央山具有解離的超出效果，因此才會出現「口」這個通道前景的「門」和「門檻」意象。門象徵著界線或臨界點，它一方面隔開樂園內外、一方面也連結樂園內外，而隙縫之光，正代表一個神聖空間與凡俗空間的突破點（break）。這個突破點之所以被注意到，乃因為它背後的樂園芬芳，正透過它而閃耀著靈光之指引。到此，旅人只要「入門」（initiation），正式進入山洞隧道，便可通向樂園時空了。故漁人乃「捨船從口入，初極狹，纔通人。復行數十步，豁然開朗……。」

　　令人玩味的是，這個「口」同時具有「通」與「狹」的辯證特性。一方面連接兩端，令人通過；另一方面卻狹窄異常，不易通過。入門後的通道，開始變得極為狹窄，頗為勉強才讓人通過。這個描述，其實也就是神話門檻意象的再變形，也就是危橋的象徵：「上方的開啟，意味著向上升至天堂，也意味著對超越界的渴望。『門檻』，不只是專指外頭與裡面的邊界而已，還有從一區域到另一區域之通道的可能性。然而，特別的是，『橋樑』和『窄門』的像，卻提供了一個危險通道的概念，而且基於這個理由，這些像經常出現在入門禮、葬禮及神話故事之中。」[68]

　　通道乃連結兩個異質時空，而當所要進入的時空具有神聖或純淨的宗教或類宗教特質時，彼岸的那方是不可隨意進入，也不是一般人得以進入的；所以，作為通道的前景之門，通常會有高高的門檻，甚至門前會有門

---

[66]【羅馬尼亞】伊利亞德著，楊素娥譯，《聖與俗──宗教的本質》，頁87。

[67] 神話和宗教的朝聖行或樂園淨土之旅，在下行冥河地底之遊後，通常會逆轉為上行的高山之旅，而這種下行冥河、上行高山的心理學結構，通常會以空間地景（如《神曲》的地獄天堂遊歷）或身體內景（如《西遊記》中的內丹身體命修隱喻）的投射表現出來。參見【美】余國藩著，李奭學譯，《余國藩西遊記論集》（臺北：聯經出版公司，2003），頁139-180。

[68]【羅馬尼亞】伊利亞德著，楊素娥譯，《聖與俗──宗教的本質》，頁221。

神把守，以阻擋或考驗入門者的心性資格。可以把這個狹的意象，看成是《山海經》把守崑崙神山樂園的開明獸之變形，而赤水環繞、神獸把關的萬仞崑崙，只有仁羿這類神人才得以登上[69]。而這個門檻，也同時可以變形為一條危險的狹橋（刀梯），底下萬丈深淵，走來令人心驚膽跳。換言之，山洞隧道的狹，是最後的心理考驗之意象。行者若能不喜亦不懼地通過它，那麼豁然開朗的洞天世界便頓然攤在眼前——而底下這幅景象，便是淵明心中樂園的具象描述了。

　　有日本學者指出，這個口乃是山洞，而走入山洞所豁然開朗的樂園景象，則是陶淵明繼承道教洞天福地的仙界：

　　從走進洞口後「復行數十步」的這一段距離，便是從「現實」過渡到「幻想」的一個契機。可是，這位仁兄究竟有沒有穿過整個山洞進到村子裡呢？三浦國雄在《風水——中國人的場所》裡，曾指出：「這並不是說那個男人在兩岸桃林行到盡頭的溪源處，下了船走進洞口，穿過那狹窄的洞穴來到另一邊，還在那裡看見了一個恬靜的村子。依我看來，真正『豁然開朗』的，不是別的，正是洞穴本身。也就是說，那個洞穴逆轉到外部世界去了。如果『逆轉』這種講法有語病的話，那麼也可以換成另一種講法，就是洞穴的內部本來就藏著一個小宇宙。」三浦並進一步表示，陶淵明在塑造桃花源時，實則繼承了「洞天說」的概念。所謂洞天，就是指鑿於山中的一個小宇宙，既像洞穴又像外界，內部的世界不知在何時就逆轉成外部的世界。……中國人並不越過山頭，而是走進山裡。因為只有那幽遠的深山，才是值得委身的理想之地。正像中野美代子再三指出的一樣，中國山水畫中反覆出現的深山仙境，無非就是藉由繪畫的手法而呈現的桃

---

[69] 袁珂注，《山海經校注・海內西經》，頁294。

花源。[70]

　　三浦國雄認爲陶淵明的樂園敘述，可能受到道教洞天說的啓發，這大概是言之有據的，對此，李豐楙先生也曾繼續發揮而更證成之[71]。換言之，將〈桃花源記〉的通道之口理解爲山洞，甚至說樂園境地不是穿過山洞之外的豁然，而是山洞之內的開朗，這都是可以備爲一說。但，就算這樣的敘述模仿自道教神仙洞天說的結構，陶氏的樂園內涵，是否就是道教神仙說的福地洞天呢？這個問題，只有進到〈桃花源記〉後半段描述，才眞得以豁然開朗。

三、陶氏樂園與老莊「自然物自身樂園」的遙契

　　陶淵明接下來的樂園描述，老實說，可能會讓一般人感到失望。因爲，它從前面略帶奇幻效果的冒險情節，卻突然在故事要到最高潮之處，回到了平實的人間生活境地。好像神話回歸到了生活的當下，神奇回歸平實，一切僅是繁華落盡後的眞誠、平淡而素樸。這樣的樂園描述，既沒有神話中的崑崙、蓬萊之奇，也不像仙話中的福地洞天之異。沒有神人西王母坐鎮、羽人往來飛翔，沒有不死之藥、不死之樹，也沒有瓊漿玉液和神獸歌舞，不見神巫往來通天，更無神仙逍遙來去，沒有福地洞天、亭閣樓臺，也沒有極樂世界的黃金琉璃鋪地。但，這種看似平凡素樸的樂園描述，卻也可能眞正反映淵明心中，何謂眞實淨土的觀點。某個角度看，也可以看成是他對神話、神仙樂園的批判、修正或回歸。由此可見，陶淵明雖運用神話和仙話的原型意象和敘述結構，但對樂園的具體內容，卻毫不折扣地忠於自己的原味。他選擇了自然人間淨土的回歸，而與神話、仙

[70]【日】谷川渥著，許菁娟譯，《幻想的地誌學》（臺北：邊城出版社，2005），頁30-31。另參見【日】三浦國雄，〈洞天福地小論〉，《東方宗教》1973年第61期，頁1-23。
[71]李豐楙，〈六朝道教洞天說與遊歷仙境小說〉，國立清華大學中國語文學系主編，《小說戲曲研究（第一集）》（臺北：聯經出版公司，1988），頁3-52。

話等帶有濃厚宗教意味的樂園，相異其趣。對此，它反而比較接近《老子》、《莊子》的「自然物自身樂園」，而遠離神話和仙話的奇幻宗教樂園。

山重水複疑無路，柳暗花明又一村。漫遊者經歷行行復行行的幽冥旅程之後，豁然開朗在前的，不是奇幻炫人的不可思議之境，居然只是清簡如下：一望無際的沃土，攤展開來，小屋安詳錯落其間，田園豐饒四處散布，溪水、池泊悠然泛著水光，桑竹等各式植物自生自長在吟唱著，田間小路蜿蜒相錯，雞犬等各式動物之聲，閒散無懼地此起彼落在應答。田園上，人們隨著日出，在歌聲中緩緩耕作，男耕女織的景象，配合歌聲的韻律，和他們古樸簡素的穿著，猶如一派方外之人的恬淡風姿[72]。尤其，到處可見長壽的老者，安詳無爲地或坐或散，天眞浪漫的孩童，無憂無慮地嬉戲著。老人與孩童各安天機、怡然自樂。

基本上，陶淵明的樂園敘述，僅只如此，既不奇幻、也不神異，顯然只是一幅平實的自然人間淨土而已。而其中的意象和精神，幾乎都可以在陶詩陶文中，找到呼應。換言之，要理解詮釋〈桃花源記〉的自然人間樂園之內容，淵明詩文所呈現的恬淡適性人生觀、田園農村生活感、無爲安命的生死觀等等，便是最好的互證根據。例如上述的自然人間淨土形象[73]，立刻便讓我們想起〈歸園田居〉的畫面：「開荒南畝際，守拙歸園

---

[72] 「男女衣著，悉如外人」。本文贊成龔斌的「創造性詮釋」觀點：「按，『男女衣著』二句多釋為『男女衣服，都和外邊的人一樣。』實在不妥。桃源中人雖避秦時亂已歷五百餘年，然『俎豆猶古法，衣裳無新製』。衣著與五百年前不異。桃源外的世人，服飾早經數變，尤其是晉代士大夫，更喜奇装異服。故桃源中人衣著，不可能與五百年後晉人衣著之『新製』悉同。詩云『借問游方士，焉測塵囂外』，則此二句中之『外人』，應作方外或塵外解。」龔斌校箋，《陶淵明集校箋》，頁405-406。

[73] 也由於這種自然和人間共融的景象，陳寅恪認為淵明思想乃有「外儒而內道」的傾向。因此有些學者會強調桃花源中的人倫和諧、長幼有序的味道和儒家的關係，比如張亨先生（此亦可備為一說）；另外張隆溪則認為淵明真正接近的是道家而不是儒家。筆者目前的看法和張隆溪較接近，因為道家的樂土亦本不離人間、人情之自然，而且這種發乎人情且未被太多禮教規範化的自然人倫，才近乎桃花源之風土。張亨，〈〈桃花源記〉甚解〉，國立臺灣大學中國文學系、行政院文化建設

田。方宅十餘畝，草屋八九間。榆柳蔭後簷，桃李羅堂前。曖曖遠人村，依依墟里煙。狗吠深巷中，雞鳴桑樹顛。戶庭無塵雜，虛室有餘閒。」[74]當然，也可以儘量在其中找到和神話樂園有關的意象痕跡。例如，筆者認為他的描述，至少有下列幾點，是從神話樂園的連續性影響中，所超越而出的斷裂性：

㈠桃花源這個自然人間淨土，還是以自然田園做背景。雖然它已非神話式花園般神奇，各式奇妙植物永恆不死地生長著（如各樣的玉樹、玉果、不死樹），但它仍然讓各種桑竹植物在其自身地自開自落著。在筆者看來，陶淵明放棄了神話式樂園中，那種神聖植物的不死象徵和奇幻形象，而將投射的象徵還原回物之在其自己地自生自長，同時肯定其落葉歸根的死亡、復命。物之在其自己，是指物不被人的二元語言結構所切割分類，只是以其無名自身來開顯其存有，所以它不是以客體的對象出現在主體的符號意向性之前，而是人和物相忘地回到前主客之悠然狀態。對此，陶氏〈飲酒〉詩的第五首，最能呈現這種美學精神：「採菊東籬下，悠然見南山。山氣日夕佳，飛鳥相與還。此中有真意，欲辨已忘言。」[75]

可以說，陶淵明將神話的奇幻之物，還原回美學的物我悠然。所以，桃花源植物意象的永恆與美麗，並不在於它能帶給人們長生不老或奇異感受，而是它們不受人為斧斤夭折，終其天年，並在自然時序的春去秋來韻律中，接受自然之道的循環律則[76]。所以〈并詩〉提到了：

委員會編，《鄭因百先生百歲冥誕國際學術研討會論文集》（臺北：臺灣大學中文系，2005），頁73-76；張隆溪，〈無言詩學〉，《道與邏各斯》（南京：江蘇教育出版社，2006），頁170-172。

[74] 龔斌校箋，《陶淵明集校箋》，頁73。

[75] 龔斌校箋，《陶淵明集校箋》，頁219-220。另外，陶詩這種超主客美學精神，也可以從身體、空間、自然的整體流通之氣氛美學來詮釋，參見蔡瑜，〈試從身體空間論陶詩的田園世界〉，《清華學報》新第34卷第1期（2004年6月），頁151-180。

[76] 草木森植等自然形象，也是陶詩中經常出現的原型意象之一，主要反映一種對比：人生短暫夭折、失時蒼涼與草木天年綿長、得時向榮。

「草榮識節和，木衰知風厲。」即自然草木，都在節氣時令中，自生自長地得時，生長繁茂、落葉歸根。這種自生自長、自開自落的「物自身」狀態，遙契《老子》所強調的「道之尊，德之貴，夫莫之命而常自然」、「萬物將自化」、「萬物將自賓」等精神。而依循「自然」的萬物即暗合於道，便能安於「歸根曰靜」，甚至感到「沒身不殆」[77]。這是一種回歸老莊式的物自身自然觀和生死觀，而不是神話式的泛靈觀和神仙式的長生久視。總之，陶氏樂園中的植物，比較接近《莊子》那安其天年、不落夭折、無用之用的大樹象徵，例如〈逍遙遊〉、〈人間世〉、〈山木〉等篇章，顯然是要解放人的語言符號對樹木的價值裁判和限定，以回歸樹木在自然無言中的自身情狀。

㈡神話樂園中的動物總是神奇而怪誕，不管是守護樂園的門獸（如類虎而九首的開明獸），或充斥其間的神聖動物（如鸞鳳飛舞、純縞禽獸），通常除了也具有不死的特質外，其外形更總是怪誕合體。甚至，整部《山海經》所反映的原始神話之身體形象，幾乎都是「人－神－動物」三位一體的圖騰（Totem）形式。這種奇幻的身體意象，樂蘅軍將之理解為泛靈論世界觀下，變形神話的靜態表現形式[78]。然而，陶淵明的樂園，除了也繼承人和動物和諧共生的精神外，完全將神聖動物的精怪異能給放棄了，他只以「雞犬相聞」這樣平實的農業景象來呈現。這也就是〈歸園田居〉：「狗吠深巷中，雞鳴桑樹顛」的平凡與相親。換言之，人與動物之間的安詳共處，人無妄害之心，動物可以安然其生，這便是動物的天年之樂了。這裡，也有著陶氏樂園對神話樂園的解放還原，而這個還原基礎，也很可能和他對老莊的

---

[77] 《老子》十六章：「萬物並作，吾以觀復。夫物芸芸，各復歸其根。歸根曰靜，是謂復命。復命曰常，知常曰明。不知常，妄作凶。知常容，容乃公，公乃全，全乃天，天乃道，道乃久，沒身不殆。」

[78] 《古典小說散論》，頁1-41。

吸收有關。

眾所周知，道家與神話思維、主題有著極為親密的關係，但也和神話之間有其相當的斷裂差異性[79]。例如在樂園中動物形象這主題上，老莊很早便放棄了神話樂園中精靈動物的奇幻怪相，而將之還原成人和動物無害共處、和諧相親的景象了。如《老子》「小國寡民」中的「雞犬相聞」（八十章）、《莊子》「至德之世」中的「人禽同居並遊」：「吾意善治天下者不然。彼民有常性，織而衣，耕而食，是謂同德；一而不黨，命曰天放。故至德之世，其行填填，其視顛顛。當是時也，山無蹊隧，澤無舟梁；萬物群生，連屬其鄉；禽獸成群，草木遂長。是故禽獸可係羈而遊，鳥鵲之巢可攀援而闚。夫至德之世，同與禽獸居，族與萬物並，惡乎知君子小人哉！同乎無知，其德不離；同乎無欲，是謂素樸；素樸而民性得矣。」[80]〈馬蹄〉上述的描述雖然略帶漫畫的誇張效果，但早已脫離神話樂園中的奇幻色彩，則是非常明確的。另外，《莊子》也有對樂園更加素樸的記載：「夫赫胥氏之時，民居不知所為，行不知所之，含哺而熙，鼓腹而遊，民能以此矣。」「南越有邑焉，名為建德之國。其民愚而樸，少私而寡欲；知作而不知藏，與而不求其報；不知義之所適，不知禮之所將；猖狂妄行，乃蹈乎大方；其生可樂，其死可葬。」[81]

老莊的樂園，只是回歸自然後的物自身樂園，其間人和萬物都以自然之道為依歸，在自然而平實的韻律中，萬物在其自己地和諧共在，這便是物自身樂園、便是自然樂園。老莊並沒有在這個自然和諧之外的遠方或彼岸另設樂園，也不會透過渴望和想像去將樂園給奇幻化和實

---

[79] 道家和神話的連續與斷裂關係，參見張亨，《思文之際論集——儒道思想的現代詮釋》（臺北：允晨文化實業公司，1997），頁101-149。拙文，〈神話、《老子》、《莊子》之同、異研究——朝向「當代新道家」的可能性〉，《臺大文史哲學報》第61期（2004年11月）。

[80] 【清】郭慶藩輯，《莊子集釋》，〈馬蹄〉，卷4中，頁334-336。

[81] 【清】郭慶藩輯，《莊子集釋》，〈馬蹄〉，頁341；〈山木〉，頁671-672。

體化。因此老莊式的樂園，是一幅以自然爲本體的物自身樂園，其中人的文明不會過度膨脹，政治的暴力不見痕跡，道德人倫規範不會被過分強調，人與人之間的關係不會過於分工而頻繁。尤其重要的是，人和人、人和動物、人和植物，即人和一切存在之間，都是平等而自然的關係。因爲人的主體不過度膨脹，語言對萬事萬物的分類和評判不過度濫用，那麼自然萬物便可朗現其物自身的生命情狀。

總之，淵明的「雞犬相聞」之精神，應該相契吸收於老莊的自然物自身樂園精神[82]，而不是承繼漢代那種神仙異境裡，得道升天的雞犬形象：「時人傳八公、安臨去時，菜器置在中庭，雞犬舐啄之，盡得昇天。故雞鳴天上，狗吠雲中也。」「唐君字公房，成固人也。學道成仙，入雲臺山，合丹服之，白日升天。雞鳴天上，狗吠雲中。」[83] 對此，楊玉成精確地指出：「陶詩確實是一種已經消失痕跡的神仙世界，就像桃花源一般。這些交織在文本背後的文化原型，應該給予注意；但相反的田園詩源自諸神的消解，源自神仙卻失去超自然的神異，這種運動同樣不能忽略。」[84] 在此要強調的是，陶氏在進行解構神仙意味運動的同時，其實，一方面可以看成是對道家自然物自身樂園的回歸，另一方面也將之具體落實在田園農耕的自然土地生活裡去，因此多了一份人間滋味。

---

[82] 日本學者富永一登強調陶淵明〈桃花源記〉和《老子》「小國寡民」（八十章）、《莊子》「建德之國」（〈山木篇〉）、《列子》「華胥氏之國」（〈黃帝篇〉）的關係；另外也強調〈桃花源記〉、〈歸園田居〉的「雞犬相聞」、「雞鳴狗吠」，與《老子》的關係。參見【日】富永一登，〈中國文學における老子——陶淵明の場合〉，加地伸行編，《老子の世界》（東京：新人物往來社，1988），頁58-59。

[83] 【東晉】葛洪，《神仙傳》卷六（臺北：廣文出版社，1989），頁3；【清】楊守敬、熊會貞等疏，《水經注疏》卷二十七（南京：江蘇古籍出版社，1989），頁2318。

[84] 楊玉成，〈田園組曲：論陶淵明《歸園田居》五首〉，《國文學誌》第4期（2001年2月），頁208。另參考楊玉成對「雞犬相聞」的互文性追溯，〈田園組曲：論陶淵明《歸園田居》五首〉，頁207-208。

㈢神話樂園有最核心特色是與不死、永恆相關。不死的象徵，除了有充滿金玉所做成的不死果樹之外，常常也表現出神話樂園中衣食無虞的狀態，甚至可以不勞而獲，或無須辛苦勞動、卻豐衣足食的情境。可想而知，在早期人類含辛茹苦的勞動階段，這樣的樂園想像是多麼直接而具體：

　　在伊甸園神話中，除了由弗雷澤等的引導，我們了解「當初原無死」的死亡起源神話，常是樂園與失樂園的主要內容而外，還有其他二項也是構成這一神話的重要部分。其一是樂園中除不死樹和分別善惡樹之外，還有各種美好的果子供人隨意取食，人在園裡是悠遊自在，不愁吃喝的。後來被逐出伊甸園，人從此便須辛苦工作才有得食。這種當初原本食物豐足，隨意自在，而後因某緣故落得必須勤勞辛苦才能有所得的觀念，也正是世界各地樂園、失樂園的主要內容之一。其二，表現出樂園中美好的一個最大特徵，就在於伊甸園中神、人、動物等的和諧安詳，無所分別，而後，人因犯禁，被逐出伊甸園，從此神人隔絕，更是失樂園的主要內涵。神、人共處而和諧，最主要的關鍵在於神人是「共處」的狀態，在以神所住為天、人所居為地的觀念配合下，神話中的神人和諧狀態，便以「天地上下相通」的觀念來表達，而後神人因某故而隔絕，便是「絕地天通」。[85]

　　雖然，桃源中人的生活依然是豐衣足食，這可以間接地從村民對待漁人的熱情招待可以看出，所謂：「便要還家，設酒、殺雞、作食。」而且富足是普遍性的，所謂：「餘人各復延至其家，皆出酒食。」[86]

---

[85] 胡萬川，《真實與想像——神話傳說探微》，頁59-60。

[86] 如果將漁人到桃花源的過程，視為某一意味的朝聖行，那麼，漁人接受村民的盛情款宴，便可以和聖食做一聯想類比。朝聖行或樂園遊歷的高潮，通常也會出現那種狂歡式的宴飲，亦即得到靈糧滋

這裡除了可以看到村民那股待人甚善[87]的渾樸無機、純良熱情之外，當然也必須建立在村民富足的經濟基礎上。但，這樣的富足，並不是神話般的不勞之天賜，反而是安於沃土的農耕勞作之積累，只是免去了政治暴力的剝削而已。所以桃花源的富足，或可以說是同時建立在：天有時、地有利、男女耕織、帝力邈遠。正如〈并詩〉所言：「相命肆農耕，日入從所憩。桑竹垂餘蔭，菽稷隨時藝。春蠶收長絲，秋熟靡王稅。」陶淵明的桃花源放棄了「無勞而獲」的夢幻與渴望，他回歸「日出而作、日入而息」的實在。阡陌良田雖然令人無匱衣食，但這都是「虛其心、實其腹、弱其志、強其骨」的男女，一起勞作所結晶出來的，其中沒有不勞而獲的神話，只有衣食無虞的甘心和恬淡。所以，在這片自然的豐盈大地，才能錯落著戶戶人家、脈脈水田、叢叢桑竹和塘塘池水。換言之，桃花源承續了神話樂園中豐衣足食這個主題，但實質的內容早已還原為自然人家的田園之樂了。而這和陶淵明不斷勸農的主張，並時常描述與田園農人相親之樂，是完全相呼應的[88]。而這也和巴赫金（Mikhail Mikhailovich Bakhtin）對田園詩的勞動意義之詮釋頗為相契：

　　具有特別重要意義的，是這一田園詩的勞動性質。農事勞動的因素建立起自然現象與人類生活事件的現實聯繫和共同性。此外，更重要的一點是，農事勞動改變了日常生活的一切因素，使它們失去了個人的純消費的卑微的性質，把它們變成了重要的生

潤。參見【美】余國藩著，李奭學譯，《余國藩西遊記論集》，頁177-178。

[87] 「待人甚善」一語，來自莊子〈應帝王〉的「渾沌鑿七竅」的中央帝之神話。那是一種未強以語言區分善惡二元對立標準前的玄德之善。桃源中人的善，應較近於此等玄德之善。

[88] 〈勸農〉：「民生在勤，勤則不匱。宴安自逸，歲暮奚冀？儋石不儲，飢寒交至。」〈移居〉第二首：「春秋多佳日，登高賦新詩。過門更相呼，有酒斟酌之。農務各自歸，閒暇輒相思。相思則披衣，言笑無厭時。此理將不勝，無為忽去茲。衣食當須紀，力耕不吾欺。」龔斌校箋，《陶淵明集校箋》，頁35、117。

活事件。例如，人們吃自己勞動創造的果實；這果實同生產過程
中的種種形象聯繫著，在這果實中實實在在地蘊含著陽光、土
地、雨水。酒也同樣與製作和生產過程緊密連接起來，酒的飲用
又同農事周期的各種節日不可分割。吃與酒在田園詩裡要麼獲得
了社會性，更常見的則是獲得家庭的意義，通過飲食把不同輩份
的家人、不同年齡的家人聚合起來。在田園詩中典型的是飲食同
子女的毗鄰關係。這一毗鄰關係裡滲透著生長肇始、生命復甦的
意思。[89]

(四) 有意思的是，神話或宗教中的樂園，其中的主角原型人物，通常會出
現兩種典範角色：一是老人，一是孩童。若用神話心理學的角度說，
前者象徵的是回歸後的智慧，後者象徵的是墮落前的天眞。若用伊利
亞德的創世神話與永恆回歸之結構看，孩童正處於創世之初的新生完
美狀態，而老人則是返老還童地再度回歸，亦即由生命之終點接回原
點，歷經死亡後的重生。樂園中這兩種典範人物的出現，例如《舊
約・創世記》所載，人類在烙上原罪、沉墮失樂園之前，那個樂園原
先只有上帝這個智慧老人，和亞當夏娃這對童眞男女存在而已，若再
加上充滿動植物的花園，便已是飽滿的樂園全景。又如，《老子》以
爲要體道才能眞正進入自然樂園，而進入自然樂園卻必須在心靈意識
上，轉化爲天眞素樸的孩心，所謂「復歸爲嬰兒」[90]。總之，神話和
宗教甚至哲學的樂園，基本上是一個與世無爭、心境無爲的自然無機
之地，因此，在心靈的象徵上，它必然會以「大智若愚」的弔詭命題
出現，亦即眞正的智慧是一種非分別的渾沌之包容和天眞[91]。所以，

---

[89] 【俄】巴赫金著，白春仁、曉河譯，〈小說中田園詩的時空體〉，《小說理論》（石家莊：河北教育出版社，1998），頁427。

[90] 關於《老子》一書的嬰兒意象，參見【南斯拉夫】拉多薩夫（Radosav Pusic），〈老子：嬰兒與水〉，收入陳鼓應編，《道家文化研究（第四輯）》（上海：上海古籍出版社，1994），頁58-62。

[91] 關於孩童的詩意心靈與自然季節的密切關係，可參考【法】巴舍拉（Gaston Bachelard）著，劉自強

老人和孩童在此相遇了，共同負擔起樂園那智慧與天眞通而爲一的象徵。所以，毫不意外地看到，陶淵明特別點出的桃花源人物代表，正是黃髮與垂髫。這當然也是精確運用神話原型意象之又一例。所以，陶氏在〈并詩〉中明白點出了：「童孺縱行歌，斑白歡遊詣……，怡然有餘樂，于何勞智慧。」

　　對於這個童孺縱行歌、斑白歡遊於自然田園的景象，正代表著祖孫綿延的循環時間，而這個循環也相應於自然大地的死亡與重生之季節循環。底下巴赫金的觀點可以爲證：

　　田園詩裡時間同空間保持一種特殊的關係：生活及其事件對地點的一種固有的附著性、粘合性，這個地點即祖國的山山水水、家鄉的嶺、家鄉的谷、家鄉的田野河流樹木、自家的房屋。田園詩的生活和生活事件，脫離不開祖輩居住過、兒孫也將居住的這一角具體的空間。這個不大的空間世界，受到局限而能自足，同其餘地方、其餘世界沒有什麼重要的聯繫。然而在這有限的空間世界裡，世代相傳的局限性的生活卻會是無限的綿長。田園詩不同世代的生活所以是統一的，在多數情況下一個重要原因就是地點的統一，就是世世代代的生活都一向附著在一個地方，這生活中的一切事件都不能與這個地方分離。世代生活地點的統一，沖淡了不同個人生活之間以及個人生活的不同階段之間一切的時間界線。地點的一致使搖籃和墳墓接近並結合起來，使童年和老年接近並結合起來，使幾代人的生活接近並結合起來，因爲他們的生活條件相同，所見景物相同。地點的統一導致了一切時間界線的淡化，這又大大有助於形成田園詩所特有的時間回環節奏。

譯，〈想往童年的夢想〉，《夢想的詩學》（北京：三聯書店，1997），頁146-147、148、156、168-169。

孩子在田園詩裡常常是性行爲和妊娠的昇華結果，與生長、生命復甦、死亡相關聯（孩子和老人，孩子在墳墓上遊戲等等）。孩子形象在這類田園詩中的意義和作用十分巨大。[92]

四、陶氏樂園對政治與歷史的解構——桃花源非政治烏托邦、非宗教仙境

陶淵明看似平凡的樂園描述，其實也隱含許多神話玄機在其中，尤爲重要的是，在不露痕跡的神話意象運用下，蘊含了他對神話樂園的懷疑和批判，從中解放還原一個他心中眞實可親的田園生活之樂。這裡可以看出他和神話思維的連續與斷裂，這個斷裂，除了有從老莊體會吸收來的自然物自身樂園精神外，也添加幾許人間世的情味和平實。總之，對陶淵明而言，樂園不在非人間的彼岸，神話不在奇幻的遠方，它其實就是自然中的人間、人間和自然的統合之生活樂土、當下樂土。一言以蔽之，若要將桃花源的樂園和神話樂園做一比較，陶氏樂園的基本精神就在於：眞實、人間、素樸、自然等性質的統合上。

〈桃花源記〉對樂園的具體敘述，大抵如上。文章的後半部，則朝向追溯自然人間桃花源的由來，和後來不得其門而入的謎團。原來，漁人在這趟意外之旅的無心漫遊中，越過了邊界，頓入了淨土，並一一見到自然樂園的種種景象。但是，漁人的樣貌和神態必然和園中人物相異頗多，所以，這個來自歷史時空的異人，很快便引起了局內人的注意。而且，一問之下，才知道漁人意外旅程的種種遊歷過程。然而，漁人雖是來自園外異人，但並未被桃源中人視爲不祥的他者[93]，反而熱情如親，爭相爲他設宴款待。也因此在熱情邀宴的過程中，道出了桃花源的身世之謎：「自云先

---

[92] 巴赫金著，白春仁、曉河譯，《小說理論》，頁424-425、427。

[93] 異人或外來者，常被當成不祥的他者甚至代罪羔羊。異鄉人、他者、代罪羔羊的關係，一直是人類學家關心反省的文化現象，參見【法】吉拉爾（René Girard）著，馮壽農譯，《替罪羊》（北京：東方出版社，2002）。另見李永熾，〈「異人」與日本精神史（上）（中）（下）〉，《當代》第83-85期（1993年3-5月）。

世避秦時亂，率妻子邑人，來此絕境，不復出焉，遂與外人隔絕。問今是
何世，乃不知有漢，無論魏晉。」這段敘述，也是文章後半部的關鍵語。
在筆者看來，若說文章的前半段，可以令人反思桃花源和神話樂園的異
同；那麼文章的後半段，則可讓人反思另一課題，亦即桃花源和政治烏托
邦的差異。有趣的是，文章後半部才水落石出的桃花源之來由，卻在文末
〈并詩〉的「開宗明言」就提到了：「嬴氏亂天紀，賢者避其世。黃綺之
商山，伊人亦云逝。往跡浸復湮，來徑遂蕪廢。」[94] 原來，桃花源是有歷
史起源的。這個歷史因緣是來自約五百年前的暴秦時代，他們的先祖先賢
為了避開政治暴力，才一山又一山地遠離政治，來到隔絕之境，從此在這
裡安身立命、重建家園。筆者認為這除了在交代桃花源的由來，是因躲避
秦政暴力這一五百年前的歷史因緣外，它更根本地反映出陶氏對政治本質
的批判。換言之，這不只是對政亂的一時逃避，而是對政治本質的揭露和
超越。對此，陶淵明不只在樂園精神上，承繼了《老子》小國寡民、雞犬
相聞的精神，也可能同時吸收了老莊自然主義、準無政府主義的天民觀，
而認為政治的本質多少必然就具有暴力和剝削，如老子云：

　　天地不仁，以萬物為芻狗。聖人不仁，以百姓為芻狗。太
上，不知有之；其次，親之譽之；其次，畏之；其次，侮之。
……功成事遂，百姓皆謂我自然。以正治國……，以無事取天下
……，故聖人云：我無為而民自化、我好靜而民自正，我無事而
民自富，我無欲而民自樸。
　　其政悶悶，其民淳淳，其政察察，其民缺缺。禍兮福之所
倚，福兮禍之所伏，孰知其極。其無正邪？正復為奇，善復為

---

[94] 〈桃花源記〉的散文敘述手法，和〈并詩〉的詩歌隱喻手法，除了內容上，一前一後可以互證之
外，其語言風格的差異也可是一種互補的豐富。例如廖炳惠就強調陳寅恪和唐長孺「重文不重詩」
的缺點，因此犯了指涉理論的謬誤。廖炳惠，〈嚮往、放逐、匱缺──「桃花源記并詩」的美感結
構〉，收入氏著，《解構批評論集》，頁28。

妖，人之迷也，其日固久矣。

古之善爲道者，非以明民，將以愚之。民之難治，以其智多。故以智治國，國之賊；不以智治國，國之福。知此兩者，亦稽式，能知稽式，是謂玄德。玄德深矣，遠矣。與物反矣，乃至於大順。[95]

所以，陶氏心中樂園的基本意象必然會傾向自然樂園，而不是任何的政治烏托邦。這樣的詮釋，一樣可以從陶詩和陶文中，看到他對「準無政府主義」[96]的遠古無爲時代之嚮往：

黃唐莫逮，慨獨在余。〈時運〉

悠悠上古，厥初生民。傲然自足，抱樸含眞。〈勸農〉

願言誨諸子，從我潁水濱。（潁水相傳是古代高士許由、巢父避世之處）〈示周續之祖企謝景夷三郎〉

遙遙望白雲，懷古一何深。〈和郭主簿二首〉

愚生三季後，慨然念黃虞。〈贈羊長史〉

羲農去我久，舉世少復眞。〈飲酒詩〉第二十

酣觴賦詩，以樂其志。無懷氏之民歟？葛天氏之民歟？〈五柳先生傳〉[97]

---

[95] 王淮，《老子探義》（臺北：臺灣商務印書館，1988），頁24、72-74、227-231、231-233、253-255。

[96] 本文所謂「準無政府主義」者，在於強調陶氏心中一則可能隱含著對政治暴力的權力批判，故傾向於《老子》「太上，不知有之」的狀態。但此狀態是否處於完全的無政府狀態？實未必，因為桃花源中人還有從人之自然稟性而來的素樸人倫、社會、甚至簡易的經濟交換關係存在，因此不可能退回完全個人、封閉的獨我或原始之境，所以可能存在一些簡單而自發的組織，但可確定的是，這些組織並未形成強制性的國家機器和體制，因為居民相對自給自足的手工業勞動，不須那麼多的分工管理。這種暫時因民情需要而有的組織，只是隨順自然而有，根本未構成實質性的權力支配類型，故可暫名為「準無政府主義」。

[97] 龔斌校箋，《陶淵明集校箋》，頁8、35、90、128、142、248、421。

　　所謂「來此絕境」、「與外人隔絕」之說，一方面是指桃花源終於與政治暴力隔絕了，終將政治剝削隔絕於外了，而內部才保留住眞正「帝力於我何有哉」的自然田園之豐饒（〈并詩〉言：「秋熟靡王稅」）。換言之，這時的人民不再是政治統治下的百姓人民，而是近於自然人的天民。所以，這裡的內外之別，是在於政治暴力充斥與自然安詳恬淡之別。而且，陶氏藉由一山又一山的迷宮門檻，要把桃花源的自然沃土保護在隱沒之間，或許正因爲在政治暴力世界中，是不存在樂園的，它只能隔離政治而隱沒在雲深不知處的自然之境中，帝力才遠在天邊，染指不到。

　　籠統看，桃花源似乎和理想國（柏拉圖）、烏托邦（摩爾）相類似，都可以放在廣義的樂園範疇來看。所謂：

　　在世界各地，從口傳的神話，到以文字表達的政治、文學寓言，隨處可見關於樂園、樂土一類的敍述或記載。其中相互類似的觀念，以中文的用語來說，除樂園、樂土而外，還有黃金時代、天堂、仙鄉、極樂世界、烏托邦、理想國、桃花源等等，再擴大一點來說，甚且大同世界、堯天舜日、上帝城、千禧年等，不論它們原來是本土的，或是經過不同時期從外地傳譯來的，在某些層面的意義上，都有相通之處——都是想像中一個美好快樂的地方，或一個時代。[98]

　　沒錯，樂園從最廣義的相似性角度言，都是指具有美好快樂的一個時代或地方，即透過想像所構築或信念的特殊性時空。然而，這些樂園卻也可以、甚至必要進一步做出類型的別異。例如，首先可以做出基本的區分：黃金時代、天堂、仙鄉、極樂世界、上帝城、千禧年等，可歸納爲神話宗教性的樂園；而大同世界、堯天舜日、理想國、烏托邦等，則可歸類

為歷史政治性的樂園。前者基本上具有超歷史或前歷史的傾向，其樂園多少具有遠古性、開端性、彼岸性、超越性、甚至奇幻性等特質；而後者則是歷史和政治的產物，其樂園具有前瞻性、未來性、現世性、理性規劃等特質。換言之，前者要超越政治和歷史的苦難和暴力，以進入超理性的神聖時空中；後者則要透過歷史的進步和政治的藍圖，以朝向合理性的秩序時空。所以，兩者雖同樣渴望建立美好快樂的樂園，但基本上卻頗為針鋒相對。

另外，神話宗教性的樂園，仍然可以再做區分，即神話樂園和宗教樂園的區分；而大抵上宗教樂園是在神話樂園（原始宗教）的基礎上，然後才在不同地方宗教系統的語言教義上（如基督教、佛教、道教），所產生出來的進一步分化發展。所以，可看到宗教樂園中，還常常保有不同程度的神話樂園的影子。當然，同樣屬於歷史政治樂園這一範疇，也會有各種不同意義的內涵，因為不同的世界觀、思維方式、社會文化形態，都會影響其理想政治藍圖的想像。

正如上述分析過的，陶氏的桃花源雖然和神話樂園（《山海經》）、宗教樂園（道教仙鄉）有相當淵源，但具體內容則不屬於神話宗教樂園這一類，筆者認為它和老莊那種從神話樂園超越出來、還原為物自身自然樂園一類，較為相契。然而，桃花源是否可放進政治烏托邦類型來看待呢？答案顯然是否定的，因為仔細推敲，便可以看出其間實有本質的差異。烏托邦是政治學範疇下的理想社會國家之理性規劃，只是這個理性規劃帶有想像的未來性特質；而桃花源則還是神話學範疇下的自然樂園之回歸（只是去其奇幻性而已），它總是視政治為暴力、歷史為苦難，因此，它有解放歷史和政治的傾向。

對於政治樂園的基本精神，以及它和原始神話樂園的基本差異，以下的觀點，指出了關鍵性的所在：

　　烏托邦（utopia）一詞是摩爾自創，希臘原文的兩個字根有互相矛盾的雙重涵義：一爲「樂土美地」（eu-topia），一爲「烏有之邦」（ou-topia）。摩爾的用意在呈現烏托邦的辯證本質：它是一個無法實現的理想國度。這層弔詭以不同的手法出現在《烏托邦》全書。摩爾以柏拉圖的《理想國》（*The Republic*）爲雛形，取其小國寡民、階級分工和公有財產的理念，另外融合亞里斯多德在《政治學》（*Politics*）書中所揄揚的「公民道德」，在《烏托邦》中構築一個非基督教、共產的城邦國，以理性爲治國的上綱原則。但是《烏托邦》不只是哲學與政治學的思辨。摩爾的人文主義學養亦崇尚文學，是以加入文學性的虛構，將抽象的理念納入當時盛行的旅行文學的敘事框架，假託一名老水手拉斐爾‧希適婁俗的海外見聞，勾勒烏托邦的典章制度。

　　古典希臘羅馬文學的傳統中早有樂園的文類，描寫一個無拘無束、不虞匱乏的極樂世界。「柯坎樂土」和「農神節慶」是兩個知名的例子。在樂園之中沒有憂愁勞苦，亦無法律道德的捆綁，人人飲食享樂稱心如意。《烏托邦》不是樂園，它倡議的是行爲規範、集體生活、公民教育和肅穆的宗教信仰。……理想國的想像因人而異，建構成爲政治和社會的藍圖，則需要擘劃執行面的典章制度。摩爾的烏托邦強調教育，用以培養公民道德，以今天的說法就是利用國家機器來鞏固群體意識，這正是傅科等人所要顛覆的權力宰制。[99]

　　確證無疑，桃花源絕不呈現井然有序的理性符號秩序，不管是政治制度、城市規劃或社會規範，等等名實符應的象徵系統，在桃花源裡都完全

---

[99] 宋美璍，〈譯序：湯馬斯‧摩爾的世界觀與視界〉，《烏托邦》（臺北：聯經出版公司，2003），頁iii、xi-xii。

未被強調，甚至被解構還原了。即政治的強力規訓被解構了，無政府的自然天民和天序被還原了，一切存在俱回到物之本眞，暗合無名自然的自發秩序在生長著。人和萬物回歸自生自長的韻律，其中，雖不是混亂失序，但絕不強調名言符號的階層分際，而是讓事物以其本眞來朗現自身，共構一幅怡然自樂的自然天序。相反地，理想國、烏托邦一類的政治樂園，由於在現實政治上找不到或難以落實，所以只好透過想像來催生未來的政治秩序；其中的催生工具便是人類的理性，企圖構劃一個合理化的分配：其中包括政治、社會、經濟，乃至道德、教育等一切社會軟硬體制度的總體可能。換言之，政治烏托邦需透過精密計算的理性籌劃來完成，而理性力量完全具現在國家機器這個強有力的權力機制上，透過科層式的效力管理，推動一個大有爲的典章制度之完成[100]。總之，它通常建立在集體主義、理性計算、權力集中等機制上，以構成一個數學計量、圓形幾何學式的完美比律、合理分配之名分秩序時空[101]。暫且不管這樣的政治樂園能否存在，其精神顯然和桃花源強調自然無爲、個人閒散、田園牧歌、帝力渺遠、以自然時序爲依歸的天民情調，有著極大的對比性。

　　至於政治烏托邦本身，卻弔詭地帶有反烏托邦的本質，底下的觀點也呼應了上述的觀察：

　　　　從柏拉圖到摩爾，這一脈相承對理性秩序的偏愛，正是構成一切烏托邦文學之基礎的要素。但弔詭的是，這個絕對化的理性

---

[100] 柏拉圖的理想國、摩爾的烏托邦，某個意義上正被社會學家韋伯所謂「科層的官僚管理制度」所實現，這種工具理性的極度發展，帶來效率表象的背後，實蘊含極大的異化危機，即西方現代性的鐵牢困境。換言之，理性的技術性達到極致的同時，正好形成強而有力的反控。參見【英】畢瑟姆（David Beetham）著，韓志明、張毅譯，《官僚制》（長春：吉林人民出版社，2005）。

[101] 關於西方烏托邦空間構造，所呈現的圓形幾何造型，參見谷川渥著，許菁娟譯，《幻想的地誌學》，頁45-47。思考西方理想國、烏托邦的「幾何學式的圓形構想」和理性秩序性要求的關係，就好像西方的花園亦傾向幾何學式的造型，和東方的樂土、園林之隨順自然的不規則造型，相當的不同。

秩序卻也使烏托邦逐漸變質為可怕的反烏托邦。二十世紀之後的幾部作品，例如艾夫格尼‧伊瓦諾維奇‧薩米爾欽的《我們》、赫胥黎的《美麗新世界》和歐威爾的《一九八四》，就對這種質變有深切的描繪。

　　事實上，摩爾之所以鉅細靡遺地刻畫島上理想的社會秩序，顯然是在暗地批判英國當時的政治、經濟和道德。但是，當我們讀到烏托邦裡同一年齡層的人們都穿著相同的衣服，或是靠化妝所堆砌出來的美，乃是不光彩的脫軌之舉等等的記述時，不免會直覺到，像這種在絕對的理性所構思出來的理想社會，反而極有可能會變質為反烏托邦。在這本書裡時常被提起的《理想國》，更讓我們清楚感受到這種物極必反的危險性。在《理想國》中，柏拉圖將一到七逐一相乘後所得的五○四○定為理想國最佳的人口數目，並將人們劃分為工商階級、軍人階級和統治階級，讓他們分別肩負起生產、防衛和統治的職責。顯而易見的，柏拉圖的這種構思，和重集團、劃一式的共產主義，其實僅有一線之隔。

　　塞爾韋耶提醒我們應該注意以下兩個事實：第一，烏托邦空間通常以幾種特定的形式呈現出來，它若不是一座受高聳的城牆或是如畫同心圓般的自然障礙物所庇護的島嶼，就是一個由工整的田地所圍起來的封閉式都市；第二，諸如未經開墾的自然、無盡的叢林、噴射而出的水、坑道或貫串島嶼的迴廊等令人不安的事物，皆不存在於烏托邦空間中。[102]

　　可見，西方政治樂園的想像基礎，在於絕對理性的偏愛，對人為秩序的整齊化一之偏執，一廂情願地以為如此將形成階層的平等性。這種理性計算之美與善的強調，當然還與西方人對理性和真理的符應性之認知有

---

[102] 谷川渥著，許菁娟譯，《幻想的地誌學》，頁26、24、53。

關。結果，政治烏托邦便以幾何同心圓式的城市空間作爲象徵；尤其令人注意的是，這樣的政治理想設計，正是以它對自然渾沌的克服而來。從此，人類乃將自己封閉在一個人爲的合理化城市空間中，一切未經規訓的自然原始生命物，均被放逐到城市邊緣以外的化外之地。西方這種政治理想國的主張和後果，常不自覺地掉入理性迷思、技術萬能的意識形態中，造成國家權力的無限擴大，結果也常是最反烏托邦。對於這種主體理性、國家技術的無所不在，以企圖達成集體分配的同一性暴力，西方在二十世紀後，有著極深刻的反省批判[103]。

　　更耐人尋味的是，桃花源不僅遠離了政治暴力，甚至更超越了歷史苦難。如何說呢？人類的歷史，自從進入人文符號化的世界後，某個意義說，歷史便是政治統治史的權力過程，不管是一治一亂或朝代更替之亂，歷史苦難和政治暴力，基本上是緊密一體的。陶淵明不但要避開秦的政治暴力，他更要桃花源從此超越了改朝換代的歷史苦難。所以他要特別強調桃源中人，那種超歷史的特殊時間觀：「問今是何世，乃不知有漢，無論魏晉。」換言之，桃花源的時間不是政治年號的紀曆時間，因爲它超越了秦、漢、魏這些歷史符號的標籤，也解放了「過、現、未」的歷史直線時間觀，還原回可以不斷「永恆回歸」的自然時間、神話時間、原型時間。所謂自然、神話時間，基本上是無名而循環的時間觀，它不但不是過、現、未的朝代更替直線時間觀，它反而是以自然大地爲中心，讓生命在春夏秋冬的節氣韻律中，圍繞大地而周始循環。其間，時間不斷在永恆回歸中反覆循環，而人和萬物也從中得到了安詳的韻律和更新的契機：

　　更重要的是，到處都有時間周期的終與始概念，而且這種概

---

[103] 【英】卡爾‧巴柏（Karl R. Popper）著，莊文瑞譯，《開放社會及其敵人》（臺北：桂冠圖書股份有限公司，1992）；【法】傅科（Michel Foucault）著，劉北成、楊遠嬰譯，《規訓與懲罰：監獄的誕生》（臺北：桂冠圖書股份有限公司，1993）；【德】曼海姆（Karl Mannheim）著，張明貴譯，《意識形態與烏托邦》（臺北：桂冠圖書股份有限公司，2006）。

念奠基於生物宇宙的節奏，並且形成一個更大系統——周期淨化
系統與生命周期更新。此種周期更新的需求，本身就相當重要。
然而由下文所舉的例子來看，它還顯示了更重要的意義：時間作
為一種周期性的再生，它或隱或顯預設一場新的創世的來臨，換
言之，它重複宇宙開闢的事蹟。此種周期性的創造，亦即時間循
環再生的概念，突顯了泯除「歷史」的問題。[104]

　　對此，完全可呼應陶淵明在〈并詩〉中，直指本心點出的關鍵：「雖
無紀歷誌，四時自成歲。」顯然，「紀歷誌」便是歷史時間；而超越了歷
史直線時間，不但不是虛無，反而回到了「四時自成歲」的自然原型時
間。從此，人們便在四時更替中，永恆回歸地進行著「一元復始，萬象更
新」的歲歲年年「復活儀式」[105]。人和萬物的生命，都將自然而得時地
樂活著。這也是陶氏《歸園田居》所傳遞的「永恆回歸」之四季原型時間
觀：「中國文學中四季意識最清楚的莫過於陶詩，甚至形成『四季原型』
的結構模式，這點學界尚未給予應有的注意。《歸園田居》堪稱典型的範
例，無論聲音、意象、主題、情緒都共同參與宇宙的和諧。可以說，詩人
的回歸包括大自然秩序的回歸，這個秩序既是詩歌的組織原理，也是理解
世界的基本圖式。」[106]

　　故事至此，已近尾聲。不過，淵明卻在最後的結尾處，又放置了一個
迷宮，讓原本豁然開朗的桃花樂園又重新迷宮化了。如何說呢？故事的最
後發展是這樣的：話說漁人在村中受盡天民無機而熱情的款待後，只暫留
了數日，便思凡了，他渴望回到歷史紅塵中。〈桃花源記〉在此，並未對
漁人的心境多做描寫，甚至連一點點暗示也無，所以我們不知漁人的思凡

[104] 伊利亞德著，楊儒賓譯，《宇宙與歷史——永恆回歸的神話》，頁48-49。
[105] 自然、神話的圓形時間觀與年、復活儀式的討論，參見【羅馬尼亞】伊利亞德著，楊素娥譯，
《聖與俗——宗教的本質》，頁115-158。
[106] 楊玉成，〈田園組曲：論陶淵明《歸園田居》五首〉，頁229。

是爲了什麼？他爲什麼不渴望永留這片自然淨土？他是思念親人的人倫之愛？還是擔憂人間的責任倫理？亦或對桃源樂地有幾分不可承受之輕的虛無感呢？還是他別有用心，想將桃源的祕密像寶物一樣出賣給政客？這些理由都有可能，甚至頗爲複雜地交織在漁人心頭。但，不管如何，漁人終是要離開方外，返回他所由來的方內之地了。這時，桃源中人並未強留，只是在聲聲祝福中，特別叮嚀：「不足爲外人道也！」

此時的「外人」，顯然是在桃源局內人與局外人的對比下，對世俗紅塵中人的稱呼。而村民的叮嚀，是一種苦口婆心的呼喚：「不值得對城市中人提起啊！」恐怕，那是一種但願不要再受打擾、污染的溫柔而謙卑之囑託。就如一朵自開自落的小花，渺小卻芬芳地自在吟唱著那屬己的怡然之歌：「您千萬不要毫不經意就這樣粗暴地摘折了它！踐踏了它啊！」然而，漁人終是有心人，雖然不知他的有心，到底是出於政治上的利益買賣，還是單純地盼望美好淨土能廣爲人知，但他畢竟辜負了桃源村民的囑咐，他動了機心，想把雲深不知處的虛無飄渺之淨土給定位下來。所以在返回的途中，他小心翼翼做了地圖標誌，以便將來重返時按圖索驥之用。果然，他回到城市中，第一件事便以「帶回寶物」的姿態[107]，將這個桃源祕密告知了地方政治官員太守。然而，弔詭的是，太守根據漁人標誌的記號前往，不但未能尋獲寶地，終至墮入五里迷霧中。甚至，這個消息傳到了隱者劉子驥的耳中，也興起了他的尋夢仙旅，但仍然未果，最後更在美夢未果的餘憾中病逝而去。故事的結局，就這樣又重返了迷宮，而且這個迷宮似乎從此更不可解了。所以，陶淵明讓它在最後一聲嘆息中：「後遂無問津者！」落了幕！

這個結局似乎令人遺憾，甚至帶有落寞感傷、放逐而匱乏之感[108]。

---

[107] 神話的英雄旅程敘述結構，在找到樂園和寶藏之後，通常會有「帶回寶物、重返人間」的動作，而〈桃花源記〉的漁人回歸，或可看成是英雄回歸的變形。參見坎伯著，朱侃如譯，《千面英雄》，頁33-36。

[108] 廖炳惠便是這樣解讀的，見氏著，《解構批評論集》，頁31-32、38。

但要問的是，陶淵明爲何要安排這樣的迷宮結局？從上述的研究分析過程中，筆者認爲足以找到說明的理由。理由之一，就陶氏而言，他的桃花源顯然和政治是絕緣的，甚至是對反的；因此，他顯然不願自然樂土又再度遭到政治暴力的侵凌染污，所以安排邵下太守無緣造訪，這是很可理解，甚至令人歡欣接受的。但是令人納悶的是，爲何連劉子驥這樣的高士也無緣親近，甚至終其一生都只能在缺憾中度過呢？難道陶淵明從此眞要自然樂園永遠關閉，讓此曲只應天上有，而今以後不再對有心的世人敞開？陶淵明在故事的敘述中，並未交代理由，只留給後人迷宮式的嘆息和疑情。但筆者認爲在上述論述中區分神話宗教樂園和桃花源的差異時，其實已經爲這個疑情找出了答案的契機。而陶氏在〈并詩〉中也留下了引導索解的話頭：「奇蹤隱五百，一朝敞神界。淳薄既異源，旋復還幽蔽。借問遊方士，焉測塵囂外。願言躡輕風，高舉尋吾契。」

　　原來，漁人的漫遊是屬於無心的意外之旅，他突然頓入桃源世界，在歷經樂園的美好之後，他必然要離開此地，因爲他本不屬於樂土中人，他依然是個局外人，他的暫時參訪，只屬於意外的跳躍之旅，他終將凡心熾盛而退轉紅塵。所以桃源樂土的開啓，對漁人不過是天啓般的禮物，他終將得而復失、顯而復隱，所謂：「奇蹤隱五百，一朝敞神界。淳薄既異源，旋復還幽蔽。」這個神聖樂園，只是對漁人的暫時敞開，他之所以不能留住淨土的眞正原因，乃在於方外與方內的不相及，正所謂「淳薄異源」的問題。因爲，桃源局內人在心性上俱是純樸簡靜的素心人（陶詩：「聞多素心人，樂與數晨夕。」），而桃源外的局外人則是成心機心熾熱的名利人：此二者在心性上一則屬淳，一則屬薄，而心性上的根源差異，必然使他們開顯出不一樣的存在境地。換言之，漁人的心地是不能徹底相應於樂園心性的，所以樂園初始在漁人無心的天機下意外地開啓，但旋即關閉隱沒，不再對有心的漁人敞開。所以，不管漁人事後再怎麼有心追尋，終將不可再得。等而下之的地方政客太守，更不可能進入自然樂園，因爲自然樂園是不可能對名利機心熾盛之輩敞開的，而陶淵明也絕不容許

好不容易才避開政治暴力的桃源，輕易地再度遭受政治暴力的侵犯。所
以，邵下太守墮入迷宮、白忙一場，真是大快人心。

　　然而，如〈并詩〉所言：「借問遊方士，焉測塵囂外。」若說邵下
太守此等遊於方內之士，其心地無法遙契紅塵外的自然樂園，本是很合
理的；但高士劉子驥呢？此等願遊方外的高士心地，為何也與陶氏樂園無
緣？這便令人費解了。對此，筆者認為，這裡很可能隱含淵明對仙鄉樂園
的懷疑和批判[109]。換言之，隱士劉子驥雖然不是紅塵俗士，但他對樂園
的具體渴望和想像，很可能傾向於仙鄉式的福地洞天[110]。換言之，他心
中的樂園仍然具有彼岸式的奇幻色彩、不死色彩，而這和陶氏心中的自然
物自身樂園，仍是差以毫釐、失之千里。正如前述，陶氏的自然物自身樂
園重在：人間性、真實性、自然性、田園土地性等等。而這些都是既平凡
卻又真實的當下自然人間樂土，雖然這樣的樂土在政治暴力和歷史苦難
中，不斷遭到破壞而幾近不存在，但淵明依然沒有將其樂園希望寄託在宗
教式的超越解脫上，他只是在借用了神話、宗教意象和敘述結構後，回到
平實可親的自然沃土和人間樂土的結合上。所以求仙者如劉子驥之類，之
所以仍舊尋病終，其實還是因為他心中的宗教樂園，和陶淵明的自然人間
樂園是不相契的。換言之，陶淵明最後所遺留下的這個樂園迷宮課題，筆
者認為隱含著他對不同樂園形態的評判觀點在其中。

　　所以，陶淵明並非要桃源樂土從此絕跡。之所以造成「後遂無問津

---

[109] 〈歸去來兮辭〉：「富貴非吾願，帝鄉不可期。」龔斌校箋，《陶淵明集校箋》，頁391；〈連
　　雨獨飲〉：「運生會歸盡，終古謂之然。世間有松喬，於今定何間？故老贈余酒，乃言飲得仙。
　　試酌百情遠，重觴忽忘天。天豈去此哉，任真無所先。」《陶淵明集校箋》，頁111。而龔斌校箋
　　也點出：「又〈桃花源記〉并詩描寫之境界，唐人多視為仙境。如王維〈桃源行〉詩：『春來遍
　　是桃花水，不辨仙源何處尋。』劉禹錫〈桃源行〉詩：『俗人毛骨驚仙子，爭來致詞何至此。』
　　『仙家一去尋無蹤，至今水流山重重。』……又〈桃花源記〉創造出充滿人間和諧氣氛的社會圖
　　景，與佛教宣揚的西方極樂世界迥然相異。」《陶淵明集校箋》，頁410-411。
[110] 《太平御覽》卷五百四引〈晉中興書〉：「劉驎之字子驥，一字道民。好遊於山澤，志在存道，
　　常採藥至名山，深入忘返。見湳水南有二石囷，一囷開，一囷閉或說囷中皆仙靈方藥，驎之欲更
　　尋索，終不能知。桓沖請為長史，固辭，居於陽岐。」

者」，其實並非自然樂園關閉不開，而是人們心地的迷悟問題。若是素心
人，加上心地相契，那麼陶氏的自然物自身樂園恐怕只在當下，只在自然
田園那平實喜樂的人間生活之清安而已。所以陶淵明在〈并詩〉的最後一
句，仍要鼓勵行者：「願言躡輕風，高舉尋吾契。」重點仍在於，有無淡
泊人世的輕風心願，能否與淵明的心中樂園相契不二。這應該不是匱乏或
放逐，而是召喚和期待了。

五、結論：陶氏的樂園精神符合其新玄學走向

　　漁人的無心（無分別心）與有心（分別心），正關聯著「偶遇」與
「不得復入」桃花源的關鍵，而陶氏此種安排，也和道家的哲理有關。
例如，胡萬川便指出它和《老子》學說的關係，而廖炳惠則指出它和《莊
子》哲理的關係[111]。簡言之，桃花源可以看成是陶氏心中之道，在生活
世界的展開，這個道應該和他對老莊的領悟有相當的關係。老莊之道，正
強調「道可道，非常道」、「是非之彰也，道之所以虧也。道之所以虧，
愛之所以成」[112]，即透過語言活動所構成的有為機心，是和無為無名之
道不相應的。所以，漁人不得復入，是因為他起了得失成心、有了是非等
二元對立的語言指涉活動，所以反而在處處標誌語言符號的同時，落入了
言語道斷的歧途。所以，陶氏安排漁人歸途作為的徒勞，其思維方式是道
家式的。不僅如此，正如上文已論證過的，桃花源在範疇上，遠於政治烏
托邦，而近於神話宗教樂園；但就內容而言，又與神話奇幻樂園、仙鄉不
死樂園有相當大的差異，而最終契近於道家的物自身自然樂園，只是田園
人間味道更濃罷了。陶氏利用了神話宗教等敘述元素和結構，從而鋪展出
陶氏自家心中的真正樂園。而這個陶氏樂園的最核心精神，正是承繼自老
莊的物自身自然樂園。總之，〈桃花源記〉不僅在思維方式、敘述手法、
內容精神等層面，都頗受先秦道家哲學的深刻影響。

---

[111] 胡萬川，《真實與想像——神話傳說探微》，頁75-76；廖炳惠，《解構批評論集》，頁31-32。
[112] 王淮，《老子探義》（第一章），頁1；【清】郭慶藩輯，《莊子集釋》，〈齊物論〉，頁74。

　　上述對〈桃花源記〉的研究分析，所得出的結論，也可以和陶淵明詩文中反映的玄學思想相符應；即上述對陶氏樂園的判定，也可回到玄學脈絡得其印證。就此，史學家陳寅恪的研究成果，可以證明本章的觀察和推論。陳寅恪認爲從〈形影神〉這三首五言詩中，可以明白反映陶氏的玄學自然觀，其實是一種先秦老莊自然觀的回歸。〈形影神〉三首，以論辯對話的方式，深刻而直接地反映出陶淵明的終極價值觀。因此我們底下須對〈形影神〉三首略加分析：

　　〈形影神〉並序一開始便提到：「貴賤賢愚，莫不營營以惜生，斯甚惑焉，故極陳形影之苦，言神辨自然以釋之。好事君子，共取其心焉。」[113] 換言之，〈形影神〉這首詩，正是透過虛擬的「形」、「影」、「神」這三個角色，來展開一場存在主義式的對話。而不管是「形」或「影」，這兩個角色所反映的價值觀，對陶淵明而言，都不免落入「營營惜生」、「甚惑甚苦」的窘境，只有透過「神」的「自然」觀點，才眞能釋放人生的眞諦。而「形」與「影」所汲汲營營的「惜生」之苦，主要有兩層意思：一是指「養形」，一是指「求名」[114]。而對此，陳寅恪極有洞察力地指出：「『惜生』不獨指舊自然說者之服食求長生，亦兼謂名教說者之孜孜爲善，立名不朽，仍是重視無形之長生，故所以皆苦也。茲言『神辨自然』，可知神之主張即淵明之創解，亦自然說也。今以新自然說名之，以別於中散等之舊自然說焉。」[115]

　　先從「形」的觀點看起。〈形贈影〉說：「天地長不沒，山川無改時。草木得常理，霜露榮悴之。謂人最靈智，獨復不如茲。適見在世中，奄去靡歸期。奚覺無一人，親識豈相思？但餘平生物，舉目情悽洏。我無

---

[113] 龔斌校箋，《陶淵明集校箋》，頁59。

[114] 龔斌校箋，《陶淵明集校箋》，頁61。

[115] 陳寅恪，〈陶淵明之思想與清談之關係〉，收入北京師範大學中文系、北京大學中文系文學史教研室編，《陶淵明資料彙編‧上冊》（北京：中華書局，2004），頁351。

騰化術，必爾不復疑。願君取吾言，得酒莫苟辭。」[116]

天地山川草木之長久、得時、循理，總能生生不息、安養天年，最合於自然、安於自然之韻律；人雖號為萬物靈，卻反而未能安時順理、得其天年，故在世間反而顯得短暫、危脆、無常，而死亡所帶來的徹底虛無，則又是親情人倫所無法真正彌補的。因此，真正解脫之道，或許就在於長生不死的神仙之道吧！但，想到神仙騰化無處求索，我必然無逃於無常虛無之命運，唯有當下此刻之真實可握，故及時行樂飲酒吧。可見，「形」一角色，正代表常人在面對死亡無常時，渴望養形長生的神仙騰化術，但由於求索無門，而終落價值虛無主義的情調中。難逃生命無常之命運，在超越不得又無從排解之下，乃走向縱酒及時行樂一途。

其次，再看看「影」的主張。〈影答形〉則說：「存生不可言，衛生每苦拙。誠願遊崑華，邈然茲道絕。與子相遇來，未嘗異悲悅。憩蔭苦暫乖，止日終不別。此同既難常，黯爾俱時滅。身沒名亦盡，念之五情熱。立善有遺愛，胡為不自竭。酒云能消憂，方此詎不劣。」[117]

若說「形」為他所渴望的長生之術之不可求索而苦，但終是保有這樣的企求；那麼相較之下，「影」對「存生」、「衛生」的崑崙、華山等神仙之道，恐怕已徹底絕望，不再對有形的不死超脫有所企求了。因此，「影」一開始亦墮入荒蕪之中，而與「形」顧盼相憐起來；但就算「形」「影」暫時不離，仍要在死亡之徹底虛無的面前，同歸寂滅。如此一來，一切俱要歸入大虛無嗎？耐人尋味的是，「影」最後並未走向縱酒行樂的「形」之途，而是領悟到「立善」、「遺愛」的意義感，來讓自己安身立命於人世間。換言之，若放在魏晉玄學的背景看，「影」走的是回歸「名教」之路。對此，陳寅恪的洞察是切中的：「此託為主張名教者之言，蓋長生既不可得，則惟有立名即立善可以不朽，所以期精神上之長生，此正

---

[116] 龔斌校箋，《陶淵明集校箋》，頁59。
[117] 龔斌校箋，《陶淵明集校箋》，頁62-63。

周、孔名教之義，與道家自然之旨迴殊，何曾、樂廣所以深惡及非笑阮籍、王澄、胡母輔之輩也。」[118] 一言以蔽之，若相較於「形」追求有形的長生之道，那麼「影」追求的則是無形的立善立名的無形之長生，如儒家所謂立功、立德、立言以達三不朽也。

　　最後來看最能代表陶氏觀點的「神」之立場。〈神釋〉總結說：「大鈞無私力，萬理自森著。人爲三才中，豈不以我故。與君雖異物，生而相依附。結託善惡同，安得不相語。三皇大聖人，今復在何處？彭祖愛永年，欲留不得住。老少同一死，賢愚無復數。日醉或能忘，將非促齡具？立善常所欣，誰當爲汝譽？甚念傷吾生，正宜委運去。縱浪大化中，不喜亦不懼，應盡便須盡，無復獨多慮。」

　　「神」的觀點，才是陶淵明心中的終極價值歸宿。其中，「神」批判了「形」縱酒行樂的虛無主義，所謂：「日醉或能忘，將非促齡具？」[119] 因爲這種逃避名教，欲藉酒之沉湎來適性全生，其結果反倒荒誕傷生；另外「神」也批判了「影」寄託遺愛善名的名教主義，所謂：「立善常所欣，誰當爲汝譽？」因爲「神」是《莊子》那種「爲善無近名」的立場，因此，雖不必反對行善，但不必爲名而行善，或只行無名之善[120]。總之，「神」的立場，既不渴求「形」的有形長生之術，也不走向「影」的無形長生之道，但，卻也不會落入價值虛無的荒涼狂誕境地。他只是無私無我地回歸無名的自然之道，讓一切俱回歸物之自身的韻律；讓自己化爲一滴無我之水，融入道海的大化流行之中來以道觀道。如此一來，死生乃無關乎己，皆是落葉歸根的自然之事，生命在此，「不喜亦

---

118 陳寅恪，〈陶淵明之思想與清談之關係〉，《陶淵明資料彙編・上冊》，頁352。

119 「促齡具」，指酒。龔斌校箋，《陶淵明集校箋》，頁67。

120 陶詩亦常出現對留名後世的超然，例如〈怨詩楚調示龐主簿鄧治中〉五言詩：「吁差身後名，于我若浮煙。」〈和劉柴桑〉五言詩：「去去百年外，身名同翳如。」〈飲酒二十首〉第十一：「顏生稱爲仁，榮公言有道。屢空不獲年，長飢至于老。雖留身後名，一生亦枯槁。死去何所知，稱心固爲好。客養千金軀，臨化消其寶。裸葬何必惡，人當解意表。」龔斌校箋，《陶淵明集校箋》，頁98-99、119、232。

不懼」地超越了方生方死的困局，安靜祥和地交給春去春又來的道之韻律[121]。由此看來，陶氏化身的「神」之立場，正是回歸先秦老莊的自然觀，並由此而產生對「形」、「影」死生之苦的超越。可見，陶氏這種任真率性的心情：「應盡便須盡，無復獨多慮。」其基礎，正是《莊子》〈養生主〉描述老聃之死的哲理：「適來，夫子時也；適去，夫子順也。安時而處順，哀樂不能入也。」[122]

所以陳氏別具隻眼地看到了〈形影神〉三首對話詩的重要玄學價值。因為，它一方面反映它在玄學史上的特殊意義，另一方面則呈現了陶淵明的終極價值觀：

淵明之思想為承襲魏晉清談演變之結果及依據其家世信仰道教之自然說而創改之新自然說。惟其為主自然說者，故非名教說，並以自然與名教不相同。但其非名教之意僅限於不與當時政治勢力合作，而不似阮籍、劉伶之徒狂任誕。蓋主新自然說者不須如主舊自然說之積極牴觸名教也。又新自然說不似舊自然說之養此有形之生命，或別學神仙，惟求融合精神與運化之中，則與大自然為一體。因其如此，既無舊自然說形骸物質之滯累，自不致與周孔入世之名教說有所觸礙。故淵明之為人實外儒而內道，捨釋迦而宗天師者也。推其造詣所極，殆與千年後之道教採取禪宗學說以改進其教義者，頗有近似之處。然則就其舊義革新，「孤明先發」而論，實為吾國中古時代之思想家，豈僅文學品節

---

[121] 陶淵明的「縱浪大化中，不喜亦不懼」，應該是從《老子》、《莊子》的道、水、化、齊「物論」等哲理蛻變來的，只是加以詩歌化而已。例如《老子》十三章：「得之若驚、失之若驚，是謂寵辱若驚。」〈山木〉：「若夫乘道德而浮遊則不然，無譽無訾，一龍一蛇，與時俱化，而无肯專為。」【清】郭慶藩輯，《莊子集釋》，頁668。總之，不以主體自我的判斷和情意做主，以免落入是非、善惡、喜怒的二元對立之「彼是莫得其偶」的「物論」紛爭中，乃是〈齊物論〉哲理的主旨之一。

[122] 【清】郭慶藩輯，《莊子集釋》，頁128。

居古今之第一流，爲世所共知者而已哉！[123]

　　陳寅恪認爲從〈形影神〉這三首五言詩中，可以明白反映陶氏的玄學自然觀，其實是一種先秦老莊自然觀的回歸。〈形影神〉三首，以論辯對話的方式，深刻而直接地反映出陶淵明的終極價值觀。正如龔斌所指出的：「這組詩是有感於盧山高僧慧遠〈形盡神不滅論〉和〈萬佛影銘〉而發，兼及道教長生久視的妄說……，淵明與慧遠雖爲方外交，終因哲學見解不同而不入蓮社。〈形影神〉三首，通過形、影、神三者的答辨，表達了與慧遠等佛教徒完全不同的見解，是研討陶淵明自然哲學和人生哲學的最重要的作品。」[124]

　　本章的重點並不在討論陶淵明思想的玄學意義，但據陳寅恪對〈形影神〉三首詩的分析詮釋中，卻可以回應本章上述的關懷和判斷。亦即，〈桃花源記〉中的樂園既不可和政治範疇的烏托邦混爲一談，也必須和神話宗教樂園的奇幻不死世界分判出來，它最契近的應是先秦老莊那種物自身式的自然樂園。而〈桃花源記〉之間的樂園描述之所以呈現那樣素樸的自然與人間合和的意象，應該和他對老莊的自然義理之領會和把握密切相關，對此，我們在〈形影神〉詩三首中，得到了最好的印證。換言之，陶淵明的玄學主張和樂園描述是若合符節的，彼此之間應能得到詮釋的循環共證。

　　—— 發表於《中國文哲研究集刊》第32期，2008年3月，後經大幅增補

---

[123] 陳寅恪，〈陶淵明之思想與清談之關係〉，《陶淵明資料彙編・上冊》，頁358。
[124] 【清】郭慶藩輯，《陶淵明集校箋》，頁60-61。

引用書目

一、原始文獻

【唐】成玄英疏，《老子義疏》，臺北：廣文書局，1974。

【北魏】酈道元注，【清】楊守敬、熊會貞等疏，《水經注疏》，南京：江蘇古
　　籍出版社，1989。

【魏】王弼，《老子四種》，臺北：大安出版社，1999。【魏】王弼，樓宇烈校
　　釋，《王弼集校釋》，臺北：華正書局，1992。

【晉】陶淵明著，龔斌校箋，《陶淵明集校箋》，上海：上海古籍出版社，
　　1999。

【晉】葛洪，《神仙傳》，臺北：廣文出版社，1989。

【宋】洪興祖撰，《楚辭補注》，臺北：漢京文化事業公司，1983。

【明】憨山大師，《老子道德經憨山注・莊子內篇憨山注》，臺北：新文豐出版
　　公司，1993。

【清】郭慶藩輯，《莊子集釋》，臺北：華正書局，1985。

王叔岷，《莊子校詮》，北京：中華書局，2007。

王淮，《老子探義》，臺北：臺灣商務印書館，1988。

袁珂注，《山海經校注》，臺北：里仁書局，1982。

陳鼓應，《老子今註今譯及評介》，臺北：臺灣商務印書館，1991。

——，《莊子今註今譯》，臺北：臺灣商務印書館，1999。

楊伯峻，《列子集釋》，北京：中華書局，1997。

錢鍾書，〈老子王弼註章〉，收於《錢鍾書作品集6-2：管錐編》，臺北：書林出
　　版有限公司，1980。

二、近人研究

㈠中文專著

方東美，《生生之德》，臺北：黎明出版社，1987。

王邦雄，《生命的實理與心理的虛用》，臺北，立緒文化事業有限公司，1999。

史作檉，《形上美學要義》，臺北：書鄉文化出版社，1993。

伍至學，《老子反名言論》，臺北：唐山出版社，2002。

成中英，《從中西互釋中挺立》，北京：中國人民大學出版社，2005。

牟宗三，《中國哲學十九講》，臺北：臺灣學生書局，1983。

──，《現象與物自身》，臺北：臺灣學生書局，1984。

──，《才性與玄理》，臺北：臺灣學生書局，1985。

──，《圓善論》，臺北：臺灣學生書局，1985。

──，《智的直覺與中國哲學》，臺北：臺灣商務印書館，1987。

──，《佛性與般若》，臺北：臺灣學生書局，1989。

──，《中國哲學十九講》，臺北：臺灣學生書局，1993。

──，《中國哲學的特質》，臺北：臺灣學生書局，1998。

余英時，《中國知識階層史論》，臺北：聯經出版公司，1993。

吳汝鈞，《京都學派哲學：久松真一》，臺北：文津出版社，1995。

──，《老莊哲學的現代析論》，臺北：文津出版社，1998。

汪民安，《尼采與身體》，北京：北京大學出版社，2008。

林順夫，《理想國的追尋》，臺中：東海大學通識中心，2003。

林鎮國，《空性與現代性》，臺北：立緒文化事業有限公司，1999。

胡萬川，《真實與想像──神話傳說探微》，新竹：清華大學出版社，2004。

胡適，《中國古代哲學史》，臺北：遠流出版公司，1986。

唐君毅，《中國哲學原論‧導論篇》，臺北：臺灣學生書局，1986。

徐復觀，《中國藝術精神》，臺北：臺灣學生書局，1988。

──，《中國人性論史》，臺北：臺灣商務印書館，1999。

袁保新，《老子哲學之詮釋與重建》，臺北：文津出版社，1997。

──，《從海德格、老子、孟子到當代新儒學》，臺北：臺灣學生書局，2008。

袁珂，《古神話選釋》，臺北：長安出版社，1986。

區紀復，《簡樸的海岸：鹽寮淨土十年記》，臺北：晨星出版社，2000。

張一兵，《不可能的存在之真──拉康哲學映像》，北京：商務印書館，2006。

張亨，《思文之際論集──儒道思想的現代詮釋》，臺北：允晨文化實業公司，
　　1997。

張祥龍，《海德格爾思想與中國天道》，北京：三聯書店，1996。

張隆溪著，馮川譯，《道與邏各斯》，南京：江蘇教育出版社，2006。

張榮明，《從老莊哲學至晚清方術──中國神祕主義研究》，上海：華東師範大
　　學出版社，2006。

張灝，《時代的探索》，臺北：聯經出版公司，2004。

陳來，《有無之境》，北京：人民出版社，1991。

──，《古代宗教與倫理──儒家思想的根源》，北京：三聯書店，1996。

陳鼓應，《老莊新論》，香港：中華書局，1997。

——主編，《道家文化研究‧第十七輯》，北京：三聯書店，1999。

——，《道家文化研究‧第二十輯：「道家思想在當代」》，北京：三聯書店，2003。

——，《道家文化研究‧第二十二輯：「道家與現代生活」》，北京：三聯書店，2007。

陳榮灼，《「現代」與「後現代」之間》，臺北：時報文化出版企業公司，1992。

傅偉勳，《從西方哲學到禪佛教》，臺北：東大圖書股份有限公司，1986。

——，《從創造的詮釋學到大乘佛學》，臺北：東大圖書股份有限公司，1990。

——，《道元》，臺北：東大圖書股份有限公司，1996。

勞思光，《新編中國哲學史》，臺北：三民書局，1988。

馮友蘭，《中國哲學史》，香港：開明書店，1963。

楊儒賓，《莊周風貌》，臺北：黎明文化出版，1991。

葉舒憲、蕭兵，《老子的文化解讀》，武漢：湖北人民出版社，1996。

葉舒憲，《莊子的文化解析》，武漢：湖北人民出版社，1997。

葉維廉，《比較詩學》，臺北：東大圖書股份有限公司，1988。

——，《道家美學與西方文化》，北京：北京大學出版社，2002。

——，《歷史、傳釋與美學》，臺北：東大圖書股份有限公司，2002。

董光璧，《當代新道家》，北京：華夏出版社，1991。

廖炳惠，《解構批評論集》，臺北：東大圖書股份有限公司，1995。

熊偉，《自由的真諦——熊偉文選》，北京：中央編譯出版社，1997。

聞一多，《聞一多全集㈠》，臺北：里仁書局，1993。

劉述先，《中西哲學論文集》，臺北：臺灣學生書局，1987。

劉笑敢，《莊子哲學及其演變》，北京：中國社會科學出版社，1988。

——，《老子》，臺北：東大圖書股份有限公司，1997。

樂蘅軍，《古典小說散論》，臺北：大安出版社，2004。

蔣年豐，《文本與實踐》，臺北：桂冠圖書股份有限公司，2000。

賴錫三，《莊子靈光的當代詮釋》，新竹：清華大學出版社，2008。

——，《丹道與易道——內丹的性命修煉與先天易學》，臺北：新文豐出版公司，2010。

顏崑陽，《莊子藝術精神析論》，臺北：華正書局，2005。

嚴靈峰，《老子研究》，臺北：中華書局，1966。

蘇以文，《隱喻與認知》，臺北：臺大出版中心，2006。

蘇以文、畢永峨主編，《語言與認知》，臺北：臺大出版中心，2009。

龔雋，《禪學發微》，臺北：新文豐出版公司，2002。

(二)外文譯著

【丹麥】玻爾（Niels Bohr）著，戈革譯，《尼耳斯‧玻爾哲學文選》，北京：商務印書館，1999。

【日】中野孝次著，李永熾譯，《清貧思想》，臺北：張老師文化事業公司，1995。

【日】西田幾多郎著，何倩譯，《善的研究》，北京：商務印書館，1981。

【日】谷川渥著，許菁娟譯，《幻想的地誌學》，臺北：邊城出版社，2005。

【日】阿部正雄著，王雷泉、張汝倫譯，《禪與西方思想》，臺北：桂冠圖書股份有限公司，1992。

【日】湯淺博雄著、趙漢英譯，《巴塔耶》，石家莊：河北教育出版社，2001。

【日】鈴木大拙著，徐進夫譯，《耶教與佛教的神祕教》，臺北：志文書局，1989。

【比利時】杜普瑞（Louis K. Dupré）著，傅佩榮譯，《人的宗教向度》，臺北：幼獅文化事業公司，1986。

【加】弗萊（Northrop Frye）著，陳慧、袁憲軍、吳偉仁譯，《批評的剖析》，天津：百花文藝出版社，1998。

──，吳持哲譯，《神力的語言》，北京：中國社會科學出版社，2004。

【波蘭】馬凌諾斯基（Bronislaw Malinowsky）著，朱岑樓譯，《巫術、科學與宗教》，臺北：協志工業出版股份有限公司，1996。

【法】巴舍拉（Gaston Bachelard）著，劉自強譯，《夢想的詩學》，北京：三聯書店，1997。

──，龔卓軍、王靜慧譯，《空間詩學》，臺北：張老師文化事業公司，2003。

──，顧嘉琛譯，《水與夢──論物質的想像》，長沙：岳麓書社，2005。

【法】巴塔耶（Georges Bataille）著，汪民安編譯，《色情、耗費與普遍經濟：喬治‧巴塔耶文選》，長春：吉林人民出版社，2003。

【法】布爾迪厄（Pierre Bourdieu）著，楊亞平譯，《國家的菁英──名牌大學與群體精神》。北京：商務印書館，2004。

【法】列維‧布留爾（Lucién Lénvy-Brühl）著，丁由譯，《原始思維》，北京：商務印書館，1994。

【法】吉拉爾（René Girard）著，馮壽農譯，《替罪羊》，北京：東方出版社，

2002。

【法】德勒茲（Gilles Deleuze）著，陳永國編譯，《游牧思想——德勒茲‧瓜塔里讀本》，長春：吉林人民出版社，2003。

——，陳永國編譯，《游牧思想——德勒茲‧瓜塔里讀本》，長春：吉林人民出版社，2003。

——，董強譯，《感覺的邏輯》，桂林：廣西師範大學出版社，2007。

【法】里克爾（Paul Ricoeur）著，翁紹軍譯，《惡的象徵》，臺北：桂冠圖書股份有限公司，1993。

——，林宏濤譯，《詮釋的衝突》，臺北：桂冠圖書股份有限公司，1998。

——，汪堂家譯，《活的隱喻》，上海：上海譯文出版社，2004。

【法】拉崗（Jacques Lacan）著，褚孝泉譯，《拉崗選集》，北京：三聯書店，2001。

【法】翁托南‧阿鐸（Antonin Artaud）著，劉俐譯注，《劇場及其複象——阿鐸戲劇文集》，臺北：聯經出版公司，2003。

【法】傅科（Michel Foucault）著，劉北成、楊遠嬰譯，《規訓與懲罰：監獄的誕生》，臺北：桂冠圖書股份有限公司，1993。

【法】普魯斯特（Marcel Proust）著，沈志明選譯，《失而復得的時間》，北京：中國廣播電視出版社，2000。

【法】德希達（Jacques Derrida）著，張寧譯，《書寫與差異》，臺北：麥田出版公司，2004。

——，郭軍、曹雷雨編譯，《論瓦爾特‧本雅明：現代性、寓言和語言的種子》，長春：吉林人民出版社，2004。

【法】羅蘭‧巴特（Roland Barthes）著，許綺玲譯，《明室——攝影扎記》，臺北：臺灣攝影工作室，1997。

——，劉森堯譯，《羅蘭巴特論羅蘭巴特》，臺北：桂冠圖書股份有限公司，2002。

——，孫乃修譯，《符號禪意東洋風》，臺北：臺灣商務印書館，2003。

——，劉森堯譯，《羅蘭‧巴特訪談錄》，臺北：桂冠圖書股份有限公司，2004。

——，李幼蒸譯，《寫作的零度》，臺北：桂冠圖書股份有限公司，2004。

——，屠友祥譯，《文之悅‧譯注》，上海：上海人民出版社，2004。

【俄】巴赫金（Mikhail Mikhailovich Bakhtin）著，白春仁、曉河譯，《小說理論》，石家莊：河北教育出版社，1998。

——，李兆林、夏忠憲等譯，《拉伯雷研究》，石家莊：河北教育出版社，1998。

【俄】普羅普（Vladimir Yakovlevich Prope）著，賈放譯，《神奇故事的歷史根源》，北京：中華書局，2006。

【美】孔恩（Thomas Kuhn）著，程樹德、傅大為、王道還、錢永祥譯，《科學革命的結構》，臺北：遠流出版公司，1991。

【美】史坦（Murray Stein）著，朱侃如譯，《榮格心靈地圖》，臺北：立緒文化事業有限公司，1999。

【美】史泰司（Walter Terence Stace）著，楊儒賓譯，《冥契主義與哲學》，臺北：正中書局，1998。

【美】本杰【明】史華茲（Benjamin Schwartz）著，程鋼譯，《古代中國的思想世界》，南京：江蘇人民出版社，2004。

【美】伊萬‧伊利奇（Ivan Illich）著，吳康寧譯，《非學校化社會》，臺北：桂冠圖書股份有限公司，2004。

【美】艾倫‧奇南（Allan B . Chinen）著，劉幼怡譯，《秋空爽朗——童話故事與人的後半生》，北京：東方出版社，1998。

【美】艾蘭（Sarah Allan）著，張海晏譯，《水之道與德之端——中國早期哲學思想的本喻》，上海：上海人民出版社，2002。

【美】余國藩著，李奭學譯，《余國藩西遊記論集》，臺北：聯經出版公司，2003。

【美】克利弗德‧紀爾茲（Clifford Geertz）著，楊德睿譯，《地方知識：詮釋人類學論文集》，臺北：麥田出版公司，2002。

【美】坎伯（Joseph Campbell）著，朱侃如譯，《千面英雄》，臺北：立緒文化事業有限公司，1997。

【美】陳榮捷著，楊儒賓、吳有能、朱榮貴、萬先法譯，《中國哲學文獻選編》，臺北：巨流圖書股份有限公司，1995。

【美】柯林斯（Randall Collins）著，劉慧珍等譯，《文憑社會——教育與階層化的歷史社會學》，臺北：桂冠圖書股份有限公司，1998。

【美】約翰‧內哈特（John Neihardt）記錄，賓靜蓀譯，《黑麋鹿如是說》，臺北：立緒文化事業有限公司，2003。

【美】海倫‧聶爾寧（Helen Nearing）、史考特‧聶爾寧（Scott Nearing）著，梁永安‧高志仁譯，《農莊生活》，臺北：立緒文化事業有限公司，2004。

【美】馬斯洛（Abraham Maslow）等著，林方主編，《人的潛能和價值》，北

京：華夏出版社，1987。

【美】高夫曼（Erving Goffman）著、徐江敏、李姚軍譯，《日常生活中的自我表演》，臺北：桂冠圖書股份有限公司，2001。

【美】威廉・詹姆斯（William James）著，黃漢耀譯，《心靈簡單就是美》，臺北：新路出版有限公司，1997。

——，蔡怡佳、劉宏信譯，《宗教經驗之種種》，臺北：立緒文化事業有限公司，2001。

【美】雷可夫（G. Lakoff）、【美】強生（M. Johnson）著，周世箴譯注，《我們賴以生存的譬喻》，臺北：聯經出版公司，2006。

【英】卡爾・巴柏（Karl R. Popper）著，莊文瑞譯，《開放社會及其敵人》，臺北：桂冠圖書股份有限公司，1992。

【英】米德（George Herbert Mead）著，趙月瑟譯，《心靈、自我與社會》，上海：上海譯文出版社，1997。

【英】利奇（Edmund Leach）著，郭凡、鄒和譯，《文化與交流》，上海：上海人民出版社，2000。

【英】杰弗里・帕林德爾（Geoffrey Parrinder）著，舒曉煒、徐鈞堯譯，《世界宗教中的神祕主義》，北京：今日中國出版社，1992。

【英】約翰・伯格（John Berger），《觀看的方式》，臺北：麥田出版公司，2005。

【英】特納（Victor Witter Turner）著，黃劍波、柳博贇譯，《儀式過程：結構與反結構》，北京：中國人民大學出版社，2006。

【英】畢瑟姆（David Beetham）著，韓志明、張毅譯，《官僚制》，長春：吉林人民出版社，2005。

【英】維特根斯坦（Ludwig Wittgenstein）著，涂紀亮主編，《維特根斯坦全集》，石家莊：河北教育出版社，2003。

【英】鮑伊（Fiona Bowie），金澤、何其敏譯，《宗教人類學導論》，北京：中國人民出版社，2004。

【英】戴維・弗里斯比（David Frisby）著，周憲、許鈞編，盧暉臨、周怡、李林艷譯，《現代性的碎片：齊美爾、克拉考爾和本雅明作品中的現代性理論》，北京：商務印書館，2003。

【捷克】米蘭・昆德拉（Milan Kundera）著，尉遲秀譯，《小説的藝術》，臺北：皇冠文化出版有限公司，2004。

【奧】布伯（Martin Buber），陳維剛譯，《我與你》，臺北：桂冠圖書股份有限

公司，1993。

【瑞士】榮格（Carl Gustav Jung）主編，龔卓軍譯，《人及其象徵：榮格思想精華的總結》，臺北：立緒文化事業有限公司，2000。

【瑞典】伯格曼（Ingmar Bergman），韓良憶等譯，《柏格曼論電影》，臺北：遠流出版公司，1994。

【德】加達默爾（Hans-Georg Gadamer）著，洪漢鼎譯，《真理與方法》，臺北：時報文化出版企業公司，1993。

【德】卡西勒（Ernst Cassirer），甘陽譯，《人論》，臺北：桂冠圖書股份有限公司，1994。

──，于曉等譯，《語言與神話》，臺北：桂冠圖書股份有限公司，1994。

【德】尼采（Wilhelm Friedrich Nietzsche）著，劉崎譯，《悲劇的誕生》，臺北：志文出版社，1979。

──，謝地坤、宋祖良、程志民譯，《論道德的譜系‧善惡之彼岸》，廣西：漓江出版社，2007。

【德】瓦爾特‧本雅明（Walter Benjamin）著，陳永國、馬海良編，《本雅明文選》，北京：中國社會科學出版社，1999。

【德】皮柏‧尤瑟夫（Pieper Josef）著，劉森堯譯，《閒暇：文化的基礎》，臺北：立緒文化事業有限公司，2003。

【德】伊瑟爾（Wolfgang Iser）著，陳定家、汪正龍等譯，《虛構與想像：文學人類學疆界》，長春：吉林人民出版社，2003。

【德】韋伯（Max Weber），《學術與政治：韋伯選集1》，臺北：遠流出版公司，1985。

【德】海德格（Martin Heidegger）著，孫周興譯，《走向語言之途》，臺北：時報文化出版企業公司，1993。

──，熊偉、王慶節譯，《形而上學導論》，臺北：仰哲出版社，1993。

──，孫周興選編，《海德格爾選集》（上）（下），上海：三聯書店，1996。

──，王慶節、陳嘉映譯，《存在與時間》，臺北：桂冠圖書股份有限公司，2002。

【德】曼海姆（Karl Mannheim）著，張明貴譯，《意識形態與烏托邦》，臺北：桂冠圖書股份有限公司，2006。

【德】華特‧班雅明（Walter Benjamin）著，許綺玲譯，《迎向靈光消逝的年代》，臺北：臺灣攝影工作室，1999。

【德】萊因哈德‧梅依（Reinhard May）著，張志強譯，《海德格爾與東亞思

想》，北京：中國社會科學出版社，2003。

【德】黑格爾（Georg Wilhelm Friedrich Hegel）著，賀麟、王太慶譯，《哲學史講演錄》第4卷，北京：商務印書館，1995。

【德】漢娜‧鄂蘭（Hannah Arendt）著，蘇友貞譯，《心智生命》，臺北：立緒文化事業有限公司，2007。

【德】齊美爾（Georg Simmel）著，顧仁明譯，《金錢、性別、現代生活風格》，臺北：聯經出版公司，2001。

【德】諾伊曼（Erich Neumann）著，李以洪譯，《大母神——原型分析》，北京：東方出版社，1998。

【羅馬尼亞】伊利亞德（Mircea Eliade）著，楊儒賓譯，《宇宙與歷史——永恆回歸的神話》，臺北：聯經出版公司，2000。

——，楊素娥譯，《聖與俗——宗教的本質》，臺北：桂冠圖書股份有限公司，2001。

——，晏可佳、姚蓓琴譯，《神聖的存在：比較宗教的範型》，桂林：廣西師範大學出版社，2008。

三、單篇論文

【日】三浦國雄，〈洞天福地小論〉，《東方宗教》1973年第61期。

【日】前野直彬著，前田一惠譯，〈冥界遊行〉，收入靜宜文理學院中國古典小說研究中心編，《中國古典小說研究專集（4）》，臺北：聯經出版公司，1982。

【日】富永一登，〈中國文學における老子——陶淵明の場合〉，加地伸行編，《老子の世界》，東京：新人物往來社，1988。

【南斯拉夫】拉多薩夫（Radosav Pusic），〈老子：嬰兒與水〉，收入陳鼓應編，《道家文化研究（第四輯）》，上海：上海古籍出版社，1994。

【美】安樂哲（Roger T. Ames）、【美】郝大維（David L. Hall）著，彭國翔譯，〈《道德經》與關聯性的宇宙——一種詮釋性的語脈〉，《求是學刊》2003年第2期。

【瑞士】榮格（Carl Gustav Jung）著，〈人生的各階段〉，林方主編《人的潛能和價值——人本主義心理學譯文集》，北京：華夏出版社，1987。

【德】伯梅（Gernot Böhme）著，谷心鵬、翟江月、何乏筆譯，〈氣氛作為新美學的基本概念〉，《當代》2003年第188期。

刁生虎，〈莊子的語言哲學及表意方式〉，《東吳哲學學報》2005年第12期。

毛怡紅，〈海德格爾的「原始倫理學」及其當代影響〉，《哲學雜誌》第12期（1995年4月）。

王欽賢，〈禪境之觀照——冥契主義的觀點〉，《鵝湖學誌》第26期（2001年6月）。

何乏筆（Fabian Heubel），〈（不）可能的平淡：試論徐復觀《中國藝術精神》的當代性〉，「徐復觀學術思想中的傳統與當代國際學術研討會」論文，臺北：國立臺灣大學人文社會高等研究院，2009年12月5-6日。余英時，〈軸心突破和禮樂傳統〉，《二十一世紀》第58卷（2004年4月）。

呂凱文，〈略論批判佛教運動在日本的發展〉，《法光》第101期（1998年2月）。

宋美璍，〈譯序：湯馬斯‧摩爾的世界觀與視界〉，【英】摩爾（Sir Thomas More），《烏托邦》，臺北：聯經出版公司，2003。

李永熾，〈「異人」與日本精神史（上）（中）（下）〉，《當代》第83-85卷（1993年3-5月）。

李豐楙，〈六朝道教洞天說與遊歷仙境小說〉，國立清華大學中國語文學系主編，《小說戲曲研究（第一集）》，臺北：聯經出版公司，1988。

杜維明，〈身體與體知〉，《當代》第35期（1989年3月）。

沈清楷，〈從Aufhebung（棄存揚升）到Différance（延異）〉，《哲學與文化》第33卷第5期（2006年5月）。

周大興，〈儒家大路道家棧——《老子哲學之詮釋與重建》評介〉，《中國文哲研究通訊》第2卷第3期（1992年9月）。

孫周興，〈老子對海德格的影響〉，《哲學與文化》第20卷第12期（1993年12月）。

徐聖心，〈「莊子尊孔論」系譜綜述——莊學史上的另類理解與閱讀〉，《臺大中文學報》第17期（2002年12月）。

袁保新，〈試論儒家心性之學的現代意函及其與科學的關係〉，收入劉述先主編，《當代儒學論文集：挑戰與回應》，臺北：中央研究院中國文哲研究所籌備處，1995。

──，〈再論老子之道的義理定位〉，《中國文哲研究通訊》第7卷第2期（1997年6月）。

──，〈「什麼是人？——孟子心性論與海德格存有思維的對比研究」〉，《東海哲學研究集刊》第7期（2000年6月）。

屠友祥，〈意識形態‧句子、文〉，《當代》107期（1995年3月）。張亨，〈桃

花源記甚解〉，國立臺灣大學中國文學系、行政院文化建設委員會編，《鄭因百先生百歲冥誕國際學術研討會論文集》，臺北：臺灣大學中文系，2005。

張榮興、黃惠華，〈心理空間理論與「梁祝十八相送」之隱喻研究〉，*Language and Linguistics* 第6卷第4期（2005年10月）。

郭思慈，〈從符號學到現象學的轉向——羅蘭‧巴特論攝影本體〉，《當代》107期，（1995年3月）。

陳寅恪，〈陶淵明之思想與清談之關係〉，收入北京師範大學中文系、北京大學中文系文學史教研室編，《陶淵明資料彙編‧上冊》，北京：中華書局，2004。

陳榮灼，〈Heidegger on the problem of Individuation〉，《東海學報》第25期（1984年6月）。

——，〈「即」之分析——簡別佛教「同一性」哲學諸形態〉，《國際佛學研究》創刊號（1991年12月）。

——，〈王弼與郭象玄學思想之異同〉，《東海學報》第33期（1992年6月）。

——，〈海德格「轉向」（Kehre）的一個詮釋〉，《歐美研究》第31卷第2期（2001年6月）。

——，〈道家之「自然」與海德格之「Er-eignis」〉，《清華學報》新34卷第12期（2004年12月）。

黃文宏，〈西田幾多郎的宗教哲學——以〈場所邏輯與宗教的世界觀〉為例〉，收入李明輝、陳瑋芬主編，《現代儒家與東亞文明：地域與發展》，臺北：中央研究院中國文哲研究所，2002。

——，〈現象學的觀念：從海德格的場所思維來看〉，《國立政治大學哲學學報》第9期（2002年12月）。

黃雅嫻，〈從限制到蔓延——德希達哲學中的「隱喻」〉，《哲學與文化》第33卷5期（2006年5月）。

楊玉成，〈世紀末的省思：〈桃花源記并詩〉的文化與社會〉，《中國文哲研究通訊》第8卷第4期（1998年12月）。

——，〈田園組曲：論陶淵明《歸園田居》五首〉，《國文學誌》第4期（2001年2月）。

楊儒賓，〈昇天、變形與不懼水火——論莊子思想中與原始宗教相關的三個主題〉，《漢學研究》第7卷第1期（1989年6月）。

——，〈道家的原始樂園思想〉，「中國神話與傳說學術研討會」論文，臺北：

漢學研究中心，1996。

——，〈新儒家與冥契主義〉，陳德和編，《當代新儒學的關懷與超越》，臺北：文津出版社，1997。

——，〈道與玄牝〉，《臺灣哲學研究》第2期（1999年3月）。

——，〈有沒有「道的語言」——莊子論「卮言」〉，收入林明德策畫，《中國文學新境界：反思與觀照》，臺北：立緒文化事業有限公司，2005。

葉維廉，〈道家美學・山水詩・海德格〉，收入鄭樹森編，《現象學與文學批評》，臺北：東大圖書股份有限公司，1991。

劉述先，〈當代儒學發展新契機〉，收入林安梧編，《第三屆當代新儒家國際論文集之四：當代儒學發展之新契機》，臺北：文津出版社，1997。

劉笑敢，〈關於老子之道的新解釋與新詮釋〉，《中國文哲研究通訊》第7卷第2期（1997年6月）。

劉滄龍，〈永恆回歸與修身〉，「差異性——當代歐陸哲學會議」論文，嘉義：南華大學哲學系（2007年10月12-13日）。

樂蘅軍，〈中國原始變形神話試探〉，收入古添洪、陳慧樺編，《從比較神話到文學》，臺北：東大圖書股份有限公司，1993。

蔡瑜，〈試從身體空間論陶詩的田園世界〉，《清華學報》新34卷第1期（2004年6月）。

——，〈從飲酒到自然——以陶詩為核心的探討〉，《臺大中文學報》第22期（2005年6月）。

鄧育仁，〈生活處境中的隱喻〉，《歐美研究》35卷第1期（2005年3月）。

——，〈隱喻與意向性〉，「身體、認知與意義研討會」論文，臺北：中央研究院歐美研究所（2006年12月9日）。

——，〈隱喻與情理——孟學論辯放到當代西方哲學時〉，《清華學報》新38卷第3期（2008年9月）。

賴賢宗，〈海德格論道：一個文獻學之考察〉，《思與言》第42卷第2期（2004年6月）。賴錫三，〈莊子的真理觀與語言觀〉，《揭諦》創刊號（1997年6月）。

——，〈《莊子》工夫實踐的歷程與超形上學的證悟——以〈齊物論〉為核心而展開〉，《國立編譯館館刊》第27卷第1期（1998年6月）。

——，〈斯賓諾莎泛神觀的同一與差異〉，《文明探索》第17期（1999年4月）。

——，〈「當代新道家」與「深層生態學」的存有論基礎〉，刊於《揭諦》第2期（1999年7月）。

──，〈海德格從存有學立場對科技的反省與拯救〉，《文明探索》第21期（2000年4月）。

──，〈莊子「真人」的身體觀──身體的社會性與宇宙性之辯證〉，刊於《臺大中文學報》第14期（2001年5月）。

──，〈神話、《老子》、《莊子》之同、異研究──朝向「當代新道家」的可能性〉，《臺大文史哲學報》第61期（2004年11月）。

──，〈《莊子》精、氣、神的功夫和境界──身體的精神化與形上化之實現〉，《漢學研究》第22卷第2期（2004年12月）。

──，〈道家的神話哲學之系統詮釋：意識的起源、發展與回歸、圓融〉，《清華學報》新34卷第2期（2004年12月）。

──，〈牟宗三對道家形上學詮釋的反省與轉向──通向「存有論」與「美學」的整合道路〉，《臺大中文學報》第25期（2006年12月）。

──，〈西田幾多郎《善的研究》之存有論詮釋──認識之真、倫理之善、藝術之美、宗教之神的一體觀〉，《中正大學中文學術年刊》新1期（2006年12月）。

──，〈桃花源并詩的神話、心理學詮釋──陶淵明的道家式樂園新探〉，《中國文哲研究集刊》第32期（2008年3月）。

──，〈當代學者對《老子》形上學詮釋的評論與重塑──朝向存有論、美學、神話學、冥契主義的四重道路〉，《清華學報》新38卷第1期（2008年3月）。

──，〈論道家的逍遙美學──與羅蘭‧巴特的「懶惰哲學」之對話〉，《臺大文史哲學報》第69期（2008年11月）。

──，〈以自然淨化罪惡：沒有他者的無名世界──論道家的原始倫理學如何治療罪惡與卑污〉，收入「沉淪、懺悔與救度：中國文化的懺悔書寫研討會」論文，臺北：中央研究院中國文哲研究所（2008年12月）。

──，〈從《老子》的道體隱喻到《莊子》的體道敘事──由本雅明的說書人詮釋莊周的寓言哲學〉，《清華學報》新40卷第1期（2010年3月）。

──，〈論先秦道家的自然觀：重建一門具體、活力、差異的物化美學〉，《文與哲》第16期（2010年6月）。

──，〈技藝？還是藝術？──論惠施與莊子兩種思維差異的自然觀〉，「重探人與自然的關係」學術研討會，第五屆兩岸三地人文社會科學論壇，中壢：中央大學中文系（2010年11月）。

──，〈《莊子》身體觀的三維辯證：符號解構、技藝融入、氣化交換〉，「中

國哲學研究的身體維度」海峽兩岸學術會議，北京：北京大學高等研究院
（2010年11月）。

──，〈神話‧變形‧冥契‧隱喻──老莊的肉身之道與隱喻之道〉，《臺大中
文學報》第33期（2010年12月）。

──，〈論《莊子》的文學力量與文本空間──與羅蘭‧巴特「文之悅」的對
話〉，第十二屆「文學與美學」國際學術研討會，臺北：淡江大學中文系
（2011年5月）。

──，〈道家的自然體驗與冥契主義──神祕‧悖論‧自然‧倫理〉，刊於《臺
大文史哲學報》，第74期（2011年5月）。

關永中，〈上與造物者遊──與莊子對談神祕主義〉，《臺大哲學評論》第22期
（1999年3月）。

龔卓軍，〈庖丁手藝與生命政治：評介葛浩南《莊子的哲學虛構》〉，《中國文
哲研究通訊》第18卷第4期（2008年12月）。

四、西文專書

Fu, Charles Wei-Hsan. "Creative Hermeneutics: Taoist Metaphysics And Heidegger", *Journal of Chinese Philosophy*. 3, 1976.

Fu, Charles Wei-Hsun. "Lao Tzu's Conception of Tao", *Inquiry*. 16, 1973.

Fu, Charles Wei-Hsun. "The Trans-Onto-Theo-Logical Foundations of Language in Heidegger and Taoism", read in the Symposium '*Language and Languages of philosophy East and West'at the annual meeting of Association for Asian Studies*, San Francisco, 1975.

Heidegger, Martin. An Introduction to *Metaphysics*. New Haven: Yale University Press, 2000.

Heidegger, Martin. Tr. by John Macquarrie & Edward Robinson, *Being and Time*. New York, London: Routledge, 2003.

Kohn, Livia. *Taoist Mystical philosophy*. State of University of New York Press, 1991.

Kohn, Livia. *Early Chinese Mysticism: Philosophy and Soteriology in the Taoist Tradition*. Princeton University Press, 1992.

Roth, Harold D. *Original Tao: Inward Training*. N.Y.: Columbia University. Press. 1999.

陳榮灼，*Heidegger and Chinese Philosophy*（《海德格與中國哲學》），臺北：雙
葉出版社，1986。

蕭師毅，〈海德格與我們《道德經》的翻譯〉，G. Parkes ed., *Heidegger and Asian*

Thought. Honolulu: University of Hawaii Press, 1987.

五、學位論文

王仁鴻，《《山海經》的神話思維——以空間、身體、食物、樂園為探討核心》，嘉義：中正大學中文研究所碩士論文，2009。

賴錫三，《道家式存有論的詮釋與其超形上學的證悟》，中壢：中央大學哲學研究所碩士論文，1996。

謝辭

　　人總是在可見與不可見的背景脈絡中被滋養茁壯，而一本書的完成，總在前人哲思與經典文本的互滲脈絡中，融攝出一己小小的差異新曲。因此，個人的渺小與無知，是那樣明顯不過，而要感念的人事物，卻又那樣綿延浩瀚。要感謝的因緣，確實言不盡意，只好拈出心中時常奮戰的兩位學術巨人作為感念的象徵：史作檉先生和楊儒賓先生。這兩位先生雖然彼此幾乎沒有任何交涉，卻各在我生命中扮演了詭譎難言的滲透力。他們那浩瀚博大的見識、精純專注的心志，在我一路反覆徘徊於儒／道／佛交涉、東方與西方跨文化對話的路上，各以難言也的隱晦方式，對我產生極複雜的啟蒙辯證。這種綿密又神祕的交涉，不知如何言謝，也許只有默立天際，遙遙冥契以迴向。而每當我想到他們對學問的堅持、毅力的卓絕，還有那不倦不累、不知老之將至的神祕之樂，不免為自身徬徨逃避、倦怠厭煩的心性感到懷疑，另一方面卻又在想望中興發一股緩緩再生的契機。

　　感謝我的父母賴清德先生與康阿碧女士，他們在無名的宇宙中來去一生，如今或將過完終身付出的承擔人生，我必須在這裡以懺情式的感恩，為他們留下屬於我對他們的名之記憶。感謝妻子林素娟教授，她確實是很好的性靈伴侶、學術同志，也是我生活世界中朝夕傾聽、無話不說的知己。

　　另外，也要特別謝謝國科會研究計畫案與吳大猷紀念獎的資源輔助，它讓我在可觀的圖書資料與豐沛的研究助理雙重幫忙下，可專心一志地研讀與沉思。

　　如今，我或已曲曲折折地走到林中小空地，心境正如一位無緣而曾啟蒙過我的現代禪師李元松先生所說：「風繼續吹，路繼續走！」若以儒、道解禪機，我想那生生與變化相續不斷的天命大化，是思想者最後要去學習領受的安命。

（錫三於2010年11月，初寫於田園將蕪之秋；2011年4月，改寫於隔年田園復新之春。）

Note

Note

國家圖書館出版品預行編目資料

當代新道家／賴錫三著. ——初版. ——臺北
　市：五南圖書出版股份有限公司，2021.11
　　面；　公分
ISBN 978-986-522-177-5（平裝）

1.道家　2.老莊哲學

121.3　　　　　　　　　　　109011602

1XJS　五南當代學術叢刊

當代新道家

作　　　者 ─ 賴錫三

發 行 人 ─ 楊榮川

總 經 理 ─ 楊士清

總 編 輯 ─ 楊秀麗

副總編輯 ─ 黃惠娟

責任編輯 ─ 吳佳怡

封面設計 ─ 王麗娟

出 版 者 ─ 五南圖書出版股份有限公司

地　　　址：106台北市大安區和平東路二段339號4樓

電　　　話：(02)2705-5066　　傳　　真：(02)2706-6100

網　　　址：https://www.wunan.com.tw

電子郵件：wunan@wunan.com.tw

劃撥帳號：01068953

戶　　　名：五南圖書出版股份有限公司

法律顧問　林勝安律師事務所　林勝安律師

出版日期　2021年11月初版一刷

定　　　價　新臺幣560元

經典永恆・名著常在

五十週年的獻禮——經典名著文庫

五南，五十年了，半個世紀，人生旅程的一大半，走過來了。

思索著，邁向百年的未來歷程，能為知識界、文化學術界作些什麼？

在速食文化的生態下，有什麼值得讓人雋永品味的？

歷代經典・當今名著，經過時間的洗禮，千錘百鍊，流傳至今，光芒耀人；

不僅使我們能領悟前人的智慧，同時也增深加廣我們思考的深度與視野。

我們決心投入巨資，有計畫的系統梳選，成立「經典名著文庫」，

希望收入古今中外思想性的、充滿睿智與獨見的經典、名著。

這是一項理想性的、永續性的巨大出版工程。

不在意讀者的眾寡，只考慮它的學術價值，力求完整展現先哲思想的軌跡；

為知識界開啟一片智慧之窗，營造一座百花綻放的世界文明公園，

任君遨遊、取菁吸蜜、嘉惠學子！